Strategische Unternehmenssteuerung in der Abfallwirtschaft
mit Hilfe der Balanced Scorecard

T0316860

Europäische Hochschulschriften

Publications Universitaires Européennes
European University Studies

Reihe V
Volks- und Betriebswirtschaft

Série V   Series V
Sciences économiques, gestion d'entreprise
Economics and Management

Bd./Vol. 3147

PETER LANG

Frankfurt am Main · Berlin · Bern · Bruxelles · New York · Oxford · Wien

Andreas Krawczik / Thorsten Zisowski

Strategische Unternehmenssteuerung in der Abfallwirtschaft mit Hilfe der Balanced Scorecard

PETER LANG

Europäischer Verlag der Wissenschaften

Bibliografische Information Der Deutschen Bibliothek
Die Deutsche Bibliothek verzeichnet diese Publikation in der
Deutschen Nationalbibliografie; detaillierte bibliografische
Daten sind im Internet über <http://dnb.ddb.de> abrufbar.

Zugl.: Dortmund, Univ., Diss., 2004

Gedruckt auf alterungsbeständigem,
säurefreiem Papier.

D 290
ISSN 0531-7339
ISBN 3-631-53436-1

© Peter Lang GmbH
Europäischer Verlag der Wissenschaften
Frankfurt am Main 2006
Alle Rechte vorbehalten.

Printed in Germany 1 2   4 5 6 7

www.peterlang.de

Vorwort

Ein Promotionsverfahren begleitend zum beruflichen Alltag durchzuführen, hat sich als große Herausforderung erwiesen: Auch wenn man im Vorfeld einer solchen Arbeit meint, alle Aufgaben und Anforderungen bewertet zu haben, so muss man doch immer wieder feststellen, dass die Praxis – hier in Form des Tagesgeschäftes – versucht, die Wissenschaft zu dominieren. Dass es jedoch letztendlich gelungen ist, der Wissenschaft den Vorrang zu geben, beweist das vorliegende Buch, das nunmehr durch die Erfahrung, zu den Zeiten zu arbeiten, die man zuvor als Zeit für Erholung und Freizeit und mit Familie und Freunde kannte, zum Abschluss gekommen ist.

Dem Anspruch von Wissenschaft und Praxis gerecht zu werden, war nun auch unsere Motivation für die inhaltliche Ausgestaltung. So ist hier auf wissenschaftlichem Fundament ein „Baukasten" mit strategisch relevanten Aspekten entstanden, die den Weg zur unternehmensindividuellen Balanced Scorecard in der Abfallwirtschaft aufzeigen.

Der Abschluss einer solchen Arbeit verpflichtet zur Dankbarkeit, der wir hier gerne Ausdruck verleihen! Letztendlich gewinnt man mehr und mehr die Erkenntnis, dass – auch bei der Arbeit zweier Autoren – ohne Unterstützung von außen dieser Abschluss niemals hätte erreicht werden können. So hat es eine Anzahl konstruktiver Diskussionspartner gegeben, deren Gedanken das vorliegende Werk beeinflusst haben. Auch wenn die Danksagung an sie an dieser Stelle in anonymer Form erfolgt, dann ist diese dennoch aufrichtig gemeint.

So gilt im Besonderen Herrn Professor Dr. Egon Jehle unser Dank, der uns über die gesamte Projektdauer als Ansprechpartner zur Seite gestanden hat. Diese Vorgehensweise erlaubte, die zur Verfügung stehenden Ressourcen von Anfang an zielführend einzusetzen. Die Diskussionen haben sich als außerordentlich hilfreich für den Gang der Arbeit und die Entwicklung einer Lösung erwiesen. Für die Übernahme des Co-Referates danken wir nicht minder Herrn Professor Dr.-Ing. Rolf Jansen.

Einen weiteren besonderen Dank richten wir an Herrn Professor Michael Vagedes, dem Geschäftsführer der Abfallentsorgungs-Gesellschaft Ruhrgebiet mbH, der uns zu diesem Schritt ermutigt hat und durch begleitende Gespräche dazu beitrug, die Motivation über die Dauer der Arbeit aufrecht zu erhalten.

Nicht zuletzt möchten wir unseren Familien danken, die bereit waren, auf uns über einen länger dauernden Zeitraum weitgehend zu verzichten und die uns durch ihre Unterstützung und Mithilfe Freiräume zum Erstellen dieser Arbeit geschaffen haben. Ohne diese Bereitschaft wäre das Vorhaben nicht möglich gewesen.

Ihnen widmen wir diese Arbeit!

Recklinghausen/Bochum, im Juni 2004

Andreas Krawczik   Thorsten Zisowski

Inhaltsverzeichnis

Abbildungsverzeichnis

Tabellenverzeichnis

Abkürzungsverzeichnis

a	anno
Abb.	Abbildung
AbfG	Abfallgesetz
Abs.	Absatz
AFA	Arbeitsgemeinschaft für Abfallbeseitigung
AK	Anschaffungskosten
AktG	Aktiengesetz
BCR	Balanced Chance an Risk
Bd.	Band
BDE	Bundesverband der deutschen Entsorgungswirtschaft e. V.
BetrVG	Betriebsverfassungsgesetz
BImSchG	Bundesimmissionsschutzgesetz
BIZ	Bank für Internationalen Zahlungsausgleich
BPR	Business Process Reengineering
BSC	Balanced Score Card
bzw.	beziehungsweise
ca.	cirka
CAPM	Capital Asset Pricing Modell
CFROI	Cash Flow Return on Investment
CO_2	Kohlenstoffdioxid
CVA	Cash Value Added
DB	Deckungsbeitrag
DBW	(Zeitschrift) Die Betriebswirtschaft
DCF	Discounted Cash Flow
DS	Decision-Support
DSD	Duales System Deutschland
DV	Datenverarbeitung
DWH	Data Warehouse
EAK	Europäischer Abfallartenkatalog
EAD	exposure at default
EG	Europäische Gemeinschaft
ERP	Enterprise Ressource Planning

et al.	et alii
etc.	et cetera
EU	Europäische Union
Euwid	Europäischer Wirtschaftsdienst
e. V.	eingetragener Verein
EVA	Economic Value Added
f	folgende
ff	fortfolgende
F&E	Forschung und Entwicklung
FIS	Führungsinformationssysteme
ggf.	gegebenenfalls
GmbH	Gesellschaft mit beschränkter Haftung
GmbHG	GmbH-Gesetz
GWh	Gigawattstunden
HGB	Handelsgesetzbuch
HK	Herstellkosten
h. M.	herrschende Meinung
Hrsg.	Herausgeber
i. d. R.	in der Regel
IQ	Intelligenzquotient
IuK	Information und Kommunikation
IRB	Internal-Rating-Based
JIT	Just in Time
KAG	Kommunales Abgabengesetz
Kap.	Kapitel
kg	Kilogramm
KMU	Kleine und mittlere Unternehmen
KonTraG	Gesetz zur Kontrolle und Transparenz im Unternehmensbereich
KrW-/AbfG	Kreislaufwirtschaft- und Abfallgesetz
KVP	Kontinuierlicher Verbesserungsprozess
LAGA	Länderarbeitsgemeinschaft Abfall
LGD	loss given default
LO	Lernende Organisation
LSP	Leitsätze für die Preisermittlung auf Grund von Selbstkosten

LVP	Leichtverpackungen
M	maturity
MHKW	Müllheizkraftwerk
Mio.	Million/-en
MIS	Managementinformationssysteme
MIT	Massachusetts Institute of Technology
MitbestG	Mitbestimmungsgesetz
Mrd.	Milliarde/-n
MRP	Marktrisikoprämie
MVA	Müllverbrennungsanlage
MVA	Market Value Added
m^2	Quadratmeter
m^3	Kubikmeter
n. a.	neben anderen
OE	Organisationsentwicklung
ÖRE	öffentlich-rechtliche Entsorger
OLAP	Online Analytical Processing
OLTP	Online Transaction Processing
PCB	Polychlorierte Biphenyle
PD	probability of default
PSR	Produktionsspezifische Rückstände
PPP	Public private partnership
ROI	Return on Investment
RTR	Risk Tracking and Reporting
RVR	Regionalverband Ruhrgebiet
S.	Seite
SAD	Oberirdische Sonderabfalldeponie
SBS	Sustainable Balanced Scorecard
SCM	Supply Chain Management
t	Tonne/n
TA	Technische Anleitung
Tab.	Tabelle
TASI	Technische Anleitung Siedlungsabfall
u. a.	unter anderem

UstatG	Umweltstatistikgesetz
URL	uniform resource locator
UTD	Untertagedeponie
u. U.	unter Umständen
Vgl.	vergleiche
VKS	Verband der kommunalen Städtereinigungsunternehmen
VPS	Verband des privaten Städtereinigungsgewerbes
VVO	Verpackungsverordnung
WACC	Weighted Average Costs of Capital
www	world wide web
z. B.	z. B.
ZD	Zentraldeponie
z. T.	zum Teil

I. Teil: Grundlagen

1 Einleitung

Die Ressourcen der Umwelt sind endlich. Diese Erkenntnis ist nicht revolutionär sondern mittlerweile allgemein vertraut, zumal Themen wie die schwindende Ozonschicht, Treibhauseffekt, Waldsterben, Luft-, Gewässer- und Bodenverschmutzung etc. jeden Menschen durch die Berichterstattung der Medien unausweichlich erreichen. Die sich damit verbindenden Problem- und Aufgabenstellungen bedürfen der intensiven und umfassenden Betrachtung. Aus diesem Grund haben sich die Naturwissenschaften schon seit geraumer Zeit mit Umweltfragen befasst. Noch relativ neu aus wissenschaftlicher Sicht ist, dass auch die Ökonomie sich dieses Themas angenommen hat, denn lange Zeit galten Ökologie und Ökonomie als Bereiche, die nicht konfliktfrei in Übereinstimmung zu bringen waren. Die Ökonomie ist dem Grunde nach *anthropozentrisch* ausgerichtet und rechnet kurzfristig, während die Ökologie die langfristige Bewahrung der Umwelt verfolgt[1]. Konzepte, wie sie z. B. im ‚Shareholder Value-Ansatz' beschrieben werden[2], stehen vordergründig betrachtet zunächst einmal im Widerspruch zum kostenwirksamen aktiven Umweltmanagement in Unternehmungen[3].

Ein Umbruch in dieser tradierten Denkweise hat in der deutschsprachigen betriebswirtschaftlichen Diskussion erst in den neunziger Jahren stattgefunden und zu der Einsicht geführt, dass der Umweltgedanke in ein ganzheitliches Unternehmenskonzept integriert werden muss[4]. Im Bewusstsein der Unternehmen hat sich die Erkenntnis etabliert, dass sich durch die Verknappung natürlicher Ressourcen einzelne Branchen neu orientieren müssen, andere sogar unausweichlich den Weg in die existenzielle Bedrohung gehen werden[5]. Letztere Aussage betrifft vor allem die rohstofferzeugende und verarbeitende Industrie. Auch wenn regenerierbare Ressourcen im ausreichenden Maß weiterhin verfügbar sind, so kommt es auch hier durch Qualitätsminderungen der Ressourcen (z. B. bei der Gewinnung und Produktion von Nahrungsmitteln) zu erheblichen Kostenimpulsen, da immer mehr aufwendige Methoden angewendet werden müssen, um die Entfrachtung produzierter Güter von Schadstoffen sicher zu stellen[6].

Um die Frage zu beantworten, was zum Umdenken in diesem Bereich geführt hat, reicht es nicht aus, eine monokausale Antwort zu geben. Die ökologischen Anforderungen haben eine gesellschaftliche Dimension bekommen. Durch Informationen und Berichterstattung ist das Umweltbewusstsein der Öffentlichkeit enorm sensibilisiert

---

[1] Vgl. *Fohler-Norek/Strunz* 1994, S. 325

[2] Zur Theorie des ‚Shareholder Value-Ansatzes' siehe *Rappaport* 1994.

[3] Vgl. *Bundesumweltministerium* und *Umweltbundesamt* 1995, S. 397.

[4] Vgl. *Henn* 1993, S.19.

[5] Vgl. *Steger* 1988, S. 29 ff.

[6] Vgl. *Meffert* 1991, S. 8.

worden. Hinzu kommt, dass die Umweltgesetzgebung in den vergangenen Jahren neu geordnet wurde und eine Reihe von Verschärfungen erfahren hat. *Meffert* erkennt darüber hinaus eine zunehmende Sympathie der Gesellschaft für *'Gruppen der Kritik und des Widerspruchs'.* Gemeint sind damit die zahlreichen Bürgerinitiativen, Verbraucherorganisationen und Naturschutzverbände[7]. Auch in der politischen Parteienlandschaft, hat die Partei *'Bündnis 90/Die Grünen'* neben den traditionell etablierten Parteien längst ihren festen Platz eingenommen und lenkt aus ihrer ökologieorientierten Philosophie heraus mittlerweile die Geschicke des Bundesumweltministeriums.

Als bahnbrechend und revolutionierend kann zudem die Aufbruchstimmung bezeichnet werden, die der *Weltgipfel der Vereinten Nationen für Umwelt und Entwicklung* im Jahr 1992 in *Rio de Janeiro* erzeugte. Wenngleich der Folgegipfel in *Johannesburg* zehn Jahre auf sich warten lies, so gelang es durch die UN-Konferenz doch, entscheidende Entwicklungsschritte in Form von Umweltabkommen und Vereinbarungen anzustoßen. 178 Teilnehmerstaaten verabschiedeten das Aktionsprogramm *'Agenda 21'*[8], das zahlreiche Empfehlungen zu Umwelt- und Entwicklungsfragen enthält. Daraus sind wiederum Initiativen entstanden, deren Aktivitäten bis zum heutigen Tag andauern, die im Rahmen lokaler Gegebenheiten interpretiert werden und so Regionen, Städte und Gemeinden erreichen. Ab dieser Stunde war weltpolitisch im gegenseitigen Einvernehmen verankert, dass Umweltschutz ein unverzichtbarer Bestandteil jeglichen Entwicklungsprozesses sein soll.

Insgesamt hat ein Wertewandel stattgefunden, der mit Anforderungen des Umweltschutzes einhergeht, die den ökologischen Status weiter verbessern sollen. Laut Erkenntnissen einer beauftragten Studie des *Bundesministeriums für Umwelt, Naturschutz und Reaktorsicherheit* glauben 54 % der Bevölkerung in Deutschland, dass der gegenwärtige Stand der Umweltschutzmaßnahmen direkt auf eine Umweltkatastrophe zusteuert. 62 % der Bevölkerung sind der Ansicht, dass Politiker zu wenig für den Umweltschutz tun und prozentual der gleiche Anteil der Bevölkerung ist über den Gedanken beunruhigt, in welchen Umweltverhältnissen spätere Generationen leben werden[9]. Innerhalb der unterschiedlichen Bereiche des Umweltschutzes sehen 97 % der Befragten die Reinhaltung von Wasser, Boden und Luft als wichtig bis sehr wichtig an[10]. Allein schon aus dem parteipolitischem Mehrheitspragmatismus und der Wählerorientierung[11] heraus, ist aus diesen Beurteilungen für die Zukunft mit weiteren Verschärfungen im Umweltrecht im Allgemeinen und politischen Zwangsregelungen in der Abfallwirtschaft im Besonderen zu rechnen.

Auf diese Entwicklungstendenzen und -trends wird auch die Ökonomie Antworten finden müssen. Die Thematik ist umso bedeutsamer, je mehr Produktion und Dienstleistung von Unternehmen Einfluss auf die Umwelt auszuüben vermögen. Bezieht

---

[7] Vgl. *Meffert* 1991, S. 9.

[8] Die deutsche Übersetzung der Agenda 21 findet man u. a. im Internet auf der Homepage des *Bundesumweltministeriums* unter URL:http://www.bmu.de/files/agenda21.pdf vom 13.12.2002.

[9] Vgl. *Bundesumweltministerium* 2002, S. 24.

[10] Vgl. *Bundesumweltministerium* 2002, S. 23.

[11] Vgl. *Teichmann* 1993, S. 165.

sich der Unternehmenszweck zudem direkt auf den Umweltschutz, so kommt den dargestellten Betrachtungen eine noch höhere Bedeutung zu.

1.1 Problemstellung

Die vorstehende Einleitung legt im Überblick dar, warum Unternehmen – zunächst aller Branchen – bereits jetzt in der Gegenwart, aber im verstärkten Maße auch in der Zukunft, die Thematik der ökologischen Effizienz nicht ignorieren können. Für alle Unternehmen und Branchen gilt, dass unternehmerisches Handeln ein Optimum zwischen *ökonomischer und ökologischer Effizienz* sowie der *Legitimität* – abgeleitet aus dem gesellschaftlichen Anspruch – erreichen muss. So entsteht die Anforderung, unternehmerische Ziele und gesellschaftliche Wertvorstellungen, die nicht ökonomisch orientiert sein müssen, in ein notwendiges Maß an Übereinstimmung zu bringen[12]. *Meffert* formuliert die Anforderung noch stärker, indem er herausstellt, dass die Sicherung der langfristigen Existenz von Unternehmen nur durch Übereinstimmung dieser Aspekte zu erzielen ist. Der Gedanke gipfelt letztendlich in der Forderung nach einem Bewusstseinswechsel, nach dem Umweltschutz nicht mehr als Wachstumsbegrenzung, sondern als Wachstumsvoraussetzung zu sehen ist. An dieser Stelle wird deutlich, dass das Thema der Umweltverträglichkeit die strategische Ausrichtung von Unternehmen beeinflusst. Im Betrachtungsgegenstand liegt die Chance, eine ökologieorientierte Profilierung im Wettbewerb vorzunehmen, indem alle betrieblichen und marktlichen Aktivitäten umweltverträglicher zu gestalten sind[13].

Das bestehende *Spannungsfeld der ökologieorientierten Unternehmensführung*[14] ist in Abbildung 1 wiedergegeben. Hier wird deutlich, dass Unternehmen Handlungen ausführen, die in der Lage sein müssen, mehreren Ansprüchen, die sowohl in der Sphäre des Unternehmens selber als auch extern liegen, gerecht zu werden. Diesbezüglich ist die Wahrnehmung des Marktes zu nennen, der über Kaufentscheidung oder -ablehnung direkten Einfluss auf die ökonomische Effizienz der Unternehmung ausübt. Gelingt dem Unternehmen der Nachweis der Orientierung eigenen Handelns an Umweltschutzbestimmungen, so wird die Wahrnehmung des Marktes dadurch positiv beeinflusst. Zudem können Umweltschutzmaßnahmen durch einen gezielteren und ggf. verminderten Ressourceneinsatz Kostenersparnisse für das Unternehmen erbringen und darüber hinaus Produktionsressourcen langfristig sichern (ökologische Effizienz). Nicht selten gehen diesen Effekten aber zunächst Investitionen voraus, was im Regelfall dazu führen wird, dass die Unternehmen vor dem Hintergrund erwarteter Kosten und Nutzen ihre Entscheidungen treffen. Hier erfährt ihre Handlungsfreiheit jedoch durch gesellschaftlichen Einfluss Restriktionen, die sowohl moralisch ethischer als auch juristischer Ausprägung sein können.

---

[12] Vgl. *Meuser* 1995, S. 52 ff.

[13] Vgl. *Meffert* 1991, S. 8-9 und Umweltbundesamt 2002, S. 4.

[14] Siehe dazu auch die Ausführungen von *Holstein* 1995, Kapitel 2.2.1, ‚Umwelt in den wirtschaftswissenschaftlichen Paradigmen', S. 18 – 22.

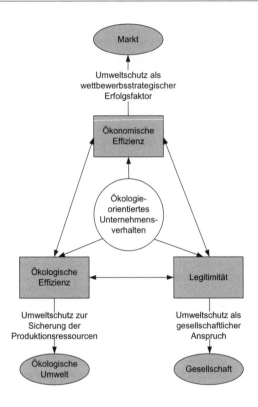

Abbildung 1: Spannungsfelder der ökologieorientierten Unternehmensführung[15]

Gleichzeitig wird deutlich, dass gefundene Strategieorientierungen auf Grund von Dynamiken im öffentlich-gesellschaftlichen Umfeld einerseits und durch staatliche Forderungen in Form von Erlassen und Gesetzen andererseits den Strategieprozess niemals enden lassen. Die besondere Anforderung besteht für Unternehmen nun darin, sich nicht nur reagierend im Markt zu bewegen, das heißt, bei veränderten strategischen Parametern aufwendige Anpassungsprozesse auszulösen, um nach kurzer Zeit festzustellen, dass weitere Anforderungen vorliegen, auf die es gilt, erneut zu reagieren[16]. Vielmehr besteht die Aufgabe darin, einen effizienten permanenten Strategieprozess zu implementieren, der über geeignete Controlling-Instrumente verfügt, die die strategisch sensiblen Bereiche abbilden. Damit ist in hohem Maß gewährleistet, dass in dynamischen Unternehmensumwelten nicht nur reaktives Verhalten stattfindet, sondern Entwicklungen antizipiert werden, die über die angepasste

---

[15] Vgl. *Meffert* 1991, S. 8.

[16] Vgl. *Weise* 1991, S. 5.

Strategie in den Aktionsrahmen der Unternehmung Eingang finden und dort für einen nachhaltigen Unternehmenserfolg Sorge tragen.

Zusammenfassend ist festzustellen, dass in besonders dynamischen Umwelten Instrumente gefordert sind, die den strategischen Prozess und das Controlling getroffener Annahmen und gewählter Unternehmensausrichtungen gleichermaßen unterstützen.

1.2 Motivation

Die bisher erfolgten Ausführungen haben für alle Unternehmen, die in dynamischen Unternehmensumwelten agieren, Bedeutung. Da der Bezug zur Umwelt im ökologischen Sinn[17] besonders betont wurde, gelten die getroffenen Aussagen umso mehr, je intensiver ein Unternehmen Produkte erstellt oder Dienstleistungen erbringt, die Umweltauswirkungen haben. Im Mittelpunkt der nachfolgenden Betrachtungen sollen – noch enger eingegrenzt – die Unternehmen stehen, die originär Umweltdienstleistungen erbringen. Auch für sie gelten oben getroffene Aussagen, jedoch kommt hinzu, dass ihr Geschäftsgegenstand unmittelbar am Umweltschutz orientiert ist. Damit ist die Sichtweise um eine Komponente erweitert. Während produzierende und dienstleistende Unternehmen aus dem zuvor Gesagten ableiten müssen, dass neben der Gewinnerzielungsabsicht die umweltschonende Ausführung aller Prozesse beachtet werden sollte, so ist für Unternehmen des Umweltsektors neben den ökonomischen Aspekten die Berücksichtigung der direkten und unmittelbaren ökologischen Auswirkung ihres Tätigseins unabdingbar. Hier gilt es, nicht nur einen ressourcenschonenden Einsatz von Produktionsfaktoren vorzunehmen, niedrige Emissionen und Immissionen aufweisen zu können etc., sondern auch die Umwelt selbst zu pflegen, zu erhalten oder gegebenenfalls wieder herzustellen.

Die nachfolgenden Betrachtungen sollen sich nicht allgemein auf alle Umweltdienstleister ausdehnen, sondern konkret auf die Unternehmen der Abfallwirtschaft. Abfallwirtschaft ist eine Komponente der Stoffwirtschaft. Unter diesem Begriff versteht man die Summe aller politischen, rechtlichen und technischen Maßnahmen und Methoden, die der Vermeidung, Verwertung oder der Beseitigung von Abfällen oder Reststoffen dienen, unter Berücksichtigung ihres Einflusses auf die Umwelt und unter Berücksichtigung der Wirtschaftlichkeit[18]. Dieser Wirtschaftszweig befindet sich in Deutschland in einem gravierenden Umbruch. Es besteht mittlerweile ein gesellschaftlicher Konsens darüber, dass die Abfallwirtschaft über das erreichte Maß hinaus dem Prinzip der ökologischen Effizienz genügen muss. Wohlstand darf nicht auf der Basis von Umweltzerstörung generiert werden. Des Weiteren hat sich die Erkenntnis durchgesetzt, dass Umweltschutz deutlich mehr Nutzen bringt, als er Kos-

---

[17] Die umfassende Bedeutung des Begriffs ‚Umwelt' geht über die ökologische Betrachtung hinaus. Neben diesem Aspekt wird der Begriff der Umwelt beispielsweise auch in räumlicher Sicht oder soziologischer Sicht verwendet. Zur ausführlichen Bedeutung des Umweltbegriffs vergleiche u. a. *Wickel/Haasis/ Schafhausen/Schulz* 1992, S. 12 f. Die nachfolgenden Betrachtungen beziehen sich auf die Umwelt im ökologischen Sinne.

[18] Vgl. *Jakobi* 1993, S. 23.

ten verursacht. Weltweit betrachtet, wächst die Bevölkerung der Erde pro Jahr um ca. 100 Mio. Menschen. Unkontrollierter Ressourcenverbrauch und Belastungen der Umwelt müssen im Sinne der Daseinsvorsorge ausgeschlossen werden[19]. Diese Gedanken haben in die Abfallwirtschaft bereits Eingang gefunden, sind jedoch auch hier nicht final und umfassend gelöst, so dass sich die Unternehmen der Abfallwirtschaft diesen Aufgaben stellen müssen. Hinzu kommt, dass gravierende gesetzliche Anforderungen formuliert und verabschiedet sind und bereits jetzt oder in der nahen Zukunft auch gelebt werden sollen. Bewertet man diese Anforderungen vor dem Hintergrund der Branchenstruktur, die überwiegend eine klein- und mittelständische Ausprägung zeigt, dann sind die zukünftigen Herausforderungen für diese Unternehmen unmittelbar einsichtig.

Die nachfolgenden Ausführungen zeigen einen betriebswirtschaftlichen Gestaltungsansatz auf, der das Management abfallwirtschaftlicher Unternehmen, vor dem Hintergrund der aufgezeigten Anforderungen, wirkungsvoll unterstützen kann.

1.3 Vorgehensweise

Im Rahmen der vorliegenden Arbeit wird im Kapitel 2 die Branche der Abfallwirtschaft und ihre Betätigungsfelder vorgestellt. Ziel dieses Kapitels ist es u. a., die Breite des Spektrums abfallwirtschaftlicher Aufgaben aufzuzeigen, die bereits auf Grund der vorzufindenden Vielfalt einen ersten Hinweis auf die später aufgegriffene Thematik der Kooperationen liefert.

Kapitel 3 zeigt die historische Entwicklung des Wirtschaftszweiges auf. Diese Betrachtung ist gewählt, weil dadurch erkennbar wird, warum eine enge Verzahnung der Abfallwirtschaft mit staatlicher Lenkung besteht. Die *staatliche Regulierung* drückt sich heute im Besonderen in der Fülle der existierenden Rechtsnormen und Gesetze aus. In ausgewählten Beispielen erfährt die legislative Entwicklung neben der allgemeinen Branchenentwicklung eine Vertiefung in diesem Kapitel.

Kapitel 4 und 5 begründen den Analyseteil dieser Arbeit. In Kapitel 4 erfolgt auf der Grundlage des theoretischen Analyserahmens der *,Five Forces'* von *Porter* – und weitererführender Aspekte darüber hinaus – eine Analyse des Unternehmensumfeldes, während sich Kapitel 5 mit der Analyse der Unternehmen in der Abfallwirtschaft selber auseinandersetzt. Da aus methodischen Motiven kein konkretes Unternehmen im Zentrum der Betrachtung stehen soll, erfolgt diese Analyse allgemein und arbeitet typische Ausprägungen mittelständisch orientierter Unternehmen dieser Branche heraus.

Kapitel 6 ist als Konklusion ausgewählter Betrachtungsweisen der beiden vorherigen Kapitel zu sehen. Die beiden Themenkomplexe *,Netzwerke'* und *,Nachhaltigkeit'* werden eingeführt und erfahren eine Reflexion vor dem Hintergrund der aktuellen wissenschaftlichen Diskussion, der sich eine Definition anschließt. Zur Thematik der

---

[19] Vgl. *Tabasaran* 1994, S. 1.

Netzwerke sind darüber hinaus sehr prominente Praxisbeispiele der Abfallwirtschaft wiedergegeben.

Im Kapitel 7 wird der *Strategiebildungsprozess* zusammenfassend dargestellt. Strategiebildung ist der Schlüsselprozess im nachfolgenden Konzept der Balanced Scorecard ist. Aus diesem Grund ergibt sich die Notwendigkeit der Paraphrasierung wichtiger Grundsätze dieser Thematik für die vorliegende Arbeit.

Kapitel 8 beinhaltet die Darstellung der *klassischen Balanced Scorecard* nach *Kaplan/Norton*. Ausgehend von traditionellen Kennzahlensystemen – von denen bedeutende Konzepte erläutert werden – und der Kritik an diesen Systemen, wird in Antwort darauf die Balanced Scorecard als Managementsystem vorgestellt. Jede Perspektive der Balanced Scorecard wird erläutert, darüber hinaus werden die von *Kaplan/Norton* nur angedeuteten Themenkomplexe, die aber bedeutsam für das Verständnis der gesamten Philosophie sind, vertiefend erörtert. Zu nennen ist das Konzept der *,Lernenden Organisation'*, die *,Systemtheorie'* und das *,Lebenszykluskonzept'*. Anschließend erfolgt die Einordnung des Balanced Scorecard-Konzepts in den – an dieser Stelle ebenfalls zusammenfassend dargestellten – *,Performance Measurement-Ansatz'*.

Ein weiteres Unterkapitel stellt ein Modell zur *Einführung einer Balanced Scorecard* vor. Es handelt sich um den Ansatz der Unternehmensberatung *Horváth & Partner*, die im deutschsprachigen Raum über umfangreiche Erfahrungen mit Projekten dieser Art verfügen.

Das Kapitel 8 schließt mit dem Aufzeigen unterschiedlicher, alternativer *Gestaltungsansätze*. Da diese Ansätze z. T. nach der *eklektischen Methode* zur Entwicklung eines eigenen Balanced Scorecard-Ansatz aufgegriffen werden, ist ihre Auswahl zielführend auf der Basis strategisch bedeutsamer Aspekte der Abfallwirtschaft getroffen worden[20]. Im Einzelnen handelt es sich um die (chancen- und) risikoorientierten Ansätze von *Weber/Weißenberger/Liekweg* (Balanced Scorcard[Plus] in Kapitel 8.4.1) sowie *Reichmann* (*Balanced Chance an Risk Card* in Kapitel 8.4.2). Da zum Verständnis dieser Ansätze und der Bedeutung für Unternehmen in Deutschland sowohl die Forderungen des *Kontroll- und Transparenzgesetzes* (KonTraG) als auch der *Basler Eigenkapitalverordnung* (Basel I und II) wichtig sind, werden diese Grundlagen erörtert. Weitere alternative Gestaltungsansätze kommen hinzu. Es handelt sich um die *,Sustainability Balanced Scorecard'* von *Figge/Hahn/Schaltegger/Wagner* (Kapitel 8.4.5) sowie um Ansätze (*Weber/Bacher/Gebhardt/Voss* in Kapitel 8.4.6.1, *Jehle/Stüllenberg/Schulze im Hove* in Kapitel 8.4.6.2 und *Lange/Schaefer/Daldrup* in Kapitel 8.4.6.3), die dieses Modell auf das strategische Controlling von Nachhaltigkeit bzw. von Netzwerken und Kooperationsbeziehungen übertragen.

Kapitel 9 führt die bis dahin erfolgten Ausführungen in der Konzeption einer abfallwirtschaftlich orientierten Balanced Scorecard zusammen: Zunächst wird ein Praxisbeispiel (*ALBA-Unternehmensgruppe*) vorgestellt und einer kritischen Bewertung unterzogen. Das folgende Kapitel zeigt, losgelöst von einem Unternehmensbeispiel,

---

[20] Zur Vorgehensweise des eklektischen Ansatzes vgl. die Ausführungen in Kapitel 8.2.8.1. Der ursprüngliche Begriff ist der Kunstgeschichte bzw. der Architektur entnommen und beschreibt eine Darstellungsform, in der verschiedene Stile der Vergangenheit zu einer neuen Vielfalt miteinander kombiniert werden.

den Stand der Durchdringung und Umsetzung des Konzepts in der Abfallwirtschaft auf, wobei die dafür herangezogene Studie nur Aussagen zu kommunalen Abfallwirtschaft zulässt. Im Anschluss daran erfolgt das Entwickeln eines Bezugsrahmens für eine eigene abfallwirtschaftliche Scorecard, wobei über die zuvor genannten Kennzahlenbeispiele hinaus Ausgestaltungsmöglichkeiten hinsichtlich weiterer Kennzahlen aufgezeigt werden. Da für die Wahl der Kennzahlen zusätzliche betriebswirtschaftliche Konzepte von Bedeutung sind, werden sie im Rahmen des benötigten Verständnisses dargestellt. Es handelt sich insbesondere um die Thematik der Wertorientierung, *Prinzipal-Agent-Modelle* und die Gedanken der *Transaktionskostenökonomik*. Den Abschluss der Gestaltungsoptionen bildet ein Contolling-Vorschlag, der den in der Balanced Scorecard verankerten strategischen Prozess zum Gegenstand hat.

Abschließend werden die Gestaltungsoptionen unter Zuhilfenahme diverser Prämissen in eine Gesamtbetrachtung integriert, und die bestehenden Ursache-Wirkungsrelationen der Einzelkomponenten (Perspektiven und Kennzahlen) aufgezeigt.

Kapitel 10 stellt – wiederum auf allgemeiner Ebene – dar, welche Besonderheiten hinsichtlich der *DV-Unterstützung* beim Balanced Scorecard-Konzept bestehen. Es soll dabei nicht darum gehen, eine konkrete Software zu empfehlen, sondern vielmehr wird aufgezeigt, welche Leistungseigenschaften die eingesetzte Softwaretechnologie insgesamt aufweisen muss, und worin der Unterschied zu den üblicherweise im Einsatz befindlichen betriebswirtschaftlichen Software-Lösungen besteht.

Kapitel 11 beschließt die Arbeit, indem noch einmal sehr deutlich die *Grenzen des Konzepts* aufgezeigt werden und der Blick für weitere Entwicklungsmöglichkeiten geschärft wird.

2 Darstellung der Grundlagen und Rahmenbedingungen der Abfallwirtschaft

Das mengenmäßige Aufkommen des Abfalls und die Frage nach dessen Entsorgung hat im Laufe der letzten Jahrzehnte einen eigenen Wirtschaftszweig entstehen lassen. Steht in vielen Branchen ein Produkt oder ein Gut im Mittelpunkt der Betrachtung, das einem anderen einen Nutzen verspricht, so verhält es sich hier interessanterweise auf den ersten Blick genau umkehrt. Die *Legaldefinition des Abfallbegriffs* belegt diese Feststellung. In § 3 Satz (1) des *Kreislaufwirtschafts- und Abfallgesetzes*[21] (KrW-/AbfG) aus dem Jahr 1996 und in der europäischen Abfallrahmenrichtlinie ist definiert:

„Abfälle im Sinne dieses Gesetzes sind alle beweglichen Sachen, (...) deren sich ihr Besitzer entledigt, entledigen will oder entledigen muss. Abfälle zur Verwertung sind Abfälle, die verwertet werden; Abfälle, die nicht verwertet werden, sind Abfälle zur Beseitigung."

Der Begriff des Abfalls wird in der Branche immer dann verwendet, wenn feste und flüssige Sachen beschrieben werden. Umgangssprachlich hat es sich jedoch etabliert, vom Müll zu sprechen. In der Abfall- und Entsorgungswirtschaft wird der Müllbegriff ebenfalls gebraucht, aber nur dann, wenn ausschließlich feste Stoffe gemeint sind[22].

Aus der Legaldefinition des KrW-/AbfG wird ersichtlich, dass in einen *subjektiven und objektiven Abfallbegriff* zu unterscheiden ist: Die subjektive Sicht kommt aus der Absicht des Besitzers, sich dieser Sache entledigen zu wollen. Damit ist noch keine Aussage über Brauchbarkeit und Funktionsfähigkeit einer Sache gemacht worden. Die Absicht der Entledigung determiniert diese Definition[23].

Die objektive Sicht zielt auf das Wohl der Allgemeinheit ab, das nur dann gewahrt bleibt, wenn bestimmte Sachen einer geordneten Verwertung oder Beseitigung zugeführt werden. Hier steht also die Frage im Vordergrund, ob das Unterlassen der Entsorgung eine Beeinträchtigung des Allgemeinwohls zur Folge hätte[24]. Das Abfallgesetz präzisiert den Begriff des Allgemeinwohls dahingehend, dass es sowohl die Aspekte der Gesundheit der Menschen und Tiere sowie ihr Wohlbefinden, als auch den Zustand von Gewässern, Luft und Boden thematisiert und in die Betrachtung mit einbezieht[25].

Aus dem Abfallbeseitigungsgesetz lässt sich darüber hinaus ein erweiterter Abfallbegriff ableiten. Es handelt sich ebenfalls um Abfälle, wenn der Besitzer einer beweglichen Sache diese einer entsorgungspflichtigen Körperschaft oder einem von ihr beauftragten Dritten überlässt, und diese Sache der Verwertung zugeführt wird. Aus

---

[21] Gesetz zur Förderung der Kreislaufwirtschaft und Sicherung der umweltverträglichen Beseitigung von Abfällen.

[22] Vgl. *van Wickeren* et al. 1991, S. 410 f und Andreas 2001, S. 14 f.

[23] Vgl. *von Köller* 1990, S. 9 f.

[24] Vgl. *Rat von Sachverständigen für Umweltfragen* 1991, S. 44.

[25] Vgl. § 2 Abs. 1 AbfG.

dieser Betrachtung heraus handelt es sich streng genommen nicht um Abfall im eigentlichen Sinne, sondern vielmehr stellt diese Sache dann ein *Wirtschaftsgut* dar[26]. Zeitlich gesehen wirkt jedoch der Abfallbegriff solange, bis die aus ihm gewonnenen Stoffe oder erzeugten Energien dem Wirtschaftskreislauf wieder zugeführt werden[27]. Über diese erweiterte Sichtweise ist der Diskurs, ob es sich um Abfälle oder Wirtschaftsgüter handelt, gesetzlich aufgelöst worden[28].

Auch aus ökonomischer Sicht gelangt man zu einer Definition des Abfallbegriffs. Fallen in Produktionsprozessen Kuppelprodukte an, deren weitere Verwendung ökonomisch nicht sinnvoll ist, weil die Kosten der Beseitigung niedriger als die Kosten der Verwertung sind, dann sind diese Kuppelprodukte Abfall[29].

Führt man diese Betrachtungsweisen zusammen, dann hat das zur Konsequenz, dass das Betätigungsfeld der Abfallbranche darin besteht, private Haushalte, das produzierende Gewerbe und Krankenhäuser sowie öffentliche Einrichtungen von ihren Abfällen zu befreien und damit so zu verfahren, dass die Gesundheit der Menschen und die Qualität der Umwelt nach Möglichkeit wenig – am besten gar nicht - beeinträchtigt werden. Daraus wird der Dienstleistungscharakter der Branche ersichtlich und die Vielschichtigkeit dieses Wirtschaftszweiges ist an dieser Stelle bereits evident.

Ein umfassendes *Umweltmanagement* geht weit über die Betrachtung des Abfalls und seine Verwertung bzw. Beseitigung hinaus. Das Umweltbundesamt in Berlin hat die Komplexität, die sich mit der Thematik der ökologischen Umwelt verbindet[30], in ein *Ordnungsschema* gebracht, das den Begriff der Umwelt in vierzehn Klassen einteilt[31]. Diese vierzehn Klassen, oder auch Säulen genannt, symbolisieren die unterschiedlichen Bereiche der Umwelt. Jede Säule ist weiter untergliedert, so dass sie aus sieben Schichten besteht, die jeweils noch einmal in Zehnergruppen aufgeteilt werden können, sofern sich weiterer Gliederungsbedarf ergibt. Jede einzelne Gliederungsebene betrachtet einen konkreten Aspekt der Umwelt. Das verwendete Schema findet für alle Säulen durchgängig Anwendung bis auf zwei Ausnahmen. Es handelt sich um die Säulen ‚Umweltrecht' und ‚Allgemeine und übergreifende Umweltfragen', die eine individuelle Gliederung besitzen[32].

Die Notwendigkeit für ein solches Ordnungsschema ist durch die zahlreichen Umweltaspekte begründet. Die Anzahl der Publikation zu unterschiedlichsten Anlässen ist bereits heute schier unerschöpflich. Hinzu kommt, dass die Thematik der Umwelt interdisziplinär diskutiert wird. *Umwelt* ist ein geologisches, medizinisches, juristisches, soziologisches, pädagogisches, volks- und betriebswirtschaftliches, biologisches, chemisches, physikalisches und nicht zuletzt auch ingenieurwissenschaftli-

---

[26] Vgl. *Peine* 1992, S. 83.

[27] Vgl. § 1 Abs. 1, Satz 2 AbfG.

[28] Vgl. *Siehler* 1993, S. 9 und *Jung* 1994, S. 6 f.

[29] Vgl. *Weiland* 1993, S. 125 ff.

[30] Zur ausführlichen Darstellung weiterer Umweltdimensionen vgl. Kapitel 1.2.

[31] Siehe dazu Abbildung 2.

[32] Vgl. im Folgenden URL:http://www.umweltbundesamt.de vom 13.12.2002.

ches Thema. Das Säulenmodell des Umweltbundesamtes verfolgt die Intention, eine eindeutige Zuordnung eines Dokumentes – es kann sich dabei um Literatur, F&E-Beschreibungen, Rechtsvorschriften, Gutachten etc. handeln – zu einem ausgewählten Umweltaspekt zu ermöglichen. In Sinne dieser Arbeit soll es dazu dienen, die Komplexität der Umweltfragen aufzuzeigen und zu verdeutlichen, dass der Gegenstand der Abfall- und Entsorgungsbranche lediglich eine von 14 Sichtweisen einer umfassenden Umweltbetrachtung darstellt. In Abbildung 2 sind die Säulen des Modells und das Standardschema der Säulenunterteilung dargestellt.

2.1 Klassifizierung des Abfalls

Die *Legaldefinition* des Abfallbegriffs[33] sagt aus, dass es sich dabei um bewegliche Sachen handelt, deren sich ihr Besitzer entledigen will oder muss. Diese Definition ist bei weitem nicht ausreichend, um alle Facetten des Abfalls und seiner Zusammensetzung damit beschrieben zu haben.

Bei der Klassifizierung von Abfällen hat sich durchgesetzt, die Abfälle sowohl nach ihrer *Herkunft* zu unterscheiden als auch die *Art der Sammlung* mit einzubeziehen[34]. So spricht man von Abfällen aus Haushaltungen, Handel, Dienstleistung und Gewerbe sowie aus Industriebetrieben. Eine weitere gebräuchliche Klassifizierung findet sich in dem Ordnungsschema wieder, das nach festen Siedlungsabfällen sowie nach Gewerbe- und Industrieabfällen unterscheidet. Anzumerken ist, dass diese Einteilungsschemata nicht frei von jeglicher Redundanz sind[35].

2.1.1 Feste Siedlungsabfälle

Unter die Gruppe der festen Siedlungsabfällen subsummiert man die folgenden Abfallarten:

- *Hausmüll*
  Feste Abfälle aus Haushaltungen, die in genormten Behältern gesammelt werden und regelmäßig von der entsorgungspflichtigen Gebietskörperschaft oder einem beauftragten Dritten eingesammelt und zu einer Abfallbehandlungsanlage transportiert werden[36].

---

[33] Vgl. Kapitel 2.

[34] Vgl. *Kruse/Müseken* 1994, S. 23.

[35] Vgl. zum gewählten Einteilungsschema *van Wickeren* et al. 1991, S. 25 ff oder in modifizierter Form *Bilitewski/Härdtle/Marek* 2000, S. 29 ff bzw. *Rinschede/Wehking* 1991, S. 39 ff.

[36] Vgl. *Kruse/Müseken* 1994, S. 25.

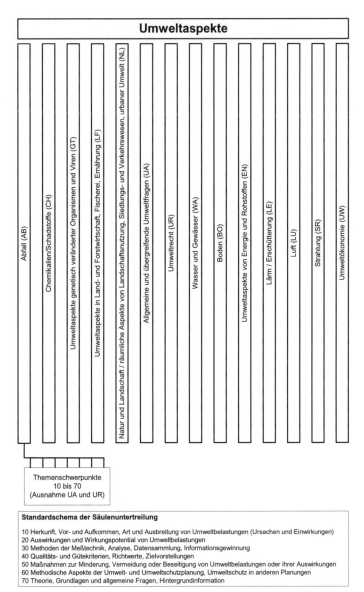

Umweltaspekte

Abfall (AB)

Chemikalien/Schadstoffe (CH)

Umweltaspekte genetisch veränderter Organismen und Viren (GT)

Umweltaspekte in Land- und Forstwirtschaft, Fischerei, Ernährung (LF)

Natur und Landschaft / räumliche Aspekte von Landschaftsnutzung, Siedlungs- und Verkehrswesen, urbaner Umwelt (NL)

Allgemeine und übergreifende Umweltfragen (UA)

Umweltrecht (UR)

Wasser und Gewässer (WA)

Boden (BO)

Umweltaspekte von Energie und Rohstoffen (EN)

Lärm / Erschütterung (LE)

Luft (LU)

Strahlung (SR)

Umweltökonomie (UW)

Themenschwerpunkte
10 bis 70
(Ausnahme UA und UR)

Standardschema der Säulenunterteilung

10 Herkunft, Vor- und Aufkommen, Art und Ausbreitung von Umweltbelastungen (Ursachen und Einwirkungen)
20 Auswirkungen und Wirkungspotential von Umweltbelastungen
30 Methoden der Meßtechnik, Analyse, Datensammlung, Informationsgewinnung
40 Qualitäts- und Gütekriterien, Richtwerte, Zielvorstellungen
50 Maßnahmen zur Minderung, Vermeidung oder Beseitigung von Umweltbelastungen oder ihrer Auswirkungen
60 Methodische Aspekte der Umwelt- und Umweltschutzplanung, Umweltschutz in anderen Planungen
70 Theorie, Grundlagen und allgemeine Fragen, Hintergrundinformation

Abbildung 2: Säulenschema der Umweltaspekte[37]

---

[37] Vgl. URL:<u>http://www.umweltbundesamt.de</u> vom 13.12.2002.

- *Hausmüllähnliche Gewerbeabfälle*
  Es handelt sich um Abfälle aus Gewerbe- oder Industriebetrieben, Büros, Verwaltungsgebäuden etc., die nicht produktionsspezifisch sind. Dazu zählen Verpackungen, Kantinen- und Büroabfälle etc.

- *Problemabfälle oder Schadstoffe*
  Im Hausmüll enthaltene Kleinmengen von Stoffen, die bei der Entsorgung Nachteile für Personen, Umwelt, Anlagen und Verwertungsprodukte hervorrufen. Das können Lösemittel, Säuren, Medikamente etc. sein.

- *Sperrmüll oder Sperrgut*
  Sperrmüll ist Abfall, der nach ‚zumutbarer Zerkleinerung' auf Grund seiner Sperrigkeit nicht in die üblichen Sammelbehälter der Müllabfuhr hinein passt, wie z. B. Möbel, Teppiche, Matratzen, große Kartonagen etc.

- *Garten- und Parkabfälle*
  Das sind die Abfälle, die in Gärten, Parks oder auf Friedhöfen anfallen. Es handelt sich dabei um Laub, Rasenschnitt, Äste etc.

- *Biomüll*
  Biomüll ist der organische und kompostierbare Anteil des Hausmülls. Gebräuchlich ist auch die Bezeichnung des Nassmülls, wenn die übrigen Altstoffe wie Papier und Glas davon vollständig getrennt wurden.

- *Geschäftsmüll / Gewerbeabfälle*
  In der Zusammensetzung sehr ähnlich dem Hausmüll. Kennzeichnend ist hier jedoch, dass der Müll aus Geschäftshäusern, Hotels, Gaststätten, Kantinen etc. stammt.

- *Marktabfälle*
  Sie fallen auf öffentlichen Marktplätzen oder in Markthallen an. Es handelt sich um Obst- und Gemüseabfälle, Paletten, Verpackungen etc.

- *Straßenkehricht*
  Straßenkehricht ist die Gruppe der Abfälle, die bei der Reinigung von Straßen und Verkehrsflächen anfallen. Konkret handelt es sich um Dosen, Papier, Laub, Astwerk, Staub, Abrieb der Oberflächen etc.

- *Rechen- und Sandfanggut*
  Diese Abfallart entsteht bei der Abwasserreinigung und Wasseraufbereitung. Rechengut hat in der Regel einen organischen Ursprung während Sandfanggut mineralischen Ursprungs ist.

- *Klärschlamm*
  Klärschlamm fällt bei der kommunalen und industriellen Abwasserreinigung als Rückstand an und hat je nach Ursprung eine ganz unterschiedliche Zusammensetzung. So entscheidet der Anteil der Inhaltsstoffe (z. B. Schwermetall) auch über die weitere Verwendung (bspw. als Dünger in der Landwirtschaft). Je nach Behandlungsstufe unterscheidet man in Rohschlämme, Faulschlämme oder aerob stabilisierte Schlämme.

- *Abscheidergut / Fettabscheidergut*
  Bei der Abwasservorbehandlung werden z. B. in Werkstätten oder an Tankstellen Abscheider für das Auffangen von Leichtflüssigkeiten genutzt, um zu

verhindern, dass gefährliche Einleitungen in das Kanalnetz stattfinden. Gleiches gilt für Kantinen bzw. Küchen. Die so getrennten Rückstände werden der Sonderabfallentsorgung zugeführt.

- *Kanal- und Sinkkastenschlämme*
  Diese Abfallart fällt bei Reinigungsarbeiten an Kanälen oder Sinkkästen der Straßenentwässerung an.

- *Krankenhausabfälle / Abfälle aus Arztpraxen*
  Innerhalb dieser Abfallart wird eine weitere Unterscheidung nach seuchenhygienischen Aspekten getroffen. Nach einer Klassifizierung des Bundesgesundheitsamtes wird medizinischer Abfall in drei Gruppen eingeteilt:

  1. Hausmüllähnliche Abfälle, für die keine besonderen Maßnahmen zur Infektionsverhütung getroffen werden müssen.

  2. Abfälle, die beim Sammeln und Transportieren innerhalb der medizinischen Einrichtung Maßnahmen zur Infektionsverhütung erforderlich machen (z. B. Blut, Exkremente etc.)

  3. Abfälle, die beim Sammeln, Transportieren und Lagern innerhalb der medizinischen Einrichtung sowie bei der Beseitigung besondere Maßnahmen zur Infektionsverhütung erforderlich machen (z. B. Abfälle von Isolierstationen etc.). Eine konkrete Regelung ist im Bundesseuchengesetz[38] festgehalten.

2.1.2 Gewerbe- und Industrieabfälle

Zu der Gruppe der Gewerbe- und Industrieabfälle zählen auch die Abfälle, die im kommunalen Bereich anfallen. Es handelt sich im Einzelnen um folgende Abfallarten:

- *Produktionsspezifische Abfälle*
  Diese Abfallart taucht auch unter der Bezeichnung ‚produktionsspezifische Rückstände (PSR)' auf. Sie entsteht bei der Produktion von Gütern und Waren und ist entweder Abfall oder Reststoff, der der Produktion erneut zugeführt werden kann.

- *Nicht produktionsspezifische Abfälle*
  Diese Abfallart kommt der des Hausmülls sehr nahe mit dem Unterschied, dass sie in Büros, Lagern, Betriebswohnungen etc. anfällt.

- *Erd- und Bodenaushub*
  Es handelt sich dabei um natürliche, nicht nachteilig veränderte Locker- und Festgesteine, die beim Tiefbau ausgehoben oder abgetragen werden. Eine besondere Behandlung ist jeweils dann notwendig, wenn der Boden kontaminiert ist.

---

[38] Vgl. §10 Bundesseuchengesetz.

- *Inertstoffe*
  Als Inertstoffe bezeichnet man diejenigen Stoffe, die bei der Deponierung keine wesentlichen chemischen, physikalischen oder biologischen Veränderungen mehr erfahren (z. B. Bauschutt etc.).

- *Straßen-, Asphaltaufbruch und Bitumenrestmassen*
  In der Regel handelt es sich um feste mineralische Stoffe, die bei Baumaßnahmen im Bereich Straßen-, Wege- und Brückenbau anfallen.

- *Baustellenmischabfälle*
  Hier handelt es sich um ein Gemisch aus Bauschutt, Beton, Bodenaushub, Papier, Kunststoffen, Isoliermaterialien, Holz, Keramik, Glas, Metall etc., das z. B. bei Renovierungsarbeiten an Immobilien anfällt. Im Rahmen des abfallwirtschaftlichen Konzepts müssen die Bestandteile wieder voneinander getrennt werden.

- *Altöle*
  Altöle sind gebrauchte halbflüssige oder flüssige Stoffe, die ganz oder teilweise aus Mineralöl oder synthetischem Öl bestehen. Sie werden in drei Klassen eingeteilt:

  1. Aufarbeitungsfähige Altöle

  2. Altöle für die Energienutzung

  3. Sonderabfälle

- *Altautos*
  Es handelt sich dabei um eine Abfallart mit sehr heterogener Zusammensetzung (Stahl, Eisen, Kunststoffe, Glas, Elastomere, NE-Metalle etc.).

- *Shredder-Abfall*
  Dazu zählen auch Baugruppen aus Autowracks, Elektro- und Haushaltsgeräte sowie leichter Sammelschrott. Über die Zerkleinerung mit anschließender Windsichtung, Magnetabscheidung oder andere Verfahren werden die Stoffgruppen voneinander getrennt.

- *Altreifen*
  Altreifen finden z. B. Einsatz in der Aufbereitung (runderneuerte Reifen) aber auch im Straßenbau (Beimischung zum Fahrbahnbelag) oder bei der Verbrennung in der Zementindustrie.

- *Industriemüll, Industrieabfälle*
  Dazu zählen anorganische Massenabfälle, wie z. B. Schlacken aus der Stahlindustrie.

- *Reststoffe und Rückstände aus Kraftwerken*
  Damit sind Aschen und Schlacken aus Verbrennungsprozessen aber auch z. B. Schlämme aus der Kühlwasseraufbereitung gemeint.

- *Sonderabfälle*
  Dieser Begriff ist nicht eindeutig definiert. Stattdessen haben sich drei Betrachtungsweisen durchgesetzt, die den Begriff der Sonderabfälle aufschlüsseln.

Die erste Betrachtungsweise bezeichnet alle Abfälle als Sondermüll, die nicht mit den Abfällen aus Haushalten gemeinsam entsorgt werden können. Die Anwendung dieses Modells hätte zur Folge, dass alle Abfallarten außer den Siedlungsabfällen den Status des Sondermülls hätten.

Bei der zweiten Betrachtungsweise werden drei Gruppen zur Unterscheidung gebildet:

Gruppe I

Alle Abfälle, die nicht dem Abfallgesetz (AbfG) unterliegen; da ihre Handhabung bezüglich Behandlung, Beseitigung etc. in anderen Gesetzen geregelt ist. Zu nennen sind radioaktive Abfälle, Kernbrennstoffe, Tierkörper, Abfälle nach dem Pflanzenschutzgesetz, Abfälle, die durch den Abbau von Bodenschätzen entstehen und der Bergaufsichtsbehörde unterliegen (Bergematerial) sowie Kampfmittel.

Gruppe II

Darunter versteht man diejenigen Abfälle, die auf Grund ihrer Art und ihrem mengenmäßigen Aufkommen am besten in besonderen Anlagen behandelt, beseitigt oder aufgearbeitet werden. Es handelt sich um Abfälle aus der Massentierhaltung, Schlachtabfälle, Altautos und Eisensperrmüll, Altreifen und Gummiabfälle und infektiöse Abfalle aus Krankenhäusern, Arztpraxen oder pathologischen Instituten.

Gruppe III

Die letzte Gruppe wird durch die Sonderabfälle gebildet, die produktionsspezifischer Natur sind. Es sind die Abfälle der chemischen, pharmazeutischen, metallverarbeitenden, glasverarbeitenden bzw. mineralölverarbeitenden Industrie sowie der Textilindustrie und Lederfabrikation.

Das dritte Modell zur Einteilung von Sonderabfällen ergibt sich aus der besonderen Nachweispflicht für bestimmte Abfälle. Damit sind alle Abfälle gemeint, die besonders gesundheits- oder umweltschädliche Bestandteile aufweisen. Beispielhaft sind kontaminierte Böden, PCB-haltige Stoffe, chlorkohlenwasserstoffhaltige Produkte etc. zu nennen. Einen ausführlichen Katalog der Sonderabfallarten findet man in der TA Abfall[39], die zum definitorischen Standard des Sonderabfallbegriffs geworden ist.

2.1.3 Der Abfallkatalog als Grundlage für eine einheitliche Namensgebung

Die Vielfalt des Abfallbegriffes wird in den obenstehenden Ausführungen sehr deutlich. Hinzu kommt, dass eine eindeutige Zuordnung eines Abfallbegriffes zu nur einer Abfallart in manchen Fällen gar nicht möglich ist. Aus diesen Gründen heraus hat die

---

[39] vgl. *van Wickeren* et al. 1991, S. 31.

Länderarbeitsgemeinschaft Abfall (LAGA) eine Informationsschrift mit dem Titel ‚Abfallarten' herausgegeben, die in unregelmäßigen Abständen um aktuelle Umweltgesichtspunkte ergänzt wird. Der von der LAGA erstellte *Abfallkatalog* greift die Abfallbezeichnungen auf, die üblicherweise in der Praxis Verwendung finden[40]. In diesem Abfallkatalog werden zum Teil die bereits beschriebenen Klassifizierungsaspekte und auch -begriffe aufgegriffen und durch sinnvolle weitere Zuordnungsaspekte ergänzt, so dass eine eindeutige Zuordnung einer Abfallart zu einem Ordnungsbegriff möglich ist. Dazu wird ein *fünfstelliger Zahlenschlüssel* benutzt, der die stoffliche Zusammensetzung, die Eigenschaften (z. B. chemische oder physikalische) und die Herkunft des Abfalls als Ordnungsmerkmal mit einbezieht.

Das nachfolgende Beispiel verdeutlicht die Systematik:

- Obergruppe 9:   Siedlungsabfälle,

- Gruppe 91:   Feste Siedlungsabfälle,

- Untergruppe 912:   Hausmüllähnliche Gewerbeabfälle,

- Abfallschlüssel 91202:   Küchen- und Kantinenabfälle.

Der Vollständigkeit halber sei erwähnt, dass im Rahmen der EU-Gesetzgebung angestrebt wird[41], eine EU-einheitliche Namensgebung für Abfälle zu vereinbaren. Dazu ist in Deutschland die Verordnung EAK (*Europäischer Abfallkatalog*) erarbeitet worden, die offiziell seit dem 01.01.1999 gilt. Da beide Kataloge einem unterschiedlichen Aufbau folgen, ist die Umschlüsselung einer Abfallart aus dem Katalog der LAGA in die Systematik des EAK jedoch nicht immer ohne Probleme möglich.

2.2 Abfallwirtschaftskonzept

Die Rahmenbedingungen der Abfallwirtschaft innerhalb einer Region werden durch das so genannte *Abfallwirtschaftskonzept* gegeben[42], das auf der Grundlage des AbfG und der Landesabfallgesetze anzufertigen ist[43]. Durch diese gesetzlichen Bestimmungen ist jede entsorgungspflichtige Körperschaft – es handelt sich konkret um Kreise und kreisfreie Städte – dazu verpflichtet, ein Konzept für die im Entsorgungsgebiet anfallenden Abfälle aufzustellen[44]. In diesem Konzept ist dem Gedanken der Abfallvermeidung, -verminderung, -verwertung und der ökologischen Beseitigung Rechnung zu tragen. Darüber hinaus fließen die individuellen Parameter der Region mit ein. Dazu zählen die örtlichen Verhältnisse, die Möglichkeit und der Bedarf der

---

[40] Vgl. *Cord-Landwehr* 2000, S. 14.

[41] Vgl. dazu EU-Richtlinie 75/442/EWG und 91/156/EWG.

[42] Vgl. *van Wickeren* et al. 1991 S. 95.

[43] Vgl. *Huber/Kranert/Kloos/Alt* 1994, S. 727.

[44] Vgl. *Erbguth* 1997, S. 23.

Vermarktung von Rohstoffen und auch Energie etc. Da die Parameter in den Regionen durchaus ungleich ausgeprägt sind, sind die aufgestellten Abfallwirtschaftskonzepte zum Teil auf sehr unterschiedliche Inhalte bezogen. Aus dem Konzept muss hervorgehen, welche Abfälle in welcher Menge voraussichtlich im Betrachtungszeitraum entstehen werden, und welche Verwertungs- und Behandlungsmethoden in der Region Anwendung finden sollen. Dabei sind genau definierte Prioritäten einzuhalten. Bei den Siedlungsabfällen kommt die stoffliche und die thermische Verwertung gleichsam in Betracht. Bestimmte Abfallarten eignen sich darüber hinaus für die Kompostierung. Die Thematik der Sonderabfallbehandlung wird dann relevant, wenn Abfallarten mit besonderen Schadstoffen versehen sind. In diesem Fall sieht das Konzept zunächst die Schadstoffentfrachtung vor. Die Ablagerung auf Deponien stellt die letzte Stufe in den abfallwirtschaftlichen Konzepten dar und sollte nur für Reststoffe Anwendung finden. Diese Feststellung gilt gleichermaßen auch für Abfälle aus Industrie und Gewerbe.

Zusammenfassend soll festgehalten werden, dass integrierte Abfallkonzepte dadurch gekennzeichnet sind, dass die Struktur der abfallwirtschaftlichen Entsorgung, in die die Forderungen von gesetzlichen, wissenschaftlichen, gesellschaftlichen und politischen Regelungen eingegangen sind, auf die regionalen Besonderheiten transferiert wird. So beinhaltet ein Abfallwirtschaftskonzept sowohl den Soll-Zustand innerhalb eines Planungsgebietes als auch die notwendige Maßnahmenplanung, die zur Erreichung der formulierten Ziele notwendig ist[45].

Abbildung 3 gibt ein mögliches Beispiel eines abfallwirtschaftlichen Konzepts aus der qualitativen Perspektive wieder. Zur Vollständigkeit des Konzepts wäre der quantitative Aspekt in Form einer Massenstrombetrachtung mit einzubeziehen[46].

2.3 Zielhierarchie in der Abfallwirtschaft

Das Postulat des KrW-/AbfG formuliert eine klare *Zielhierarchie* innerhalb der Grundpflichten der Abfallwirtschaft, zu denen *Vermeiden, Entsorgen, Verwerten* und *kontrolliert Beseitigen* gehören[47]. Grundsätzlich gilt die Forderung, dass Abfälle bereits in ihrer Entstehung zu vermeiden sind[48]. Ist dieses nicht möglich, dann müssen entstandene Abfälle der Entsorgung zugeführt werden. Entsorgung wiederum ist ein Oberbegriff für die Verwertung und für die Beseitigung von Abfällen[49]. Hier existiert die Hierarchie, dass die Verwertung der Beseitigung vorzuziehen ist, sofern dieses

---

[45] Vgl. *Huber* et al. 1994, S. 727.

[46] Vgl. *Huber* et al. 1994, S. 747.

[47] Vgl. *Jung* 1994, S. 8.

[48] Vgl. § 1 a AbfG.

[49] Vgl. § 1 Abs. 2 AbfG.

grundsätzlich möglich ist[50]. Die Zielhierarchie, die das Kreislaufwirtschaftsgesetz festlegt[51], sowie ihre definitorischen Quellen sind in Abbildung 4 dargestellt.

2.3.1 Vermeidung von Abfällen

Bei der Forderung nach der Vermeidung von Abfällen steht die trivial anlautende Philosophie dahinter, dass Abfälle erst gar nicht entstehen sollen[52]. Der Tatbestand der Vermeidung hat zwei Aspekte. Zum einen ist der *quantitative Aspekt* gemeint, bei dem eine *Mengenreduktion* belastender Abfälle zum Tragen kommt. Zum anderen wird die *qualitative Vermeidung* von Abfällen angestrebt, indem *Schadstoffe reduziert* werden, deren Rest dann allerdings der Entsorgung zugeführt werden muss[53].

Bemerkenswerterweise existiert keine Gesetzesnorm, die die Forderung nach Vermeidung von Abfällen um ihrer selbst willen enthält[54]. Deutlich wird dieser Mangel im *Bundesimmissionsschutzgesetz*, auf das das Abfallgesetz verweist und in dem die Forderung ausgedrückt ist, dass Abfälle zu vermeiden sind, wenn ihre Verwertung zu Umweltproblemen führen würde[55]. Sofern aber Verwertungsverfahren existieren, rangieren Vermeidung und Verwertung von Abfällen zunächst einmal auf einer gleichwertigen Ebene, was im ökologischen Sinne bedenklich stimmt und in dieser Form eine Verletzung der eigentlich gewollten Zielhierarchie der Grundpflichten bedeutet.

2.3.2 Verwertung von Abfällen

Das Abfallgesetz fordert, dass die *Verwertung* von Abfällen *Vorrang* vor der sonstigen Entsorgung hat, sofern sie technisch möglich ist, die entstehenden Mehrkosten im Vergleich zur Entsorgung noch zumutbar sind und für die gewonnenen Stoffe oder Energien ein Markt vorhanden ist bzw. durch einen Dritten geschaffen werden kann[56].

---

[50] Vgl. § 3 Abs. 2 Satz 3 AbfG.

[51] Vgl. *Bilitewski/Härdtle/Marek* 2000, S. 13.

[52] Vgl. *Görner/Hübner* 2002, S. B-39.

[53] Vgl. *Bank* 2000, S. 878.

[54] Vgl. *Jung* 1994, S. 11.

[55] Vgl. § 5, Abs. 1 Nr. 3 BimSchG.

[56] Vgl. § 3 Abs. 2 Satz 3 KrW-/AbfG.

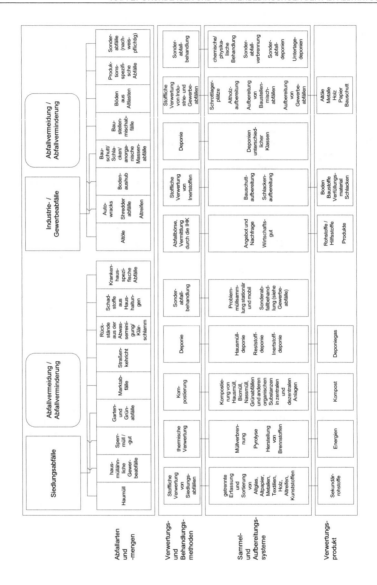

Abbildung 3: Beispiel eines abfallwirtschaftlichen Konzepts[57]

---

[57] Vgl. *van Wickeren* et al. 1991, S. 97.

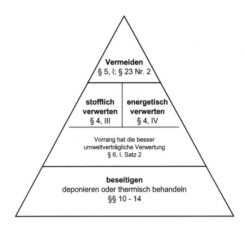

Abbildung 4: Zielhierarchie des Kreislaufwirtschaftsgesetzes[58]

Bei der wirtschaftlichen Betrachtung wird also per Gesetzesdefinition der Begriff der *Zumutbarkeit von Mehrkosten* ins Spiel gebracht. Hierzu muss ergänzt werden, dass diese Kosten über *Gebühren* auf die Abfallerzeuger umgelegt werden können[59], was die Rationalität der Entscheidungen von Anlagenbetreibern beeinflussen kann. Sofern eine Kostengegenüberstellung von Deponierung und Verwertung erfolgt, hat diese auf einer realistischen betriebswirtschaftlichen Grundlage zu fußen. Gerne wird angeführt, dass das Deponieren von Abfällen preiswert sei, jedoch wird bei dieser Betrachtung nicht selten außer Acht gelassen, dass Deponien in ihrer Nachsorge erhebliche Kosten über einen langen Zeitraum verursachen[60].

Das KrW-/AbfG unterscheidet zwei Arten der Verwertung. Das ist zum einen die *stoffliche* und zum anderen die *energetische Verwertung*. Eine Verwertung wird als stofflich bezeichnet, wenn die angewandten Verfahren eine Rückgewinnung von Stoffen oder die Nutzung von stofflichen Eigenschaften erlaubt[61]. Die energetische Verwertung nutzt den Abfall zur Gewinnung von Energie. Sie ist zulässig wenn bestimmte Mindestanforderungen hinsichtlich Heizwert, Feuerungswirkungsgrad, Wärmenutzung etc. eingehalten werden[62] und steht dann der stofflichen Verwertung gleichwertig gegenüber.

---

[58] Vgl. *Köller* 1997, S. 105.

[59] Vgl. *Jung* 1994, S. 17.

[60] Vgl. *Jung* 1994, S. 18.

[61] Vgl. *Görner/Hübner* 2002, S. B-39.

[62] Vgl. § 6 Abs. 2 KrW-/AbfG.

2.3.3 Beseitigung von Abfällen

Zur Beseitigung von Abfällen formuliert das KrW-/AbfG, dass Erzeuger oder Besitzer von Abfällen, die nicht in die Verwertung gegeben werden können, diese einer *gemeinwohlverträglichen Beseitigung* zuzuführen haben[63]. Charakteristisch für die Beseitigung ist, dass es sich dabei um eine Eingabe in das Ökosystem handelt[64]. Konkret bedeutet dieses, dass entweder der Boden auf Deponien belastet bzw. die Luft bei Verbrennungsvorgängen oder Gewässer bei Einleitungsvorgängen verschmutzt wird. Auch hier ist per Gesetz vorgeschrieben, dass die bei diesen Vorgängen freiwerdenden Energien zu nutzen sind[65], was aber nur ein Nebenzweck innerhalb des Prozesses ist. Hierin liegt auch der Unterschied zur Verbrennung innerhalb der Verwertung, denn dort ist die energetische Ausnutzung der Hauptzweck[66].

2.4 Angewandte Verfahren in der Abfallwirtschaft

Bis zum Ende der sechziger Jahre konnte beobachtet werden, dass die Deponien relativ unsensibel mit allen Abfallarten belagert wurden. Mit dem *Abfallbeseitigungsgesetz* aus dem Jahr 1972 fand jedoch ein grundlegendes Umdenken statt, das zur Schließung einer Vielzahl von Deponien führte. Die Anzahl der Deponien betrug in diesem Jahr ca. 50.000, von denen nach ihrer Schließung viele als schwer sanierbare Altlasten zurückblieben.

Der durch dieses Gesetz ausgelöste Trend hatte zur Folge, dass die Entwicklung von den Deponien weg, hin zu *stofflichen und thermischen Verwertungsanlagen* ging[67]. Auch das Aufkommen der klassischen Hausmülldeponien änderte sich. Hier zeigte der Trend zu Zentral- oder Kreisdeponien mit der bereits erwähnten Intention, nur noch für Reststoffe zur Verfügung zu stehen. Heute gibt es noch ca. 376 geordnete Deponien für die Aufnahme des Siedlungsabfalls. Ein etwas anderes Konzept wird für die Lagerung von Inertstoffen, wie Bauschutt oder Erdaushub, verfolgt. Hier ist es aus logistischen Gründen heraus sinnvoll, die ortsnahe Entsorgung zu bevorzugen. Aus diesem Grund werden in der Bundesrepublik Deutschland ca. 2.700 Inertstoffdeponien betrieben. Darüber hinaus gibt es 48 Müllverbrennungsanlagen und 17 Kompostieranlagen, in denen Hausmüll verwertet wird.

Eine neuere Entwicklung im Vergleich zur Deponierung und Verbrennung von Abfällen spiegelt sich in *Aufbereitungsanlagen* wieder, die für getrennt gesammelte Stoffe errichtet worden sind. Im Jahr 1987 verzeichnete man in der Bundesrepublik, um nur ein Beispiel zu nennen, 23 Altglassortier- und Aufbereitungsanlagen.

---

[63] Vgl. § 11 Abs. 2 und § 10 und §§ 13-18 KrW-/AbfG.

[64] Vgl. *Görner/Hübner* 2002, S. B-40.

[65] Vgl. § 10 Abs. 2 KrW-/AbfG.

[66] Vgl. *Bank* 2000, S. 824.

[67] Vgl. *van Wickeren* et al. 1991. S. 96 f.

Im Bereich der Industrie- und Gewerbebetriebe trifft man zum Teil auf betriebseigene Entsorgungsanlagen. Statistisch aufbereitet bedeutet das konkret ca. 1.300 unternehmenseigene Deponien, 2.500 Verbrennungsanlagen und ca. 5.800 Anlagen zur Vorbehandlung von Abfällen, zu denen Neutralisations-, Entgiftungs-, Schlammentwässerungs- und auch Verbrennungsanlagen zählen.

Das größte Problem stellt nach wie vor der Bereich der *Sonderabfälle* dar, die zum überwiegenden Teil noch gelagert oder zur grenzüberschreitenden Entsorgung ins Ausland gebracht werden. Die im Deponiebereich existierenden Kapazitäten stehen allerdings auch nur noch im begrenzten Maß zur Verfügung, so dass diese Thematik in der nahen Zukunft einer Lösung bedarf.

2.4.1 Deponierung von Abfällen

Deponierung bedeutet das *Endlagern* von Abfällen und ist zugleich auch die letzte Stufe der Entsorgungskette. Mengenmäßig werden auf Deponien ca. 71 % des Siedlungsabfallaufkommens gelagert, was zugleich auch den größten Anteil der dort beseitigten Abfälle darstellt[68].

Wie bereits erwähnt wurde, stellt die Vorgehensweise, Abfälle auf geordneten Deponien zu lagern, stellt kurzfristig betrachtet, eine kostengünstige Variante der Abfallentsorgung dar[69]. Es darf jedoch nicht außer Acht gelassen werden, dass sich aus dieser Vorgehensweise zahlreiche Verpflichtungen in zukünftigen Jahren hinsichtlich der Bewahrung der Ressource Umwelt ergeben. Besonders sensibel ist dabei der Aufgabenstellung nachzugehen, wie sich die *Emissionen Sickerwasser und Gas* möglichst wenig belastend auswirken: Beim biologischen Abbau von Abfällen entsteht Gas, dessen Hauptbestandteile Methan und Kohlendioxid sind. Methan ist zwar ungiftig, aber bereits geringe Konzentrationen in der Luft lassen ein explosionsfähiges Gemisch entstehen. Vom Kohlenstoffdioxid dagegen geht ab einem Konzentrationsanteil von ca. 20 % in der Luft eine stark toxische Wirkung aus. Sickerwasser ist Niederschlagswasser, das durch die Ablagerungen hindurchsickert und dabei organisch und chemisch verunreinigt wird. Ein direkter Kontakt mit Oberflächengewässern oder dem Grundwasser hätte mitunter dramatische Folgen für die Vegetation und den Menschen.

Das Problemfeld ist jedoch noch umfassender. Die Auswirkungen von Deponien auf die Umwelt drücken sich in Lärm- Geruchs- und Rauchbelästigungen sowie Verwehungen von Staub und gelagerten Materialen wie z. B. Papier und Folien aus. Hinzu kommt, dass Deponien zu Lebensräumen für Ungeziefer und Insekten werden können.

---

[68] Vgl. *Emslander* 1995, S. 13.

[69] Vgl. *van Wickeren* et al. 1991, S. 250 ff.

2.4.2 Thermische Behandlung von Abfällen

Die thermische Behandlung von Abfällen ist ein Verfahren, das seit über einhundert Jahren zum Einsatz kommt. Die ursprünglich damit verfolgten Ziele haben auch heute noch Gültigkeit, sind aber mittlerweile durch zahlreiche Aspekte erweitert worden. Zu den traditionellen Zielen zählt die *Volumenreduzierung*, der geringere Bedarf von Deponieflächen, die kurzen Transportwege und damit verbunden geringere Logistikkosten, die *Gewinnung von Schlacken* für den Straßenbau und von *Füllmaterial* für den Bergbau und nicht zuletzt die *Nutzung der Energie* für die Wärme- und Stromerzeugung[70]. Die Verbrennungsanlagen der neueren Generation bieten darüber hinaus einen entscheidenden weiteren Vorteil, denn die technische Güte der Anlagen verursacht nur noch eine geringe Belastung der Umwelt durch Emissionen. Zudem haben sich die Verfahren verbessert, die bei der Verbrennung freigesetzte Energie nutzbringend anderen Prozessen zuführen. Würde der gesamte Abfall der Haushalte dem Verbrennungsprozess zugeführt, mit der Zielsetzung Energie zu gewinnen, so wäre die umgewandelte Energiemenge mit 2 Prozent allerdings nur ein bescheidener Substitutionsanteil am gesamten Energieverbrauch der Bundesrepublik Deutschland. Der gravierende Vorteil ist hier eher regional zu sehen. Zwischen 8 und 15 Prozent des Strom- und Wärmebedarfs einzelner Regionen könnte auf diese Art aufgebracht werden.

Die zur Anwendung gelangenden Verfahren der thermischen Behandlung sind die Abfallverbrennung aber auch die Abfallpyrolyse (Entgasung/Vergasung), die Hydrierung und die Trocknungsverfahren. Die größte Bedeutung kommt zweifelsohne der Verbrennung zu. Bei der Verbrennung werden stofflich nicht mehr verwertbare Reststoffe (Restabfall) so behandelt, dass sich folgende Wirkungen einstellen[71]:

- Inertisierung des Restabfalls bei gleichzeitiger Minimierung der abgas- und wasserseitigen Emmissionen,
- Zerstörung der Schadstoffe bei organischen Stoffen bzw. Schadstoffkonzentrierung bei anorganischen Schadstoffen,
- Verminderung des zur Deponierung anstehenden Abfallaufkommens, insbesondere des Volumens,
- Ausnutzung des Heizwertes des Abfalls zur Schonung der Energieressourcen und
- Überführung der Rückstände in verwertbare Sekundärprodukte zur Schonung sonstiger Ressourcen (Stoffkreislauf).

In der Aufzählung drückt sich in aufsteigender Form die in der Abfallwirtschaft bestehende Priorität aus.

---

[70] Vgl. *van Wickeren* et al. 1991, S. 166 ff.

[71] Vgl. *Bilitewski/Härdtle/Marek* 2000, S. 221.

2.4.3 Kompostierung von Abfällen

Bei der Kompostierung von pflanzlichen und tierischen Abfällen findet unter bestimmten Milieubedingungen innerhalb eines Zeitraums ein *Zersetzungsprozess* organischer Substanzen statt. Deutlich wird, dass sich dieses Verfahren lediglich für unbelastete Abfälle wie Hausmüll, Grünabfälle oder auch Klärschlamm eignet[72]. Neben den organischen Abfällen eignen sich auch bestimmte Anteile aus dem Aufkommen des Altpapiers und der Altpappe zum Kompostieren. Zum Einsatz kommen sehr unterschiedliche Kompostierverfahren, die Komposte unterschiedlicher Güte und Weiterverwendbarkeit ergeben. Im Blickpunkt der Betrachtung steht dabei die Vermarktungsfähigkeit von Frisch-, Fertig- und Spezialkomposten. Bei entsprechender Trennung des Hausmülls eignen sich ca. 50 Prozent des Hausmüllaufkommens für die Kompostierung. Die Erkenntnisse, die im Laufe der Zeit erworben wurden, lassen sich zum Teil auch auf organische Nichthausmüll-Abfallstoffe übertragen.

2.4.4 Sonderbehandlung von Abfällen

Die Entsorgung von Sonderabfällen stellt besondere Anforderungen hinsichtlich Transport, Lagerung und anzuwendender Verfahren an die Abfall- und Entsorgungswirtschaft[73]. Um diesen Anforderungen gerecht zu werden, bedarf es detaillierter Informationen über die Herkunft und Zusammensetzung der Abfälle. Aus diesem Grund müssen *Abfallpässe bzw. Entsorgungsnachweise* mit diesen Abfallarten geführt werden, mittels derer eine genaue Analytik der Abfallzusammensetzung und eine Entscheidung über den Entsorgungs- oder Aufbereitungsweg möglich ist.

Zu den zum Einsatz gelangenden Verfahren gehören zunächst die *chemisch-physikalischen*. Das Anwenden dieser Verfahren ist dann notwendig, wenn ein Abfall Stoffe enthält, die zur Verwertung oder Entsorgung abgetrennt, umgewandelt oder immobilisiert werden müssen. Kennzeichen der chemischen Verfahren, zu denen die Neutralisation, Entgiftung, Fällung oder auch Emulsionsspaltung gehören, ist die stoffliche Umwandlung der Ausgangskomponenten mit dem Ergebnis, einen neuen und unproblematischeren Stoff zu erzeugen.

Zu den physikalischen Verfahren gehören neben anderen die Konfektionierung, Konditionierung oder auch mechanische Entwässerung. Zu ihren Charakteristika zählt, dass die stoffliche Zusammensetzung grundsätzlich erhalten bleibt.

Ein weiteres Verfahren ist die *Verfestigung von Sonderabfällen*. Das Besondere dabei ist, dass die problematischen Stoffe nach wie vor in gleicher Konzentration vorhanden sind, aber die Möglichkeit ihrer Freisetzung (Eluierbarkeit) deutlich verzögert bis eliminiert ist[74].

---

[72] Vgl. *van Wickeren* et al. 1991, S. 120 ff.

[73] Vgl. *van Wickeren* et al. 1991, S. 300 ff.

[74] Vgl. *van Wickeren* et al. 1991, S. 314 f.

Bei der *thermischen Sonderabfallbehandlung* wird die Zielsetzung verfolgt, die organischen Bestandteile des Abfalls zu zersetzen und damit auch unschädlich zu machen. Das geschieht mittels einer Aufoxidierung von Kohlenstoff und Wasserstoff, die Hauptkomponenten jeder organischen Verbindung sind, zu Kohlendioxid und Wasser. So betrachtet ist dieses Verfahren dem Sinne nach auch ein chemisches Verfahren.

Die Deponierung von Sonderabfällen gliedert sich in zwei unterschiedliche Deponierungsarten. Man unterscheidet zwischen *oberirdischen Sonderabfalldeponien* (SAD) und *Untertagedeponien* (UTD). Letztere sind besonders dann zu bevorzugen, wenn es sich um stark toxische und wasserlösliche Sonderabfälle handelt, deren Entweichen durch eine geologische Barriere verhindert werden kann[75].

2.5 Abfalllogistik

Aus der Perspektive der privaten Haushalte ist der Gesichtspunkt der *Regelmäßigkeit* der Müllabfuhr, wie es sich umgangssprachlich etabliert hat, ein ganz entscheidendes Gütekriterium. In definierten Zeitabständen werden die Sammelbehälter der Haushalte entleert, so dass in diesem Bereich die Entsorgungssicherheit gegeben ist. Steht dieser Dienstleistung eine günstige Kostenstruktur gegenüber und geht von dem abgefahren Abfall keine weitere Belästigung aus, dann ist aus Bürgersicht der logistische Aspekt der Abfallentsorgung befriedigend gelöst[76]. Damit ist aber nur ein kleiner Ausschnitt der Aufgaben beschrieben, die sich für die Abfall- und Entsorgungswirtschaft in logistischer Hinsicht stellen[77], denn in alle logistischen Überlegungen ist mit einzubeziehen, dass neben den Sammel- und Transportvorgängen die Berücksichtigung der Kriterien Hygiene, Wirtschaftlichkeit, Arbeitsmedizin und die Zusammenhänge der sich anschließenden Behandlung, Verwertung und Entsorgung sichergestellt sein müssen. Abfalllogistik ist somit eine komplexe Aufgabenstellung.

Damit ein wirkungsvoller Umweltschutz stattfinden kann, müssen Abfälle verwertungsdifferenziert, vollständig und anlagenspezifisch gesammelt werden. Erst dann ist es möglich, den umweltgesetzlichen Auflagen für eine geordnete Verwertung und Entsorgung nachzukommen. Die Sammlung und der Transport leisten dafür einen ersten, jedoch auch entscheidenden Beitrag. In diesem Zusammenhang spricht man davon, dass Sammlung und Transport die Netzseite der Abfallentsorgung bilden, während die Verwertung bzw. Entsorgung die Werksseite darstellen[78].

Das Gesetz über die Vermeidung und Entsorgung von Abfällen (Abfallgesetz) definiert die Entsorgung von Abfällen als *hoheitliche Aufgabe der Gemeinden*. Kreisan-

---

[75] Vgl. *van Wickeren* et al. 1991, S. 326.

[76] § 1 Abs. 2 AbfG definiert, dass die Abfallbeseitigung neben der Gewinnung von Stoffen oder Energieerzeugung aus Abfällen, der Behandlung und Ablagerung auch alle notwendigen Maßnahmen des Einsammelns, Beförderns und Lagerns umfasst.

[77] Vgl. *Bilitewski/Härdtle/Marek* 2000, S. 75 ff.

[78] Vgl. *van Wickeren* et al. 1991, S. 57 ff.

gehörige Gemeinden haben ganz konkret die Verantwortung für die Einsammlung und den Transport des Abfalls. Dem Kreis wiederum ist die Verantwortung für die Entsorgung zugeordnet. Bei den kreisfreien Städten liegen beide Verantwortlichkeiten in einer Hand vereint. Gleichzeitig erlaubt das Gesetz, für die Aufgabenbereiche Dritte, wie z. B. private Entsorgungsunternehmen, mit einzubeziehen, jedoch ohne dabei die *Gewissensschuld* von den öffentlichen Körperschaften abwälzen zu können[79].

2.5.1 Sammlung der Abfälle

Die bei der Sammlung von Abfällen zum Einsatz gelangende Entsorgungstechnik ist vielschichtig. Für die Sammlung von Hausmüll, hausmüllähnlichen Abfällen und die getrennt erfassten Wertstoffe gelangen sogenannte *Sammelsysteme*, worunter eine Kombination aus menschlicher Arbeitskraft und technischen Betriebsmitteln zu verstehen ist, zum Einsatz[80]. Die Sammlung von Sperrmüll erfolgt dagegen systemlos.

Bei den Sammelsystemen haben sich drei Verfahren herauskristallisiert, die flächendeckend in der gesamten Bundesrepublik Deutschland zum Einsatz gelangen. Es handelt sich dabei um das *Behälterumleersystem*, *Behälterwechsel- oder Umtauschsystem* und das *Müllsack- bzw. Einwegsystem*. Ihnen zu Eigen ist, dass es sich in allen drei Fällen um straßengebundene Systeme handelt. Dem gegenüber stehen sogenannte Sonderverfahren, wie z. B. das rohrleitungsgebundene System, in dem Abfälle über einen pneumatischen Transport vom Ort ihres Entstehens entfernt werden. Diese Sonderverfahren kommen zum gegenwärtigen Zeitpunkt jedoch nur partiell zum Einsatz.

Beim *Behälterumleersystem* wird der Inhalt eines Abfallgefäßes über Hub- und Schüttvorrichtungen in ein Müllsammelfahrzeug entleert und dasselbe Gefäß verbleibt für die erneute Sammlung am Standort. Hierbei werden zwei Dienstleistungen unterschieden. Das ist zum einen der Vollservice, der dann stattfindet, wenn das Abfall- und Entsorgungsunternehmen auch den Transport des Abfalls mit übernimmt. Beim Teilservice ist die Transportleistung Aufgabe desjenigen, der den Abfall besitzt.

Beim *Behälterwechsel- oder Umtauschsystem* wird ein voller Container gegen einen leeren ausgetauscht bevor die anlagenspezifische Entsorgung stattfindet. Dieses System kommt in der Regel nur noch dann zum Einsatz, wenn die Container zum einen sehr groß (größer als 12 m^3) oder sehr schwer sind (schwerer als 3,5 t). Das Verfahren ist wegen zusätzlicher Fahrtstrecken weniger wirtschaftlich als das Behälterumleersystem und außerdem belastet es die Umwelt und die Infrastruktur deutlich mehr.

Beim *Müllsack- oder Einwegsystem* kommen Müll- oder Abfallsäcke statt fester Behälter zum Einsatz. Dieses Verfahren ist in der Bundesrepublik weniger verbreitet, da

---

[79] Vgl. zum Thema ‚Einbindung Dritter' ausführlich *Cantner* 1997, S. 80 ff.

[80] Detailliert wird ein Sammelsystem durch die Kriterien Sammelverfahren, Behälter, Fahrzeug mit Einrichtungen und Personal beschrieben.

sich zahlreiche Nachteile damit verbinden. Zu nennen ist die Arbeitssicherheit, da für die Müllwerker ein deutlich höheres Risiko besteht, sich beim Öffnen der Säcke Verletzungen durch scharfe oder spitze Gegenstände zuzufügen. Zudem ist das Risiko der Umweltverunreinigung durch überfüllte, nicht verschlossene oder beschädigte Säcke wesentlich größer.

Zusammenfassend kann man festhalten, dass für Wohnhaushalte und den Gewerbe-, Industrie- und Dienstleistungsbereich das Behälterumleersystem überwiegend zum Einsatz kommt, während Wechselsysteme im Regelfall nur im gewerblichen Sektor Verwendung finden.

2.5.2 Transport der Abfälle

Zum Transport von Abfällen kommen je nach Abfallbeschaffenheit *Spezialfahrzeuge* zum Einsatz. Sie sind nach den geltenden rechtlichen Erfordernissen sowie nach den Belangen der Verkehrssicherheit, des Lärm- und Umweltschutzes und Kriterien der Wirtschaftlichkeit konzipiert[81]. In enger Zusammenarbeit mit der Fahrzeugindustrie ist mittlerweile ein breites Angebot solcher Fahrzeuge am Markt erhältlich. Im Gegensatz zu handelsüblichen Transportfahrzeugen verfügen sie neben der notwendigen Standardkomponente des Fahrgestells um Spezialaufbauten zur Aufnahme des Abfalls und um individuelle Schüttungssysteme zum Be- und Entladen des Abfallbehälters. Die Besonderheit dieser Schüttsysteme liegt darin begründet, dass sie unterschiedliche Behältergrößen aufnehmen können und für diese Behälter einen staubarmen Schüttvorgang ermöglichen[82]. Der Abfall gelangt auf diesem Weg in einen geschlossenen Spezialaufbau des Fahrzeugs, in dem sich unterschiedliche Verdichtungsvorrichtungen befinden, die dafür Sorge tragen, dass das Volumen des abzufahrenden Abfalls reduziert wird und somit der Vorgang der Entleerung aus wirtschaftlichen Gesichtspunkten hinausgezögert wird. Auf diese Art ist es möglich, in Fahrzeugen mit einem zulässigen Gesamtgewicht von 38 Tonnen eine Nutzlast von bis zu 20 Tonnen aufzunehmen[83].

Die Sammlung der Abfälle bei den einzelnen Haushalten und den Industriebetrieben erfolgt im Regelfall mit Straßenfahrzeugen, die den eingesammelten Abfall zu Umschlagstationen oder auch Deponien oder Behandlungsanlagen weiter transportieren. Für den Transport der Abfälle von Umschlagstationen zu Behandlungsanlagen kommen neben den Transporten auf der Straße auch Transporte auf der Schiene oder auf dem Wasser in Betracht. Diese Vorgehensweise entlastet die Infrastruktur und erweist sich je nach regionaler Besonderheit zudem als kostengünstig[84].

---

[81] Vgl. *van Wickeren* et al. 1991, S. 67 ff.

[82] Vgl. *Bilitewski/Härdtle/Marek* 2000, S. 92.

[83] Vgl. *Bilitewski/Härdtle/Marek* 2000, S. 95.

[84] Vgl. *Bilitewski/Härdtle/Marek* 2000, S. 97 f.

2.6 Unternehmertum in der Abfallwirtschaft

Die Entwicklung der Unternehmen im Abfall- und Entsorgungsmarkt bis zum heutigen Erscheinungsbild geht im Wesentlichen auf die Zeit nach dem Zweiten Weltkrieg zurück[85]. Mit dem Wiederaufbau der Städte, dem zunehmenden Wohlstand der Bevölkerung – zunächst in den Städten, sehr schnell aber auch auf die ländlichen Gegenden übergreifend – wuchs auch das Abfallaufkommen quasi als *Kuppelprodukt des Konsums*[86] und damit die Notwendigkeit der flächendeckenden geordneten Entsorgung. Durch kürzere Gebrauchs- und Verbrauchszyklen in den privaten Haushalten wurde der Begriff der ‚*Wegwerfgesellschaft*' begründet. Zusammenfassend kann man sagen, dass diese Entwicklung sehr schnell die Frage aufwarf, wie das durch Wohlstandsmehrung induzierte abfallwirtschaftliche Aufgabenspektrum in der Zukunft bewältigt werden sollte.

Eine Antwort dazu findet sich zunächst mit Blick auf die Strukturen in der Abfallwirtschaft vor Kriegsbeginn. Abfallentsorgung war als hoheitliche Aufgabe verstanden worden. Dementsprechend gab es kommunale Unternehmen, die sich dieser Aufgabenstellung widmeten. Es war nahliegend, dass die Entsorgungsstrukturen der Vorkriegszeit zunächst wieder etabliert wurden. Das alleine erwies sich jedoch nicht als ausreichend. Zu Beginn der fünfziger Jahre lebten bereits über 53 Prozent der deutschen Bevölkerung (ca. 27 Millionen Menschen) in ländlichen Gemeinden und Ortschaften mit weniger als 20.000 Einwohnern. Schwerpunkt der Tätigkeit der *kommunalen Entsorgungsunternehmen* waren traditionell die Ballungsgebiete und großen Städte, so dass in dieser Hinsicht für die ländlichen Regionen ein neues Anforderungsprofil entstand. Die gesetzliche Pflicht verlangte nämlich, dass der Gedanke der Entsorgungssicherheit nicht an den Toren der Stadt halt machte. Die Einbeziehung der ländlichen Regionen hätte aus kommunaler Sicht einen erheblichen Investitionsbedarf bedeutet, der selbst in der Zeit des damaligen Wirtschaftswachstums als problematisch einzustufen war. Aus diesem Gedanken heraus, war die Basis einer partnerschaftlichen Zusammenarbeit zwischen *Privatunternehmen* und den Kommunen gelegt, die auch heute noch ihre Gültigkeit besitzt. Private Abfuhr-, Beseitigungs- und Verwertungsaufgaben werden seitdem teilweise an privatwirtschaftlich organisierte Entsorgungsunternehmen vergeben, während bei den Kommunen die hoheitliche Funktion der Planung, Kontrolle und Beratung verblieben ist.

Aus diesem Nachfragesog heraus haben zahlreiche private Unternehmen, die sich ursprünglich überwiegend in logistiknahen Branchen betätigten, ihre unternehmerische Chance genutzt. Einige von ihnen sind zu namhaften Unternehmen expandiert, die auch heute noch eine bedeutende Rolle in der Branche haben. Zu nennen sind beispielhaft *Remondis* im Münsterland, *Edelhoff/Lobbe* im Märkischen Kreis und Sauerland, *Wagner* im Rhein-Lahn-Kreis, *Becker* in Rheinland-Pfalz oder *Altvater* in Rheinhessen. Die Marktbedingungen waren für diese Unternehmen so vorteilhaft, dass aus Kleinunternehmen zum Teil hochspezialisierte Konzerne mit mehreren Tausend Mitarbeitern entstanden sind.

---

[85] Vgl. *Jeschonek* 2001, S. 48 ff.

[86] Vgl. *Ebert* 1993, S. 29.

Eine besondere Bedeutung auf dem Weg zur Branche der Abfall- und Entsorgungswirtschaft ist der Unternehmerpersönlichkeit *Gustav Edelhoff* zuzuweisen. Er selbst ließ sich im Jahr 1952 im Alter von 52 Jahren als Angestellter der Stadt Iserlohn – zunächst für ein halbes Jahr – beurlauben und gründete mit einem selbstgebauten Fäkalienwagen das *Institut für Gruben- und Kanalreinigung*, mit dem er die Fäkalienabfuhr mehrerer kleinen Nachbargemeinden Iserlohns durchführte. Bereits zwei Jahre später war das Unternehmen etabliert und die Unternehmensweichen konsequent auf Wachstum gestellt. Im Jahr 1962 erwirtschaftete er mit 107 Beschäftigten und 31 Fahrzeugen einen Umsatz von 1,3 Mio. DM und stellte die Entsorgungssicherheit für 575.000 Einwohner her. Er erkannte darüber hinaus, dass die vielen gewachsenen privaten Unternehmen zur Entstehung eines eigenen Wirtschaftszweiges einer zentralen Organisation bedurften und gründete im Jahr 1961 den *Verband des privaten Städtereinigungsgewerbes (VPS)*[87], der in den folgenden Jahren u. a. durch Mitwirken in der *Arbeitsgemeinschaft für Abfallbeseitigung* (AFA) auf Bundesebene weiter an Bedeutung gewann.

25 Jahre nach seiner Gründung wurde der Verband im Jahre 1986 in *Bundesverband der deutschen Entsorgungswirtschaft e. V. (BDE)* umbenannt. Damit trug man dem Gedanken Rechnung, dass die Städtereinigung nur noch ein Segment darstellte, in dem sich die privaten Unternehmen engagierten. Die Tätigkeiten dieser Unternehmen erstreckten sich bereits zu diesem Zeitpunkt über alle Aufgabenfelder des Entsorgungs- und Recyclingbereichs[88].

---

[87] Die Gründungsveranstaltung fand am 20. September 1961 in Offenbach statt. 41 Unternehmen traten dem Verband während dieser Veranstaltung bei und wählten *Gustav Edelhoff* zum Präsidenten. Dieses Amt hielt er bis 1970 inne. Bereits 1971 zählte der Verband 275 Mitgliedsunternehmen. Vgl. *Willms* 2001, S. 150.

[88] Vgl. *Mueller* 2001, S. 84.

3 Historische Entwicklung der Abfallwirtschaft

Im nachfolgenden Kapitel wird die Entwicklung des Abfall- und Entsorgungswesens bis hin zur Entstehung des heutigen Wirtschaftszweiges aufgezeigt. Die gewählte Sicht berücksichtigt zum Teil einen weiten Griff in die Vergangenheit, um aufzuzeigen, dass Abfall und Entsorgung zu allen Zeiten eine Thematik war, die mit dem Wohl der Gesellschaft bilateral verbunden ist. Darin hat sich auch bis zum heutigen Tag nichts geändert, wodurch zu verstehen ist, dass die Abfallwirtschaft bis zum gegenwärtigen Zeitpunkt mit dem öffentlichen Interesse und deswegen auch mit einer staatlichen Lenkung eng verzahnt ist.

Neben der historischen Sicht werden die Parameter herausgearbeitet, die die Branche auch aus heutiger Sicht charakterisieren und determinieren. Zu nennen ist insbesondere die *komplexe und dynamische rechtliche Rahmensituation*, die den Unternehmen der Abfall- und Entsorgungswirtschaft zum einen relativ wenig Freiheitsgrade zur Entscheidung lässt, zum anderen besondere Anforderungen an die Antizipierbarkeit zukünftiger gesetzlicher Entwicklungen stellt, die für eine erfolgreiche strategische Ausrichtung jedoch von Bedeutung ist.

Rechnet man allein das Aufkommen des Hausmülls auf die Anzahl der Bewohner eines Landes um, so ergibt diese Rechnung, dass in den Industrieländern jeder Mensch ein Abfallaufkommen der Bundesrepublik Deutschland von 250 bis 750 kg erzeugt[89]. Betrachtet man das gesamte Abfallaufkommen, so weisen die Zahlen des Jahres 2000 ca. 339 Mio. Tonnen aus, was einem Anteil von 4.170 kg Abfall pro Einwohner beträgt[90]. Die Menge ist zweifelsohne ein Phänomen der industrialisierten Welt, jedoch hat der Abfall in allen Zeiten und Kulturen eine Rolle in der gesellschaftlichen Entwicklung und der Entwicklung der Städte gespielt. Diese Entwicklung soll im Nachfolgenden skizziert werden. Der Grund für diesen Exkurs findet sich darin, dass das Wohlergehen eines Staates und seiner Gesellschaft mit der Frage korreliert, wie mit dem Thema *Hygiene* – und damit auch mit der Thematik des Abfalls – verfahren wird. Gleichzeitig soll aufgezeigt werden, dass es ohne eine Lenkung durch jeweilige Obrigkeiten – staatlich oder auch, wie historisch zu verzeichnen, religiös - keine eigenen Initiativen aus der Gesellschaft gegeben hätte Abfälle zu beseitigen. Aus dieser Betrachtung heraus ist abzuleiten und erst zu verstehen, warum die Abfallwirtschaft auch heute noch mit der staatlichen Lenkung verbunden ist.

3.1 Altertum und Antike

Im Zuge der archäologischen Forschungen sind umfangreiche Erkenntnisse gewonnen worden, wie *unterschiedliche Kulturen* mit dem Abfallaufkommen ihrer Zeit umgegangen sind.

---

[89] Vgl. o. V. 1992, S. 10.

[90] Vgl. *Cord-Landwehr* 2000, S. 12.

In Norddeutschland, Dänemark, England und Skandinavien stießen Archäologen auf steinzeitliche Küchenabfallhaufen, in denen sich in erster Linie Knochen von erlegten Tieren aber auch z. B. unbrauchbar gewordene Jagdwerkzeuge befanden[91]. Auch über die Frage der Abfallbeseitigung sind Hinweise vorhanden. Brandspuren an den Funden lassen darauf schließen, dass diese Abfallhaufen von Zeit zu Zeit angezündet wurden, zumindest dann, wenn die von ihnen ausgehenden Gerüche für benachbarten Siedlungen unerträglich geworden waren[92]. Diese Form der Deponien befand sich außerhalb des Bereiches der Hütten und damit des direkten Wohnumfeldes. Der größte Fund dieser Art ist eine ‚Deponie' in Norwegen, die in der Länge ein Ausmaß von über 300 Metern hatte und insgesamt über ein Abfallvolumen von ca. 170.000 Kubikmeter verfügte[93].

Siedlungen, in denen die Häuser auf Pfähle gebaut waren, gestalteten die Entsorgungsaktivitäten etwas einfacher. Sowohl flüssige als auch feste Abfallstoffe wurden durch eine Klappe im Fußboden der Hütte aus dem direkten Wohnbereich entfernt.

Das älteste überlieferte Dokument über die Bräuche der Entsorgung ist in der Bibel festgehalten[94]. Diese doch eher dogmatischen Vorgaben wurden streng eingehalten. In Jerusalem hatte man bereits eine Entwässerungsanlage, die das Abwasser bis zur Stadtmauer leitete. Dort rieselte es an der Mauer entlang und versickerte im Boden. Das Prinzip hielt man bis zum Mittelalter aufrecht. Der Talmud schrieb vor, dass die Straßen und alle öffentlichen Plätze täglich gekehrt werden mussten. Reinlichkeit und Sauberkeit wurde in Verbindung mit den Grundsätzen von Ethik und Moral geregelt[95].

Intelligente Systeme der Entsorgung findet man auch in den frühen Hochkulturen der Indus und in Mesopotamien. Diesen Kulturkreisen ist zu Eigen, dass Menschen bereits um 3000 vor Christus auf engstem Raum in Ballungsgebieten zusammenlebten. Besonders eindrucksvoll sind die Erkenntnisse, die bei der Ausgrabung der Stadt Mohenjo-Daro gewonnen wurden. Diese Indu-Stadt verfügte über einen schachbrettartigen Grundriss, in dem sich zweigeschossige Ziegelbauten um Innenhöfe gruppierten. Jedes Haus hatte Bäder und Toiletten mit Abflüssen. Die Entwässerungsanlagen waren aus Ton mit Muffenverbindungen und führten die Abwässer zunächst in ein Absetzbecken und von dort in einen Sammelkanal bevor sie in ein Kanalsystem unter der Stadt eingeleitet wurden. Diese frühe Form der Klärtechnik ist auch heute noch vereinzelt in der arabischen Welt anzutreffen. In den Häusern gab es darüber hinaus Abfallschächte, die Abfälle in einen ebenerdigen Raum leiteten. Von dort wurden sie in Tonkrüge aufgesammelt und – so vermuten die Archäologen – von Arbeitern aus der Stadt entfernt. Öffentliche Plätze waren darüber hinaus mit Sam-

---

[91] Vgl. *Beuth* 2001, S. 24.

[92] Vgl. *van Wickeren* et al. 1991, S. 18.

[93] Vgl. *Hösel* 1987, S. 1.

[94] Im 5. Buch Moses, Kapitel 23 liest man über die Regeln, die für das Volk Israel Gültigkeit hatten: Und Du sollst einen Ort außerhalb des Lagers haben, wohin du gehst zur Notdurft der Natur. Und du sollst ein Schäuflein am Gürtel tragen, und wenn du gesessen bist, sollst du ringsum graben und mit Erde bedecken, was von dir gegangen und wovon du erleichtert worden, und soll also dein Lager heilig sein und nichts Unflätiges darin gesehen werden, auf dass der Herr dich nicht verlasse.

[95] Vgl. *Brehm* 1991, S. 14 f.

melbehältern ausgestattet. Ähnliche Erkenntnisse liegen auch über Kreta, Ägypten und andere hoch entwickelte Kulturen vor.

Von den Athenern und Römern ist bekannt, dass sie Quellen kanalisierten und sie durch die Städte ober- und auch unterirdisch hindurch leiteten. Abfälle wurden mit der Strömung in den Kanälen entsorgt. In Rom hatte das Kanalsystem unter der Stadt so immense Ausmaße, dass es mit Booten befahrbar war. Der Hauptsammler, die ‚cloaka maxima', war ca. 4 Meter hoch. Eine Sondersteuer finanzierte die regelmäßige Reinigung und Pflege, die von Kriegsgefangenen ausgeführt wurde. Für die Generalreinigung sorgten große über Aquädukte gespeiste Wasserspeicher, die die Verschmutzung des Leitungssystems in den Tiber spülten und somit Krankheiten und Seuchen von etwa 2 Millionen Menschen, die zur Blütezeit in der Stadt Rom lebten, fernhielten[96].

3.2 Mittelalter

Nahezu unverständlich ist aus heutiger Sicht, dass die hoch entwickelten Erkenntnisse aus Altertum und Antike zu diesem Abschnitt der Menschheitsgeschichte nahezu in Vergessenheit gerieten[97]. Bezeichnen Historiker das Mittelalter in den Annalen als dunkel, so wäre es durchaus treffend, es auch als unsauber zu charakterisieren[98].

Die Geschichtsschreiber hielten fest, dass die Luft in den Städten nahezu bestialisch stank[99] und die damit in Verbindung stehende Verschmutzung wohl auch ursächlich im Zusammenhang mit Pest und Krankheit stand. Der Untergang des Römischen Reiches und die Völkerwanderung im vierten bis sechsten Jahrhundert hatten die Errungenschaften der Vergangenheit vergessen gemacht. Es gab keine hygienischen Einrichtungen und Straßenreinigung oder Müllabfuhr fand nicht mehr statt. Abfälle wurden auf die Straße geworfen oder unmittelbar in Nähe der Häuser gelagert. Die Folge war, dass die Pest Jahrhunderte lang über Europa herrschte und in der Zeit vom vierzehnten Jahrhundert, über den Dreißigjährigen Krieg bis in das neunzehnte Jahrhundert hinein Millionen von Menschen das Leben nahm. Laut Überlieferung soll es Städte gegeben haben, in denen es nur noch möglich war, sich mit Stelzen auf den Straßen zu bewegen, da man ansonsten im Unrat versunken wäre[100].

Selbst in den Burgen, Klöstern und Schlössern – also in den privilegierten Gesellschaftsschichten – waren die Zustände kaum besser zu bezeichnen, obwohl dort eigens Sammelgruben für Fäkalien angelegt waren. Es ist berichtet, dass sich im Schloss zu Erfurt unter dem Festsaal, in dem Kaiser Friedrich I. im Jahre 1183 einen Reichstag abhielt, eine Fäkaliengrube befand. Die dort entstanden Fäulnisgase hat-

---

[96] Vgl. *Weber* 1990, S. 120 f.

[97] Vgl. *Bilitewski* et al., S. 1994, S. 1.

[98] Vgl. *Brehm* 1991, S. 17 ff.

[99] Vgl. *van Wickeren* et al. 1991, S. 18 f.

[100] Vgl. *Hösel* 1987, S. 49.

ten die Holzsäulen, die den Fußboden trugen, so stark angegriffen, dass dieser unter der Last einer Menschenversammlung nachgab. Zwar konnte sich der Kaiser durch einen Sprung in die Fensternische retten, aber drei Fürsten, fünf Grafen und viele Edle sowie mehr als 100 Ritter fanden ein unerfreuliches Ende[101].

Nur zögerlich und immer nur durch schlimmste Zustände angestoßen, nahm man vereinzelt eine Veränderung vor. In Hamburg wurde 1269 die ‚Steinstraße' angelegt, die in der Mitte einen tiefen Rinnstein aufwies. Hier lagerten die umliegenden Bewohner ihre Abfälle ab. War der Gestank wieder einmal mehr unerträglich geworden, erfolgte die Reinigung dieser Rinne. Auch in Paris wurden die Straßen befestigt und Wegemeister eingestellt, die die Reinhaltung zu überwachen hatten. Im Jahr 1285 erließ *König Philipp der Kühne* einen Befehl an die Bürger, der sie verpflichtete, für die Instandhaltung ihrer Straßenseite selber zu sorgen. In Prag wurde nach der Beulenpest im Jahre 1340 einem Fuhrunternehmer die Straßenreinigung übertragen.

3.3 Neuere Zeit

Die Stadt Hamburg erließ im Jahre 1597 eine ‚Pestordnung', die zur Sauberhaltung des dicht besiedelten Stadtkerns verpflichtete. Diesem Vorbild schlossen sich viele Metropolen im folgenden Jahrhundert an. Die Bemühungen führten jedoch erst nachhaltig zum Erfolg, nachdem ein Zuwiderhandeln mit Strafe geahndet wurde. Zu diesem Zeitpunkt schrieb man allerdings schon das achtzehnte bzw. neunzehnte Jahrhundert. So kam König *Friedrich Wilhelm I.* im Jahr 1772 auf eine außergewöhnliche Idee. Er befahl seinem Berliner Militär, die Abfallhaufen vor den Häusern der Bürger wieder in die Wohnungen zurück zu schaufeln. Zu dieser Methode griff er, nachdem eine aus dem Jahr 1587 stammende Verordnung der Stadt Berlin, nach der der Scharfrichter in ‚seiner dienstfreien Zeit' verpflichtet war, das Kopfsteinpflaster zu reinigen, auch nicht zum erhofften Ergebnis geführt hatte. Ebenfalls gescheitert war die im Jahre 1660 erlassene, durchaus doppeldeutig formulierte *‚Kurfürstliche Anordnung von wegen der Berliner Schweine'*, die die Fütterung der Tiere auf den Straßen verbot[102].

Die Stadt Hamburg legte mit der *‚Gassen-Deputation'* aus dem Jahr 1611 erstmals die Verantwortung für die Abfallbeseitigung in die öffentliche Hand[103], indem das Berufsbild des *‚Dreckführers'* geschaffen wurde. Bürger der Stadt wurden zu Dreckführern ernannt, deren Aufgabe es war, gegen geringe Belohnung die Abfuhr des Mülls zu übernehmen. Wirtschaftlich erwies sich dieses Berufsbild trotz der niedrigen Bezahlung als interessant, da sich der eingesammelte Abfall gut an die Bauern umliegender Städte verkaufen ließ. *Dieses ‚Hamburger Dreckführerprinzip'* blieb bis zum Ende des neunzehnten Jahrhunderts aktuell.

---

[101] Vgl. *Beuth* 2001, S. 28.

[102] Vgl. *Brehm* 1991, S. 19.

[103] Vgl. *Brehm* 1991, S. 20.

Die ersten gemeindeeigenen Ablagerungsplätze für Abfall wurden ebenfalls gegen Ende des neunzehnten Jahrhunderts installiert. Im Jahr 1887 richtete die Stadt Berlin drei kontrollierte Gemeindemüllplätze ein, die von der kommunalen Verwaltung ü-berwacht wurden. Bereits im Jahr 1876 baute man in England die erste Müllverbrennungsanlage[104]. Diesem Beispiel folgte die Stadt Hamburg im Jahr 1896[105].

Wissenschaftliche Forschungen von *Luis Pasteur, M. v. Pettenkofer* und *Robert Koch* hatten unmissverständlich den Zusammenhang zwischen öffentlicher Hygiene und Gesundheitsfürsorge offen gelegt[106]. Daraus wuchs auch die Erkenntnis, fortan kein Abwasser mehr ungefiltert ins Trinkwasser einzuleiten und die Nahrungskette dadurch mit einem permanenten Risiko zu versehen.

Alle in dieser Form ergriffenen Maßnahmen brachten zu der Zeit einen revolutionierenden Erfolg mit sich, wenngleich sie aus heutiger Sicht des Abfall- und Schadstoffaufkommens bei isolierter Betrachtung nur eingeschränkt wirksam wären.

Die Zeit nach dem *Deutsch-Französischen Krieg* 1870/71 brachte in Deutschland einen großen industriellen Aufschwung. Als Folge daraus wuchs die Bevölkerung und drängte zunehmend mehr in die Städte. Im Weiteren konnte der Lebensstandard auf breiter Ebene nach und nach angehoben werden, was wiederum zu einem höheren Abfallaufkommen im gewerblichen und im häuslichen Bereich führte[107]. Genau in diese Zeit geht die Gründung vieler kommunaler Städtereinigungsbetriebe und Fuhrparks zurück. Im Jahr 1893 wurde das *'Preußische Kommunalabgabegesetz'* rechtskräftig, nach dem Gemeindeabgaben zum Bau von Kanalisation und zur Einrichtung von stadteigenen Betrieben für die Straßenreinigung und Müllabfuhr erhoben wurden.

Das Jahr 1895 war das Geburtsjahr der *'staubfreien Müllabfuhr'*. Nach einem Erlass des Berliner Polizeipräsidenten durften in der Stadt Berlin die Abfälle nur noch in völlig undurchlässigen, geschlossenen Behältern transportiert werden. Zu diesem Zeitpunkt entstanden durch die Haushaltsgefäße und Hofstandsgefäße die Grundformen der Müllbehälter, die auch heute noch Verwendung finden. Gleichzeit entwickelte man das Wechseltonnen- und das Umleersystem[108].

Im Jahr 1912 schlossen sich fünfzehn Betriebsleiter der städtischen Fuhrpark- und Straßenreinigungsbetriebe zu einem Fachverband zusammen, dem heutigen *'Verband Kommunaler Städtereinigungsbetriebe (VKS)'*, mit der Zielsetzung, die eigenen Arbeitsmethoden im Dialog miteinander hinsichtlich Wirtschaftlichkeit und Effizienz weiterzuentwickeln. Dieser Verband leistete auch bedeutende Mitarbeit bei der Entwicklung geeigneter Müllfahrzeuge, indem er im engen Kontakt mit der Fahrzeugindustrie stand.

---

[104] Vgl. *Versteyl* 1992, S. 6.

[105] Vgl. *Bilitewski/Härdtle/Marek* 2000, S. 2.

[106] Vgl. *Dreher* et al. 1998, S. 3.

[107] Vgl. *van Wickeren* et al. 1991, S. 20 ff.

[108] Vgl. *Hösel* 1987, S. 159.

3.4 Abfallwirtschaft als Objekt rechtlicher Regelung

Nach dem Zweiten Weltkrieg, insbesondere nach der Wirtschaftsreform im Jahr 1948 und dem daraus resultierenden wirtschaftlichen Aufschwung, wurde das Abfallaufkommen wieder zum Problem. In den Jahren 1950 bis 1960 verdoppelte sich die Menge des Hausmülls pro Einwohner. Verantwortlich hierfür waren veränderte Lebensgewohnheiten, denn die Jahre des Verzichts während des Krieges versuchte die Bevölkerung nun durch *Konsum* zu kompensieren.

In den sechziger Jahren landete der Abfall zu 97 Prozent auf Müllkippen. Allein in Deutschland gab es zu diesem Zeitpunkt mehr als 50.000 Deponien, auf denen der Abfall ohne besondere Umweltschutzmaßnahmen hinsichtlich Boden, Luft und Gewässer gelagert wurde[109]. Diese Missstände beschäftigten fortan wiederholt den Bundestag und die Länderparlamente. Am 31. Januar 1963 wurde der *'Erste Bericht der Bundesregierung zum Problem der Beseitigung von Abfallstoffen'* im Bundesrat vorgelegt. Es folgten die Gründung der *'Zentralstelle für Abfallbeseitigung'* beim Bundesgesundheitsamt, der *'Länderarbeitsgemeinschaft Abfall'* und der *'Arbeitsgemeinschaft für Abfallbeseitigung'*. Bis in die siebziger Jahre blieb die Rechtslage in diesem Bereich jedoch sehr diffus. Viele Einzelregelungen, Gesetze und Gebote ließen keine einheitliche Handlungsrichtung erkennen. Erst eine Änderung des Grundgesetzes im März 1972 schaffte die Basis für die dringend notwendigen Vereinheitlichungen. Diese Änderung erlaubte fortan, eine grundlegende Neuordnung des Umweltschutzes vorzunehmen und damit auch die Gesetze der Abfallbeseitigung zu vereinheitlichen. Im Juni des gleichen Jahres trat das *'Gesetz zur Beseitigung von Abfällen' in Kraft*[110], dessen wichtigste Regelung in der Forderung der Unschädlichkeit bei der Abfallbeseitigung bestand[111]. Dieses Gesetz wird auch als *'Abfallgesetz* (AbfG)' bezeichnet. Es folgten mehrere Novellierungen, in denen festgelegt wurde, dass Abfälle zum einen sowohl auf Produktions- als auch Verbraucherebene zu reduzieren seien, zum anderen, sofern möglich, genutzt werden sollten und die Kosten der Beseitigung nach dem Verursacherprinzip zu verteilen seien. Die vierte Novelle des Abfallgesetzes aus dem Jahr 1988 forderte noch eindringlicher formuliert, eine möglichst weitgehende Vermeidung von Abfällen[112]. Für die Bereiche der Produktion gelang damit auch eine weitgehende Verzahnung mit dem Bundesimmissionsschutzgesetz, in dem die Thematik der Abfallvermeidung innerhalb der Produktionsprozesse geregelt ist. Somit war eine Gesetzeslage geschaffen, die eine klare Zielsetzung mit eindeutiger *Rangfolge* erkennen ließ:

- Abfall<u>v</u>ermeidung,
- Abfall<u>v</u>erminderung,
- Abfall<u>v</u>erwertung.

---

[109] Vgl. *Hösel/von Lersner* 1972, Ziffer 1020, S. 2.

[110] Vgl. *Köller* 1997, S. 38.

[111] Vgl. *Hermann* et al. 1995, S. 50.

[112] Vgl. *Bilitewski/Härdtle/Marek* 1994, S. 3.

Da sich Abfälle auch zukünftig nie vollständig vermeiden lassen, ist auch die konventionelle Entsorgung weiterhin unverzichtbar für die Abfallwirtschaft. Die drei ‚V' (Vermeiden, Vermindern, Verwerten) werden auf Grund dieser Tatsache durch einen weiteren Aspekt ergänzt, nämlich um den der Müll_v_erbrennung.

Zusammenfassend kann festgehalten werden, dass das dadurch entstandene „*Vier mal V-Konzept*"[113] durch gesetzliche Regelungen die folgenden Grundsätze betont:

- Entsorgungssicherheit,

- Umweltverträglichkeit,

- Volumenreduktion,

- Kosten,

- Vermarktung von Energie und Stoffen.

Im Jahr 1994 erfolgte eine weitere Verabschiedung eines gesetzlichen Normenwerkes. Nach zweijährigem Ringen zwischen Bundestag und Bundesrat wurde die erste Version des Gesetzes zur Förderung der Kreislaufwirtschaft und Sicherung der umweltverträglichen Beseitigung von Abfällen verabschiedet, das auch als *Kreislaufwirtschafts- und Abfallgesetz* (KrW-/AbfG) bezeichnet wird. Es dauerte noch 2 Jahre, bis dieses Gesetz in Kraft trat. Neu war an diesem Normenwerk der Gedanke, dass nach dem *Verursacherprinzip* das produzierende Gewerbe, der Handel und auch die Konsumenten in die Verantwortung der Vermeidung, Verwertung und Beseitigung von Abfällen mit einbezogen wurden. Die bis zu diesem Zeitpunkt immer noch anzutreffende ‚*end-of-pipe'-Philosophie*'[114] wich in wesentlichen Teilen dem Verursacherprinzip.

3.4.1 Darstellung der gegenwärtigen Situation

So klar und eindeutig heute die Regelungen im gesetzlichen Bereich von ihrer Intention auch erscheinen mögen, so diffus gestaltet sich letztendlich die Umsetzung in der Praxis. Es ist zu konstatieren, dass viele Verordnungen und Gesetze, die aus der aufgezeigten Philosophie heraus erlassen wurden, nicht umgesetzt und gelebt werden. Nach wie vor gibt es keine lückenlose Kontrolle über den Verbleib von Abfällen. Auch ist eine vollständige Harmonisierung der ökonomischen und ökologischen Aspekte theoretischer Natur geblieben. Aus diesem Grund heraus erfahren Gesetze eine einseitige und allein auf monetäre Aspekte ausgerichtete Auslegung und Anwendungsweise. Der Gedanke der Abfallvermeidung und des Recycling ist vor dem Aspekt der Auslastung teurer Entsorgungsanlagen *konfliktträchtig*[115]. In den nachfol-

---

[113] Vgl. *van Wickeren* et al. 1991, S. 22 f.

[114] Vgl. *Weiland* 1995, S. 41 und *Faber/Stephan/Michaelis* 1989, S. 116 ff.

[115] Vgl. *Stegmann* 2003, S. 29.

genden Ausführungen sollen einige ausgewählte Bereiche der rechtlichen Reglung sowie ihre unzureichende Umsetzung in der Praxis exemplarisch aufgezeigt werden. Auf eine umfassende Darstellung der sehr komplexen juristischen Rahmenbedingungen wird hier verzichtet, weil diese im Einzelnen für die Thematik der Arbeit irrelevant sind.

3.4.1.1 Überlassungspflicht der Abfälle und Scheinverwertung

Existierte eine uneingeschränkte und für alle Abfallerzeuger und -besitzer gültige *Überlassungspflicht* der Abfälle, so könnte auch lückenlos garantiert werden, dass der Abfall einer geordneten und umweltverträglichen Entsorgung zugeführt wird. Damit wäre einer Vielzahl von Problemen ein Riegel vorgeschoben. Dieses Ideal ist allerdings nur theoretischer Natur. Grund dafür ist, dass das KrW-/AbfG die Pflicht der Überlassung der Abfälle an die durch Landesrecht legitimierten juristischen Personen – gemeint sind die öffentlich-rechtlichen Entsorgungsträger – für private Haushalte und die übrigen natürlichen und juristischen Personen unterschiedlich regelt[116]. Die Regelung sieht vor, dass *private Haushalte* der Pflicht unterliegen, den durch privates Wirtschaften oder privaten Konsum in ihrer Sphäre entstandenen Abfall den öffentlich-rechtlichen Entsorgungsträgern, gemeint sind die Städte und Kreise oder die von ihnen beauftragten privaten Entsorgungsunternehmen, zu überlassen[117]. Eine Ausnahme ist zulässig, wenn der private Haushalt zu einer gesetzeskonformen Verwertung in der Lage wäre[118]. Abfälle, die in anderen Herkunftsbereichen außerhalb der privaten Haushalte erzeugt werden oder nicht im Besitz privater Haushalte sind, also z. B. in der Sphäre des gewerblichen, industriellen, öffentlichen, landwirtschaftlichen und auch freiberuflichen Handelns anfallen, unterliegen dieser uneingeschränkten Überlassungspflicht nicht[119]. Hier sind Abfälle nur insoweit überlassungspflichtig, als sie nicht in eigenen Anlagen beseitigt werden können, oder als ein überwiegendes Interesse an diesen Abfällen eine Überlassungspflicht begründet. In der konkreten Interpretation bedeutet das, dass Abfälle zur Verwertung nicht per Gesetzesregelung für den öffentlich-rechtlichen Bereich zugänglich sind[120]. Es ist im Weiteren festzustellen, dass selbst Abfälle, die aus privaten Haushalten stammen, entweder zusammen mit Gewerbeabfällen oder – da sie so deklariert werden – als Gewerbeabfälle entsorgt werden. Dieser Fall kommt z. B. in Großwohnanlagen vor, deren Wohnungsbestände zum Teil gewerblich vermietet sind, oder wenn Gewerbe und private Haushalte generell räumlich eng zusammen liegen. In diesem Fall ist entgegen den Regelungen des KrW-/AbfG nicht selten festzustellen, dass private Entsorger sich der Thematik der Verwertung annehmen. Diese Betrachtung ist zwar wirtschaftlich schmerzlich für die kommunalen Entsorgungsunternehmen, wäre öko-

---

[116] Vgl. *Cosson* 1999, S. 119.

[117] Vgl. § 13 Abs. 1 Satz 1 KrW-/AbfG.

[118] Vgl. *Kersting* 1992, S. 24.

[119] Vgl. § 13 Abs. 1 Satz 2 KrW-/AbfG.

[120] Vgl. *Cosson* 1999, S. 121.

logisch jedoch nicht zu beanstanden, wenn nicht folgender Umstand hinzu käme: Da Gewerbetreibende nicht im gleichen Maße zur Trennung der Abfälle verpflichtet sind, wie es bei den privaten Haushalten der Fall ist, werden lediglich 20 bis 30 % dieser Abfälle verwertet, während der verbleibend größere Anteil auf preiswerten Deponien abgelagert wird[121].

Seit dem 01. Januar 2003 ist die *Verordnung über die Entsorgung von gewerblichen Siedlungsabfällen und von bestimmten Bau- und Abbruchabfällen (Gewerbeabfallverordnung)'* als Reaktion darauf in Kraft getreten. Diese Gesetzesnorm versucht die aufgezeigte Rechtslücke zu schließen, indem sie die wesentlichen Anforderungen an die Getrennthaltung von Abfällen, sowie an die Vorbehandlung von Abfallgemischen und auch die zu erreichenden Verwertungsquoten einschließlich der Überwachungsmethoden regelt[122].

3.4.1.2 Deklarierung von Abfällen als Abfälle zur Verwertung

Die Deklarierung des Abfalls als *Abfall zur Verwertung* ist primär die Intention der privaten Entsorgungsunternehmen, wodurch sich eine Monopolstellung kommunaler Entsorgungsunternehmen auflöst. Auch wenn die ursprüngliche Situation der Gesetzgebung eine auf den ersten Blick eindeutige definitorische Abgrenzung zwischen Abfällen zur Verwertung und Abfällen zur Beseitigung ermöglichte, so stößt man in der Auslegung über die Abgrenzung auf erhebliche rechtliche Unsicherheiten. Die Anforderungen, die an Abfälle zur Beseitigung zu stellen sind, sind ungleich höher bezüglich der Exportmöglichkeiten, der Überwachung und – wie ausgeführt – bezüglich der Überlassungspflichten[123]. *Stengler* sieht darin einen Grund, warum die Verwertungsquoten in Deutschland in den letzten Jahren kontinuierlich gestiegen sind, und immer weniger Abfälle beseitigt werden. Sie konstatiert, dass diese Entwicklung – zumindest in einigen Fällen – stattgefunden habe, obwohl keine technischen Veränderungen in der Branche zu verzeichnen waren, sehr wohl aber umfangreiche Bemühungen im semantischen Bereich[124].

Um den Sinn dieser Bemühungen zu verstehen, muss die *Europäische Rechtsdimension* mit einbezogen werden[125]. Sie verpflichtet über die *Abfallrahmenrichtlinie* alle Mitgliedsstaaten, ein ausreichendes Netz von Anlagen aufrecht zu erhalten, so dass die in der Gemeinschaft anfallenden Abfälle auch dort beseitigt werden können. Die Ausfuhr von Abfällen zur Beseitigung ist über dieses Prinzip der europäischen Abfallautarkie prinzipiell verboten[126]. Dagegen ist die Ausfuhr von Abfällen zur Ver-

---

[121] Vgl. *Jaron* 2003, S. 54/1 f.

[122] Vgl. *Beckmann* 2003, S. 389.

[123] Vgl. *Stengler* 2000, S. 21.

[124] Vgl. *Stengler* 2000, S. 21.

[125] Gemeint ist die Richtlinie 75/442/EWG des Rates vom 15. Juli 1975 über Abfälle, ABl.EG Nr. L 194 vom 25. Juli 1975.

[126] Vgl. *Röger* 2001, S. 22 f.

wertung zulässig[127]. Der Grund dafür liegt darin, dass EG-Richtlinien, entgegen dem deutschen Abfallrecht, Abfall als *Ware* deklarieren. Die Argumentation aus EG-Sicht sieht vor, dass Abfälle mit Hilfe von Abfalltechnologien in Sekundärrohstoffe umzuwandeln seien. Der Schluss daraus lautet, dass Abfall ein *Wirtschaftgut* ist[128]. Damit fällt der Abfall zur Verwertung unter das im Europarecht verankerte Postulat der *Freiheit des Warenverkehrs*. Dieses erfährt lediglich dann eine Einschränkung, wenn von dem Abfall als Ware, eine Gefährdung der menschlichen Gesundheit sowie ein Gefährdung des Lebens von Menschen, Tieren oder Pflanzen ausgehen würde[129].

Aus Marktgründen erweist es sich für die Preisgestaltung von Entsorgungsdienstleistungen als sinnvoll, wenn die abfallwirtschaftliche Nachfrage möglichst auf eine Vielzahl von Entsorgungsanlagen zurückgreifen kann, weil dadurch der Markt zum *Käufermarkt* wird. Dieses Ziel wird über den beschriebenen Weg erreicht, indem möglichst viele Abfälle als verwertbar deklariert werden. Über die dargestellte Argumentation – die dem Gedanken des deutschen Abfallrechts entgegen steht und sie bewusst umgeht – ist der Abfallmarkt für die Verbringung von Abfällen international geworden[130].

3.4.1.3 Weitere rechtliche Aspekte in der Praxis

An rechtlichen Regelungen mangelt es in der Abfallwirtschaft nicht. Allerdings zeigt sich in der Praxis, dass eine Vielzahl dieser Regelungen entweder nicht umgesetzt oder umgangen werden[131]. Abfall ist ein *knappes Gut* geworden und das Bemühen, kapitalintensive Behandlungs- oder Verbrennungsanlagen auszulasten, drängt den Gedanken der Abfallvermeidung oder des Recycling in den Hintergrund.

Auch der Gedanke der *Verpackungsverordnung* ist weit von der beabsichtigten Intention entfernt[132]. Ging es ursprünglich darum, Verpackungen an den Erzeuger zurückzugeben, um zukünftig – soweit möglich – Verpackungen zu vermeiden, so sind heute diese Verpackungen für das Duale System Deutschland (DSD) aus Gründen der Kostendeckung geradezu willkommen[133].

---

[127] Es existiert lediglich ein völliges Ausfuhrverbot in die sogenannten AKP-Staaten. Dazu zählen zurzeit 71 Entwicklungsländer Afrikas, der Karibik und des Pazifiks, die das vierte Lomé-Abkommen vom 15. Dezember 1989 unterzeichnet haben.

[128] Vgl. *Peine* 1992, S. 106.

[129] Vgl. *Röger* 2001, S. 26.

[130] Vgl. *Röger* 2001, S. 28.

[131] Vgl. *Stegmann* 2003, S. 29.

[132] Vgl. *Euwid* 2003, S. 15.

[133] Die Verpackungsverordnung (VVO) ist zu Beginn der neunziger Jahre in Kraft getreten und verpflichtet Hersteller und Handel Transportverpackungen (§4) als auch Umverpackungen (§5) und Verkaufsverpackungen (§6) zurückzunehmen. Sie sind wiederzuverwenden oder außerhalb der öffentlichen Entsorgung der stofflichen Verwertung zuzuführen. Damit die Rückgabe der Verpackung sichergestellt ist, wird auf bestimmte Verpackungen ein Pfand erhoben. Über das Duale System kann Rück-

Betrachtet man die *Pfandquoten* für Getränkeverpackungen, so erreichen sie bereits seit Jahren die gesetzlich erwarteten Werte nicht mehr[134].

Obwohl die *Technische Anleitung Siedlungsabfall* (TASI) bereits seit Jahren in Kraft ist, sind die dort formulierten Forderungen bei weitem nicht umgesetzt. Eine Vielzahl von Mülldeponien sind nicht – wie gefordert – basisgedichtet und der Untergrund ist nachweislich durchlässig für Sickerstoffe. Obwohl von diesen Deponien eine hohe ökologische Gefährdung ausgeht, sind sie nach wie vor im Betrieb und erlauben, zu günstigen Preisen Abfälle dort abzulagern.

Seit dem 01. März 2001 fordert die Abfallablagerungsverordnung, dass nur noch *vorbehandelte inertisierte Abfälle* deponiert werden dürfen. Eine *Übergangsfrist* ist bis zum 31. Mai 2005 vereinbart worden, die an bestimmte Voraussetzungen geknüpft ist und Ausnahmecharakter haben sollte. Das Bestreben der Entsorgungsunternehmen, die vorhandenen Deponiekapazitäten noch weitgehend zu verfüllen, hat den Ausnahmecharakter allerdings ad absurdum geführt. Hinzu kommt, dass in der Branche bis zum gegenwärtigen Zeitpunkt keine Einigkeit darüber besteht, ob die vorhandenen Behandlungskapazitäten ab diesem Zeitpunkt ausreichen werden[135]. Damit ist ein hohes Maß an Planungsunsicherheit entstanden und hat eine Passivität bei den Unternehmen der Abfallwirtschaft begründet.

3.4.1.4 Einfluss der Rechtsnormen auf das Wettbewerbsgefüge

Der Einfluss der existierenden Rechtsnormen und deren Auslegung auf die Wettbewerbssituation ist signifikant. Anhand eines in der Entsorgungswirtschaft sehr kontrovers diskutierten Beispiels soll diese These untermauert werden. Es handelt sich um zwei richterliche Urteile des *Europäischen Gerichtshofs* aus dem Jahr 2003, die zur Thematik der Müllverbrennung Stellung nehmen und damit auch Standards setzen.

Vor dem Hintergrund der Ablagerungsverordnung, die es spätestens nach dem 31. Mai 2005 untersagt, unbehandelte Abfälle abzulagern, wird die Frage laut, ob nach diesem Stichtag auch ausreichende Behandlungskapazitäten zur Verfügung stehen, um dem Abfallvolumen gesetzeskonform zu begegnen. In diesem Zusammenhang wird auch die Fragestellung diskutiert, ob genügend Müllverbrennungsanlagen vorhanden sind. Aktuelle Analysen haben ergeben, dass es innerhalb der Bundesrepublik Deutschland insgesamt an thermischer Behandlungskapazität fehlt. Mit Blick auf die langen Planungs- und Genehmigungsverfahren dieser Anlagen ist es absolut unwahrscheinlich, innerhalb nur kurzer Zeit diese Kapazitäten aufzubauen.

In diesem Kontext hatte sich der Europäische Gerichtshof mit der alternativen Vorgehensweise auseinander zu setzen, ob es rechtmäßig sei, Abfälle zur Verbrennung in die belgische Zementindustrie zu verbringen, um sie dort im Rahmen des anfal-

---

nahme bzw. Pfand umgangen werden, sofern sichergestellt ist, dass diese Verpackungen beim Verbraucher oder in dessen Nähe abgeholt werden.

[134] Vgl. *Bilitewski/Härdtle/Marek* 2000, S. 48.

[135] Vgl. *Stegmann* 2003, S. 30.

lenden Produktionsprozesses als Brennmaterial einzusetzen. Der Gerichtshof ent-
schied in einem ersten Urteil „*Abfallverbringung Belgische Zementindustrie*", dass die
Verbrennung in Zementwerken als Maßnahme der Abfallverwertung und nicht der -
beseitigung zu deklarieren sei, was den Export des Abfalls zu diesem Zweck legitimiert[136].

Ähnlich schien der Sachverhalt im zweiten Urteil des Europäischen Gerichtshofs
(„*Müllverbrennungsanlage Luxemburg*"). Den Export des Abfalls in eine Luxemburger
Müllverbrennungsanlage wertete der Gerichtshof jedoch nicht als Maßnahme der
Verwertung sondern der Beseitigung. Grundlage der verkündeten Urteile war die unterschiedliche Betrachtung über den Hauptzweck der beiden Anlagen. Dabei folgte
das Gericht der Fragestellung, ob zur Nutzung der Anlage gemäß ihres *Hauptzwecks*
ein anderer Brennstoff zur Anwendung gelangen könne, um thermische Energie zu
erzeugen. Diese Frage lässt sich im Falle der Zementproduktion zweifelsfrei positiv
beantworten, während bei der Müllverbrennung – auch wenn als Nebenprodukt E-
nergie gewonnen wird – dieses ebenso zweifelsfrei nicht geschehen würde. Diese
beiden Urteile des Europäischen Gerichtshofs besitzen zunächst einmal nur Gültigkeit für die beiden konkret verhandelten Fälle[137]. Allerdings ist zu vermuten, dass
durch die beiden Urteile mit Auswirkungen auf die Wettbewerbssituation der Entsorgungsunternehmen zu rechnen ist. Das volle Ausmaß dieser Rechtsprechung ist jedoch zurzeit noch ungewiss.

3.4.2 Bewertung der rechtlichen Situation

Aus den zahlreichen Entwicklungen, die in obenstehenden Ausführungen aufgezeigt
wurden, zu schließen, dass die Abfallwirtschaft an einen Entwicklungspunkt der zukünftigen Stagnation gekommen sei, wäre grundlegend falsch. Vielmehr ist davon
auszugehen, dass der bereits *spürbare Druck* aus öffentlichem Interesse, politischem
Reglement und nicht zuletzt der Wirtschaftlichkeit und Rentabilität, die ein Betätigen
auf dem Abfall- und Entsorgungsmarkt für Unternehmen erst interessant macht, auch
weiterhin zunehmen wird. Diese Feststellung gilt unabhängig von den politischen
Machtverhältnissen, die die Regierungen von Bund und Länder bestimmen, wenngleich davon auszugehen ist, dass die Schwerpunkte der Parteien unterschiedlich
gesetzt werden.

Bereits heute existieren Rechtsnomen, Verordnungen und Gesetze, die in den
nächsten Jahren das Gesicht der Abfallwirtschaft nachhaltig prägen werden. Rechts-
freie und damit ungeregelte Räume, wie sie noch bis vor wenigen Jahren an der Ta-
gesordnung waren, existieren für einen gewissen Zeitraum zwar noch in Übergangsfristen, jedoch wird bei dem Zusammenwachsen von nationalem und EU-Recht versucht, ein Umgehen des rechtlich Gewollten in der Zukunft kategorisch auszuschließen.

---

[136] Vgl. *Alwast* 2003, S. A-69 ff.

[137] Vgl. *Alwast* 2003, S. A-71 ff.

Hinzu kommt, dass das Bewusstsein der Bevölkerung hinsichtlich der Umweltfragen deutlich gestiegen ist. Bereits in vorschulischen Einrichtungen wird seit Jahren dieses Wissen vermittelt und ist heute aus den Köpfen der Menschen nicht mehr wegzudenken. Man hat aus den Fehlern der Vergangenheit gelernt und leidet bereits heute unter den Folgen begangener Umweltsünden, wie z. B. der Beschädigung der Ozonschutzschicht. Umwelt stiftet Nutzen und diesen Nutzen gilt es auch für nachfolgende Generationen zu bewahren. Sensibel wird die Betrachtung jedoch, wenn der Erhalt der Umwelt mit Kosten verbunden ist, die von jedem Einzelnen zu tragen sind. Hier siegt bei jedem rational handelnden Menschen das *Ökonomische Prinzip*, das viel Nutzen für wenig Mitteleinsatz postuliert. Damit ist die Frage des Aufwands gestellt und führt zu der Forderung, dass die Unternehmen des Abfallmarktes preiswert sein müssen, damit der Kunde ihnen seine Abfälle zur Behandlung, Verwertung bzw. Entsorgung überlässt. An die Unternehmen richtet diese Situation aber eine anspruchsvolle Aufgabe, denn gefordert sind komplexe und z. T. komplizierte Verfahren zur Neutralisation der Belastungen, die vom Abfall ausgehen. Da die Unternehmen der Abfall- und Entsorgungswirtschaft – bis auf wenige Ausnahmen – einen klein- bzw. mittelständischen Charakter haben, was mit begrenzten finanziellen Ressourcen verbunden ist, stellt sich verstärkt die Frage nach den zukünftigen strategischen Ausrichtungen der Unternehmen in der Abfallwirtschaft.

II. Teil: Strategiekonzept aus Sicht der Praxis und dessen Umsetzung durch die Balanced Scorecard

4 Theoretische Grundlagen zur Umfeldanalyse

Im *strategischen Planungsprozess* nutzt man die Unternehmens-[138] und *Umfeldanalyse* zur Beschaffung der bedeutsamen Informationen und Fakten, auf Grund derer die Unternehmens- und Geschäftsfeldstrategien formuliert werden[139].

Der Umfeldanalyse kommt die Aufgabe zu, die *Chancen und Risiken*, die im Unternehmensumfeld begründet sind, aufzudecken, während die Unternehmensanalyse das Ziel verfolgt, die *Stärken und Schwächen* des Unternehmens offen zu legen. Führt man beide Betrachtungen zusammen, dann ergibt sich – sehr verkürzt ausgedrückt – die Unternehmensstrategie, indem

- die Risiken aus dem Unternehmensumfeld und die Schwächen des Unternehmens reduziert werden und

- die Chancen aus dem Unternehmensumfeld und die Stärken der Unternehmung genutzt werden[140].

Im Unternehmensumfeld befindet sich eine Fülle an Informationen, die auf das für das Unternehmen relevante Maß reduziert werden muss. Es gilt, die Faktoren zu bestimmen, die einen Einfluss auf die gesteckten Unternehmenszielsetzungen auszuüben vermögen. Somit erweist sich eine Strukturierung des Unternehmensumfeldes als sinnvoll. *Baum/Coenenberg/Günther* schlagen eine zweigeteilte Betrachtung des Umfeldes vor, in der in das aufgabenspezifische Umfeld mit einem direkten Bezug zur Unternehmensaufgabe und in das globale Umfeld mit einem indirekten Bezug zur Unternehmensaufgabe differenziert wird.

Unter dem aufgabenspezifischen Umfeld ist das Wettbewerbsumfeld des individuellen Unternehmens zu verstehen. Dieses ist auf dem Weg zur Zielerreichung der Unternehmensaktivitäten durch Interaktion mit dem Unternehmen verbunden. Bedeutsame Faktoren sind z. B. die Kunden, Lieferanten oder auch die Wettbewerber der Branche. Um diese Umfeldkomponente strukturiert zu analysieren, bietet sich das Modell der Branchenstrukturanalyse nach *Porter* an[141]. Es soll in den nachfolgenden Ausführungen Verwendung finden.

Die Analyse des erweiterten aufgabenspezifischen Umfeldes kann z. B. in Form einer *Stakeholder-Analyse* erfolgen. Darunter sind die Gruppen und Institutionen im

---

[138] Vgl. dazu Kapitel 5.

[139] Vgl. *Welge/Al-Laham* 1992, S. 43.

[140] Vgl. *Baum/Coenenberg/Günther* 2004, S. 52.

[141] Vgl. *Baum/Coenenberg/Günther* 2004, S. 53.

internen aber auch externen Bereich der Unternehmung zu verstehen, die vom Unternehmen beeinflusst werden oder ihrerseits das Unternehmen beeinflussen. Zu nennen sind die Öffentlichkeit, der Staat, die Anteilseigner und Kreditgeber aber auch die Mitarbeiter[142]. In den vorherigen Kapiteln sind Betrachtungen zu einigen dieser Gruppen durchgeführt worden, soweit sie global für alle Unternehmen der Abfallwirtschaft eine Bedeutung haben (z. B. Öffentlichkeit oder Staat), so dass eine erneute Betrachtung an dieser Stelle unterbleibt.

Zuletzt wird der Prozess durch die Analyse des globalen Umfelds – auch als *Makroumfeld* bezeichnet – abgeschlossen. Hier werden die generellen Faktoren analysiert, die über den Fokus des eigenen Unternehmens und der eigenen Branche hinaus Relevanz besitzen. Dazu zählen bspw. die rechtlichen, technologischen, ökologischen und ökonomischen Rahmenbedingungen.

Das gesamte Umfeld der Analyse haben *Baum/Coenenberg/Günther* in Abbildung 5 zusammengefasst.

Das als Teilmenge in der Grafik enthaltende Branchenstrukturmodell ist eine *„market based view"*, das das Konzept nach *Porter* wiedergibt.

Porter geht der Frage nach, wie sich ein Unternehmen in seiner Branche *Wettbewerbsvorteile* aneignen und diese auch behaupten kann. Sein Ziel ist es, eine Brücke zu schlagen zwischen Strategie und Implementierung, Wettbewerbsvorteile entstehen im Wesentlichen an dem Wert, den ein Unternehmen schafft, soweit dieser die Kosten der Wertschöpfung für das Unternehmen übersteigt[143].

Porter's Konzept der Umweltanalyse ist als *Branchenstrukturanalyse* zu bezeichnen, da es neben der Branche an sich auch deren Binnengefüge untersucht. Zunächst erfolgt die Analyse der Branche insgesamt, dann eine Differenzierung nach strategischen Gruppen[144].

Die Intensität des Wettbewerbs hängt von fünf grundlegenden Wettbewerbskräften ab, die als Teilmenge der Abbildung 5 in Abbildung 6 dargestellt sind.

Alle fünf Wettbewerbskräfte zusammengenommen bestimmen die Wettbewerbsintensität und haben Einfluss auf die Rentabilität der Branche. ‚*Branche'* ist dabei definiert als Gruppe von Unternehmen, die Produkte herstellen oder entsorgen, die sich gegenseitig nahezu ersetzen können.

---

[142] Vgl. *Baum/Coenenberg/Günther* 2004, S. 53.

[143] Vgl. *Porter* 1992, S. 21.

[144] Vgl. *Macharzina* 1993, S. 251.

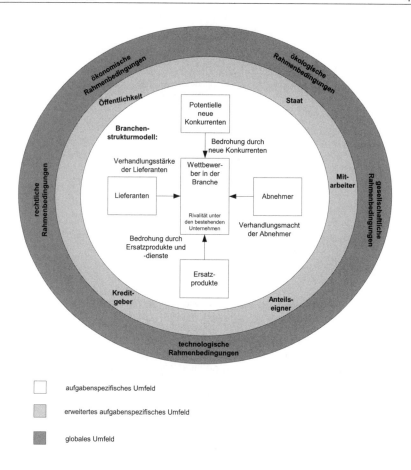

Abbildung 5: Analyse des Unternehmensumfelds[145]

Porter's Ansatz der Wettbewerbsanalyse beruht auf der Grundannahme, dass die Rentabilität einer Branche durch ihre strukturellen Merkmale bestimmt wird, so dass im Mittelpunkt der Wettbewerbsanalyse die Beschreibung aller Komponenten der Branche und ihrer Wechselwirkungen stehen.

---

[145] Vgl. *Baum/Coenenberg/Günther* 2004, S. 54.

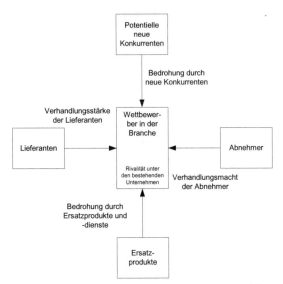

Abbildung 6: Wettbewerbskräfte im Überblick[146]

Die Gefahr des Eintritts potentieller neuer Konkurrenten hängt von den existierenden Entrittsbarrieren sowie von den absehbaren Reaktionen der etablierten Wettbewerber ab. Markteintrittsbarrieren werden definiert als Kräfte, die Unternehmen davon abhalten, in ein Geschäftsfeld zu investieren, das ihnen potentiell attraktiv erscheint. Im Wesentlichen sind folgende Markteintrittsbarrieren zu beachten:

- Marktliche Faktoren: Standort, Kunden-/Lieferanbindungen,
- Produktionsbezogene Faktoren: Betriebsgrößenersparnisse (= economies of sales),
- Produktdifferenzierung (Markenname),
- Kapitalbedarf für Investoren,
- Größenunabhängige Kostennachteile (Ressourcenzugang, Patente, Knowhow),
- Staatliche Intervention (Gebietsmonopol, Subventionen, Beteiligungsbeschränkungen),

Hohe Austrittsbarrieren sind Faktoren, die Unternehmen zum Verbleib in ihrer Branche veranlassen, selbst wenn sie niedrige oder sogar negative Ertragsraten erwirtschaften. Hauptursache von Marktaustrittsbarrieren sind:

---

[146] Vgl. *Porter* 1996, S. 26.

- Technisch/Wirtschaftlich: Hohe Umstellungskosten (Sozialpläne, Umsiedlungskosten),

- Innerbetriebliche Verflechtungen (Synergien),

- Strategisch: Innerbetriebliche Synergien,

- Imageverlust, Kundenanforderungen an Produktpalette,

- Staatliche Regulierung.

Als Synergieeffekt wird das Phänomen angesprochen, das für ein Unternehmen, welches in miteinander verwandte Produkte investiert, Einsparungen bei anfallenden Investitionen und bei laufenden Herstellungskosten erbringt. Bei ‚Economies of Scope' handelt es sich um Verbundeffekte, die auftreten, wenn Unternehmen flexibel einsetzbare Potentiale aufweisen, z. B. flexible Fertigungssysteme, die ohne größere Umrüstzeiten mehrere verschiedenartige Produkte fertigen können.

Der Erfahrungskurveneffekt beruht auf der Tatsache, dass Menschen viele Tätigkeiten bei wiederholter Ausübung zunehmend leichterfallen. Darüber hinaus können sich bei der betrieblichen Leistungserstellung bei größeren Herstellungsmengen relative Einsparungen ergeben. Das ökonomisch messbare Ergebnis dieses Phänomens wird als Skalen- und Größendegressionseffekt (Economies of Scale = Betriebsgrößenersparnis) bezeichnet.

Die Aus- und Eintrittsbarrieren stehen in einem engen Zusammenhang (Abb. 7):

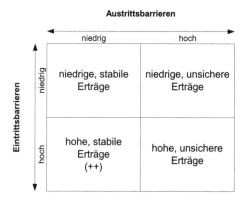

Abbildung 7: Barrieren des Ein- und Austritts[147]

---

[147] Vgl. Hax/Majluf 1991, S. 52.

In nachfolgender Tabelle (Tab. 1) sind kritische Komponenten der Wettbewerbsintensität einer Branche aufgeführt.

	Senkt die Rentabilität	**Steigert die Rentabilität**
	Leichter Eintritt	*Schwieriger Eintritt*
Leichtigkeit des Brancheneintritts	▪ Niedrige Betriebsgrößenschwelle ▪ Geringes Marken-Franchising ▪ Verbreitete Technologie ▪ Zugang zu Vertriebswegen	▪ Hohe Betriebsgrößenschwelle ▪ Markenwechsel schwierig ▪ Firmeneigenes Know-how ▪ Eingeschränkte Vertriebswege
	Schwieriger Austritt	*Leichter Austritt*
Leichtigkeit des Branchenaustritts	▪ Spezielle Aktiva ▪ Verflechtung der Sparten ▪ Hohe Austrittskosten	▪ Veräußerbare Aktiva ▪ Unabhängige Sparten
	Starke Lieferanten	*Schwache Lieferanten*
Stärke der Lieferanten	▪ Konzentration der Lieferanten ▪ Erhebliche Kosten für den Wechsel der Zulieferer ▪ Lieferanten drohen mit Vorwärtsintegration	▪ Konzentration der Abnehmer ▪ Erwerb von Konsumgütern ▪ Viele Lieferanten im Wettbewerb ▪ Abnehmer drohen mit Rückwärtsintegration
	Starke Abnehmer	*Schwache Abnehmer*
Stärke der Abnehmer	▪ Abnehmer drohen mit Rückwärtsintegration ▪ Konzentration der Abnehmer	▪ Lieferanten drohen mit Vorwärtsintegration ▪ Zersplitterter Abnehmerkreis

	Leichte Ersetzbarkeit	Schwierige Ersetzbarkeit
Verfügbarkeit von Ersatz-produkten	▪ Geringe Umstellungskosten für Benutzer ▪ Ertragreiche/aggressive Hersteller von Ersatzpro-dukten	▪ Hohe Umstellungskos-ten für Benutzer ▪ Unrentable/passive Her-steller von Ersatzpro-dukten
	Viele Wettbewerber	Wenige Wettbewerber
Branchenbe-dingungen	▪ Wettbewerber etwa gleich groß ▪ Geringe Nachfragesteige-rung ▪ Hohe Festkosten ▪ Handelsgüter ▪ Überschusskapazitäten	▪ Wettbewerber unter-schiedlich groß ▪ Hohe Nachfragesteige-rung ▪ Geringe Festkosten ▪ Differenzierte Produkte ▪ Branchenführer

Tabelle 1: Komponenten der Wettbewerbsintensität[148]

Unterschiedliche Produkte oder Abnehmer bilden *Branchensegmente*. Die Struktur-analyse lässt sich auch auf Branchensegmente anwenden; hierbei sind die gleichen fünf Kräfte am Werk[149].

Die Entsorgungsbranche lässt sich nach den Kategorien *Sonderabfall, Gewerbeab-fall, Recycling, Behandlung, Verbrennung* und *Deponierung* segmentieren. Bei Son-derabfällen ist bedingt durch die Materialzusammensetzung jeweils ein bestimmtes Verfahren oder eine bestimmte Behandlung erforderlich. Bei der Verarbeitung von Gewerbeabfällen ist seit 2003 entsprechend der Gewerbeabfallverordnung eine Min-destquote von 65 % bei bestehenden Anlagen zu garantieren (bei Neuanlagen 85 %). Bei der Weiterverarbeitung von Recyclingprodukten werden andere mechani-sche Verfahren und andere Abnehmer eingesetzt. Diese bedingen einen unter-schiedlichen Einfluss auf die fünf Kräfte.

Die Grundbedingungen, die Angebot und Nachfrage regeln, sind die wichtigsten De-terminanten der Marktstruktur, die das Handeln aller beteiligten Unternehmen bestimmen. Daher lässt sich das beobachtete Verhalten von Unternehmen im Markt aus der in der Branche vorherrschenden Struktur ableiten. Zusätzlich zur Leistungs-messung verlangt das Modell der Branchenanalyse nach der Bestimmung der Markt-struktur und des Verhaltens der Teilnehmer[150].

Porter's Ansatz liegt das nachfolgend wiedergegebene Modell der Branchenanalyse zu Grunde (Abb. 8).

---

[148] Vgl. *Hax/Majluf* 1991, S. 52.

[149] Vgl. *Porter* 1989, S. 304.

[150] Vgl. *Porter* 1989, S. 304.

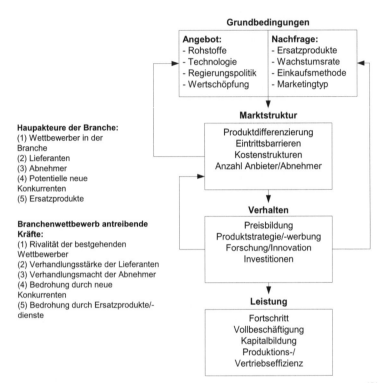

Grundbedingungen

Angebot:	Nachfrage:
- Rohstoffe	- Ersatzprodukte
- Technologie	- Wachstumsrate
- Regierungspolitik	- Einkaufsmethode
- Wertschöpfung	- Marketingtyp

Haupakteure der Branche:
(1) Wettbewerber in der Branche
(2) Lieferanten
(3) Abnehmer
(4) Potentielle neue Konkurrenten
(5) Ersatzprodukte

Marktstruktur
Produktdifferenzierung
Eintrittsbarrieren
Kostenstrukturen
Anzahl Anbieter/Abnehmer

Branchenwettbewerb antreibende Kräfte:
(1) Rivalität der bestgehenden Wettbewerber
(2) Verhandlungsstärke der Lieferanten
(3) Verhandlungsmacht der Abnehmer
(4) Bedrohung durch neue Konkurrenten
(5) Bedrohung durch Ersatzprodukte/-dienste

Verhalten
Preisbildung
Produktstrategie/-werbung
Forschung/Innovation
Investitionen

Leistung
Fortschritt
Vollbeschäftigung
Kapitalbildung
Produktions-/
Vertriebseffizienz

Abbildung 8: Rahmenmodell der Branchen- und Wettbewerbsanalyse[151]

Die Struktur in *Porter's* Rahmenmodell wird durch die Hauptakteure der Branche – Wettbewerber, Anbieter, Abnehmer und potenzielle Neulinge – sowie durch die Ersatzprodukte definiert. Das Verhalten der Branchenmitglieder wird durch die Kräfte bestimmt, die den Branchenwettbewerb antreiben: Die Rivalität der Wettbewerber, die Verhandlungsmacht der Anbieter und Abnehmer, die Bedrohung durch Branchenneulinge sowie durch Ersatzprodukte. Man erkennt deutlich, dass die Verknüpfung von Struktur und Verhalten bei *Porter* klar im Mittelpunkt der Analyse steht.

Die Wettbewerbskraft ‚Rivalität unter den bestehenden Unternehmen' weist ambivalenten Charakter auf. Zum einen wird sie selber durch andere Wettbewerbskräfte beeinflusst, zum anderen wird sie als eigenständige Wettbewerbskraft definiert. Durch die Integration dieser Kraft wird die einleitend erwähnte Forderung nach der Berücksichtigung unternehmensspezifischer Entscheidungen und Handlungen erfüllt. Diese Wettbewerbskraft ermöglicht die Differenzierung von verschiedenen Unternehmen innerhalb einer Branche durch die von ihnen verfolgten Strategien.

---

[151] Vgl. *Porter* 1989, S. 304.

Sowohl neue Konkurrenten als auch Ersatzprodukte repräsentieren zum einen existierende Bedrohungen, zum anderen längerfristige mögliche Entwicklungen. Diese liegen zunächst außerhalb der betrachteten Branche, können unter Umständen jedoch erheblichen Einfluss aufweisen. Auch wenn die Analyse der potentiell beeinflussenden Faktoren auf Grund der eher fiktiven Überlegungen als weniger wichtig erachtet werden mag, so zeigte sich in der Praxis immer wieder, dass diese Kräfte für einzelne Unternehmen oder ganze Branchen erhebliche Auswirkungen haben. Durch ihre Berücksichtigung wird die oben aufgestellte Forderung nach dem Einbezug von benachbarten Branchen oder ‚Feldern' erfüllt, da unter dieser potentiellen Konkurrenz die nicht unmittelbar drohenden Gefahren subsummiert werden können.

Die Kombination der Kräfte ‚Verhandlungsmacht der Lieferanten' und ‚Verhandlungsmacht der Abnehmer' entspricht dem klassisch-betriebswirtschaftlichen Input-Output-Ansatz: Ein Unternehmen bezieht Vorleistungen, transformiert diese im Rahmen der betrieblichen Leistungserstellung und verkauft das transformierte Produkt anschließend an einen oder mehrere Abnehmer. Dieser Transformationsprozess kann durch das Konstrukt der Wertschöpfungskette erklärt werden[152]: *„Jedes Unternehmen ist eine Ansammlung von Tätigkeiten, durch die sein Produkt entworfen, hergestellt, vertrieben, ausgeliefert und unterstützt wird"*[153]. Diese unternehmensindividuelle Wertkette ist in ein so genanntes Wertsystem eingebettet: Lieferanten stellen ein Produkt mit einem bestimmten Wert zur Verfügung. Das betreffende Unternehmen erhöht diesen Wert durch seine Tätigkeiten und liefert wiederum an einen Abnehmer[154].

Durch den Einbezug der Lieferanten und Abnehmer wird der oben aufgestellten Forderung nach der Berücksichtigung ‚exogener' Einflüsse auf die Branche grundsätzlich Genüge getan. Die Interdependenzen zwischen benachbarten Branchen können damit aufgezeigt werden.

Darüber hinaus ist als weiteres strukturelles Element die Branchensituation zu berücksichtigen. In Abhängigkeit des so genannten Reifegrades der Branche lassen sich verschiedene Entwicklungsstadien einer Branche typisieren, die mittels des Verlaufes der Umsatzwachstumsraten differenziert werden. Unterschiedliche Reifegrade beeinflussen sowohl den Charakter des Wettbewerbs als auch die einzusetzenden Wettbewerbsstrategien[155].

Die einzelnen Kräfte werden im Folgenden für die Abfallwirtschaft näher erläutert. Sie sind als nicht grundsätzlich gleichwertig zu betrachten, da sie je nach Branche unterschiedlich wirken[156].

---

[152] Vgl. *Steinle/Bruch* 2003, S. 164.

[153] Vgl. *Porter* 1992, S. 63.

[154] Vgl. *Porter* 1992, S. 69 f.

[155] Vgl. *Porter* 1992, S. 209 ff.

[156] Vgl. *Baum/Coenenberg/Günther* 2004, S. 60.

4.1 Verhandlungsstärke der Lieferanten

In der Entsorgungsbranche besteht zwischen den Abfallproduzenten und dem Entsorger ein *"Geld-gegen-Leistung-Verhältnis"*. Durch das Zahlen der Abfallgebühr ist
der Abfallerzeuger berechtigt zur Nutzung der Dienstleistung Entsorgung. Abfall entsteht in allen Stufen des wirtschaftlichen Prozesses. Lieferanten für die Abfallwirtschaft sind somit alle am Wirtschaftsgeschehen Beteiligten. Üblicherweise werden
die Abfallproduzenten nach ihrer Stellung im Wirtschaftssystem, nämlich nach *verar-
beitender Industrie, Güterproduktion* oder *Konsumenten* klassifiziert. Jedes Wirt-
schaftssubjekt ist Lieferant, die Abfallwirtschaft verfügt selbst über keine Abnehmer,
Substitute zur Entsorgung sind die beiden anderen Formen der Abfallwirtschaft, die
Verwertung und Vermeidung von Abfällen. Auf den einzelnen Abfallerzeuger bezogen, kann davon ausgegangen werden, dass die Dienstleistung selbst von relativ
geringem Interesse ist und nur dann an Bedeutung gewinnt, wenn diese nicht seinen
Erwartungen entspricht. Der Abfallerzeuger ist vorwiegend an einer regelmäßigen,
pünktlichen und preiswerten Entsorgung interessiert. Erst wenn diese nicht sichergestellt wird, wird er auf die Entsorgung aufmerksam[157].

Der Grad der öffentlichen Aufmerksamkeit hinsichtlich der Abfallwirtschaft wird ganz
wesentlich durch die Ausgestaltung der Finanzierung beeinflusst. Hierbei besteht die
Alternative, die Kosten beim Kauf des Produktes mit einzubeziehen oder mittels Abfallgebühren auf den Entsorgungspflichtigen umzulegen. Die Erhebung der Entsorgungskosten bei Kauf eines Produktes entspricht dem Gedanken einer integrierten
Wirtschaft und Preisgestaltung. Dieses System hat den Vorteil, dass Abfälle einer
geordneten Entsorgung zufließen, da für den Abfallerzeuger kein Anreiz besteht, sich
des Abfalls auf andere Art zu entledigen.

Durch die vorweg genommene Gebühr besteht ein Anrecht auf die geordnete Abfallwirtschaft. Dieser Anspruch wird meistens wahrgenommen, da er mit keinen zusätzlichen finanziellen Belastungen verbunden ist. Der Nachteil hierbei liegt in dem Problem, die Entsorgungskosten für einzelne Produkte zu bestimmen und diese in die
Produktkosten mit einzubeziehen. Gleichzeitig bedeutet dieses System aber auch,
dass die der Abfallwirtschaft vorgelagerten Stufen ,Hersteller und Händler', für die
Rücknahme ihrer Produkte verantwortlich sind. Dieses System ist nur dann sinnvoll,
wenn der beim Kauf erworbene Anspruch auf die spätere Entsorgung produktspezi-
fisch ausgeübt werden kann.

Eine weitere Möglichkeit ist, die Entsorgungskosten über Abfallgebühren umzulegen.
Diese Methode ist einfacher zu handhaben. Der Anspruch auf Entsorgung entsteht
hierbei durch die Zahlung einer Gebühr. Die so gewählte Form der Finanzierung ist
damit nicht produkt-, sondern abfallbezogen.

Durch die Pauschalierung besteht für den Gebührenpflichtigen kein Anreiz, seinen
Anteil am Abfallaufkommen zu reduzieren. Die mangelnde Möglichkeit zur lohnenden
Vermeidung wird dahingehend verstärkt, dass dem einzelnen Abfallerzeuger oft klar
ist, dass sein individueller Beitrag zum Gesamtaufkommen gering ist.

---

[157] Vgl. *Sabac-el-Cher* 1997, S. 144.

Die Bedeutung der ‚*Verhandlungsmacht der Lieferanten'* ist, bedingt durch den geringen Stellenwert der Entsorgung; als gering einzuschätzen[158].

4.2 Verhandlungsstärken der Abnehmer

Die Stärke der Abnehmer leitet sich im Wesentlichen von der Gestaltung des Preises und der erreichbaren Qualität ab.

Das Produkt, das im Verwertungsprozess erzeugt wird, ersetzt überwiegend einen Rohstoff. Somit ist die Schonung von Ressourcen ein Argument für intensive Verwertungsbemühungen[159].

Die Preissituation bei *Primärmaterialien* ist für die Verhandlungsposition der Abnehmer von zentraler Bedeutung. Niedrige Preise für den Primärrohstoff nehmen oft dem Verwertungsprozess die wirtschaftliche Grundlage. Wenn der Preis für *Sekundärprodukte* höher ist als für Primärmaterial, wird durch den Abnehmer de facto nur Primärmaterial eingesetzt. Ist der Sekundärpreis geringer, wird verstärkt auch Sekundärmaterial angefragt. In diesem Fall wird jedoch häufig die erforderliche Marktmenge nicht erreicht. Dieser Vergleich zeigt, dass zwischen Primär- und Sekundärprodukten auch beim Preis Interdependenzen zu berücksichtigen sind.

Ein weiterer wichtiger Bestandteil ist die *Qualität* und die *Liefertreue*. Die Verwertungsbranche ist überwiegend mittelständisch organisiert[160] und verfügt teilweise über ein sehr hohes Know-how. Hierdurch werden in der Regel qualitativ hochwertige Dienstleistungen erbracht.

Zusammenfassend soll festgehalten werden, dass die *Verhandlungsmacht der Abnehmer* gegenüber den Verwertern als stark zu bezeichnen sind.

4.3 Substitutionsgefahr

Im Bereich der Abfallwirtschaft besteht zwischen Entsorgung und Verwertung eine *Substitutionsbeziehung*. Der Abfallerzeuger, also der Kunde, entscheidet über das mögliche alternative Verhalten. Die Entscheidung zur Substitution für ein Produkt fällt der einzelne Abfallerzeuger individuell und nach seinem eigenen subjektiven Ermessen; eine Entscheidung für Entsorgung substituiert stets den Weg der Verwertung, und umgekehrt.

Die Entsorgung ist heute flächendeckend und für den einzelnen Abfallbesitzer bequem organisiert. Alternative Verwertungssysteme müssen somit ähnlich ausgestattet sein um eine vergleichbare *Akzeptanz* beim Kunden zu erzielen.

---

[158] Vgl. *Sabac-el-Cher* 1997, S. 146.

[159] Vgl. *Steven* 1995, S. 690.

[160] Vgl. *Grevermann/Wackerbauer* 1992, S. 16.

Die Kriterien für die Entscheidung, ob eine Entsorgung oder eine Verwertung aus ökologischer Sicht sinnvoller ist, können nur richtig vor dem Hintergrund einer *Rohstoff-, Energie- und Schadstoffbilanz* festgelegt werden.

Eine Verwertung ist dann sinnvoll, wenn die mit dem erforderlichen Verfahren verbundenen ökologischen Belastungen kleiner oder höchstens gleich groß sind, wie die Summe aller Belastungen, die bei der Gewinnung von Rohstoffen entstehen. Auch eine Verminderung von Abfall durch Mehrwegsysteme, ist nicht zwingend umweltentlastend. Werden Transport-, Lagerungs- und eventuelle Reinigungsvorgänge in ihren ökologischen Auswirkungen berücksichtigt, so ist durchaus denkbar, dass Einweggüter sinnvoller sein können, wenngleich die positiven Effekte von Mehrwegsystemen auf den Abfallanfall unbestritten sind[161].

Die Verwertung ist im Vergleich zur Entsorgung sinnvoll, wenn dadurch *weniger Kosten* verursacht werden als bei der Entsorgung[162]. Nur so ist auch der entsprechende Anreiz gegeben, den Weg der Verwertung einzuschlagen.

Somit kann festgestellt werden, dass die *Substitutionsgefahr* für die Entsorgungsbranche oft von der Einstellung einzelner am Prozess Beteiligter abhängig ist. Ohne gesetzlichen Zwang ist diese Gefahr als schwach einzuschätzen. Die Art der Entsorgungsfinanzierung kann die Attraktivität der Substitution verändern.

4.4 Markteintrittsgefahr

Die *Markteintrittsgefahr* ist in der Entsorgungsbranche als gering einzustufen. Veränderungen in der Zusammensetzung der Marktteilnehmer resultieren vor allem aus der Übernahme von kommunalen Betrieben durch private Unternehmen[163] sowie aus der Übernahme von bereits tätigen, privaten Entsorgern.

Die *Bedrohung* für etablierte Branchenmitglieder bei Markteintritt neuer Konkurrenten liegt darin begründet, dass bisher erreichte Gewinnmargen innerhalb der Branche sinken, da sich das Branchenvolumen nicht ändert und somit der neue Konkurrent seinen Umsatzzuwachs zu Lasten eines Wettbewerbers erreicht.

In der Abfallwirtschaft liegen sowohl absolute als auch relative *Eintrittsbarrieren* vor. Die absolute Eintrittsbarriere liegt in der kommunalen Hoheit begründet; sie kann nur dann überwunden werden, wenn die Kommune von ihrem Recht Gebrauch macht, die Aufgaben an einen privaten Dritten zu delegieren[164].

Relative Eintrittsbarrieren sind durch das erforderliche Investitionsvolumen bedingt. Zu den Kosten für die Anlage selbst (z. B. Deponie, Müllverbrennung) sind noch die Investitionen zu rechnen, die für die Logistik erforderlich sind. Große Teile der Investitionen sind als *‚sunk costs'* zu betrachten, da sowohl Deponien als auch Verbren-

---

[161] Vgl. *Brahms* 1987, S. 85.

[162] Vgl. *Hecht/Werbeck* 1993, S. 13.

[163] Vgl. Kapitel 4.6.6.

[164] Vgl. *Wackerbauer* 1995, S. 12.

nungsanlagen speziell auf diesen Verwendungszweck ausgerichtet sind und keine anderweitige Verwendung finden. Der hohe Investitionsbedarf, der aus den gestiegenen Anforderungen an die Entsorgungsanlagen resultiert, überfordert häufig mittelständische Unternehmen. Trotz hoher Abschreibungen des Sachanlagenvermögens reicht der generierte Cash-Flow häufig nicht aus, um Neuinvestitionen aus eigenen Mitteln zu finanzieren[165].

Sind diese Eintrittsbarrieren überwunden, ist das *Verlustrisiko* geringer. Durch die hoheitlich vorgenommene Abgrenzung des relevanten Marktes und auf Grund der Tatsache, dass eine Entsorgung von Abfällen immer erforderlich sein wird, ist das Unternehmen zumindest im Grundbestand gesichert. Potentielle Konkurrenten sind in einer günstigen Position, wenn sie Verbundvorteile realisieren können und über ausreichende Liquidität verfügen. Verbundvorteile sind vor allem dann möglich, wenn das angestammte Geschäft in einer nahen Branche liegt. Diese Annahme findet ihre Bestätigung in der Praxis. Die Gruppe der übernehmenden Unternehmen lässt sich differenzieren. Zum einen sind hier bereits etablierte Anbieter der Umwelttechnik zu nennen, die auch in die Abfallwirtschaft diversifizieren oder aber ausländische Entsorger, die durch Übernahme deutscher Unternehmen expandieren[166].

Zum anderen haben insbesondere Versorgungsunternehmen den Markteintritt in den Entsorgungsmarkt vollzogen und etliche kleinere Unternehmen übernommen. Dies ist zum einen darin begründet, dass zwischen diesen Unternehmen und den Kommunen traditionell bereits eine Zusammenarbeit besteht. Der bei den Versorgungsunternehmen gesicherte Absatz führte zu hohen *Liquiditätsreserven* und einem sehr hohen Cash-Flow, der von diesen Unternehmen, angesichts der in der Entsorgungsbranche erhofften Zuwächse, angelegt wurde.

War die Branche in der Vergangenheit mit rund 1.000 Unternehmen vorwiegend sehr gleichmäßig mittelständisch strukturiert, so sind es nunmehr ca. 10 Anbieter, die mehr als die Hälfte des Branchenumsatzes repräsentieren.

Die Entsorgungsbranche verfügt über *absolute Eintrittsbarrieren*, die aber durch Übernahme kommunaler Betriebe oder durch die Übernahme eines bereits tätigen Entsorgers überwunden werden können. Relative Eintrittsbarrieren sind vor allem durch den erforderlichen hohen Kapitalbedarf begründet.

Potentielle Konkurrenten sind vor allem Unternehmen aus benachbarten Branchen, wie z. B. Versorgungsunternehmen, als auch ausländische Unternehmen.

4.5 Rivalität unter den Wettbewerbern

Zwischen den in der Entsorgungsbranche tätigen Unternehmen besteht eine *wechselseitige Abhängigkeit*. Die Stärke der Rivalität innerhalb der Branche wird von vielen Faktoren beeinflusst, die entweder Folge branchenstruktureller Einflüsse oder Folge des Verhaltens einzelner Branchenteilnehmer sind.

---

[165] Vgl. *Urbanek/Kahn* 1994, S. 529.

[166] Vgl. *Maier* 1999, S. 633.

Die *strukturellen Faktoren* lassen sich weiter differenzieren. Hierbei kann unterschieden werden zwischen Determinanten, die im einzelnen Unternehmen begründet sind und solchen, die aus der Branchenstruktur entstehen. Strukturelle Faktoren umfassen die kurzfristig vom Unternehmen nicht änderbaren Variablen.

Beispiele für unternehmerisch bedingte strukturelle Folgen sind hohe *Fix- oder Lagerkosten*. Hohe Fixkosten führen dazu, dass das Unternehmen bemüht ist, den Fixkostenblock über ein möglichst großes Produktionsvolumen zu verteilen. Die hieraus resultierende Neigung, einen höheren Output zu erreichen, kann zu Preiskämpfen führen, um die produzierte Menge absetzen zu können. Dies gilt analog auch bei hohen Lagerkosten. Preiszugeständnisse sind auch dann zu erwarten, wenn ein Zwang zur Kapazitätsauslastung besteht. In Branchen, in denen hohe Skalenerträge erzielt werden, besteht das Bestreben, die für die Stückkostensenkung erforderlichen Produktionsvolumina immer zu erreichen[167].

Auch die *Höhe der Austrittsbarrieren* kann den Grad der Rivalität beeinflussen. Austrittsbarrieren können ökonomisch, z. B. durch spezialisierte Aktiva oder hohe Fixkosten des Austritts, strategisch oder emotional bestimmt sein. Diese Barrieren führen dazu, dass ein Unternehmen selbst dann in der Branche verbleibt, wenn die erwirtschaftete Rentabilität ungenügend ist. Strategische Austrittsbarrieren liegen dann vor, wenn ein Unternehmen den Verbleib über die reine Branchenbetrachtung hinaus als für sein Weiterbestehen wichtig erachtet. Emotionale Austrittsbarrieren lassen sich durch die subjektive Einstellung von Entscheidungsträgern begründen, trotz ökonomisch unbefriedigender Ergebnisse in der Branche zu verbleiben[168].

Wenn die gesamte Branche nur in geringem Umfang wächst oder sogar stagniert, steigt bei den beteiligten Unternehmen die Neigung oder die Notwendigkeit, den unternehmenseigenen Marktanteil zu Lasten anderer Unternehmen zu erhöhen. Dies ist branchenstrukturell determiniert. Andere branchenstrukturelle Faktoren sind die Art des hergestellten Produktes (Konsumgut, Investitionsgut), die eingesetzte Technologie und das damit verbundene Investitionsvolumen, die Qualität der Lieferanten- und Abnehmerbeziehung, die Branchenwachstumsrate, die vorliegende Nachfrage- und Angebotselastizität sowie die Bedrohung durch potentielle Wettbewerber und Substitutionsprodukte[169].

Auf der anderen Seite besteht im Zuge einer *strategischen Ausrichtung* die Möglichkeit, den Grad der Rivalität innerhalb der Branche zu verändern. Diese Veränderung resultiert aus Verhaltensweisen des Unternehmens, die dieses selbst steuern kann und die als Verhaltensparameter wie Marktstrategien oder Wettbewerbsstrategien bezeichnet werden[170]. Es handelt sich mithin um die endogene Komponente der Rivalität unter den Wettbewerbern. Durch deren Einbezug wird Wettbewerb verhal-

---

[167] Vgl. *Sabac-el-Cher* 1997, S. 65.

[168] Vgl. *Harrigan*, 1989, S. 35 f.

[169] Vgl. *Eickhof* 1992, S. 182.

[170] Vgl. *Gabele/Moraw*, 1991, S. 1011 oder *Meffert/Kirchgeorg/Ostmeier* 1988, S. 25 ff oder *Welge* 1985, S. 223 ff.

tensbezogen diskutierbar. Gleichzeitig wird die vorwiegend statisch orientierte Betrachtung der strukturellen Faktoren dynamisiert[171].

Darüber hinaus wird die Rivalität nicht nur von den skizzierten langfristigen Überlegungen geprägt. Kurzfristig auftretende exogene Einflüsse wie bspw. Konjunkturzyklen oder die Fusion zweier Wettbewerber innerhalb der Branche sind ebenso zu berücksichtigen, wie kurzfristige Aktionen der Markt- oder Branchenteilnehmer, die nicht notwendigerweise mit deren Langfriststrategien kompatibel sein müssen[172].

Es kann festgehalten werden, dass auf Grund einer Vielzahl von Faktoren die bisherigen Strukturen im Sinne eines funktionsfähigen Wettbewerbes schwach entwickelt sind. De facto ist die Abfallwirtschaft in einer Vielzahl von *regionalen Monopolen* organisiert. Für die Unternehmen ist der Wettbewerbsfaktor Rivalität unter den Wettbewerbern von untergeordneter Bedeutung.

4.6 Weitere Aspekte der Umfeldanalyse

In nachfolgenden Kapiteln sind weitere Aspekte der Umfeldanalyse aufgeführt, die zum Verständnis der strategischen Entscheidungssituationen von Unternehmen der Abfallwirtschaft eine Bedeutung haben, sich jedoch nicht ohne weiteres in das Modell von *Porter* einordnen lassen, bzw. einen in diesem Modell aufgezeigten Aspekt vertiefen.

Bei den beschriebenen Aspekten handelt es sich um den in der Abfallwirtschaft vorzufindenden *Dualismus von öffentlichen und privaten Unternehmen*, die sich einen Markt teilen, der eine endliche Größe hat. Der Gedanke, durch marktgestaltende Maßnahmen, z. B. Instrumente des Marketing, diesen über zusätzliche Bedarfe zu vergrößern, so wie es in der Konsumgüterindustrie Normalität ist, wäre in der Abfallwirtschaft absurd, da es den Umweltschutzgedanken konterkarieren würde. Aus diesem Grund wird sowohl das gesamte Marktvolumen als auch die Mengenentwicklung bedeutender Abfallarten in die Umfeldanalyse mit einbezogen.

Als letzter Bestandteil der Umfeldanalyse werden Marktszenarien der Zukunft aufgezeigt. Dazu gehören u. a. die bereits heute festzustellenden Konzentrationstendenzen, die sich im Zusammenschluss abfallwirtschaftlicher Unternehmen ausdrücken und das Bestreben, über lokale Märkte hinaus auf internationale Märkte zu expandieren.

4.6.1 Öffentliche und private Unternehmen der Abfallwirtschaft

Die Abfallwirtschaft wird als ein in das gesamtwirtschaftliche System integriertes Funktionssystem definiert. Die anderen Elemente dieses Funktionssystems sind Ver-

---

[171] Vgl. *Meffert/Kirchgeorg/Ostmeier* 1988, S. 25.

[172] Vgl. *Porter* 1980, S. 31.

sorgung und Verbrauch. Ziel der Abfallwirtschaft ist u. a. der Schutz der Umwelt, langfristige Entsorgungssicherheit, Sicherung von technischen Standards sowie die ortsnahe Entsorgung. In erster Linie geht es darum, den ökologisch richtigen Weg zu finden. Oft stellt man sich dabei die Frage, ob dieses Ziel durch die möglichst dauerhafte und sichere Ablagerung von Abfällen erreicht wird; die Verbrennung mit perfekter Rauchgasreinigung oder gar die Energienutzung und die Kreislaufführung der Wertstoffe. In der Praxis hat sich herausgestellt, dass nur der Mix, das heißt, die richtige Kombination der unterschiedlichen Verfahren, eine zukunftsfähige, weil nachhaltige Abfallwirtschaft zulässt. Dieses setzt Getrennthaltung der Abfälle am Anfallort, die Sortierung von verwertbaren Gemischen und verschiedene Arten der Vorbehandlung voraus. Dabei müssen die Handelnden zusammenwirken und der Staat die Vorteile öffentlicher und privater Entsorgungsdienstleister fördern und integrieren.

Der *Vorteil der öffentlich-rechtlichen Entsorgungsträger* liegt darin, dass sie für die Bürger eine breite Palette von Entsorgungsdienstleistungen bereitstellen und bereits in der Vergangenheit umfangreich in Großanlagen wie Deponien und Müllverbrennungsanlagen frühzeitig investiert haben. Öffentlich-rechtliche Entsorgungsträger in den verschiedenen Organisationsformen (Regiebetrieb, Eigenbetrieb, Anstalt des öffentlichen Rechts) sehen sich jedoch im Zuge des abfallwirtschaftlichen Paradigmenwechsels des Kreislaufwirtschafts- und Abfallgesetzes sowie auf Grund der gegenwärtig erkennbaren Liberalisierungs- / Privatisierungstendenzen in der Abfallwirtschaft mit sich dynamisch verändernden Entsorgungsstrukturen konfrontiert[173].

Höhere Wettbewerbsintensität, zunehmender Kostendruck sowie insgesamt komplexere Entsorgungsstrukturen stellen unmittelbare Konsequenzen dar, die die Leistungserstellung in der öffentlichen Abfallwirtschaft bereits jetzt nachhaltig beeinflussen. Angesichts dieser Entwicklung erscheint eine Neustrukturierung der Aufbau- und Ablaufstrukturen notwendig.

Der *Vorteil der privaten Entsorgungswirtschaft* ist die spezialisierte, auf den einzelnen Abfall abgestimmte Behandlung und Verwertung. Dabei ist die Flexibilität und die Möglichkeit zur Erschließung von Verwertungs- und Vermarktungswegen besonders hervorzuheben. Um zukünftig mit mehr Planungssicherheit agieren zu können, benötigen sowohl Kommunen als auch die private Entsorgungswirtschaft mehr Rechtssicherheit.

Die *zunehmende Privatisierung* sowie die weitere *Deregulierung* und *Liberalisierung* der Entsorgungswirtschaft wird die bisher bestehenden Märkte und Aufgaben der privaten Unternehmen wie auch die der öffentlich-rechtlichen Entsorgungsträger neu ordnen.

Die Unternehmen der Abfallwirtschaft, die im *Bundesverband der Entsorgungswirtschaft (BDE)* organisiert sind, beschäftigten im Jahre 2000 ca. 160.000 Arbeitnehmer und erzielten einen Umsatz von annähernd 20 Mrd. Euro[174].

---

[173] Vgl. *Trittin* 2002, S. 3.

[174] Vgl. *Willms* 2002, S. 36.

4.6.2 Marktvolumen

Im Jahr 1996 erzielte die gesamte Entsorgungsbranche einen Umsatzrekord von ca. 41 Mrd. Euro. Seit diesem Zeitpunkt hat die Branche mit einem *leicht negativen Wachstum* zu kämpfen. Aktuell stagniert der Branchenumsatz auf einem Niveau von ca. 39 Milliarden Euro[175] (Abb. 9).

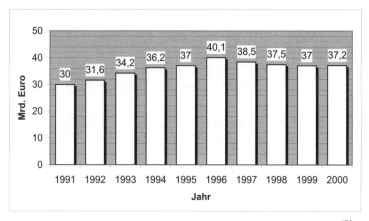

Abbildung 9: Branchenumsätze der Jahre 1991 bis 2000 in Mrd. €[176]

Mit einer Steigerung wird derzeit nicht gerechnet, da bei *stagnierendem Mengenaufkommen* zurzeit keine Preiserhöhungen am Markt durchsetzbar sind. Eine tendenzielle Änderung dürfte sich ab dem Jahr 2005 ergeben, wenn die Ablagerung von unbehandelten Siedlungsabfällen auf kostengünstigen Deponien (Preise derzeit bis zu 40 Euro pro Tonne) nicht mehr zulässig ist und die Abfälle dann entweder mechanisch oder thermisch vorbehandelt werden müssen.

4.6.3 Mengenentwicklung für Siedlungsabfälle

Da eine zeitnahe, bundesweit einheitliche Erfassung aller Mengenströme nicht durchgeführt wird, ist man auf die *Abfallbilanzen* der Bundesländer sowie die von der DSD GmbH veröffentlichten Zahlen angewiesen. Die uneinheitliche Aufbereitungsform lässt eine Aggregation nur schwer zu, so dass man letztendlich auf Schätzungen bzw. Hochrechnungen zurückgreifen muss. Trends lassen sich jedoch sehr gut

---

[175] Vgl. *Urbanek* 2001, S. 5.

[176] Vgl. *Urbanek* 2001, S. 6.

aus den verschiedenen Quellen ableiten und zu einem Gesamtbild zusammenfügen
(Abb. 10).

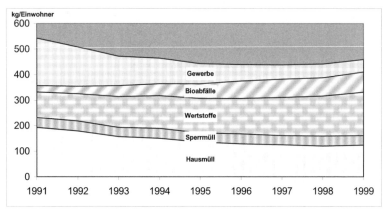

*Abbildung 10: Abfallmengen pro Einwohner (Entsorgt durch DSD oder öffentlich-
rechtliche Entsorgungsträger)[177]*

Das Bild, das sich dabei ergibt, zeigt eine weitgehend konstante, bestenfalls leicht
abnehmende Gesamtabfallmenge pro Einwohner. Auf der Ebene der einzelnen Abfallarten hingegen ergeben sich infolge zunehmender Abfallverwertung sowie geän-
derter gesetzlicher Rahmenbedingungen deutliche Verschiebungen.

Die Grafik zeigt die Entwicklung des *Abfallaufkommens* pro Einwohner und Jahr für
Siedlungsabfälle. Sie beruht auf Zahlen aus den Abfallbilanzen der Bundesländer
Bayern und Baden Württemberg. Auch wenn eine Übertragung auf Gesamtdeutsch-
land nicht uneingeschränkt möglich ist, so verdeutlicht sie dennoch den Trend, der –
wie ein Vergleich mit den Abfallbilanzen anderer Bundesländer zeigt – für das gesamte Bundesgebiet gilt. Seit Beginn der neunziger Jahre – vor allem auf die Einführung der Verpackungsverordnung zurückzuführen – nahm die Menge der Wertstoffe
deutlich zu. Deren konsequente Sammlung und Verwertung hatte sich bis dahin
hauptsächlich auf Papier und Glas beschränkt. Mit Steigerung der Verwertungsmen-
ge verringerten sich zwangsläufig die zu beseitigenden Haus- und Gewerbeabfallmengen. Außerdem ist die starke Abnahme der Gewerbeabfälle nicht nur auf Vermeidung zurückzuführen, sondern vor allem auf die Verlagerung weg von den öffentlich-rechtlichen Entsorgungsträgern hin zu privatwirtschaftlichen Unternehmen, deren
Mengen hier nicht erfasst werden[178].

Wie aus der Grafik weiterhin zu erkennen ist, stabilisiert sich die Bruttomenge der
Haus- und der Gewerbeabfallmengen; gleichzeitig gehen auch die Wachstumsraten

---

[177] Vgl. *Urbanek* 2001, S. 7.

[178] Vgl. *Urbanek* 2001, S. 7.

der Wertstoffmengen zurück. Es ist deshalb davon auszugehen, dass das aktuelle Mengenaufkommen in seiner Verteilung im Großen und Ganzen auch künftig Bestand haben wird und derart starke Veränderungen wie in den letzten zehn Jahren nicht mehr zu erwarten sind.

4.6.4 Markttendenzen

Die beschriebene Mengenentwicklung hat in der Vergangenheit dazu geführt, dass den öffentlich-rechtlichen Entsorgungsträgern Mengen aus dem Gewerbebereich (zur Verwertung) entzogen und den privaten Entsorgern zugeführt wurden (Abb. 11). Die Konsequenz daraus ist, dass sich die privaten Haushalte bei sinkenden Müllmengen mit *höheren Gebühren* konfrontiert sahen, da die Entsorgungskosten weiterhin vollständig umgelegt wurden[179]. Während die öffentlich-rechtlichen Entsorgungsträger nun mit dem Problem zu kämpfen haben, ihre zur Gewährleistung der langfristigen Entsorgungssicherheit errichteten (meist thermischen) Entsorgungskapazitäten auszulasten, verfügen die privaten Entsorger oft nicht über die benötigten Kapazitäten.

Zwar legt das Kreislaufwirtschafts- und Abfallgesetz fest, wer die jeweiligen Abfälle zu verwerten bzw. zu beseitigen hat, doch ist bei vielen Abfällen ungeklärt, ob sie den Grundsätzen der Verwertung oder den Grundsätzen der Beseitigung unterliegen. Auch die im Januar 2003 in Kraft getretene *Gewerbeabfallverordnung* wird dieses Problem nicht abschließend und zur Zufriedenheit aller Beteiligten regeln.

Das Verschwimmen der Grenzen zwischen *Daseinsvorsorge* und *gewerblichen Aktivitäten* führt in Einzelfällen auch zu externen Expansionsbemühungen öffentlichrechtlicher Entsorgungsunternehmen. Dabei wird die mögliche Beteiligung an privatwirtschaftlichen Konkurrenten diskutiert, um über diese mit größerer Flexibilität im gewerblichen Bereich tätig sein zu können[180].

Ein weiterer Trend der letzten Jahre, der in der Bildung von gemischt wirtschaftlichen Gesellschaften besteht, dürfte sich auch künftig fortsetzen. Bei den so genannten *PPP-Modellen* gründen öffentlich-rechtliche Entsorgungsträger im Rahmen der Organisationsprivatisierung Gesellschaften mbH und beteiligen daran private Entsorger, wobei die Kapitalmehrheit in der Regel bei der öffentlichen Hand verbleibt, um weiterhin die rechtliche, politische und wirtschaftliche Kontrolle zu behalten.

Hauptmotive sind der Wunsch, *Gebührenstabilität* durch *Effizienzsteigerung* zu erreichen, sowie die Erzielung von Erlösen aus dem Beteiligungsverkauf zur Reduzierung der drückenden Schuldenlast. Auf Seiten der privatwirtschaftlichen Käufer steht der Eintritt in einen neuen lokalen Markt im Vordergrund[181].

---

[179] Vgl. zur Systematik der Gebühren *Coenenberg* 1997, S. 167 ff.

[180] Vgl. *Urbanek* 2001, S. 8.

[181] Vgl. *Urbanek* 2001, S. 8.

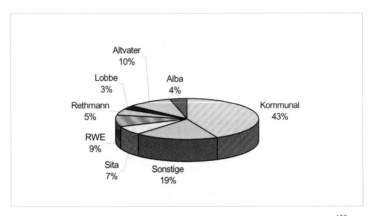

Abbildung 11: Anteil der Entsorger an der Hausmüllentsorgung[182]

Da die meisten Entsorgungsverträge eine Vergütung in Abhängigkeit von den entstandenen Aufwendungen vorsehen, wirken sich Effizienzsteigerung nur bedingt auf die Profitabilität der Unternehmung aus, vor allem aber positiv auf die Gebührenentwicklung.

Trotz seiner Minderheitsbeteiligung hat der private Partner meist die operative Führung in den teilprivatisierten Betrieben. Über diese Beteiligung an einem lokalen Entsorgungsmarkt steht dem privaten Partner jedoch eine funktionierende lokale Infrastruktur zur Verfügung, die er für seine Expansion im Gewerbemüllbereich nutzen kann.

4.6.5 Die zukünftige Entwicklung des Entsorgungsmarktes

Abfälle zählen dem Grunde nach eigentlich nicht zu den Gütern, die eine hohe Nachfrage erfahren. Es sei denn, dass deren Materialwerte die Abfälle bzw. die Bestandteile dieser Abfälle so interessant machen, dass sich dafür Abnehmer finden, wenn die Wertstoffe sortiert und aufbreitet in einen erneuten Produktionszyklus eingeschleust werden.

Doch zunächst ist es der Staat, der durch Gesetze, Verordnungen, technische Anleitungen und andere Vorschriften dafür sorgt, dass Abfälle in geordneten Bahnen erfasst, behandelt, verwertet oder beseitigt werden. So entsteht durch staatliches Handeln ein neuer Markt. Erweiterte Anforderungen generieren gänzlich neue Betätigungsfelder und begründen so innovative Sparten.

---

[182] Vgl. *Urbanek* 2001, S. 9.

Mit ca. 800 Gesetzen, über 2.800 Verordnungen und ca. 4.700 Verwaltungsvorschriften zählt die Entsorgungswirtschaft nach wie vor zu den am stärksten regulierten Industriezweigen in Deutschland[183].

Insofern sind viele der heute praktizierten Sammel- und Recyclingsysteme durch staatliches Handeln induziert. Sie sind also nicht natürlich entstanden, sondern künstlich geschaffen, gleichwohl jedoch vernünftig und notwendig vor dem Hintergrund der Endlichkeit vieler Ressourcen und des gebotenen Schutzes der Umwelt im Interesse nachfolgender Generationen.

Weil aber die Rechtsbasis für das Branchenhandeln künstlich ist, entwickelte sie sich in den europäischen Staaten recht unterschiedlich. Hier fällt der EU (wie bereits in Kapitel 3.4.1.2 beleuchtet) die Aufgabe zu, die divergierenden Systeme zu harmonisieren und auf eine gemeinsame Grundlinie zu verpflichten. Deshalb wird auch künftig die Entsorgungsbranche stark reglementiert durch staatliche Vorschriften gelenkt werden. Die Entsorgungsunternehmen bleiben abhängig vom Willen der Gesetz- und Verordnungsgeber, besonders dann, wenn neue Recyclingmärkte geschaffen und gestaltet werden. Es ist wichtig, dass diese Regelwerke nicht zu bürokratisch gestaltet und in allen anderen Ländern der Gemeinschaft vergleichbar konsequent umgesetzt und überwacht werden[184].

Weil der ,freie Warenverkehr' und die ,Wettbewerbsorientierung' zu den prägenden Merkmalen der EU-Politik zählen, kann man davon ausgehen, dass Monopole oder marktbeherrschende Stellungen schon bald der Vergangenheit angehören werden. Das einheitliche Wettbewerbsrecht im erweiterten Markt schafft neue Marktbedingungen.

Aber auch die Kundenstruktur des Entsorgungsmarktes verändert sich. Oft sind nicht mehr die Anfallstellen, z. B. die Handelsfiliale, der Auftraggeber, sondern die Systemführer, die Konzernfilialen. Die Auftragszusammenfassung und die überregionale bzw. bundesweite Vergabe von Entsorgungsdienstleistungen werden zu einer oligopolistischen Nachfragestruktur führen. Der Ausbruch aus den Kreisgrenzen lässt einen bundesweiten Markt entstehen.

Die Unternehmen, die diese Aufgabe bewältigen wollen, müssen in der Lage sein aufzubereiten und zu vermarkten. Sie müssen über Verfahren, Kapazitäten und Know-how für diese Stoffströme verfügen.

Unternehmen, die sich in einem Markt mit der erwähnten sich rasch entwickelnden europäischen Wettbewerbsstruktur behaupten wollen, müssen auch über eine hinreichende Größe und Finanzkraft verfügen um den Anforderungen der oligopolistischen Nachfragestruktur gewachsen zu sein[185].

---

[183] Vgl. *Urbanek* 2001, S. 1.

[184] Vgl. *Niehues* 1999, S. 98.

[185] Vgl. *Niehues* 1999, S. 116.

4.6.6 Konzentrationstendenzen

Organisches Wachstum ist auf dem deutschen Entsorgungsmarkt momentan kaum mehr möglich, weshalb die Branche auch weiterhin von *Übernahmen* geprägt ist. Auch unter den *'Top Ten'* der Branche, haben sich in den letzten drei Jahren einige Änderungen ergeben. Die ehemalig zweitgrößte Wettbewerber, *Thyssen Klöckner Recycling*, hat sich mit dem Verkauf der *Thyssen Sonnenberg* aus dem Schrottrecycling verabschiedet und mit der *RWE Umwelt* wurde fusionsbedingt ein neuer Branchenprimus geschaffen. Mit dem Erwerb der verbliebenen 50 % an der *Otto-Gruppe*, schloss der europäische Marktführer *SITA* seinen Einstieg in den deutschen Markt erfolgreich ab. Ähnliches gelang der britisch-australischen *Cleanaway-Gruppe* mit der Akquisition der *SKP*[186].

Einen Überblick über die zehn größten Entsorgungsunternehmen in Deutschland gibt die folgende Grafik (Abb. 12).

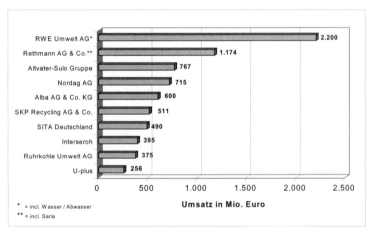

Abbildung 12: Die zehn größten Entsorger in Deutschland[187]

Als neuer Marktführer in Deutschland und drittstärkstes Unternehmen in Europa sind die Entsorgungsaktivitäten des *RWE-Konzerns* aus der Fusion *RWE/VEW* hervorgegangen[188].

---

[186] Vgl. *Urbanek* 2001, S. 10.

[187] Vgl. *Urbanek* 2001, S. 10.

[188] Im Februar 2005 hat die Rethmann AG & Co. (heute REMONDIS AG & Co. KG) 70 % des RWE-Umweltgeschäftsvolumens übernommen. Die Grundlagen der Transaktionsstruktur stammen bereits aus dem Vorjahr, waren jedoch kartellrechtlichen Prüfungen zu unterziehen.

Die größten deutschen Entsorgungsunternehmen in ausländischer Hand sind, mit jeweils ca. 500 Mio. Euro Umsatz, die zu *Cleanaway* gehörende *SKP-Gruppe* sowie die *SITA Deutschland GmbH.*

Durch die Übernahme der Aktivitäten der *BFI (Browning Ferris Industries)* in Europa im Jahr 1998 wurde der heutige europäische Marktführer und drittstärkste Wettbewerber in der Welt, die *SITA s. a.*, Frankreich, fünfzigprozentiger Gesellschafter der damaligen *Otto-Entsorgungsdienstleistung*, die kurz nach dem Erwerb der restlichen 50 Prozent im April 1999 in *SITA Deutschland GmbH* umbenannt wurde[189].

4.6.7 Internationalisierung

Bedingt durch die *Stagnation des deutschen Entsorgungsmarktes* versuchen die großen Entsorgungsunternehmen schon seit einigen Jahren weiteres *Wachstum im Ausland* zu realisieren[190]. Da deutsche Unternehmen in Westeuropa oft auf etablierte Konkurrenten stoßen, liegt bei einigen Entsorgern das Hauptaugenmerk auf Osteuropa, wo die Strukturen noch flexibler und die Chancen, eine führende Stellung in einem Markt einzunehmen, damit größer sind. Besonders Polen sei hier erwähnt, da ausgehend von einer hundertprozentigen kommunalen Müllentsorgung die Liberalisierung im Bereich Hausmüll wesentlich weiter voran geschritten ist, als in Deutschland. Zur Entsorgung dieser Abfälle benötigen die interessierten Unternehmen eine Lizenz. Um diese zu erlangen, müssen sie ihre technische und logistische Qualifikation sowie einen vertraglich gesicherten Entsorgungsweg nachweisen. Unter den so lizenzierten Unternehmen könnte der Bürger seinen Entsorger dann selbst auswählen.

Die Marktführer in Europa sind die beiden französischen Unternehmen *ONIX* und *SITA*, die auch weltweit auf den Rängen 3 und 4 führende Stellungen einnehmen.

4.7 Attraktivität der Entsorgungsbranche für Unternehmen

In der bis hierher vorgenommenen Darstellung der einzelnen Wettbewerbsdeterminanten zeigten sich insbesondere folgende Aspekte:

Die Abfallwirtschaft ist überwiegend *hoheitlich geprägt*, was sich ganz erheblich auf die Rivalität unter den Branchenteilnehmern auswirkt. Die Rivalität ist als schwach einzustufen. Die Bereiche in der Abfallwirtschaft werden durch immer größer werdende Transportkosten und durch Stückkostendegression auf Grund des hohen Fixkostenblockes geprägt. Dieser Kostenverlauf begünstigt eine regionale Monopolisierung. Die derzeitigen Kosten der Abfallentsorgung berücksichtigen weder externe Effekte noch Kumulativknappheiten. Auf Grund der Zentralisierung der Abfallentsor-

---

[189] Vgl. *Urbanek* 2001, S. 10.

[190] Vgl. *Niehues* 1999, S. 117.

gungsanlagen zum Zweck einer besseren Überwachung ökologisch relevanter Emissionen hat sich eine Vielzahl von regional abgegrenzten Märkten herausgebildet, in denen der Entsorger de facto Monopolist ist.

Markteintritte finden heute überwiegend durch *Übernahme* eines etablierten Entsorgungsunternehmens statt, da einem direkten Markteintritt absolute Eintrittsbarrieren gegenüberstehen. Die relativen Eintrittsbarrieren begründen sich vor allem in den hohen Investitionserfordernissen, von denen ein hoher Anteil als *,sunk costs'* bezeichnet werden muss.

Die wenig bewusst vollzogene Bewertung der Dienstleistung, die der Lieferant der Abfallwirtschaft beimisst, führt dazu, dass die Substitutionsgefahr als gering einzustufen ist. Da die kurzfristige Erschließung neuer Kapazitäten problematisch ist, ist auch das Angebot mittelfristig *unelastisch*. Substitutionsverfahren sind zwar in der Erprobungsphase, aber noch nicht ausgereift, so dass nicht mit einer kurzfristigen Änderung der bestehenden Praxis zu rechnen ist. Die Determinante Bedrohung durch Substitution ist als unbedeutend einzustufen.

Als Folge der Hoheitsrechte, die die Kommunen durch Gesetze in der Abfallwirtschaft ausüben, hat der einzelne Bürger keine Alternative zu dem Entsorger. Die erwähnte Tendenz zur regionalen Monopolisierung wird somit verfestigt. Darüber hinaus wird durch diese Zuordnung die Verantwortung für die Abfallentsorgung externalisiert.

Die derzeitige Ausgestaltung der Abfallgebühren ist überwiegend nicht verursachergerecht[191]. Darüber hinaus hat der Abfallerzeuger de facto keinen Anreiz zur Verwertung oder Vermeidung. Der eigene Beitrag für die Abfallentstehung wird als marginal eingestuft. Die Entsorgungsgebühren selbst werden überwiegend als relativ geringfügige Belastung empfunden. Die gesamte Nachfrage nach Entsorgungsleistung kann deshalb als weitgehend *preisunelastisch* bezeichnet werden. Insgesamt fällt die Qualität der Lieferantenbeziehung für den Entsorger günstig aus.

Daher zeichnet sich aus diesen Wettbewerbsdeterminanten ein sehr *attraktives Bild der Branche*, die auch langfristig in ihrem Bestand nicht gefährdet ist.

---

[191] Zurzeit erst vereinzelt werden bereits sogenannte Transpondersysteme zur Erzielung von Gebührengerechtigkeit eingesetzt. Die grundsätzliche Vorgehensweise ist dabei die folgende: Müllbehältnisse werden mit einem sogenannten Transponder ausgestattet. Dabei handelt es sich um einen elektronischen Codeträger, der Angaben über Grundstücksdaten und Behältergröße zuordnet. Im Gegenzug dazu werden die Müllfahrzeuge mit einem Lesegerät ausgestattet, das den Transponder erkennt und die Leerungsdaten (Häufigkeit, Zeitpunkte, Menge) auf einer Chipkarte abspeichert. Der so gewonnene Datensatz ist nachfolgend Grundlage für die Ermittlung einer gerechten Müllgebühr gemäß des tatsächlichen Abfallaufkommens.

5 Unternehmensanalyse

Zielsetzung der Unternehmensanalyse als Vorraussetzung der strategischen Planung ist es, eine möglichst objektive Einschätzung der *Unternehmenssituation* zu gewinnen. Die dabei zu ermittelnden Informationen können sowohl *quantitativer* als auch *qualitativer* Art sein[192].

Grundlage für das Aktivieren von *Erfolgspotentialen* und das Nutzen von *Chancen* ist eine umfassende Situationsanalyse, in der in einem ersten Schritt die aktuelle Situation des Unternehmens ermittelt wird. Da das jedoch als Entscheidungsbasis nicht ausreicht, um eine sachgerechte Ziel- und Strategieentscheidung mit großer Reichweite treffen zu können, ist im Weiteren die mutmaßliche zukünftige Entwicklung der Daten in den relevanten Analysebereichen zu berücksichtigen[193].

In den beiden folgenden Kapiteln ist zuerst das theoretische Modell der Unternehmensanalyse wiedergegeben. Unternehmensindividuelle Aussagen lassen sich nur durch Analyse eines konkreten Unternehmens machen, was jedoch nicht mit der Intention dieser Arbeit übereinstimmt. Dennoch existieren allgemeine *Charakteristika abfallwirtschaftlicher Unternehmen*, die sich in der Regel aus ihrer Zugehörigkeit zur *mittelständischen Wirtschaft* ableiten lassen – und somit auch Charakteristika anderer Unternehmen mittelständisch geprägter Branchen darstellen. Das zweite folgende Kapitel beschreibt diese Strukturmerkmale.

5.1 Modell der Unternehmensanalyse

Die Unternehmenssituation wird aus drei Perspektiven betrachtet. Der erste Blick gilt den *Werten und Grundeinstellungen der Führungskräfte*, worin ein wesentliches Element im Strategiebestimmungsprozess zu sehen ist. Strategische Entscheidungen werden selten – eher gar nicht – nur auf der Basis ökonomischer Kriterien getroffen. Die Werte und Grundeinstellungen des Top-Managements erfüllen eine Filter-, Bewertungs- und Auswahlfunktion in allen Phasen des Planungsprozesses[194]. Nicht selten werden diese Werte in Unternehmensleitbildern, Führungsgrundsätzen oder einer schriftlich fixierten ‚*Corporate Identity*' festgehalten.

Die zweite Perspektive ist die *Potential- und Lückenanalyse*. Bei der Potentialanalyse werden die Ressourcen des Unternehmens geprüft. Ziel ist es herauszufinden, inwieweit mit den vorhandenen Potentialen ein Ausbau des Basisgeschäfts möglich ist. Unter dem Basisgeschäft einer Unternehmung versteht man den Umsatz mit bestehenden Produkten auf den vorhandenen Märkten, ohne dass größere Veränderungen im Unternehmen vorgenommen werden. Werden unterstützende Maßnahmen ergriffen, z. B. durch Rationalisierung, intensitätsmäßige Anpassung der Unternehmung oder Motivation der Mitarbeiter etc., so spricht man vom potentiellen Basisge-

---

[192] Vgl. *Baum/Coenenberg/Günther* 2004, S. 63.

[193] Vgl. *Nieschlag/Dichtel/Hörschgen* 2002, S. 104 ff.

[194] Vgl. *Kreikebaum* 1993, S. 41 ff.

schäft. Die Differenz zwischen dem Basisgeschäft und dem potentiellen Basisge-schäft bezeichnet man als operative Lücke. Mit dem Überwinden der operativen Lü-cke ist in der Regel jedoch nicht die Entwicklungsgrenze des Unternehmens erreicht. Die Differenz, vom Schließen der operativen Lücke bis hin zu der Entwicklungsgren-ze, bezeichnet man als strategische Lücke. Das Ausfüllen dieser Lücke vollzieht sich durch neue Produkte und Dienstleistungen und ggf. durch das Agieren in neuen Märkten. Diese Entscheidung wird in der Strategie fixiert.

Nach *Gutenberg* ist die *Potentialanalyse* die Bestandsaufnahme der elementaren und dispositiven Faktoren eines Unternehmens. Ihr Aufbau ist an den Funktionsbe-reichen des Unternehmens orientiert (Finanzen, Personal, Forschung und Entwick-lung, Beschaffung, Produktion, Absatz etc.). Neuere Sichten beziehen auch die Be-reiche Organisation, Unternehmensplanung und Informationstechnologie mit ein. Gegenstand der *Lückenanalyse* ist das Herausfinden des Abstands zwischen dem Basisgeschäft und der Entwicklungsgrenze[195]. Somit ist die Potentialanalyse eine notwendige Voraussetzung für die nachfolgende Lückenanalyse, da hier die Informa-tionen über das Ausmaß, aber auch das mögliche Schließen der Lücke generiert werden.

In nachfolgender Grafik (Abb. 13) ist der Zusammenhang resümierend dargestellt:

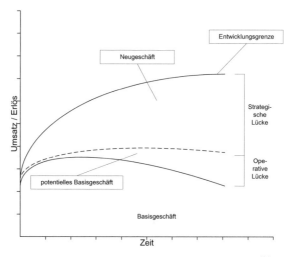

Abbildung 13: Lückenanalyse des Unternehmens[196]

---

[195] Vgl. *Ziegenbein* 2002, S. 292 ff.

[196] Vgl. *Kreikebaum* 1993, S. 43.

Die dritte und letzte Perspektive zur Ermittlung der Unternehmenssituation ist die *Stärken- und Schwächenanalyse*. Darunter versteht man die Bewertung der Unternehmensressourcen bspw. im Vergleich zu den wichtigsten Konkurrenten oder zum Marktführer der eigenen Branche. Diese Analyse ist zunächst nur auf den bestehenden Zustand ausgerichtet und bildet dementsprechend den Ist-Zustand ab. Da für die strategische Ausrichtung aber die längerfristige Betrachtung von Bedeutung ist, werden die Chancen und Risiken zukünftiger Umweltentwicklungen mit einbezogen. Vor diesen vermuteten Entwicklungen werden die Ressourcen des Unternehmens erneut bewertet. Eine starke Ressource wird dann zur Chance für das Unternehmen, wenn sie im Vergleich zum Mitwettbewerber unter Beachtung der zukünftigen Entwicklung immer noch eine Stärke des Unternehmens ausdrückt. Analog zur Potentialanalyse hat sich auch hier das Vorgehen nach Funktionsbereichen des Unternehmens etabliert. Dadurch ergibt sich der Vorteil, dass man für jeden Funktionsbereich eine beliebig detaillierte Gliederung der Bestimmungsfaktoren vornehmen kann. Alternativ dazu hat sich das *Konzept der Wertketten* bei der Analyse bewährt. In Anlehnung an *Porter* geht man davon aus, dass jedes Unternehmen eine Ansammlung von Tätigkeiten ist, durch die ein Produkt entworfen, hergestellt, vertrieben, ausgeliefert und unterstützt wird. Alle diese wertschöpfenden Aktivitäten[197] lassen sich in einer Wertkette darstellen[198]. Die Bewertung und Einschätzung der eigenen Situation bei beiden Analyseformen erfolgt sowohl nach subjektiven Kriterien der Entscheidungs- und Planungsträger als auch – soweit verfügbar – anhand nachprüfbarer, allgemein zugänglicher Werte, wie sie z. B. in *Benchmarks* über Mitkonkurrenten bzw. Branchenführern verfügbar sind. In der Praxis hat sich die Kombination aus beiden Vorgehensweisen durchgesetzt. Üblicherweise werden zunächst die verantwortlichen Stellen nach ihrer persönlichen Einschätzung über vorhandene und zukünftige Potentiale befragt. Diese subjektiven Einschätzungen werden in einem zweiten Schritt nach objektiven Gesichtspunkten bewertet[199].

5.2 Charakteristika mittelständischer Unternehmen aus der Abfallwirtschaft

Eine konkrete Eingrenzung mittelständischer Unternehmen vorzunehmen, ist nicht einfach, obwohl sehr häufig diese Eingrenzung auf Grund quantitativer Kriterien vollzogen wird. Wenngleich es gesetzlich keine Grundlage für diese Eingrenzung gibt, so stößt man in der Literatur wiederholt auf das Kriterium ‚*Beschäftigtenanzahl kleiner als 500 Mitarbeiter*' und ‚*Jahresumsatz kleiner als 50 Mio. Euro*'. Diese verbreitete Sichtweise[200] führt zu einer sehr interessanten Clusterbildung mit eindeutiger Do-

---

[197] Vgl. *Vollmuth* 1999, S. 105.

[198] Vgl. *Porter* 1989, S. 63.

[199] Vgl. *Kreikebaum* 1993, S. 47.

[200] Im Jahr 1996 ist eine Einteilung durch die *Europäische Kommission* dahingehend beantwortet worden, dass vom Mittelstand zu reden ist, wenn ein Unternehmen weniger als 250 Mitarbeiter beschäftigt, einen Jahresumsatz kleiner als 40 Mio. ECU erzielt oder eine Bilanzsumme von maximal 27 Mio. ECU aufweist.

minanz des Mittelstand-Clusters, woraus die gesamtwirtschaftliche Bedeutung des Mittelstands erkennbar ist. Dieser umfasst nach der gewählten Einteilung ca. 99,7 % aller deutschen Unternehmen, derer es ca. 3,4 Mio. gibt. Analysiert man diesen Cluster nach verschiedenen betriebswirtschaftlichen und volkswirtschaftlichen Kriterien, dann ergibt sich folgendes Bild (Abb. 14):

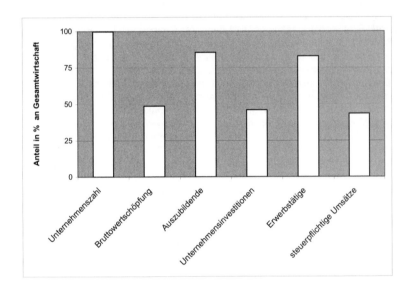

Abbildung 14: Bedeutung des Mittelstandes[201]

Diese rein *qualitative Abgrenzung* des Mittelstandsbegriffs lässt bedeutende Kriterien außer Acht, die das Wesen des Mittelstands ausmachen. Aus diesem Grund gibt es weitere definitorische Ansätze, die z. B. die *Branchenzugehörigkeit, Marktverhältnisse, Eigentümerstruktur* und Weiteres mit einbeziehen[202].

Vom *Institut für Mittelstand* ist der Branchenaspekt in die Mittelstandsdefinition mit einbezogen worden. Je nach Branche variieren die Umsatzniveaus der mittelständischen Unternehmen, wie nachstehende Tabelle (Tab. 2) auszugsweise wiedergibt:

---

[201] Vgl. *iwd, IfM Bonn, IAB, Statistisches Bundesamt, Stifterverband deutsche Wissenschaft*; Stand 1999 bis 2001.

[202] Vgl. *Hypovereinsbank Corporates & Markets* 2003, S. 8.

Wirtschaftsbereich	Umsatz bis ...
Energie, Wasserversorgung, Bergbau	50 Millionen Euro
Verarbeitendes Gewerbe	50 Millionen Euro
Baugewerbe	50 Millionen Euro
Großhandel	50 Millionen Euro
Einzelhandel	12,5 Millionen Euro
Verkehr und Nachrichtenübermittlung	12,5 Millionen Euro
Dienstleistungen von Unternehmen und Freien Berufen (ohne Wohnungsvermittlung)	12,5 Millionen Euro

Tabelle 2: Mittelstandsdefinition nach Branchen[203]

Kennzeichnend für mittelständisch orientierte Unternehmen – der Abfallwirtschaft – ist häufig die zentrale *Machtposition des Unternehmers*. Nicht selten sind diese Unternehmen familiengeführt oder sind zumindest ihrem Ursprung nach eng mit familiären Strukturen verknüpft[204]. Diese Tatsache birgt die Gefahr, dass der im Unternehmen gelebte *Führungsstil* wenig partizipativ ausgeprägt ist. Hinzu kommt, dass der dispositive Faktor der Arbeit aus dem Kostendruck des Marktes und der Fokussierung der Leitungsfunktion limitiert ist. Besonderheiten finden sich auch in der Finanzstruktur dieser Unternehmen. Nicht zuletzt auf der Grundlage von *Basel II*[205] spielt in diesem Unternehmenstypus die *Selbstfinanzierungskraft* eine entscheidende Rolle, da der Zugang zu fremdem Kapital durch die wirtschaftliche Praxis erschwert ist.

Das Anwenden neuerer betriebswirtschaftlichen Instrumentariums ist laut einer Studie der Unternehmensberatung *Deloitte & Touche* nicht sehr ausgeprägt[206]. So erreichen neuere Denkansätze der wissenschaftlichen Forschung diese Unternehmen deutlich später, als es in großen Konzernen der Fall ist. Aus der Studie geht bspw. hervor, dass zum Ermitteln von Kosteneinsparungspotentialen meist auf vergangenheitsbezogenes Daten- und Kennzahlenmaterial zurückgegriffen wird. Neben dem Manko der fehlenden oder zumindest unzureichenden *Zukunftsorientiertheit* ist darüber hinaus festzustellen, dass es allenfalls ein rudimentäres Berichtswesen über *Softfacts* wie z. B. *Zufriedenheitsindizes* von Kunden und Mitarbeitern gibt. Die Abtei-

---

[203] Vgl. *IfM Bonn* 2002, zitiert aus *Hundt/Neitz/Grabau* 2003, S. 1.

[204] Vgl. *Geiger/Hermann* 2003, S. 105.

[205] Hinter dem Begriff ‚Basel II' verbirgt sich ein Modell des *Ausschusses für Bankenaufsicht der Bank für internationalen Zahlungsausgleich* zur Modifikation der Eigenkapitalhinterlegung von Kreditinstituten, mit der Zielsetzung, die Hinterlegung nicht mehr pauschal (8 % bisher für Kredite an Unternehmen), sondern am jeweiligen Risikoprofil der Kreditinstitute zu orientieren. Zur Ermittlung des Risikos eines Kredits erfolgt eine Bonitätseinstufung eines Kreditnehmers per Rating. Das Kreditinstitut wiederum hat die Vorgabe, Kredite an Unternehmen mit gutem Rating mit weniger Eigenkapital beziehungsweise mit schlechtem Rating mit mehr Eigenkapital zu hinterlegen. Das führt folglich dazu, dass der Preis des überlassenen Geldes aus der Sicht von Unternehmen differieren wird.

[206] Vgl. URL:http://www.vcontarget.de vom 21.10.2003.

lungen, die mit dem Aufbereiten des Datenmaterials beschäftigt sind, vollziehen ihre Aufgabenstellung tendenziell auf Grundlage des betrieblichen Rechnungswesens. Auch die Landschaft der im Betrieb befindlichen *DV-Systeme* zur Unterstützung dieser Aufgaben ist außerordentlich heterogen. Sie reicht von standardisierten und integrierten Lösungen bis hin zu Eigenprogrammierungen oder einer Kombination daraus. Eine empirische Studie der Universität Bielefeld aus dem Jahr 1998 zum Informationsverarbeitung-Controlling im Mittelstand hat offengelegt, wie informationsverarbeitende Strukturen in mittelständischen Unternehmen etabliert sind[207]. Dort erkannte Schwachstellen beeinflussen unmittelbar die Güte des Informationsweitergabe und letztendlich des Managements, das auf der Grundlage der zur Verfügung stehenden Informationen operative und strategische Entscheidungen treffen muss. So stellt *Krecmar* deutlich heraus, dass „*Informationsmanagement ohne Informationsverarbeitung-Controlling ein ‚muddling through'* [ist] *und kein Management"*[208].

Die Hauptaussagen der Studie berühren 3 Themenblöcke. Das ist zunächst die Frage nach Standardsoftware oder nach Eigenentwicklungen. Letztendlich herrscht im Mittelstand weitgehend ein Konsens darüber, dass Standardsoftware ein angestrebtes Ziel ist, allerdings in Verbindung mit der Erkenntnis, dass die Zielsetzung, Altsysteme abzulösen, noch zu wenig umgesetzt ist. Erfolgt eine Neuorientierung, dann fehlen oftmals die Ressourcen, die DV-Strategie zum Erfolg des Unternehmens neu auszurichten. Stattdessen – so das Ergebnis der Studie – wird in die Lösungen der Software-Marktführer investiert. Das in diesem Zusammenhang gerne zitierte ‚*business process reengineering'* konnte bei vielen Systemwechseln nicht nachgewiesen werden. Das Durchführen von Organisationsanalysen führt sehr schnell an den Punkt, Machtfragen zu stellen. Empirisch belegbar ist, dass solche Entscheidungssituationen von mittelständischen DV-Leitern nicht gerne gesehen werden[209].

Als weiteres Ergebnis der Studie ist zu nennen, dass – schematisch verkürzt ausgedrückt – in mittelständischen Unternehmen entweder eine *Controlling-Kultur* existiert oder mangels Kapazitäten diese Aufgabenstellung brach liegt[210]. Ist eine Controlling-Kultur etabliert, die dann auch den Bereich des Informationsverarbeitung-Controllings mit einschließt, dann können betriebswirtschaftliche Effekte, wie z. B. Kostenreduzierungen oder Flexibilitätserhöhungen, mit dem angewandten Instrumentarium unterstützt und nachgewiesen werden. Ist keine Controlling-Kultur nachweisbar, dann ist dieses in der Regel auf ein falsches Controlling-Verständnis zurückzuführen, das den Begriffsinhalt klassischer Weise falsch mit Kontrolle gleichsetzt. *Kosmider* hat zu dieser Fragestellung eine Untersuchung zum Stand des Controllings im Mittelstand durchgeführt und gelangt zu der Erkenntnis, dass wohl eine Verbreitung betriebswirtschaftlicher Instrumente wie Deckungsbeitragsrechung oder Kostenplanung nachzuweisen ist, aber das vorgefundene Controlling-Verständnis insgesamt nur als eine Vorstufe in Richtung einer controlling-orientierten Unternehmensführung bewertet werden kann[211]. Innerbetriebliche Marktmechanismen und Datenerhebungen für eine

---

[207] Vgl. dazu ausführlich *Spitta* 1998, S. 424 ff.

[208] Vgl. *Krecmar* 1997, S. 250.

[209] Vgl. *Spitta/Ellerbrock/Kuhlmann* 1999, S. 509 f.

[210] Vgl. *Spitta/Ellerbrock/Kuhlmann* 1999, S. 510.

[211] Vgl. *Kosmider* 1994, S. 171.

aussagefähige Planung werden eher noch abgelehnt. Die Ursache ist nach Aussage von *Spitta/Ellerbrock/Kuhlmann* mit hoher Wahrscheinlichkeit im Zusammenhang mit der auf den Unternehmer zentrierten Führungsstruktur im Mittelstand zu sehen[212]. Noch deutlicher formuliert es *Hamer*, indem er von der *,Einzelkämpfersituation des mittelständischen Unternehmers'* spricht[213]. Dieses Phänomen ist nicht neu. Bereits *Gutenberg* hat es mit dem Begriff der Scheu vor dem dispositiven Faktor beschrieben.

Die Studie gelangt zu einem dritten Ergebnis, das sich *mit Personal- und Qualifikationsengpässen* im Informationsverarbeitung-Controlling und Informationsmanagement auseinandersetzt. Der Gedanke, dass man für einen funktionierenden DV-Betrieb im Unternehmen sowohl Konzepte als auch qualifiziertes Personal benötigt, hat sich auf der Unternehmensleitungsebene noch nicht konsequent durchgesetzt. Stattdessen werden IT-Dienstleistungen an Softwarehäuser ausgelagert, was mitunter zu bedrohlichen Abhängigkeitspotentialen führt. Die eigene DV-Abteilung verkümmert zum Programmierbüro, und wird nicht als Berater in Fragen der strategischen Techniknutzung gesehen. Diese in der Studie nachgewiesene Einstellung lässt insgesamt Rückschlüsse auf die Haltung der Unternehmensleitung zum Potentialfaktor ,Information' zu[214].

Zu dieser Aussage passen die Erkenntnisse, die im Rahmen einer Studie des *Bundesministeriums für Wirtschaft* und dem Wirtschaftsforschungsinstitut *KPMG* über Wissensmanagement in kleinen und mittleren Unternehmen im Jahr 2002 gewonnen wurde. Die Erkenntnis, dass der wirtschaftliche Erfolg vieler mittelständischer Unternehmen mit davon abhängen wird, relevantes Wissen im Unternehmen zu identifizieren und vorhandenes *Wissen systematisch zu managen*, ist durchaus in mittelständischen Unternehmen angekommen[215]. Als problematisch erweist sich allerdings die Umsetzung. Hier konnten durch die Studie die vorherrschenden Barrieren identifiziert werden, die bei der Umsetzung erschwerend wirken. Als die vier *Hauptbarrieren* werden genannt[216]:

- Es ist im Unternehmen keine eindeutige und klare Strategie vorhanden.

- Es werden keine Ressourcen für Mitarbeiter zur Aufbereitung und Nutzung von Wissen zur Verfügung gestellt.

- Es mangelt an der ausreichenden Unterstützung durch die Geschäftsführung.

- Teilbereiche sind unzureichend koordiniert.

---

[212] Vgl. *Pfohl* 1997, S. 19.

[213] Vgl. *Hamer* 1988, S. 104 ff.

[214] Vgl. *Spitta/Ellerbrock/Kuhlmann* 1999, S. 511.

[215] Vgl. URL:http://www.knowtech2002.de vom 28.10.2003.

[216] Vgl. URL:http://www.knowtech2002.de vom 28.10.2003.

Die folgende Grafik (Abb. 15) gibt die übrigen Hemmnisse wieder, die sich an der Infrastruktur und Unternehmenskultur mittelständischer Unternehmen festmachen lassen.

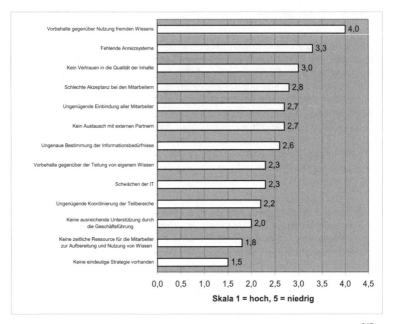

Abbildung 15: Barrieren bei der Einführung von Wissensmanagement[217]

Neben diesen aufgezeigten Schwächen besitzen mittelständisch strukturierte Unternehmen aber auch eine Anzahl von Stärken. Dazu zählt im Besonderen die Flexibilität auf Grund von überschaubaren und damit vergleichsweise einfach zu steuernden Strukturen[218].

Potentielle Stärken können das Besetzen von Marktnischen mit Produkten und Dienstleistungen sein. Im Weiteren kommt in Betracht, dass Mittelständler tendenziell ein persönlicheres Verhältnis zu ihren Kunden pflegen können, als es bspw. in großen Konzernen der Fall ist.

Ein zusätzlicher Vorteil für Mitarbeiter mittelständischer Unternehmen kann im sogenannten *job enrichment'* durch das Wahrnehmen von Aufgaben in Personalunion gesehen werden.

---

[217] In Anlehnung an URL:http://www.knowtech2002.de vom 28.10.2003.

[218] Vgl. URL:http://www.mittelstand-studie.de vom 21.10.2003.

Alle darüber hinaus existierenden Vorteile mittelständischer Unternehmen sind unternehmensindividuell zu analysieren und zu bewerten und stellen Besonderheiten eines einzelnen Unternehmens dar.

Die Darstellung der Stärken und Schwächen, ohne Bezugnahme auf ein konkretes Unternehmen, weist quantitativ *keine Symmetrie* auf. Es wäre jedoch falsch, daraus abzuleiten, dass die Schwächen mittelständischer Unternehmen überwiegen. Richtig ist, dass es sich hier nur um mögliche Stärken- und Schwächenprofile handeln kann, ohne den Anspruch der Allgemeingültigkeit zu erheben. Da es zahlreiche Analysen über die Schwächen von mittelständisch geprägten Unternehmen gibt und die erkannten Schwachstellen im konfliktären Zusammenhang mit den Potentialen des betriebswirtschaftlichen Konzepts der Balanced Scorecard stehen, ist der Betrachtung der Schwächen mehr Aufmerksamkeit geschenkt worden. Dennoch sei ausdrücklich erwähnt, dass die Ausführungen damit nicht tendenziös intendiert sind.

6   Herausforderungen an abfallwirtschaftliche Unternehmen

Für die Zukunft abfallwirtschaftlicher Unternehmen zeichnen sich mehrere Entwicklungstrends ab, die zu einer signifikanten Verschärfung der heutigen Wettbewerbssituation führen werden. Neben den zurzeit *stagnierenden Abfallmengen* ist zukünftig grundsätzlich von einer weiteren Verknappung des Wirtschaftsgutes „Müll" auszugehen. Für diese Entwicklung sind demographische Effekte jedoch vor allem staatliche Rahmenbedingungen verantwortlich. Durch entsprechende Auflagen werden die Hersteller in zunehmendem Maße zu Abfallvermeidungsstrategien angehalten. Siedlungsabfälle sollen bis zum Jahr 2020 vollständig umweltverträglich verwertet oder derart behandelt werden, dass eine Abfallablagerung nicht notwendig wird.

Staatliche Auflagen sind es auch, die in Zukunft eine abnehmende Bedeutung der Abfallbeseitigung zugunsten der Behandlung und Verwertung des Abfalls erwarten lassen. Beispielhaft sei in diesem Zusammenhang auf die *TA Siedlungsabfall* verwiesen, durch die dem herkömmlichen Deponiebetrieb bereits ab dem Jahr 2005 enge Grenzen gesetzt sind. In Anbetracht des durch diese Verordnung begründeten Verbots der Deponierung unbehandelten Abfalls werden die Volumina, die einer thermischen Verwertung oder der mechanisch-biologischen Behandlung zuzuführen sind, stark ansteigen.

Eine dritte Determinante der Branchenentwicklung besteht in der Unsicherheit bezüglich der weiteren Entwicklung verschiedener *rechtlicher Rahmenbedingungen*. Neben Fragen der künftigen Umsetzung des Kreislaufwirtschafts- und Abfallgesetzes ist hier vor allem die bisher ungeklärte Frage des Fortbestandes der Überlassungspflichten für industriell-gewerbliche und private Restabfälle von Bedeutung. Die valide Prognose der Entwicklung der Nachfrage nach Verwertungs- und Beseitigungsleistungen ist vor dem Hintergrund der unklaren Rechtslage nur schwerlich möglich. Anbieterseitig folgt aus dieser Situation eine nachhaltige Investitionsunsicherheit.

Schließlich ist nachfrageseitig, vor allem bei den international agierenden Großkonzernen, davon auszugehen, dass sich die Tendenz weiter fortsetzt, die Entsorgungsleistungen nicht pro Standort zu vergeben, sondern landesweit jeweils nur mit einem einzigen Entsorgungspartner zusammenzuarbeiten. Durch dieses vermehrte *„single sourcing"* von Entsorgungsleistungen durch industrielle Großkunden entsteht für die Entsorger die Notwendigkeit, über ihre jeweiligen Kernkompetenzen hinaus ein immer breiter diversifiziertes Tätigkeitsspektrum anbieten zu müssen, um wettbewerbsfähig zu bleiben[219].

6.1 Netzwerkbildung als geeignete Reaktion auf die Herausforderungen des Wettbewerbsumfelds

Die aufgezeigten Entwicklungslinien der Abfall- und Entsorgungswirtschaft verdeutlichen die Herausforderung, mit denen sich die Unternehmen dieser Branche derzeit

---

[219] Zum Konzept des „single sourcing" vgl. *Arnold* 1995, S. 93 ff.

konfrontiert sehen: Sie haben den nachfrageseitig geforderten raschen Wandel vom traditionell kommunalen, mehr oder weniger spezialisierten Entsorger zum kundenorientierten und breit diversifizierten *Umweltdienstleistungsunternehmen* in einem äußerst selektiven Wettbewerbsumfeld zu vollziehen, das sich durch unsichere rechtliche Rahmenbedingungen sowie in Zukunft weiter zunehmende Sättigungstendenzen, Verdrängungswettbewerb und Preiskämpfe auszeichnet. Im Falle der kleinen und mittelständischen Unternehmen der Branche gerät die Entwicklung einer an die Herausforderungen des Wettbewerbsumfeldes angepassten *Multi-Utility-Strategie* zu einer Existenzfrage. Die Option, das zukünftig notwendige breite Leistungsspektrum durch die Akquisitionsstrategien der Vorwärts- und Rückwärtsintegration zu realisieren, steht diesen Unternehmen im Gegensatz zu den großen Wettbewerbern auf Grund ihrer limitierten finanziellen Kapazitäten nur in sehr eingeschränktem Maße zur Verfügung[220]. Ein möglicher Ausweg aus diesem strategischen Dilemma bietet sich den kleinen und mittelständischen Unternehmen der Abfall- und Entsorgungswirtschaft in dem sogenannten *Netzwerkansatz*.

Ein weiterer aktueller Trend im Zusammenwirken von Unternehmen – hier öffentliche und private – soll der Vollständigkeit halber kurz skizziert werden, ohne jedoch eine weitere Vertiefung zu erfahren. Es handelt sich um die sogenannten *Public Privat Partnership-Modelle* (PPP), die aktuell von der wissenschaftlichen Diskussion aufgegriffen und erforscht werden. Da auch die Abfallwirtschaft in diese Diskussion involviert ist, erfolgen die nachstehenden Ausführungen. Insgesamt ist diese Thematik für sich genommen jedoch bereits außerordentlich umfangreich, so dass sie im Rahmen dieser Arbeit nicht explizit ausgebreitet, auf Grund der Aktualität in der Diskussion allerdings in Grundzügen skizziert werden soll[221].

Sinkende Steuereinnahmen und steigende Ausgaben bei Sozialhilfeleistungen rücken die für die Entwicklung der Wirtschaft und die Verbesserung des Arbeitsmarktes dringend benötigten kommunalen Investitionen in weite Ferne. So sind in den letzten zehn Jahren die kommunalen Investitionen um ein Drittel (über 10 Mrd. Euro) zurückgegangen, mit erheblichen Auswirkungen auf die Wirtschaft und den Arbeitsmarkt.

Angesichts dieser knappen Kassen und des wachsenden Investitionsrückstands in den Gemeinden beginnen Bürgermeister und Kämmerer neue Wege zu beschreiten, um öffentliche Aufgaben zu erbringen. Ein Modell ist die Public Privat Partnership (PPP), bei dem die öffentliche Hand und private Unternehmen die gemeinsame Erfüllung von Aufgaben vereinbaren[222]. Bei PPP-Modellen geht es um vertragliche Modelle, die in vielen Fällen Organisation, Finanzierung und Durchführung eines Projektes regeln[223].

---

[220] Die bereits angesprochenen Konzentrationstendenzen in der Abfall- und Entsorgungswirtschaft sind darauf zurückzuführen, dass sich die in dieser Branche vertretenen Großunternehmen bereits seit geraumer Zeit der strategischen Option der Akquisition bedienen.

[221] Einen guten Überblick über die Organisationsoptionen hinsichtlich Organisations-, Rechts- und Kooperationsform findet man in *Wagner* 2000, Kapitel 6.

[222] Vgl. URL:http://www.ibr-online.de vom 23.07.2003.

[223] Vgl. URL:http://www.bund.de vom 23.07.2003.

PPP bedeutet Kooperation von öffentlicher Hand und privater Wirtschaft bei der Planung, der Erstellung, der Finanzierung, dem Betreiben und der Verwertung von bislang staatlich erbrachten öffentlichen Leistungen (*Lebenszyklusansatz*). Im Rahmen von PPP tritt die öffentliche Hand im Wesentlichen als Nachfrager von Dienstleistungen auf, die von Privaten erbrachten Leistungen werden dabei auf Basis vertraglicher Vereinbarung vergütet. PPP-Projekte sind charakterisiert durch eine langfristige vertragliche Zusammenarbeit zwischen der öffentlichen Hand und der Privatwirtschaft, verbunden mit einer *Risikoverteilung*, orientiert an Wirtschaftlichkeitsgesichtspunkten. Das investive Volumen eines PPP-Projektes sollte 10 bis 15 Mio. Euro nicht unterschreiten. Anzustreben sind allerdings noch größere Investitionsvolumina, in Großbritannien bspw. werden diese Projekte mittlerweile mit Investitionsvolumina von 40 bis 50 Mio. Euro umgesetzt. Diese Volumina können durch die Bündelung von Maßnahmen erreicht werden. Nur so sind über den Lebenszyklus, unter der Berücksichtigung der Transaktionskosten eines Projekts, signifikante Effizienzvorteile zu erwarten[224].

PPP-Modelle entstehen entweder durch Gründung einer gemeinsamen (öffentlich/privaten) Gesellschaft, wobei die Geschäftsanteile projektabhängig unterschiedlich verteilt sein können, oder durch Gründung einer privaten Projektgesellschaft, die im öffentlichen Auftrag die Aufgabenerfüllung übernimmt. Sowohl Zweckbestimmung der Gesellschaft als auch Aufgaben- und Risikoverteilung werden im Gesellschaftsvertrag geregelt.

PPP-Modelle bedeuten einen *Paradigmenwechsel* sowohl bei der öffentlichen Hand als auch bei den privaten Partnern. Die öffentliche Hand muss marktgängige und über lange Zeitläufe nachhaltige Projekte entwickeln, strukturieren und in den Wettbewerb geben. Die privaten Partner, die zum großen Teil aus bisher klar abgegrenzten Branchen, Geschäftsfeldern und Marktsegmenten kommen, müssen die neue Aufgabe als ein neues, lebenszyklus- und wertschöpfungskettenübergreifendes Geschäftsfeld mit sehr eigenen Anforderungen und hohen Risiken, aber auch Chancen begreifen.

Die PPP-Projekte werden von den zuständigen Projektträgern, zumeist auf kommunaler Ebene, in eigener Verantwortung entwickelt und durchgeführt. Internationale Erfahrung zeigen aber, dass es äußerst hilfreich ist, wenn Projektträger bei ihrem Entwicklungs- und Entscheidungsprozess von Erfahrungen aus anderen Projekten frühzeitig profitieren und am nationalen und internationalen PPP-Know-how teilhaben.

Für PPP-Modelle eignen sich[225]:

- Infrastrukturmaßnahmen (Autostraßen, Eisenbahnprojekte, Brücken, Wasserversorgung und -entsorgung),
- Abfallwirtschaft,
- Krankenhäuser,

---

[224] Vgl. URL:http://www.finanzreport.nrw.de vom 23.07.2003.

[225] Vgl. URL:http://www.opwz.com vom 30.10.2002.

- Versorgungsheime und sonstige öffentliche Betriebe.

Mit diesen Projekten werden die Aufgaben eines PPP-Modells auf Management und Kundennutzen ausgeweitet.

PPP-Modelle implizieren Vorteile sowohl für die öffentliche Hand als auch für die privaten Dienstleister. Konkret bedeutet das für die öffentliche Seite:

- Wesentlich kürzere Realisierungszeit,
- Funktionsgerechte sparsame Errichtung,
- Bessere Servicequalität,
- Projektrisiko im privaten Bereich,
- Günstigere Kosten mit besserer Kontrolle,
- Übernahme einer voll funktionsfähigen, erprobten Anlage.

Auch für die private Seite werden Vorteile erwartet:

- Projektabwicklung,
- Kapazitätsausnutzung,
- Gewinnabschöpfung,
- Langfristige Einnahmen,
- Referenzprojekte.

Nicht zuletzt soll auch der Nutzer Vorteile aus dem Modell generieren:

- Moderne funktionsgerechte Anlagen, die in kurzer Zeit verfügbar sind,
- Bezahlung der Kosten durch Benutzungsgebühr,
- Vermeidung von Steuerbelastungen durch Umwegfinanzierung.

Die entscheidende Legitimation für PPP-Modelle sind die Effizienzgewinne durch die Partnerschaft von öffentlicher Hand und Privaten. Diese Effizienzgewinne sollen an den Bürger weitergeben werden. Insbesondere soll es nicht darum gehen, durch den Einsatz von *Betreibermodellen* bei gleichbleibender Steuer- und Abgabenbelastung eine zusätzliche Finanzierungsquelle zu erschließen. Ebenso muss der Eindruck einer verdeckten Kreditaufnahme vermieden werden. Deshalb sind bei der Umsetzung von PPP-Modellen eine transparente Planung und Ausschreibung wichtig. Insgesamt gilt, dass eine Verbesserung der Kosten- und Nutzenrelation erreicht werden soll.

6.1.1 Darstellung des der Arbeit zu Grunde liegenden Netzwerkkonzepts

Ein *Unternehmensnetzwerk* besteht aus mehreren rechtlich selbständigen Unternehmen, die miteinander kooperieren, um gemeinsam eine marktfähige Leistung herzustellen und zu verwerten[226]. Die Koordination der von den Netzwerkunternehmen zu erbringenden Leistungen erfolgt in der Regel auf Basis vertraglicher Vereinbarungen[227]. Im Unterschied zu den in der Literatur schon seit längerer Zeit diskutierten Kooperationsformen des *„Joint Ventures'* und der *„Strategischen Allianz'* erfolgt in Netzwerken *„kein Zusammenlegen, sondern ein Abstimmen betrieblicher Funktionen"*[228], wobei von einer grundsätzlich unbestimmten Kooperationsrichtung (horizontal, vertikal, lateral) auszugehen ist.

Der Fall einer horizontalen Kooperation beschreibt die Zusammenarbeit zwischen Unternehmen, die auf derselben Wertschöpfungsstufe angesiedelt sind. Verwiesen sei in diesem Zusammenhang auf die in jüngster Zeit von verschiedenen großen Automobilbauern forcierten Aktivitäten einer gemeinsamen, Internet-basierten Beschaffung. Eine vertikale Zusammenarbeit bezeichnet hingegen die Kooperation von Unternehmen auf unterschiedlichen Wertschöpfungsstufen. Ein seit der Diskussion um *‚lean production'* zu Beginn der neunziger Jahre auch im deutschen Sprachraum bekanntes Beispiel für eine solche Kooperationsform ist die Lieferantenpyramide japanischer Automobilproduzenten. Eine laterale Kooperation liegt schließlich vor, wenn Unternehmen, die unterschiedlichen Branchen angehören, miteinander zusammenarbeiten.

Idealtypisch lassen sich entlang der Dimensionen der Netzwerkstabilität und der Steuerungsform *vier Typen von Unternehmensnetzwerken* unterscheiden[229] (Abb. 16). Das Kriterium der Steuerungsform rekurriert auf die Kompetenzverteilung der Netzwerkpartner im Rahmen der strategischen Entscheidungsfindung. Liegen diesen Entscheidungsprozessen asymmetrische Kompetenzverteilungen zu Grunde – dominiert ein Netzwerkpartner also den Entscheidungsprozeß – so liegt ein *fokales Unternehmensnetzwerk* vor. Ein *polyzentrisches Netzwerk* zeichnet sich demgegenüber dadurch aus, dass sämtliche Partnerunternehmen bei strategischen Entscheidungen

---

[226]Als grundlegend für die Verbreitung des Netzwerkgedankens im deutschen Sprachraum kann die Veröffentlichung von *Sydow* 1992 angesehen werden. Bezüglich der Anzahl der in ein Unternehmensnetzwerk einzubindenden Partner differieren die in der Literatur vorzufindenden Vorschläge bis heute. Dem hier zu Grunde gelegten Netzwerkverständnis liegt ein Definitionsvorschlag von *Veil* und *Hess* zu Grunde, die Unternehmensnetzwerke pragmatisch als Kooperation *„von mindestens drei, i.d.R. aber mehr als zehn rechtlich und – zumindest vor Kooperationsbeginn – wirtschaftlich selbständigen Partnern"* begreifen. (*Veil/Hess* 1999, S. 4.) Es ist davon auszugehen, dass die „optimale" Anzahl der Netzwerkpartner letztendlich von zwei gegenläufig wirkenden Einflussfaktoren determiniert wird und daher nur einzelfallspezifisch festgelegt werden kann: Nachfrageseitige Diversifikationsanforderungen wirken in Richtung einer Erhöhung der Anzahl der in ein Netzwerk einzubindenden Partner. Die Notwendigkeit, die Aktivitäten dieser Partner im Netzwerk auf ein gemeinsames Ziel hin zu koordinieren, spricht hingegen dafür, die Zahl der Kooperationspartner möglichst gering zu halten.

[227] Vgl. *Kraege* 1997, S. 70.

[228] Vgl. *Veil/Hess* 1999, S. 4.

[229] Vgl. *Sydow/Winand* 1998, S. 15 f.

über die gleichen Mitsprachemöglichkeiten verfügen[230]. Mit dem Kriterium der Stabilität ist die Frage angesprochen, über welchen Zeitraum die *entwickelten Interorganisationsbeziehungen [...] unverändert bleiben*[231]. Während in einem stabilen Netzwerk *„mehrere Aufträge eines gleichen Typs in gleicher Partnerkonstellation bearbeitet"*[232] werden, erfolgt in instabilen Netzwerken eine auftragsbezogene Rekonfiguration des Netzwerkes. Die folgende Abbildung fasst die bisherigen Ausführungen zur Typologisierung von Unternehmensnetzwerken entlang der Dimensionen Netzwerkstabilität und Steuerungsform zusammen und unterscheidet als Idealtypen das *‚Strategische Netzwerk'* (stabil, fokal), das *‚Verbundnetzwerk'* (stabil, polyzentrisch), das *‚Projektnetzwerk'* (instabil, fokal) und das *‚Virtuelle Unternehmen'* (instabil, polyzentrisch).

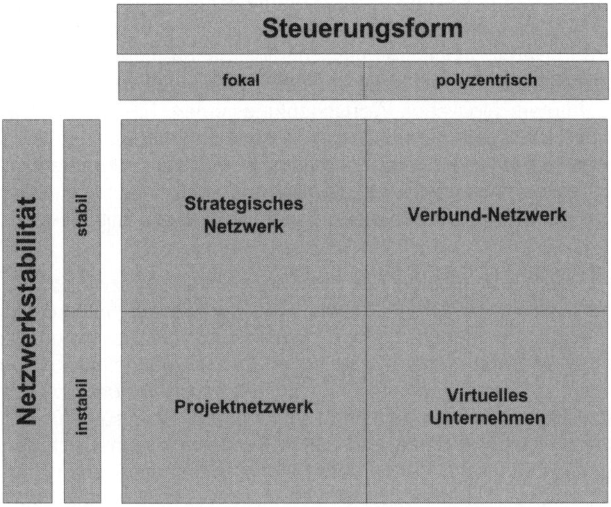

	Steuerungsform	
	fokal	polyzentrisch
Netzwerkstabilität / stabil	Strategisches Netzwerk	Verbund-Netzwerk
/ instabil	Projektnetzwerk	Virtuelles Unternehmen

Abbildung 16: Netzwerktypologie[233]

---

[230] Vgl. *Wildemann* 1997, S. 422 ff.

[231] Vgl. *Sydow* 1992, S. 84.

[232] Vgl. *Veil/Hess* 1999, S. 4.

[233] In Anlehnung an *Hess* 1998, S. 15.

6.1.2 Potentiale einer Netzwerkstrategie in der Abfall- und Entsorgungswirtschaft

Als Unternehmensnetzwerk ist in den vorangegangenen Ausführungen eine spezifische Form der zwischenbetrieblichen Zusammenarbeit bezeichnet worden, die sich von anderen, bisher in der Literatur schwerpunktmäßig diskutierten Kooperationsmodellen klar abgrenzen lässt. Die Strategie der Netzwerkbildung erscheint in zweifacher Hinsicht als Antwort auf die Herausforderungen des Wettbewerbs geeignet zu sein, mit denen sich kleine und mittelständische Unternehmen in der Abfall- und Entsorgungswirtschaft aktuell und in Zukunft konfrontiert sehen: Wie die *Akquisitionsstrategie* ermöglicht auch die Anwendung einer *Netzwerkstrategie* eine Verbreiterung des Leistungsangebots über die jeweiligen Kernkompetenzen hinaus bzw. eine Ausweitung des geographischen Tätigkeitsspielraums der bisher in erster Linie in einem kommunalen Umfeld agierenden kleinen und mittelständischen Entsorger. Den beiden basalen Anforderungen der Nachfrageseite lässt sich also mit Hilfe einer Netzwerkstrategie entsprechen. Im Gegensatz zur Akquisitionsstrategie gelingt dies im Falle der Netzwerkstrategie auf Grund des kooperativen Ansatzes aber mit einem erheblich reduzierten (finanziellen) Ressourcenaufwand[234]. Die mit einer Akquisitionsstrategie einher gehende Investitionsnotwendigkeit entfällt bei dem Netzwerkansatz. An ihre Stelle tritt im Netzwerk eine zielgerichtete Kombination der auf Seiten der Partnerunternehmen bereits bestehenden unterschiedlichen Ressourcen. Im Rahmen des Cash-Engpasses kleiner und mittlerer Unternehmen der Branche, der sich angesichts der prognostizierten Wettbewerbsentwicklung (sinkende Renditen infolge zunehmender Preiskämpfe) in Zukunft noch erheblich zuspitzen dürfte, besteht für diese Wettbewerber-Gruppe in der ‚ressourcenschonenden' Diversifikationsoption einer Netzwerkstrategie die einzig realistische Möglichkeit, den geforderten Wandel zum überregional tätigen Umweltdienstleister zu vollziehen.

Der zweite Vorteil des Netzwerkansatzes gegenüber der Akquisitionsstrategie entspringt aus seinem sehr viel höherem *Reversibilitätsgrad*[235]: Die Verfolgung einer Netzwerkstrategie erlaubt eine nachhaltige Verbreiterung des am Markt angebotenen Leistungsportfolios bei einem vergleichsweise geringen Niveau spezifischer Investitionen. Gerade vor dem Hintergrund des durch große Investitionsunsicherheit geprägten Klimas in der Abfall- und Entsorgungsindustrie erweist sich für kleine und mittlere Unternehmen eine Netzwerkstrategie als überlegen, da sie ob ihrer geringen Investitionsintensität diesen Wettbewerbern ein größtmögliches *strategisches Reaktionsspektrum* belässt.

6.1.3 Netzwerkbeispiele in der Abfallwirtschaft

In der Abfallwirtschaft haben sich Netzwerke von Unternehmen gebildet, die nachfolgend exemplarisch anhand dreier prominenter Beispiele beschrieben werden. Es handelt sich um

---

[234] Vgl. *Kraege* 1997, S. 60.

[235] Vgl. *Kraege* 1997, S. 60.

- die kommunale *Entsorgungskooperation EKOCity* (zwischen Unternehmen, die ausschließlich aus der Abfallwirtschaft stammen),

- das industrielle *Verwertungsnetzwerk Kalundborg* (bezieht Industrieunternehmen, bei denen im Produktionsprozess Rückstände anfallen, in das Netzwerk mit ein) und

- das *Entsorgungsnetzwerk Steiermark* in Österreich.

6.1.3.1 Die Entsorgungskooperation EKOCity

Mit dem Netzwerk der kommunalen Entsorgungskooperation EKOCity sollen folgende Ziele im Bereich der Abfallbeseitigung erreicht werden:

- Langfristige Entsorgungssicherheit,

- Gewährleistung sozialverträglicher Gebühren,

- Dauerhafte Auslastung der vorhandenen Anlagenstruktur ergänzt um eine mechanische Aufbereitungsanlage in Bochum,

- Erhalt der politischen Einflussmöglichkeit auf die Ausgestaltung der Abfallwirtschaft,

- Sicherung des erreichten ökologischen Standards in der Abfallwirtschaft,

- Wettbewerbsteilnahme mit marktüblichen Preisen[236].

Zu diesem kommunalen Netzwerk haben sich die öffentlich-rechtlichen Entsorgungsträger (ÖRE) Bochum, Herne, Remscheid, Wuppertal, Kreis Recklinghausen und Ennepe-Ruhr-Kreis sowie der *Regionalverband Ruhrgebiet (RVR)* in Form eines Zweckverbands zusammengeschlossen. Aufgabe des Zweckverbands ist die Beseitigung der in den beteiligten Körperschaften anfallenden Abfälle, insbesondere aus Haushalten, und der hausmüllähnlichen Gewerbeabfälle ab dem 01.01.2004 (Ausnahme Ennepe-Ruhr-Kreis: Ab dem 01.06.2005). Mit Gründung des Zweckverbands ist dieser zuständiger Aufgabenträger entsprechend den Regelungen und Vorgaben des Landesabfallgesetzes für das Land Nordrhein-Westfalen geworden. Die beteiligten ÖRE bleiben weiterhin zuständig für die Vermeidung und Verwertung der in ihren Gebieten anfallenden Abfälle sowie für das Einsammeln und Befördern der Abfälle. Dieses abfallwirtschaftliche Netzwerk ist zunächst auf eine Dauer von 20 Jahren angelegt worden.

Die konstituierenden Sitzungen der Verbandsversammlung und des Verbandsrates haben, nach vorheriger Genehmigung der Satzung durch die zuständige Bezirksregierung Arnsberg, am 11. Oktober 2002 in Herne (Sitz des *Abfallwirtschaftsverbandes EKOCity)* stattgefunden. Die 43 Mitglieder der Verbandsversammlung und die 21

---

[236] Vgl. o. V. 2001, S. 3.

stimmberechtigten Verbandsratsmitglieder wurden in den jeweiligen politischen Gremien der Mitglieder gewählt.

Zur Durchführung der Entsorgungsaufgabe hat der Zweckverband die *EKOCity GmbH* gegründet. Gegenstand des Unternehmens ist die thermische Behandlung, die mechanische Aufbereitung, die Vorbehandlung und die Beseitigung von Siedlungs- und Gewerbeabfällen im Auftrag des *Abfallwirtschaftsverbands EKOCity*, die im Gebiet des Abfallwirtschaftsverbandes anfallen bzw. gesammelt werden oder zur Verwertung oder Beseitigung überlassen werden. Die Gesellschaft kann diese Aufgaben in geringem Umfang auch für andere Auftraggeber als den *Abfallwirtschaftsverband EKOCity* ausführen.

Zur Erfüllung des Gesellschaftszwecks ist die Gesellschaft u. a. berechtigt, Unternehmen oder Beteiligungen an anderen Unternehmen zu erwerben, Entsorgungsanlagen zu erwerben oder zu pachten sowie Betriebsführungsverträge abzuschließen. Der Aufsichtsrat hat 11 Mitglieder, die ebenfalls durch die teilnehmenden Unternehmen benannt wurden.

Um diese vorgenannten Ziele zu erreichen, ist es erforderlich, die *Abfallentsorgungsgesellschaft Ruhrgebiet mbH (AGR)* hinsichtlich der Siedlungsabfallverbrennungslinien 1 und 2 des *Rohstoffrückgewinnungs-Zentrum (RZR)* in Herten – Jahreskapazität ca. 260.00 t – , die *Abfallwirtschaftsgesellschaft mbH (AWG)* in Wuppertal hinsichtlich der Müllverbrennungsanlage Wuppertal – Jahreskapazität ca. 385.000 t – sowie den *Umweltservice Bochum GmbH (USB)* bezüglich der geplanten Mechanischen Aufbereitungsanlage – geplante Jahreskapazität ca. 200.000 t – in das Netzwerk einzubinden[237].

Ausgangslage für das kommunale Netzwerk EKOCity ist gewesen, dass auf Grund des gegenwärtigen, oft nicht gesetzeskonformen, sondern gewinnorientierten Vollzugs des Kreislaufwirtschafts- und Abfallgesetzes (KrW-/AbfG) die öffentlichen Entsorgungsträger häufig nicht mehr in der Lage sind, die Auslastung der von ihnen vorgehaltenen Anlagen aus ihren Einzugsbereichen zu gewährleisten. Unklare Rechtsbegriffe, fehlende Verordnungen und ein unterschiedlich praktizierter regionaler Verwaltungsvollzug führen zu ,Scheinverwertung' und ,Mülltourismus' mit der Folge, dass den öffentlichen Entsorgungsträgern über den ,freien Markt' Abfälle entzogen werden. Auf Grund der hohen Fixkostenanteile der von den öffentlichen Entsorgungsträgern zur Gewährleistung der gesetzlich geforderten langfristigen Entsorgungssicherheit vorzuhaltenden Entsorgungsanlagen werden zur Auslastung der Anlagenkapazitäten Abfallmengen von privaten Entsorgungsunternehmen entgegengenommen, die nur einen Kostendeckungsbeitrag zu den hohen Fixkosten der Anlagen erbringen. Hierbei wird die Schwäche von öffentlichen Entsorgungsträgern, die die vorhandenen Anlagen im Rahmen der öffentlichen Daseinsvorsorge überwiegend selbst oder durch kommunale Gesellschaften gebaut haben (von 16 Verbrennungsanlagen in NRW wurde nur eine von einem privaten Entsorger errichtet), deutlich.

Private Entsorgungsunternehmen haben sich in der auf Grund fehlender Abfallmengen wirtschaftlich schwierigen Situation der kommunalen Anlagenbetreiber, bedingt durch einen ,Nachfragemarkt', Mengenkontingente gesichert. Die dafür zu zahlenden

---

[237] Vgl. o. V. 2001, S. 6.

Entgelte liegen oft bis zu 50 % unter den tatsächlichen Kosten der entsprechenden Anlagen. Die insbesondere durch große private Entsorgungsunternehmen zur Auslastung der kommunalen Verbrennungsanlagen angelieferten ‚Spotmengen' wurden in Erwartung einer zunehmenden Notwendigkeit der Restabfallbehandlung bis zum Jahr 2005 strategisch genutzt, um auch gesellschaftsrechtliche Beteiligungen an den entsprechenden Entsorgungsanlagen durchzusetzen und gleichzeitig die Betriebsführung zu übernehmen. Die schlechte finanzielle Situation in den städtischen Haushalten der kommunalen Anlagenbetreiber und die gegenüber den Bürgern politisch zu vertretenden Gebührenerhöhungen haben die Bereitschaft, entsprechende Gesellschaftsanteile zu verkaufen, gefördert.

Wegen erkennbar partiell fehlender Behandlungskapazitäten auch in NRW ab dem Jahr 2005 werden Anlagenbesitzer ihre Marktposition künftig nutzen. Realistisch gesehen wird sich eine Umkehr vom Nachfragemarkt zum Anbietermarkt ergeben.

Insofern hat sich in der Entsorgungswirtschaft seit 1998 eine Umkehr ergeben, die kommunal geprägte Struktur bei den Verbrennungsanlagen wurde teilweise abgelöst durch international tätige Konzerne. Diese Ausgangslage hat in NRW faktisch zu einer Monopolbildung geführt.

Um die Handlungsfähigkeit der kommunalen Abfallwirtschaft wieder herzustellen, die langfristig zu gewährleistende Entsorgungssicherheit nicht weiter zu gefährden sowie die Wettbewerbsfähigkeit wieder zu erlangen, sind Strukturveränderungen notwendig, die im Rahmen der öffentlichen Daseinsvorsorge die optimale Auslastung der vorhandenen Anlagen zu kostendeckenden Entgelten sichert. Dazu dient ein modernes Stoffstrommanagement, das die Abfallströme lenkt, Kapazitäten optimal nutzt und die Elemente so ineinander verzahnt, dass keine Reibungsverluste entstehen.

Mit der Errichtung des Netzwerkes der regionalen Entsorgungskooperation EKOCity, mit ca. 1,5 Mio. Einwohnern in einem der größten und wichtigsten Ballungsräume Deutschlands, soll dies erreicht werden. Die Größe des Verbunds ist ein wesentlicher Faktor für seine Leistungsfähigkeit und bildet damit die Grundlage für die wirtschaftliche und ökologische Ausgestaltung des Entsorgungsverbunds.

Die Ziele dieses kommunalen Netzwerkes EKOCity lassen sich durch folgende Schwerpunkte beschreiben:

- Aktives Stoffstrommanagement durch die Wahl anforderungsadäquater Entsorgungsoptionen (Verbrennung, Vorbehandlung, Deponierung),

- Gewährleistung der langfristigen Entsorgungssicherheit,

- Vollauslastung der Anlagen mit eigenen Mengen,

- Stabilisierung der Gebühren,

- Stärkung der kommunalen Selbstverwaltung,

- Erhalt des kommunalen Einflusses auf bestehende und sich entwickelnde Entsorgungsstrukturen,

- Stärkung der Region durch Erhalt der Wirtschaftskraft,

- Beibehaltung des Prinzips der öffentlichen Daseinsvorsorge,

- hohe Investitionssicherheit,

- Sicherung von ökologischen Standards,

- gemeinsame Nutzung verschiedener Systeme, z. B. Datenverarbeitung, Logistik etc.,

- Optimierung der Abfalltransporte,

- gemeinsame Planung und Ausführung der Deponienachsorge,

- Nutzung weiterer Synergien, wie z. B. beim Einkauf von Geräten, Fahrzeugen und Materialien mit dem Ziel maximaler Preisnachlässe sowie

- Entwicklungsmöglichkeiten in der Verwertung und aktive Teilnahme am Wettbewerb.

Die Ausgangslage ist in der Region von erheblichen Unterschieden gekennzeichnet, die sich zum Teil aus gesetzlichen Vorgaben, aber auch aus der Art und dem Umfang der bisherigen Aufgabenerledigung ergeben. Im Nachfolgenden wird nur die Situation für die Abfälle aus dem Anschluss- und Benutzungszwang (Abfälle zur Beseitigung) und aus dem DSD-System betrachtet[238].

Im Kreis Recklinghausen wird die Entsorgungssicherheit mit Ausnahme der Abfallmengen, die auf Grund des Veraschungsvertrages zwischen der Stadt Gladbeck und der *Rheinisch-Westfälischen Elektrizitätswerk Aktiengesellschaft (RWE AG)* im MHKW Essen-Karnap behandelt werden, durch einen Vertrag mit dem Regionalverband Ruhrgebiet gewährleistet.

Der *Regionalverband Ruhrgebiet* hat die bis zum 31.12.2007 vertraglich übernommene Aufgabendurchführung auf seine 100%-ige Tochter AGR mbH übertragen. Die *AGR mbH* stellt für die Abfälle zur Beseitigung dazu insbesondere das *RZR* in Herten und die *ZDE* in Gelsenkirchen sowie die Umladeanlage Marl-Dorsten zur Verfügung. Abfälle zur Verwertung werden in Sortier- und Aufbereitungsanlagen verbracht, die entweder zu 100 % Tochtergesellschaften der *AGR mbH* sind bzw. an denen die *AGR mbH* gesellschaftsrechtlich beteiligt ist (z. B. *Duale Abfallwirtschaft und Verwertung Ruhrgebiet GmbH (DAR)*, *Elektro-Geräte Recycling GmbH (EGR)*).

Die Sammlung und der Transport der Abfälle ist Aufgabe der kreisangehörigen Städte und wird von deren Fuhrparks oder Entsorgungsbetrieben übernommen. Nur in einer Stadt im Kreis Recklinghausen ist ein privater Dritter mit der Einsammlung und Beförderung der Abfälle beauftragt worden. Im Kreis Recklinghausen sind mehr als 480 Mitarbeiter im Bereich der Logistik mit dieser Aufgabe betraut. Der Kreis Recklinghausen erhebt von den kreisangehörigen Städten für kommunal angelieferte Abfälle zur Beseitigung eine einheitliche Gebühr und für zu verwertende Siedlungsabfälle ein abfallartenbezogenes Entgelt.

DSD-Vertragspartner für den Kreis Recklinghausen ist mit Ausnahme des Gebietes der Stadt Gladbeck die *AGR mbH*. Die Sortierung und Verwertung von Leichtverpackungen (LVP) erfolgt durch die *DAR*.

---

[238] Vgl. o. V. 2001, S. 8.

In der Stadt Herne führt seit dem 01.01.2003 die *Entsorgung Herne*, eine Anstalt des öffentlichen Rechts, die Sammlung und den Transport der Abfälle als öffentlich-rechtlicher Entsorgungsträger durch. Die Entsorgung (Verwertung und Beseitigung) ist ähnlich wie im Kreis Recklinghausen durch einen Vertrag mit dem *KVR* bis zum 31.12.2007 geregelt. Die für die Abfallentsorgung von den Bürgern und Gewerbetreibenden zu zahlenden Gebühren ergeben sich durch diese beiden wesentlichen Kostenblöcke.

DSD-Vertragspartner ist eine Arbeitsgemeinschaft, bestehend aus der *AGR mbH* und der Stadt Herne. Die Sortierung und Verwertung von LVP erfolgt durch die *AGR-Tochter DAR*.

In der Stadt Bochum wird die Durchführung der Abfallentsorgung im Rahmen eines langfristigen Vertrages durch den *Umweltservice Bochum GmbH (USB)* mit ca. 570 Mitarbeitern übernommen, alleiniger Gesellschafter sind die *Stadtwerke Bochum GmbH*. Jährliche Leistungsangebote für die Bereiche Sammlung, Transport, Verwertung und Beseitigung nach öffentlichem Preisrecht (LSP) sind die Grundlage für die Gebührenkalkulation.

DSD-Vertragspartner für Bochum ist eine Gesellschaft, bestehend aus den Gesellschaftern *Umweltservice Bochum GmbH* und *Remondis Entsorgung AG & Co. KG*.

Im Ennepe-Ruhr-Kreis wird bis zum 31.05.2005 die Entsorgungssicherheit für die Abfälle zur Beseitigung durch die Firma *Remondis* u. a. in der MVA Oberhausen sowie auf der Grundlage eines langfristigen Vertrages mit der Stadt Hagen für Teilmengen in der MVA Hagen sichergestellt und gewährleistet. Auf Grund der mit der Firma *Remondis* bestehenden vertraglichen Bindung wird das Netzwerk EKOCity erst ab 01.06.2005 für den Ennepe-Ruhr-Kreis tätig. Die Sammlung und den Transport der Abfälle übernehmen die kreisangehörigen Gemeinden aus dem Ennepe-Ruhr-Kreis oder die von ihnen beauftragten privaten Entsorgungsunternehmen (mit ca. 390 Mitarbeitern). Den kreisangehörigen Städten obliegt auch die Gebührenkalkulation für die durch die Bürger und sonstigen Abfallanlieferer zu zahlenden Gebühren.

DSD-Vertragspartner im Ennepe-Ruhr-Kreis ist eine Arbeitsgemeinschaft, bestehend aus der *AGR mbH* und *AHE GmbH*[239], einer Beteiligungsgesellschaft der *Aktiengesellschaft für Versorgungsunternehmen (AVU)*, einem Versorgungsunternehmen im Ennepe-Ruhr-Kreis (Gevelsberg) und der Firma *Remondis*.

In der Stadt Wuppertal wird die Abfallentsorgung wie in Bochum im Rahmen eines langfristigen Vertrages durch die *Abfallwirtschaftsgesellschaft Wuppertal mbH* mit ca. 360 Mitarbeitern durchgeführt. Gesellschafter sind die *Stadtwerke Wuppertal*, die *Stadtwerke Remscheid*, die *Stadtwerke Velbert* sowie die Städte Remscheid und Wuppertal.

Auch hier sind jährliche Leistungsangebote auf Vollkostenbasis nach dem Kommunalabgabegesetz und öffentlichem Preisrecht (LSP) Grundlagen für die Gebührenkalkulation.

Die Abfallwirtschaftsgesellschaft Wuppertal mbH ist DSD-Vertragspartner.

---

[239] Das Kürzel steht für <u>A</u>bfallwirtschaft, <u>H</u>andel mit Sekundärrohstoffen und <u>E</u>ntsorgungsdienste.

In der Stadt Remscheid wird die Abfallentsorgung durch die *Remscheider Entsorgungsbetriebe (REB)*, eine eigenbetriebsähnliche Einrichtung der Stadt, übernommen. Die *Remscheider Entsorgungsbetriebe* nehmen hierbei die Aufgaben Sammeln und Transportieren der überlassungspflichtigen Abfälle wahr.

Ebenfalls wird von den *REB* die Gebührenermittlung nach dem *Kommunalen Abgabengesetz für das Land Nordrhein-Westfalen* (KAG NW) durchgeführt. Die Beseitigung der überlassenen Abfälle erfolgt gemäß dem abgeschlossenen Entsorgungsvertrag in der Müllverbrennungsanlage in Wuppertal. An dieser Anlage ist die Stadt Remscheid unmittelbar mit einem Gesellschaftsanteil von 0,03 % sowie durch ihre Stadtwerke mittelbar mit 24,97 % beteiligt. Die Stadt Remscheid sowie die Remscheider Entsorgungsbetriebe sind nicht Vertragspartner des DSD. Diese Aufgabe wird derzeit von einem privaten Dritten durchgeführt.

Um das kommunale Netzwerk zum 01.01.2004 (für den Ennepe-Ruhr-Kreis ab 01.06.2005) möglich zu machen, war es erforderlich, dass die bisher beauftragten Dritten auf die Erfüllung der bestehenden Beauftragungen hinsichtlich der Abfallbeseitigung verzichteten, damit dem Entsorgungsverband die Aufgabe übertragen werden konnte.

Die mit der Durchführung beauftragte *EKOCity GmbH* wird die für die Aufgabendurchführung erforderlichen Anlagen (Siedlungsabfalllinien 1 und 2 des *RZR* in Herten, *Müllheizkraftwerk Wuppertal, mechanische Abfallaufbereitungsanlage Bochum*) pachten und mit den derzeitigen Anlagenbetreibern Betriebsführungsverträge schließen. Als Alternative bietet sich an, dass keine Betriebsführungsverträge geschlossen, sondern das vorhandene Personal auf die *EKOCity GmbH* übergeleitet wird.

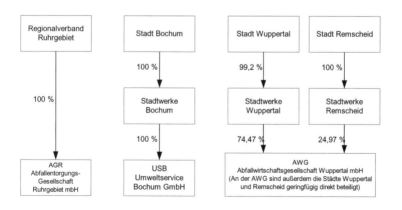

Abbildung 17: Die beauftragten Unternehmen im EKOCity-Zweckverband[240]

---

[240] Vgl. o. V. 2001, S. 11.

Zur Aufrechterhaltung der Entsorgungssicherheit im Verbandsgebiet hat der *Regionalverband Ruhrgebiet* die *AGR mbH* gegründet, die ihrerseits die notwendige Entsorgungsinfrastruktur aufgebaut hat und diese auf der Grundlage von Entsorgungsverträgen mit den jeweiligen Mitgliedskörperschaften betreibt. Die bedeutendsten Anlagen in der Region sind das *RZR* in Herten und die *Zentraldeponie Emscherbruch (ZDE)* in Gelsenkirchen.

Die *Umweltservice Bochum GmbH (USB)* ist durch Entsorgungs- und Leistungsvertrag mit der Durchführung der entsorgungspflichtigen Aufgaben der Stadt Bochum, der Durchführung der städtischen Pflichtaufgaben nach dem Straßenreinigungsgesetz sowie mit Planung, Bau, Betrieb und Sanierung von Deponien beauftragt.

Die *Abfallwirtschaftsgesellschaft Wuppertal* ist durch Entsorgungsvertrag mit der Durchführung der Entsorgungspflichtaufgaben der Stadt Wuppertal sowie mit Planung, Bau, Betrieb und Sanierung von Entsorgungsanlagen beauftragt. Die *AWG* betreibt als wichtigste abfallwirtschaftliche Anlage die *Wuppertaler Müllverbrennungsanlage*.

Das Entsorgungskonzept der in Abbildung 17 dargestellten Partner bildet die Basis für eine langfristige, wirtschaftliche und ökologische Abfallentsorgung und garantiert kurze Entsorgungswege sowie eine optimale Auslastung der vorhandenen und geplanten Anlagenkapazitäten. EKOCity ist somit ein langfristiges Entsorgungskonzept für die betroffene Region und bedeutet auch aus wirtschaftlicher Sicht eine Stärkung der Region. Durch die ortsnahe Entsorgung im vernetzten Verbund werden die in der Region geschaffenen Arbeitsplätze erhalten und gesichert. Dieses ist neben der abfallwirtschaftlichen Bedeutung des Verbundes auch ein Punkt aktiver Wirtschafts- und Arbeitsmarktpolitik für die Region. Überregional findet EKOCity immer mehr Beachtung und stellt ein modernes Konzept dar, das bundesweit neue Impulse in einer vernetzten kommunalen Abfallwirtschaft setzen kann[241].

Die Organisation ist in Abbildung 18 zusammenfassend dargestellt.

6.1.3.2 Das industrielle Verwertungsnetzwerk Kalundborg

Im Gegensatz zur zuvor geschilderten Entsorgungskooperation von Unternehmen der Abfallwirtschaft, handelt es sich bei diesem Netzwerk um einen Zusammenschluss von Industrieunternehmen. Grundlage des Zusammenschlusses ist der Umstand, dass jeder Industriepartner Entsorgungsrückstände im eigenen Produktionsprozess hatte, die wiederum Input für den Produktionsprozess eines anderen Partners darstellten.

---

[241] Vgl. o. V. 2002, S. 10.

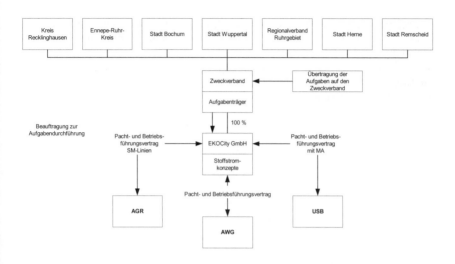

Abbildung 18: Organisation des Netzwerkes EKOCity[242]

Von besonderem Interesse ist, dass dieses Netzwerk ohne konstituierende Hilfe entstanden ist und seine vollständige Existenz erst im Rahmen einer Projektarbeit eines Gymnasiums im Jahr 1989 entdeckt wurde[243]. Der Grund, warum es hier in die Darstellung von Netzwerken mit aufgenommen wird, liegt darin begründet, dass Unternehmen der Abfallwirtschaft im Rahmen ihrer strategischen Ausrichtung aktiv an der Bildung solcher Netzwerke mitwirken können. Letztendlich wird es in jedem Industrieunternehmen Rückstoffe geben, die für keinen weiteren Produzenten von Bedeutung sein werden, wodurch die Präsenz eines abfallwirtschaftlichen Unternehmens in diesem Konzept legitimiert wird.

Nach der Entdeckung des Netzwerkes Kalundborg durch die Projektarbeit des Gymnasiums sahen sich die Mitglieder des Netzwerkes veranlasst, die Strukturen und charakteristischen Formen der Zusammenarbeit näher zu analysieren. Auf Grund der erkannten gegenseitigen Vorteile und wegen der Analogie zu entsprechenden biologischen Systemen nannte man das Netz der Unternehmensbeziehungen fortan ‚Industrial Symbiosis'[244].

Das Netzwerk kann in einen inneren und äußeren Bereich eingeteilt werden (internal und external symbiosis). Die Zuordnung ergibt sich aus der Intensität der Rückstandsbeziehungen. So bilden die vier größten Unternehmen der Region (Erdölraffinerie, Gipskartonfabrik, Kohlekraftwerk und biotechnische Fabrik) und die Kommune

---

[242] Vgl. o. V. 2002, S. 10.

[243] Vgl. *Schwarz* 1994, S. 98.

[244] Die Biologie bezeichnet das Zusammenleben ungleicher Lebewesen zu ihrem gegenseitigen Nutzen als Symbiose.

Kalundborg das innere Netz der *Industrial Symbiosis*. Mit Ausnahme der Gipskartonfabrik sind die anderen Industrieunternehmen sowohl Rückstandsproduzent als auch
-konsument.

Die Partner, die zum äußeren Netz gehören, sind entweder Abnehmer oder Abgeber
von Rückständen[245]. Das Netzwerk ist in nachfolgender Grafik mit den stattfindenden
Austauschprozessen dargestellt (Abb. 19):

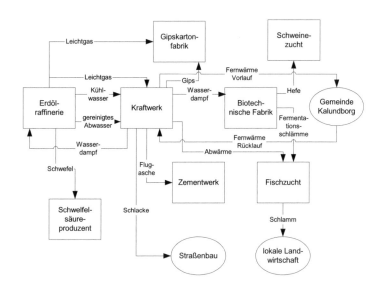

Abbildung 19: Industrielles Verwertungsnetz Kalundborg[246]

Die Region um die Stadt Kalundborg ist bezüglich ihrer Infrastruktur gut erschlossen
und verfügt über eine großzügige Hafenanlage. In Kalundborg selbst leben ca.
19.000 Menschen und zusammen mit den vier Nachbarstädten sind es 56.000 Menschen, die zum Einzugsbereich gehören. Die Infrastruktur zu erhalten und zu fördern,
ist erklärtes Ziel dieser Kommune, zu deren Aufgaben die Wasserver- und Wasser-
entsorgung, das Betreiben eines Fernwärmenetzes und die öffentliche Müllentsorgung zählen[247].

Die angesiedelte Raffinerie ist ein Unternehmen des norwegischen Erdölkonzerns
Statoil und ist zugleich auch die größte Raffinerie Dänemarks. Mit Ausnahme von
Schmier- und Gleitmitteln werden am Standort alle Sorten von Ölprodukten erzeugt.

---

[245] Vgl. *Schwarz* 1994, S. 98.

[246] Vgl. *Schwarz* 1994, S. 99.

[247] Vgl. *Schwarz* 1994, S. 101.

Seitens der Unternehmensleitung ist vorgesehen, dass in den nächsten Jahren die Verarbeitungskapazität des Rohöls von 3,2 Mio. Tonnen auf 4,8 Mio. Tonnen erweitert wird. Das Unternehmen führt einen Teil des anfallenden Kühlwassers sowie des vorgereinigten Prozess-, Regen- und Ballastwassers der externen Verwertung zu. Aufgenommen wird ein Teil des im Kohlekraftwerk überschüssigen Wasserdampfs. Die intern anfallenden und nicht recycelbaren Ölschlämme werden auf einer von der Raffinerie betriebenen ‚Schlamm-Farm' unter behördlicher Aufsicht mittels Bakterien zerlegt[248].

Bei der biotechnischen Fabrik handelt es sich um das Unternehmen *Novo Nordisk*, das bezüglich der Mitarbeiterzahl auch das größte der Region ist. Am Standort werden Produkte wie Penicillin, Insulin und weitere Enzyme produziert. Rückstände, zu denen Hefe und Fermentationsschlämme gehören, werden abgegeben, Wasserdampf dagegen angenommen[249].

Das Kohlekraftwerk *Asaesvaerket* ist Dänemarks größtes Kraftwerk mit einer Jahresproduktion von 4,3 GWh Strom. Hier fallen als Rückstände bzw. Nebenprodukte Prozessdampf, Fernwärme, REA-Gips, Flugasche und Schlacken an. Angenommen wird Kühlwasser und gereinigtes Abwasser. Im Weiteren ist das Kraftwerk Gesellschafter einer Fischzuchtstation, die eine Jahresproduktion von 200 bis 250 Tonnen Fisch ausweist[250].

Im Gipsplattenwerk *Gyproc A/S* werden jährlich 8 Mio. m^2 Platten produziert. Dabei fallen neben den üblichen Büroabfällen lediglich Verbrennungsabgase und Wasserdampf an[251].

Verbleibt man bei der sich anschließenden Analyse der Stoffströme alleine im inneren Netzwerk, dann erweist sich das Dampfkraftwerk als größter Wasserverbraucher aller Partner. Damit der Verbrauch gesenkt werden konnte, ist das Werk eine Kooperation mit der Erdölraffinerie eingegangen, von dem es über zwei eigens errichtete Wasserleitungen jährlich 600.000 m^3 Kühlwasser und 900.000 m^3 Prozess-, Regen- und Ballastwasser bezieht. Lediglich für das Kühlwasser wird ein Entgeld fällig. Abwasser wird nicht vergütet, dafür hat das Kraftwerk die Kosten des Pipelinebaus übernommen.

Ein Teil des Kühlwassers aus dem Dampfkraftwerk speist das Fernwärmesystem der ca. 4.000 Haushalte der Stadt Kalundborg. Zwischen dem Preis, den die Stadt an das Kraftwerk entrichten muss, und den Kosten, die an die privaten Haushalte weiterberechnet werden können, liegt eine Gewinnmarge von ca. 100 Prozent, die von der Stadt für den weiteren Ausbau und die Instandhaltung des Netzes verwendet werden.

Ein Teil des im Kraftwerk anfallenden salzigen Kühlwassers – es wird Meerwasser verwendet – wird der gesellschaftseigenen Fischzucht zur Verfügung gestellt. Das im Kühlprozess des Kraftwerks auf 17 bis 18 °C erwärmte Wasser bietet ideale Zucht-

---

[248] Vgl. *Schwarz* 1994, S. 99 f.

[249] Vgl. *Schwarz* 1994, S. 100.

[250] Vgl. *Schwarz* 1994, S. 100.

[251] Vgl. *Schwarz* 1994, S. 101.

und Wachstumsbedingungen für Meeresfische. Hinzu kommt, dass die nitrathaltigen Abwässer der Fischzucht nach Verdünnung mit dem Kühlwasser im Meer entsorgt werden und so unter den zulässigen Höchstbelastungen von nitratbelastetem Gewässer verbleiben[252].

Während des Betriebs des Kraftwerks entstehen ca. 350.000 t/a überschüssiger Prozessdampf. Das Verfahren der Dampfproduktion ist technisch aufwendig, weil das zu Dampf erhitzte Wasser zuvor von allen organischen Stoffen befreit werden muss und zudem eine Prozessstufe im Ionentauscher durchläuft, bevor der Aggregatzustand verändert werden kann. Diese Dampfmenge – umgerechnet in Wärme – ist ausreichend, 16.000 Haushalte mit Wärme zu versorgen. Dafür sind komplexe Rohrleitungssysteme installiert worden[253].

REA-Gips ist ein Produkt, das während des Entschwefelungsverfahrens im Kraftwerk anfällt. Die Güte dieses Reinigungsprozesses erzeugt eine Reinheit des anfallenden Gips, die mit Naturgips konkurrenzfähig ist. Aus diesem Grund ist im Jahr 1993 eine Zulieferkooperation – zunächst für die Dauer von zehn Jahren – mit dem Gipsplattenwerk *Gyproc A/S* entstanden, das seinerseits die Produktionsbedingungen von Rohgips auf REA-Gips umgestellt hat[254].

Ein Nebenprodukt bei der Herstellung von Penicillin und Enzymen sind große Flüssigkeitsmengen, die stark mit Stickstoff und Phosphor belastet sind, sowie belastete Schlämme. Die biotechnische Fabrik ist in der Lage, das anfallende Wasser im eigenen biologischen Klärungsprozess zu entfrachten. Anders verhält es sich mit den Fermentationsschlämmen. Diese werden, wegen ihrer Eignung als Düngemittel, kostenlos an die Landwirtschaft abgegeben. Langzeitversuche haben gezeigt, dass sie eine vergleichbare Qualität zu Mineraldünger aufweisen. Damit die Schlämme, die zu 95 Prozent Wasser enthalten, auf die Felder gelangen, ist dafür eine 60 Kilometer lange Pipeline entstanden, die sich, durch die Kosteneinsparung im Vergleich zum Transport mit Tankzügen, innerhalb eines Jahres amortisiert hat.

Innerhalb des Netzwerkes findet ein weiterer Schlammstrom, ebenfalls an die Landwirtschaft, statt. Die Fischzucht stellt ihren Klärschlamm ebenfalls als Düngemittelersatz zur Verfügung[255].

Im Produktionsprozess von Insulin durch Hefen fällt heller Hefeschlamm an. Dieser ist grundsätzlich auch als Dünger geeignet, wird aber als Futtermittel für die Schweinzucht nachgefragt und ist damit verkaufbar.

Die im Kraftwerk entstehende Flugasche – das sind ca. 135.000 Tonnen – erfährt eine Nachfrage seitens der Zementindustrie, mit der feste Liefervereinbarungen geschlossen werden konnten. Ein weiteres Produkt des Verbrennungsprozesses ist Verbrennungsschlacke, die kostenlos an den Straßenbau abgegeben wird und dort als Unterbau für Fahrbahnen verwendet wird.

---

[252] Vgl. *Schwarz* 1994, S. 101 f.

[253] Vgl. *Schwarz* 1994, S. 102 f.

[254] Vgl. *Schwarz* 1994, S. 103.

[255] Vgl. *Schwarz* 1994, S. 103 f.

Die in der Raffinerie als Rückstand anfallenden sogenannten Leichtgase werden am Ort des Entstehens selbst nur im geringen Umfang verwertet. Deswegen hat die Raffinerie sowohl mit dem Gipsplattenwerk als auch mit dem Kraftwerk einen Lieferkontrakt geschlossen. Die Gase werden durch Verbrennen zur Wärmegewinnung genutzt, was im Herstellungsprozess von Gipsplatten bei der Trocknung der Platten eine Bedeutung hat[256].

Eine Verschärfung der Gesetzgebung hinsichtlich der Emissionswerte zwang die Raffinerie dazu, eine Entschwefelungsanlage zu errichten. Der dabei gewonnene flüssige Schwefel (2.800 Tonnen pro Jahr) entspricht auf Grund der besonderen Bauweise der Anlage den Anforderungen der Schwefelsäureproduzenten und kann an diesen Industriezweig veräußert werden. Der erzielbare Verkaufserlös entspricht immerhin den variablen Kosten der Anlage. Außerdem ist eine spürbare Verbesserung der Luftsituation in der Region nachweisbar[257]. In der nachfolgenden Tabelle (Tab. 3) sind die Austauschbeziehungen sowie ihre Spezifika dargestellt:

Kriterien Rückstände	Anzahl der Lieferanten	Anzahl der Abnehmer	Transport-system	Dauer der Zusammen-arbeit
Kühlwasser	1	1	Pipeline	Langfristig
Gereinigtes Abwasser	1	1	Pipeline	Langfristig
Fermentationsschlamm	1	Sektor	Pipeline, LKW	Kurzfristig
Wasserdampf	1	1	Pipeline	Langfristig
Schlamm aus Fischzucht	1	Sektor	LKW	Kurzfristig
Hefe	1	Sektor	LKW	Nicht bekannt
Leichtgas	1	2	Pipeline	Langfristig
Schwefel	1	1	LKW, Schiff	Nicht bekannt
Flugasche	1	1	Schiff	Langfristig
Schlacke	1	Sektor	LKW	Kurfristig
Gips	1	1	LKW	Langfristig

Tabelle 3: Merkmale der funktionierenden Austauschbeziehungen im ‚Industrial Symbiosis Kalundborg'[258]

---

[256] Vgl. *Schwarz* 1994, S. 105 f.

[257] Vgl. *Schwarz* 1994, S. 106 f.

[258] Vgl. *Schwarz* 1994, S. 110.

An dieser Stelle ist die Darstellung der Austauschprozesse bei weitem nicht vollständig. Evident ist jedoch, dass die recyclingorientierte zwischenbetriebliche Kooperation sowohl ökonomische als auch ökologische Vorteile generiert. Das dargestellte Netz ist nicht theoretisch konzipiert und danach umgesetzt worden, es ist historisch über die Dauer von mehr als 30 Jahren gewachsen. Ein wichtiges Motiv für die Netzwerkbildung war die Umweltgesetzgebung, die die Akteure mit immer schärferen Auflagen belegte. Einzelwirtschaftliche Überlegungen führten dazu, dass als Lösungsmenge der sich daraus ergebenden Anforderungen nicht mehr nur eigene Lösungen entwickelt wurden, sondern die Möglichkeiten von Industriepartnern mit einbezogen wurde. Notwendigen Verfahrensänderungen begegnete man mit Langfristverträgen, die schließlich Produktionssicherheit vermittelten. Als glücklicher Umstand kam hinzu, dass Industriepartner, die in der Lage sind, mit ihren Rückständen in sinnvolle Input-Output-Beziehungen zu treten, in einer akzeptablen Nähe zueinander stehen, was die Kosten der logistischen Prozesse beherrschbar macht. Eine Analogie zwischen Ökosystemen und einem hier ungeplanten industriellen Netzwerk wird deutlich[259].

Neben singulären wirtschaftlichen Vorteilen der Netzwerkteilnehmer sind ökologische Vorteile der gesamten Region entstanden. Veröffentlichungen der Kommune weisen aus, dass das Netzwerk durch die intensive Zusammenarbeit zwischen Energieversorgung und Abwassernutzung pro Jahr 19.000 Tonnen Erdöl, 30.000 Tonnen Kohle und 600.000 Kubikmeter Wasser einsparen kann. Die Bilanz ist an dieser Stelle jedoch noch nicht beendet. Durch die bessere Nutzung der eingesetzten Energie verringerte sich die Emission von CO_2 um 130.000 Tonnen pro Jahr. Der Einsatz der Fermentationsschlämme als Mineraldüngerersatz bewirkt, dass 800 Tonnen Stickstoff und 400 Tonnen Phosphor pro Jahr weniger das Abwasser belasten. Ein positiver ökologischer Effekt geht auch von der Verwendung von Flugasche und Kraftwerksgips sowie weiteren Stoffen aus[260].

6.1.3.3 Das Verwertungsnetzwerk Steiermark

Das im vorherigen Kapitel dargestellte industrielle Netzwerk zur Verwertung von Reststoffen stellt keinen Einzelfall dar. Ausgehend von den über Kalundborg gewonnenen Erkenntnissen, führte das *Institut für Innovationsmanagement* in Graz im Jahr 1993 eine Analyse in der Region Steiermark durch, mit der Fragestellung, ob sich dort auch eine recyclingorientierte Unternehmensvernetzung nachweisen ließe[261]. Die Nachforschungen bestätigten die Existenz eines solchen Verwertungsnetzwerkes[262]. Bei der gewählten Vorgehensweise wurden Unternehmen aus dem Grund-

---

[259] Vgl. *Schwarz* 1994, S. 107 ff.

[260] Vgl. *Schwarz* 1994, S. 112.

[261] Vgl. URL:http://www.kfunigraz.ac.at/inmwww/styr2.html vom 21.10.2003.

[262] Auf eine ausführliche Darstellung des Netzwerkes soll wegen der umfangreichen Partnerbeziehungen verzichtet werden. Zur detaillierten Darstellung vgl. u. a. *Schwarz* 1994, S. 117 und die in diesem Kapitel angegebenen Internetadressen.

stoffbereich ausgewählt[263], von denen bekannt war, dass sie Quellen und Senken für unterschiedlichste Rückstandsströme darstellen. Die Analyse befasste sich mit dreiundzwanzig Produktionsunternehmen, sechs Rückstandshändler, sieben Gruppen gleichartiger Unternehmen (z. B. Landwirte) und zwei Kommunen. In Interviews mit Vertretern dieser Unternehmen wurde ermittelt, welche Rückstände durch Tauschprozesse mit anderen Unternehmen zu einer recyclingorientierten Zusammenarbeit führen. Da die ausgewählten Unternehmen nur in rudimentären Ansätzen das Ausmaß der Unternehmensvernetzung kannten, wurde für jedes Unternehmen eine Stoffbilanz erstellt. Daraus konnte ein Modell der bereits vorhandenen aber auch der noch möglichen Materialströme erstellt werden. Als Ergebnis wurde festgehalten, dass von dem gesamten Rückstandsaufkommen von ca. 1.005.598 Tonnen etwa 78 Prozent zwischenbetrieblich verwertet und nur ca. 20 Prozent auf Deponien abgelagert oder anders entsorgt werden[264]. Die Analyse ergab im Weiteren, dass die zahlreichen Rückstands-Stoffströme ausschließlich historisch gewachsen sind, während in Kalundborg nach der Entdeckung der ersten Kooperationsbeziehungen, die in ihrem Ursprung auch nicht geplant entstanden waren, gezieltes Handeln zur weiteren Netzwerkbildung beigetragen hat[265]. Als Gemeinsamkeit konnte identifiziert werden, dass für das Entstehen von beiden Netzwerken ökonomische Kalküle von Bedeutung sind. Als Hauptargument für die Abgabe von Rückständen – also aus der Perspektive der Senke – wurde genannt, dass ein Erlös zu erzielen sei oder dass die anfallenden Logistikkosten in der Summe geringer seien, als alternativ entstehende Entsorgungs- oder Deponiekosten. Darüber hinaus war von Bedeutung, dass man auf Jahre einen sicheren Weg der ‚Entsorgung' in der Abgabe von Rückständen als Produktionsinput in andere Unternehmen erkannte. Auch aus der Perspektive der Quelle waren Vorteile zu identifizieren, denn die Aufnahme von Sekundärrohstoffen bringt eine Kostenreduktion mit sich. In einem besonders aussagefähigen Beispiel eines Zementherstellers reichte diese Kostenersparnis aus, durch Aufnahme von Altreifen zur Erzeugung von thermischer Energie das Unternehmen von der Verlust- in die Gewinnzone zu führen. In weiteren Beispielen konnte sogar festgestellt werden, dass die Qualität der eingesetzten Sekundärstoffe über der, der ursprünglich eingesetzten Rohstoffe lag. Neben der verbesserten Produktqualität führte dieses zusätzlich zu besseren Produktpreisen.

Zuletzt wurde auch die Erkenntnis gewonnen, dass die wesentliche Hürde zur Vernetzung der möglichen integrierbaren Unternehmen im Kommunikationsmangel zwischen den Unternehmen lag. Aus diesem Grund soll zukünftig mit Hilfe des Institutes für Innovationsmanagement in Graz eine Koordinationsstelle geschaffen werden, die für einen ständigen, informellen Informationsaustausch sorgt und darüber hinaus eine Netzwerkidentität entwickelt. Damit soll es gelingen, weiteres erkanntes Potential für die Vernetzung im Bereich der Rückstandsverwertung zu aktivieren[266].

---

[263] Dazu zählten Baustoffindustrie, Bergbau, eisenerzeugende Industrie, Energieversorgungsunternehmen, Mineralstoffindustrie, papiererzeugende Industrie und Zementwerke.

[264] Vgl. URL:http://www.wkstmk.at./oeko/Jahresbericht_97/Verwertungsnetz%20Steiermark.html vom 21.10.2003.

[265] Vgl. URL:http://www.kfunigraz.ac.at/ainst/uz/397/3-97-04.html vom 21.10.2003.

[266] Vgl. URL:http://www.kfunigraz.ac.at/ainst/uz/397/3-97-04.html vom 21.10.2003.

6.2 Nachhaltigkeit als Reaktion auf die Herausforderungen des Wettbewerbsumfelds

Die Strukturen der Entsorgungswirtschaft unterliegen seit Jahren einem ständigen Wandel. Neue gesetzliche Rahmenbedingungen, technische Innovationen und öffentliche Diskussionen über die Abfallentsorgung erfordern eine immer wiederkehrende Neubestimmung der Ausgangssituation und der künftigen Ziele[267].

Die *Nachhaltigkeitsdiskussion* hat ökologische Aspekte auf eine Stufe mit wirtschaftlichen und sozialen Fragen gestellt. Wichtige Entscheidungen fallen heute im Spannungsfeld von Ökologie und Ökonomie[268]. Die Unternehmen der Entsorgungswirtschaft können hier wesentlich zur Zielerreichung beitragen, müssen sich aber auf stetige Veränderungen der politischen, produktions- und umwelttechnischen Gegebenheiten einstellen und ihre Strategien anpassen[269]. Da bei der strategischen Ausrichtung die Vorhersagbarkeit – bspw. der rechtlichen Rahmenbedingungen – mit großen Unsicherheiten behaftet bleibt, kann die Vorgehensweise nur darin bestehen, die Philosophie der Veränderungen aufzugreifen, und mit der eigenen Unternehmensstrategie zu verbinden. Das leitet zu den Betrachtungen über das nachhaltige Handeln über.

Seit geraumer Zeit wird die gesellschaftliche Diskussion über umweltgerechtes Wirtschaften in erweiterter Perspektive unter dem Vorzeichen der nachhaltigen Entwicklung (*sustainable development*) geführt. Dabei wird Umweltverträglichkeit mit den Postulaten der sozialen Gerechtigkeit und der wirtschaftlichen Zukunftsfähigkeit verbunden und zu harmonisieren versucht. Hieraus erwachsen neue unternehmenspolitische Chancen und Möglichkeiten für ein strategisches Nachhaltigkeitsmanagement[270].

Dabei muss allerdings vermieden werden, die von den Unternehmen eingerichteten Strukturen einfach neu zu etikettieren. Denn die vorhandenen Umweltmanagementsysteme bleiben zumeist randständig. Der mit ihnen anvisierte Paradigmenwechsel – von der Auflagenbefolgung zur eigenständigen Chancensuche – ist weitgehend ausgeblieben. So bieten sie allenfalls eine entwicklungsfähige Grundlage für einen unternehmenspolitischen Kurswechsel in Richtung Nachhaltigkeit. Dazu müssen sie in die unternehmenspolitischen Kernprozesse eingepasst und inhaltlich wesentlich stärker als bisher an strategischen Nachhaltigkeitszielen orientiert werden. Dann kann ein strategisches Nachhaltigkeitsmanagement entwickelt und unternehmenskulturell verankert werden[271].

Nachhaltige Entwicklung ist eine Entwicklung, die die Bedürfnisse der Gegenwart befriedigt, ohne das Risiko einzugehen, dass zukünftige Generationen ihre eigenen Bedürfnisse nicht befriedigen können[272], wobei Bedürfnisse der Gegenwart vor allem

---

[267] Vgl. *Prognos* 2002, S. 1.

[268] Vgl. Kapitel 1 dieser Arbeit.

[269] Vgl. *Ziegenbein* 2002, S. 108 f.

[270] Vgl. *Arnold/Freimann/Kurz* 2001, S. 1.

[271] Vgl. *Arnold/Freimann/Kurz* 2001, S. 1.

[272] Vgl. *Weltkommission für Umwelt und Entsorgung* 1987, S. 46.

die Grundbedürfnisse (basic needs) der Ärmsten der Welt sind. Nachhaltige Entwicklung ist also eine normative Idee, ein ethisches Postulat über

- *intergenerationale Gerechtigkeit*: Mehr Wohlstand heute darf nicht zu Lasten zukünftiger Generationen gehen;

- *intragenerationale Gerechtigkeit*: Vorrang der Grundbedürfnisse der Ärmsten. Damit gleiche Lebenschancen gegeben sind, muss der „Umweltraum" gleichmäßig bzw. gerecht verteilt sein[273].

Der heutige Lebens- und Wirtschaftsstil muss demnach so ausgerichtet werden, dass zukünftigen Generationen ein vergleichbarer Wohlstand möglich ist, wir also nicht die Grundlagen zukünftigen Wohlstands zerstören. Es geht um die Verbindung von wirtschaftlicher und gesellschaftlicher Weiterentwicklung einerseits, verbunden mit Umweltschutz und Ressourcenschonung andererseits. Dies gilt im globalen Maßstab, aber auch lokal und in jeder Wirtschaftseinheit (z. B. Kommunen, Unternehmen usw.). Gesucht sind Entwicklungspfade, die möglichst hohe Einkommensströme bzw. Erträge von heute (Befriedigung der Bedürfnisse der Gegenwart) verbinden mit der Sicherung der Potentiale bzw. des Gesamtvermögens (pro Kopf), aus denen diese Erträge fließen und auch noch für zukünftige Generationen fließen können[274].

Nachhaltigkeit ist also im Kern kein naturwissenschaftlich-ökologisches Konzept über die objektiven Nutzungsgrenzen von Natur und Umwelt; es geht vielmehr um ethische Fragen der Gerechtigkeit und der Abwägung. Um die Abwägung zu einem verbindlichen Ergebnis zu führen, ist ein gesellschaftlicher Diskurs erforderlich, der in demokratische Entscheidungen über Nachhaltigkeitsziele mündet:

- Wie viel Klimaveränderung ist im (globalen) Wachstums- und Entwicklungsprozess hinnehmbar?

- Um wie viel müssen dazu die Treibhausgas-Emissionen reduziert werden (Reduktionsziel)?

- Welche Mittel sind geeignet, um diese Ziele mit möglichst geringen ökonomischen und sozialen Nebenwirkungen zu erreichen?

Die Antworten auf diese Fragen sind immer nur vorläufiger Natur, gewissermaßen Zwischenergebnisse eines gesellschaftlichen Lernprozesses[275].

---

[273] Vgl. Bund 1997, S. 15.

[274] Vgl. *Arnold/Freimann/Kurz* 2001, S. 2.

[275] Vgl. *Arnold/Freimann/Kurz* 2001, S. 2.

6.2.1 Entwicklung der Nachhaltigkeitsforderung

Eine erste Erwähnung der Nachhaltigkeitsforderung findet man bereits im Jahr 1713. In diesem Jahr sprach der sächsische Berghauptmann *Hanns von Carlowitz* von der Notwendigkeit einer kontinuierlichen, beständigen und nachhaltigen Nutzung der Wälder. Den Ursprung hat dieser Begriff also in der *Forstwirtschaft*[276].

Umfragen haben ergeben, dass nur 13 Prozent der deutschen Bevölkerung mit dem Begriff etwas anfangen können. Präzisiert diese Persongruppe ihre Vorstellungen, dann drückt sich darin allerdings oft noch ein falsches Verständnis aus[277]. Der Begriff *‚Sustainable Development'* (nachhaltige Entwicklung) ist entscheidend von der Welt-kommission für Umwelt und Entwicklung – der *Brundtland-Kommission* – geprägt worden und meint eine Entwicklung, die die Bedürfnisse der Gegenwart befriedigt, ohne zu riskieren, dass zukünftige Generationen ihre Bedürfnisse nicht mehr befrie-digen können. Aus Unternehmenssicht geht es entsprechend dieser Definition um die Harmonisierung von technologischer Entwicklung und institutionellem Wandel, um das noch vorhandene und zukünftige Potenzial an Ressourcen zu vergrößern und damit menschliche Bedürfnisse und Wünsche zu befriedigen[278].

Der Begriff der Nachhaltigkeit hat – so stellt *Majer* heraus – zusammengefasst drei definitorische Phasen durchlaufen[279].

Die anfängliche Phase ist charakterisiert als *‚Phase der abgehobenen Abstraktion'*, in der es um die als moralischen Appell formulierte Forderung nach Gerechtigkeit ging. Zweifelsohne handelt es sich dabei um eine Forderung, die einen breiten Konsens fand, allerdings war die große Interpretationsbreite dafür verantwortlich, dass der Begriff dadurch nicht greifbar wurde. Parallel dazu existierte eine forstwirtschaftliche Betrachtung. Man sprach von einer nachhaltigen Waldbewirtschaftung, wenn nur soviel Holz abgeschlagen wurde, wie auch wieder nachwachsen konnte[280].

Die zweite Phase, die als *‚Phase des Chaos'* bezeichnet wird, ist durch eine große Anzahl von Definitionen und Interpretationen gekennzeichnet. Sie mündete letztend-lich im Zustand der Resignation, da der Begriff der nachhaltigen Entwicklung als et-was Beliebiges und damit Inhaltsloses und Unbrauchbares erschien[281].

Erst die dritte und aktuelle Phase erlaubt einen Zugang zur Begrifflichkeit der nach-haltigen Entwicklung. Es handelt sich um die *‚Phase der konkreten Integration'*, die einen systematischen Ansatz ermöglicht. Deutlich wird auch, dass der verwendete Begriff der Nachhaltigkeit dem Grunde nach immer die nachhaltige Entwicklung meint und damit einen Prozess beschreibt, der zu keinem Zeitpunkt abgeschlossen sein kann und zu einem langfristigen Optimum im Sinne einer ‚Balance' führen soll. In diesem Prozess existieren Anpassungsmechanismen, deren Intention neue zeit-

---

[276] Vgl. *Clement* 2002, S. 21.

[277] Vgl. *Hennicke* 2002, S. 7.

[278] Vgl. *Hennicke* 2002, S. 9.

[279] Vgl. *Majer* 2003, S. 935.

[280] Vgl. *Majer* 2003, S. 935 oder *Hartebrodt* 2003, S. 607 ff..

[281] Vgl. *Majer* 2003, S. 935.

und raumgebundene Optima sind. Ihnen gilt in dieser Phase die besondere Aufmerksamkeit. Im Bereich der Ökonomie kann das Instrument der Anpassung der Markt sein. Der Markt als Instrument würde aber versagen, wenn es um die Bereiche Ökologie, Gesellschaft, Politik oder Kultur geht. Hier gelangen andere Instrumente zum Einsatz, wie z. B. Netzwerke, Verhandlungen, institutionelle Arrangements[282] und dergleichen[283].

Ein bedeutender Meilenstein für die nachhaltige Entwicklung war die in Rio de Janeiro im Juni 1992 stattfindende *Konferenz der Vereinten Nationen für Umwelt und Entwicklung* unter Beteiligung von ca. 180 Staaten der Erde. Im Rahmen dieser Konferenz verabschiedeten die Staats- und Regierungschefs ein Handlungsprogramm für das 21. Jahrhundert, die so genannte *‚Agenda 21'*, die in 40 Kapiteln verschiedenen Handlungsgruppen Richtlinien des Handelns vorgibt[284]. Unstrittig ist, dass von der Agenda 21 eine weltweite Aufbruchstimmung ausgegangen ist[285]. Zum besseren Verständnis dafür, ist nachfolgend die Präambel aus dem Kapitel 1 zitiert:

„Die Menschheit steht an einem entscheidenden Punkt ihrer Geschichte. Wir erleben eine zunehmende Ungleichheit zwischen Völkern und innerhalb von Völkern, eine immer größere Armut, immer mehr Hunger, Krankheit und Analphabetentum sowie eine fortschreitende Schädigung der Ökosysteme, von denen unser Wohlergehen abhängt.

Durch die Vereinigung von Umwelt- und Entwicklungsinteressen und ihre stärkere Beachtung kann es uns jedoch gelingen, die Deckung der Grundbedürfnisse, die Verbesserung des Lebensstandards aller Menschen, einen größeren Schutz und eine bessere Bewirtschaftung der Ökosysteme und eine gesicherte, gedeihlichere Zukunft zu gewährleisten. Das vermag keine Nation allein zu erreichen, während es uns gemeinsam gelingen kann: in einer globalen Partnerschaft, die auf eine nachhaltige Entwicklung ausgerichtet ist"[286].

Wie bereits herausgestellt, ist der Begriff der Nachhaltigkeit vielschichtig. Die ursprüngliche forstwirtschaftliche Definition zielt darauf ab, den Bestand an Waldvermögen dauerhaft zu erhalten. Dieses Ziel ist durchsetzbar durch Beachtung einfacher Regeln. Dieses ist zunächst einmal eine quantitative Regel, die besagt, dass in einem Betrachtungszeitraum nur die Menge an Holz geschlagen wird, die im selben Betrachtungszeitraum wieder nachwächst (Abbauregel). Die zweite Regel ist qualitativer Natur und sagt aus, dass die Wachstumspotentiale des Waldes erhalten werden müssen. Entsprechend gilt die Aufmerksamkeit der Qualität des Waldbodens, der Flora und Fauna etc.[287].

---

[282] Beispielsweise durch die Entstehung von institutionellen Regeln oder Berufskulturen.

[283] Vgl. *Majer* 2003, S. 935.

[284] Von besonderer Bedeutung sind die Kapitel 28 und 30. Kapitel 28 spricht die Akteure Kommunen und Gemeinden an und ist Grundlage für die zahlreichen Initiativen der ‚Lokalen Agenden 21'. Kapitel 30 richtet sich an die Akteure der Wirtschaft.

[285] Vgl. *Majer* 2003, s. 935 f.

[286] Vgl. *Vereinte Nationen* 1992, Präambel des Kapitels 1.

[287] Vgl. *Majer* 2003, S. 937.

Lenkt man die Betrachtung auf das Feld von Ökonomie und Ökologie, dann ist leicht zu erkennen, dass das ökonomische System isoliert betrachtet nicht nachhaltig sein kann. Hier ist vielmehr das Zusammenwirken der Wirtschaft mit anderen Systemen mit einzubeziehen. Die Natur unterstützt die Produktionsprozesse von Unternehmen und damit das ökonomische System. Die Quellen der Natur liefern Rohstoffe, Energie und Flächen zur Nutzung. Ihre Senken oder Umweltmedien, zu denen Luft, Boden und Wasser gehören, nehmen gasförmige, feste oder flüssige Schad- und Reststoffe auf, die dann zum Teil assimiliert werden. Dieses geschilderte *Zusammenwirken von Ökonomie und Ökologie* lässt sich sehr anschaulich in Form einer *Materialbilanz* darstellen (Abb. 20).

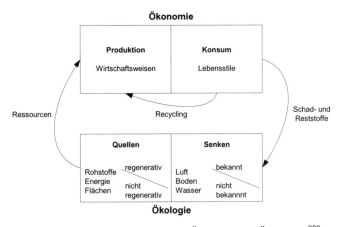

Abbildung 20: Materialbilanz von Ökologie und Ökonomie[288]

Nachhaltigkeit auf der argumentativen Grundlage der skizzierten Materialbilanz bedeutet dabei, dass Bedingungen vorherrschen, die die dauerhaft störungsfreie Existenz beider Systeme zulassen. Dieses wird nur möglich sein, wenn das Management von Unternehmen – als Vertreter der Ökonomie – Regeln beachten. Majer identifiziert fünf solcher Regeln:

- *Substitutionsregel I*: Nicht-regenerative Ressourcen und Energieträger sind durch regenerative zu ersetzten.

- *Substitutionsregel II*: Reststoffe und Schadstoffe, die den Ökosystemen nicht bekannt sind, werden durch bekannte ersetzt.

- *Abbauregel*: Bei regenerativen Ressourcen darf nur die Menge abgebaut werden, die wieder nachwächst, so dass das Wachstums- und Entwicklungspotential erhalten bleibt.

---

[288] Vgl. *Majer* 2003, S. 937.

- *Assimilationsregel*: Nur die Menge an Rest- und Schadstoffen wird in die Senken eingetragen, die auch in der Lage sind, diese zu assimilieren.

- *Erhaltungs- und Konsistenzregel*: Der ästhetischen Dimension und der notwendigen Koexistenz von Natur und Mensch ist Rechnung zu tragen. Damit ist zum einen gemeint, dass der Mensch die Natur braucht. Zum anderen beinhaltet die Erhaltungs- und Konsistenzregel darüber hinausgehende Aspekte, wie z. B. die Artenvielfalt etc.[289].

Die Bedeutung des Begriffs der nachhaltigen Entwicklung wird durch die sogenannte Drei-Säulen-Theorie auf der einen Seite erweitert, gleichzeitig stellt diese Theorie einen integrativen Ansatz dar[290]. Aus der Sicht dieser Theorie wird nachhaltige Entwicklung gleichgesetzt mit harmonischer Entwicklung von Ökologie, Ökonomie und Sozialem. Dadurch ist das Modell der Materialbilanz um das System der Gesellschaft erweitert worden. Ordnet man den Systemen Ökonomie (= wirtschaftliches Wachstum), Ökologie (= Umweltschutz) und Gesellschaft ihre Zielsetzungen zu, dann gelangt man zu folgenden Begrifflichkeiten:

- **W**irtschaflichkeit,
- **U**mweltverträglichkeit,
- **S**ozialverträglichkeit.

Im Begriff der Sozialverträglichkeit ist der Gedanke der Gerechtigkeit enthalten, die nicht an den Grenzen eines Staates halt machen darf. Gerechtigkeit bedarf für nachhaltiges Handeln eine Ausweitung der Zielsetzungen zur Internationalverträglichkeit[291].

Der Begriff der *Gerechtigkeit* als Komponente der nachhaltigen Entwicklung entstammt einer Forderung der *Brundtland-Kommission* aus einem Bericht des Jahres 1987. In diesem Bericht wird u. a. ausgeführt:

„Unter dauerhafter Entwicklung verstehen wir eine Entwicklung, die den Bedürfnissen der heutigen Generation entspricht, ohne die Möglichkeiten künftiger Generationen zu gefährden, ihre eigenen Bedürfnisse zu befriedigen und ihren Lebensstil zu wählen. Die Forderung, diese Entwicklung dauerhaft zu gestalten, gilt für alle Länder und Menschen. Die Möglichkeit kommender Generationen, ihre Bedürfnisse zu befriedigen, ist durch Umweltzerstörung ebenso gefährdet wie durch Umweltvernichtung durch Unterentwicklung in der Dritten Welt"[292].

Über diese Sichtweise erweitert die Brundtland-Kommission den Inhalt des Gerechtigkeitsbegriffs um den personalen, interregionalen und intertemporalen Aspekt.

---

[289] Vgl. *Majer* 2003, S. 938.

[290] Vgl. *Enquête-Kommission* 1998, S. 31 f.

[291] Als Abkürzung des gesamten Zielsystems hat sich das Kürzel ‚WUSI' etabliert.

[292] Vgl. *WCED* 1987 zitiert aus *Majer* 2003, S. 939.

Majer greift diese Sichtweise auf und stellt heraus, dass aus den Betrachtungen heraus drei Elemente der Nachhaltigkeit zu erkennen seien. Das ist zuerst der Aspekt der Langfristigkeit (ausgedrückt in der forstwirtschaftlichen Betrachtung und in der Materialbilanz). Im Weiteren ist es der Aspekt der Gerechtigkeit (*Brundtland*) und schließlich der Aspekt der Ganzheitlichkeit (*Drei-Säulen-Theorie und integrativer Ansatz*). *Majer* führt darüber hinaus die Bedeutung des Akteurs ein, da dieser durch sein Verhalten den Suchprozess zur nachhaltigen Entwicklung beeinflusst. Das Verhalten selbst wird durch Anreizstrukturen beeinflusst. Durch die Integration dieser Komponente gelangt *Majer* zu einem holistischen Ansatz, der zudem zwischen einem normativen und einem positivistischen Aspekt der Nachhaltigkeit unterscheidet (Abb. 21).

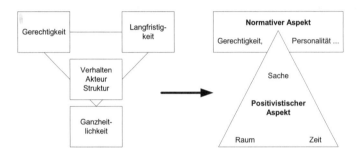

Abbildung 21: Hauptelemente des Nachhaltigkeitsbegriffs[293]

Der normative Aspekt ist durch den Begriff der Gerechtigkeit determiniert. Diese bezieht sich auf Personen (*interpersonal*), Regionen (*interregional*) und Zeiträume (*intertemporal*). Dazu gehört die persönliche Verantwortung (*Personalität*), *Solidarität*, *Partizipation*, *Subsidiarität*, also mit anderen Worten ausgedrückt, es geht um ethische Forderungen, Prinzipien, Werte und Einstellungen.

Beim positivistischen Aspekt geht *Majer* davon aus, dass die Welt bzw. ihre Zustände mit den Dimensionen Zeit, Raum und Sache beschrieben werden kann. Jedem Begriff ist eine ganzheitliche Betrachtung zu widmen. Zeit umfasst das Kurz-, Mittel- und Langfristige. Die Dimension Raum ist lokal, regional, national, supra-national und global zu verstehen. Zur Erläuterung der Struktur der Sache sind die Kriterien Akteure, Handlungsbereiche und -ebenen, Innovationen, Lenkungssysteme und weitere heranzuziehen. Hier gilt es, jeweils die Gesamtheit zu betrachten. Das bedeutet z. B. aus der Sicht eines Unternehmens, dass alle Produktionsfaktoren (Arbeit, Kapital, Natur) zu nutzen sind oder aus der Sicht eines privaten Haushalts, dass Wirtschaftliches, Soziales und Naturnutzung in Einklang zu bringen sind[294].

---

[293] Vgl. *Majer* 2003, S. 939.

[294] Vgl. *Majer* 2003, S. 939.

Das gesamte Begriffssystem der Nachhaltigkeit ist in der folgenden Grafik zusammengefasst (Abb. 22):

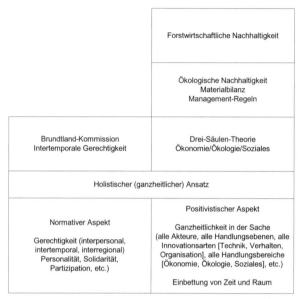

Abbildung 22: Begriffssystem der Nachhaltigkeit[295]

6.2.2 Wettbewerbsvorteile durch nachhaltige Unternehmensführung

Insbesondere kleine und mittlere Unternehmen sind in ihrer tradierten gesellschaftlichen Funktion und auch in ihrem Selbstverständnis nicht die geborenen Vollzieher weltpolitischer Visionen. Das trifft auch dann zu, wenn sich einzelne Unternehmer und Verbandsrepräsentanten auf dem weltpolitischen Parkett für derartige Visionen stark machen und einsetzen. Zwar ist dieses tradierte Verständnis von Unternehmen in jüngerer Zeit problematisiert und erweitert worden[296]. Dennoch dürfte nach wie vor gelten: Wer eine relevante Zahl von Unternehmen dafür interessieren will, in ihre eigenen umweltpolitischen Leitideen und Strategien Aspekte der Nachhaltigkeit aufzu-

---

[295] Vgl. *Majer* 2003, S. 940.

[296] Vgl. *Schneidewind* 1998, S. 37.

nehmen, der muss ihnen den unternehmenspolitischen Sinn eines solchen Anliegens verständlich machen[297].

Dieser unternehmenspolitische Sinn leitet sich vor allem daraus ab, dass eine nachhaltige Unternehmensführung Wettbewerbsvorteile beinhaltet. Sie ergeben sich ihrerseits daraus, dass Nachhaltigkeit wesentliche Aspekte der Veränderungen der Umfeld- bzw. Erfolgsbedingungen (*Stakeholder-Ansprüche*) unternehmerischer Aktivitäten bündelt; damit erfüllt die Nachhaltigkeitsdebatte eine Art Frühindikator-Funktion[298]:

- Nachhaltigkeit kann Fokus für Lern- und Entwicklungsprozesse sein: Frühzeitiges Erkennen (neuer) Chancen und Risiken aus der Veränderung sozialer und ökologischer Orientierungen und Grenzen des Wirtschaftens.

- Nachhaltigkeit ist ein Impuls zur Effizienzsteigerung und Kostenentlastung (organisatorische Innovation, Mitarbeitermotivation).

- Nachhaltigkeit ist ein Beitrag zur Erhöhung der Kundenzufriedenheit (Zusatznutzen): Kunden fordern zunehmend Produkte und Leistungen ohne negative soziale und ökologische Nebenwirkungen.

- Nachhaltigkeit verbessert die gesellschaftliche Akzeptanz des Unternehmens. Gewinnerzielung als Legitimationsgrundlage wird von verschiedenen Anspruchsgruppen (von Nachbarn bis zu Investoren) als nicht ausreichend erachtet. Gefordert sind Belege für ‚corporate citizenship' (gesellschaftliche Verantwortung).

Somit bedeutet nachhaltige Unternehmensführung, ein Unternehmen so zu führen, dass neben den ökonomischen Zielen auch die Ansprüche von Stakeholdergruppen an die sozialen und ökologischen Leistungen des Unternehmens erfüllt werden.

Nachhaltigkeit bietet darüber hinaus Orientierungshilfen für strategische Entscheidungen, indem die Substanzerhaltung in einem umfassenden Sinne in den Mittelpunkt gerückt wird. Die Sicherung der Potentiale, aus denen die unternehmerischen Erträge fließen, den Grundsatz der Realkapitalerhaltung (Substanzerhaltung), gilt es nicht nur auf Maschinen, Anlagen, Gebäude anzuwenden, sondern auch auf andere relevante Vermögensformen wie das Wissenskapital, das Humankapital, das Sozialkapital und das Naturkapital. Dem Rückgang vom *Stromgrößen* (Betriebsergebnis etc.) geht in der Regel ein Verfall der *Potentiale* (Substanz) voraus, der sich zum Teil schleichend und unbemerkt vollzieht. Aus einer umfassenden Berücksichtigung der Potentiale ergibt sich daher auch ein Frühwarnsystem[299]. Trotz der genannten Vorteile existieren unternehmenspolitische Nachhaltigkeitsstrategien bisher nur in wenigen Unternehmen.

---

[297] Vgl. *Arnold/Freimann/Kurz* 2001, S. 2.

[298] Vgl. *Arnold/Freimann/Kurz* 2001, S. 2 f.

[299] Vgl. *Arnold/Freimann/Kurz* 2001, S. 1.

In Würdigung verschiedener Konzepte und Beiträge aus der betriebswirtschaftlichen Literatur können folgende Merkmale als Basisorientierung für eine unternehmenspolitische Nachhaltigkeitsstrategie formuliert werden[300]:

1. Nachhaltige Unternehmenspolitik orientiert sich nicht nur an Stromgrößen (Gewinn, cash flow, Umsatz, Lohnsumme etc.), sondern betrachtet zusätzlich die von ihren Aktivitäten berührten Bestände an wirtschaftlichem, sozialem und naturalem Kapital, die sie mindestens zu bewahren, möglichst zu vermehren trachtet.

2. Nachhaltige Unternehmenspolitik bevorzugt Aktivitäten, die die Bedingung einer langfristigen Erhaltung bzw. Mehrung der wirtschaftlichen, sozialen und naturalen Bestandgrößen, auf die sie Einfluss hat, erfüllen. Dabei beachtet sie die begrenzte Substituierbarkeit von naturalem und sozialem Kapital durch wirtschaftliches Kapital. Dominant ist die Bewahrung jener Vermögenswerte, deren Verzehr unumkehrbaren Substanzverlust bedeutet.

3. Nachhaltige Unternehmenspolitik ist auf die langfristige Sicherung der Erfolgs- und Entwicklungspotentiale des Unternehmens gerichtet. Sie ist normativ begründet, strategisch orientiert und bemüht sich um die Einpassung des Tagesgeschäftes in die definierten normativen Visionen und strategischen Vorgaben durch den Einsatz einschlägiger Instrumente des strategischen Managements.

4. Nachhaltige Unternehmenspolitik klebt nicht an vorhandenen Produkten und Programmen, sondern begreift ihre gesellschaftliche Aufgabe vorrangig in der Lösung spezifischer Probleme ihrer Kunden, die mit intelligenten funktionsorientierten Leistungsbündeln zukunftsfähig zu lösen sind.

5. Nachhaltige Unternehmenspolitik bemüht sich um die absolute Reduktion von Ressourcenverbrauch und Emissionen, soweit die wirtschaftlichen Bedingungen dies zulassen und die globalen und nationalen Nachhaltigkeitsprioritäten dies fordern.

6. Nachhaltige Unternehmenspolitik betreibt eine Strategie der kontinuierlichen Verbesserung der Ressourcenproduktivität durch Prozessoptimierung und innovative Prozess- und Produktgestaltung. Damit reduziert sie das relative Ausmaß der Ressourcennutzung und steigt ein in einen Prozess der Umkehr der Rationalisierungsprioritäten, in dem unternehmerische Rationalisierung nicht länger vorrangig den Einsatz menschlicher Arbeitskraft, sondern den Material- und Energieeinsatz zum Reduktionsgegenstand erhebt und damit erhebliche Einsparungspotentiale erschließt.

7. Nachhaltige Unternehmenspolitik bezieht die Mitarbeiterinnen und Mitarbeiter in die Gestaltung und Umsetzung der Unternehmensaktivitäten ein. So nutzt und entwickelt sie das soziale Kapital, das ihr zur Verfügung steht und entwickelt zugleich ihre organisationale Lernfähigkeit und damit ihre wirtschaftlichen Zukunftsperspektiven.

---

[300] Vgl. im Folgenden *Arnold/Freimann/Kurz* 2001, S. 3.

8. Nachhaltige Unternehmenspolitik muss im Wettbewerb bestehen. Dazu sucht sie auch nach kooperativen Lösungen in Form auf Wertschöpfungsketten bezogenen lokalen und/oder regionalen Allianzen und Netzen, in denen sie im Sinne der Nachhaltigkeit auf Lieferanten, Kunden und Kooperationspartnern einwirkt.

9. Nachhaltige Unternehmenspolitik begreift Unternehmensführung als einen Prozess des Ausgleichs unterschiedlich durchsetzungsmächtiger und einwirkungsinteressierter Anspruchsgruppen (‚stakeholder'). Dabei gilt ihr nicht eine Anspruchsgruppe als gegenüber allen anderen prinzipiell prioritär, sondern ein tragfähiger Anspruchsausgleich im Sinne der langfristigen Existenzsicherung des Unernehmens als unerlässlich. Sie kommuniziert offen und dialogorientiert mit allen ihren Anspruchsgruppen.

10. Nachhaltige Unternehmensführung nimmt die aktuellen wirtschaftlichen, politischen und natürlichen Rahmenbedingungen nicht als unbeeinflussbares Datum hin, sondern mischt sich als politischer Akteur im Sinne der Herstellung nachhaltigkeitsförderlicher Rahmenbedingungen in den gesellschaftlichern Diskurs ein und bezieht daraus Orientierungen für die Weiterentwicklung.

Diese zehn *Kennzeichen unternehmenspolitischer Nachhaltigkeit* sind noch keine Strategie, die von jedem Unternehmen in gleicher Weise übernommen und umgesetzt werden kann. Vielmehr muss eine unternehmensspezifischen Auswahl, Konkretisierung, Anpassung und Gewichtung vorgenommen werden. Dabei ist sowohl die bereits vorhandene Strategie zu berücksichtigen als auch die eigene strategische Weiterentwicklung in den skizzierten gesellschaftlichen Lern- und Entwicklungsprozess zu integrieren. Wie die Gesellschaft insgesamt begeben sich selbstverständlich auch Unternehmen heute erst schrittweise auf den Weg zur Nachhaltigkeit.

Darüber hinaus sind die oben aufgeführten Merkmale aber auch kein zufällig zusammengestellter Katalog, aus dem nach Belieben ausgewählt oder weggelassen werden kann. Sie stecken den Rahmen ab, in dem sich nachhaltige Unternehmensführung bewegen kann und muss, um auf den Weg zur Nachhaltigkeit zu gelangen. Ihre praxisgerechte Umsetzung kann unter Nutzung und Weiterentwicklung des Balanced Scorecard-Konzepts[301] vorgenommen werden, da sich dieses in besonderer Weise sowohl um die unternehmenspolitische Verankerung von Strategien als auch um die Berücksichtigung nichtmonetärer Wirkungs- und Erfolgsdimensionen unternehmerischer Aktivitäten bemüht[302].

Große Unternehmen sind nicht zuletzt durch die Tatsache, dass ihre Vorstände und Stäbe involviert sind in national und internationale politische Strukturen und Prozesse, seit längerem mit Aspekten des nachhaltigen Wirschaftens konfrontiert und haben sich damit bereits auseinandergesetzt[303]. Für kleine mittelständische Unterneh-

---

[301] Siehe dazu auch Kapitel 8.2.

[302] Vgl. *Arnold/Freimann/Kurz* 2001, S. 4.

[303] Vgl. *Schmidheiny* 1992, S. 424.

men [KMU] trifft das in der Regel nicht zu. Die hier vorzufindenden Bedingungen und Chancen für Nachhaltigkeits-Konzepte werden im Folgenden kurz dargestellt.

Klassisch wird ein Unternehmen dann als KMU bezeichnet, wenn es mehr als 20 und weniger als 250 Mitarbeiter hat[304]. Die Unternehmensleitung liegt nicht selten in Händen von geschäftsführenden Gesellschaftern oder des Alleineigentümers, bei Familienunternehmen oft auch in den Händen mehrerer Familienangehöriger. Hieraus resultieren nicht selten typische patriarchalische Führungsstrukturen. Oft verfügen die KMU über relativ stabile Stammbelegschaften mit enger Bindung an das Unternehmen und geringer Fluktuation[305].

Die *Managementstrukturen* von KMU sind zumeist durch eine geringe Zahl von Hierarchieebenen und Führungskräften charakterisiert, die vielfach auch an der Erledigung von operativen Aufgaben beteiligt sind. Schriftlich ausformulierte und kommunizierte Unternehmensstrategien sind eher selten vorhanden. Die Managementinformationssysteme sind oft lediglich operativ ausgerichtet. Zukunftsbezogene Planungsinformationen werden nicht sehr häufig genutzt[306].

Aus den skizzierten typischen Bedingungen für Handlungsstrukturen von mittelständischen Unternehmen lässt sich vermuten, dass die Entwicklung und Implementierung einer unternehmenspolitischen Nachhaltigkeitsstrategie einerseits gute Voraussetzungen vorfindet, andererseits zur Umsetzung einer an Kriterien einfacher Handhabung orientierten Ausgestaltung bedarf.

Die Vermutung guter Entwicklungsvoraussetzungen knüpft an die dominant von personalen Einflüssen geprägten Eigentums- und Leistungsstrukturen von KMU an. Nachhaltigkeit im Sinne von langfristiger Existenzsicherung und sozialer Verantwortung gegenüber Mitarbeitern, lokalem/regionalem Umfeld und nachfolgenden Generationen hat viele Berührungspunkte mit einer wertkonservativen, von patriarchalischer Verantwortung bestimmten normativen Grundhaltung, die bei mittelständischen Unternehmen relativ verbreitet ist. Wenn die verantwortlichen Personen die Vision einer nachhaltigen Unternehmensführung zu ihrer eigenen machen, auch weil sie darin die unternehmenspolitische Zukunftsfähigkeit ihres Unternehmens gut aufgehoben sehen, dann stehen ihnen nahezu alle Handlungsoptionen offen, die für die Umsetzung einer solchen Strategie notwendig sind[307].

Nicht übersehen werden darf dabei allerdings, dass die ökonomischen Randbedingungen für die eigenständige Strategieentwicklung und deren marktbezogene Umsetzung in KMU oft nicht gleich günstig sind wie in größeren Unternehmen. Das beginnt bei den Marktbedingungen, die regelmäßig engere Handlungsräume für KMU definieren als für größere Unternehmen, setzt sich bei den finanziellen Rahmenbedingungen fort[308] und trifft auch die personellen Umsetzungsbedingungen und die

---

[304] Vgl. *Arnold/Freimann/Kurz* 2001, S. 5.

[305] Vgl. *Mugler* 1998, S. 26.

[306] Vgl. dazu auch Kapitel 5.2.

[307] Vgl. *Arnold/Freimann/Kurz* 2001, S. 5.

[308] Vgl. dazu Kapitel 5.3.

zum Einsatz kommenden Managementinformationssysteme[309]. Insofern muss sowohl die Strategieentwicklung als auch deren Umsetzung in KMU besondere Bedingungen berücksichtigen.

Strategische Unternehmenspolitik, die sich auf im Bewusstsein aller Führungskräfte verankerte Visionen stützt, kontinuierlich fortgeschrieben und bis hinein in die operative Ebene umgesetzt wird, ist allerdings auch bei größeren Unternehmen noch keineswegs durchgängig vorhanden. Nachhaltigkeitsstrategien, die mehr sind als Bekenntnisse auf Hochglanzpapier, stellen überall in der Wirtschaft Ausnahmeerscheinungen dar. Insofern muss die Entwicklung und Umsetzung solcher Strategien durchweg bei der Strategieentwicklung bzw. -anpassung ansetzen, bevor zu deren Umsetzung übergegangen werden kann[310].

---

[309] Vgl. dazu Kapitel 10.

[310] Vgl. *Arnold/Freimann/Kurz* 2001, S. 5.

7 Strategiebildungsprozess

Stellt man die Frage nach den Notwendigkeiten für Strategien, dann enthält die Antwort immer die Forderung nach *Anpassung* auf vollzogene oder potentielle Veränderungen in der Umwelt. Gerade in den letzten Jahren sind diese angesprochenen Veränderungsprozesse in der Abfallwirtschaft immer relevanter und intensiver geworden. Die sich daraus ergebenden Wettbewerbsbedingungen haben tiefgreifende Anforderungen an die strategischen Antworten der Unternehmen gestellt. Es ist festzustellen, dass Güter-, Arbeits- und Informationsmärkte zunehmend global ausgeprägt sind[311]. Durch neue Kommunikationsnetze besteht die einfache Möglichkeit zum Zugang zu bisher nur schwer erreichbaren Märkten, was gesamtwirtschaftlich zu einem Wachstum der Wettbewerbsteilnehmer geführt hat. Bleibt man in der gesamtwirtschaftlichen Betrachtung dann ist branchenübergreifend zwar seit Ende der 60er Jahre schon nicht mehr von einem Verkäufermarkt zu sprechen, aber die jetzt vorzufindende Entwicklung im Unternehmens- und Wettbewerbsumfeld ist weit mehr als lediglich die Verschiebung der Marktmacht zum Käufer hin. Es handelt sich mikroökonomisch ausgedrückt um den ,*totalen Wettbewerb*', der sich durch ein außerordentlich hohes Wachstum aller Wettbewerbskräfte auszeichnet. Nach *Porter* lassen sich die auf ein Unternehmen wirkenden Wettbewerbskräfte in fünf Kategorien darstellen[312]. Die erste Kategorie ist durch die Rivalität der bestehenden Unternehmen untereinander gebildet (Wettbewerber in der Branche). Zum Zweiten ist die Verhandlungsstärke der Lieferanten als ,Competitive Force' anzuführen. Die Bedrohung durch neue Konkurrenten – auch potentielle neue Konkurrenten – ist die dritte Kategorie. Die Verhandlungsstärke der Abnehmer als vierte Kategorie und die Bedrohung des eigenen Absatzes durch Ersatzprodukte oder -dienste vervollständigen die Sicht der wirkenden Wettbewerbskräfte. Im Spannungsfeld dieser fünf wirkenden Kräfte muss ein Unternehmen seine eigene Wettbewerbssituation behaupten und das Überleben der Unternehmung sicherstellen, indem nachhaltig Rentabilitäten und Gewinne erwirtschaftet werden[313]. Der Begriff des ,*totalen Wettbewerbs*' suggeriert die Dynamik und das Wachstum der Wettbewerbskräfte, deren kombinierte Stärke die Notwendigkeit zur Strategieentwicklung als Antwort darauf induziert[314].

Neben der geschilderten Wettbewerbssituation ist anzuführen, dass das Verhalten der Nachfrager anspruchsvoller geworden ist. Man ist nicht mehr bereit, Koordinations- oder Schnittstellenprobleme in Prozessen zu akzeptieren, die sich marktseitig z. B. durch lange Liefer- oder Servicezeiten ausdrücken[315]. Auf Grund des Nachfragerverhaltens werden immer mehr und immer schneller neue Güter und Dienstleistungen kreiert, und dieses bei immer höheren Anforderungen an die Qualität. Diese Beobachtung kennzeichnet gleichermaßen den Markt von Konsum- und Investitionsgütern wie den Markt der Dienstleistungen, die z. B. die Abfallwirtschaft erbringt.

---

[311] Vgl. *Picot/Reichwald/Wigand* 1998, S. 2 ff.

[312] Vgl. *Porter* 1989, S. 22 ff.

[313] Vgl. dazu Kapitel 4.1 bis 4.5.

[314] Vgl. *Porter* 1990, S. 26.

[315] Vgl. *Picot/Reichwald/Wigand* 1998, S. 4 f.

Betriebswirtschaftliche Zielsetzungen, wie minimale Kosten, hohe Qualität, kurze Entwicklungs- und Lieferzeiten und absolute Flexibilität, erfahren ein Relaunch an Bedeutung. Es besteht die Ansicht, dass auf besonders turbulenten Märkten oftmals die Zeit und Flexibilität die einzigen Erfolgskriterien im Wettbewerb sind (*economies of speed'* und *,economies of scope'*). Da diese Verhaltensweisen besondere Fähigkeiten von den Unternehmen erfordern, lässt sich daraus folgern, dass ein Unternehmen auch schneller lernen muss als seine Konkurrenten, um im Wettbewerb bestehen zu können[316].

Die oben formulierten veränderten Rahmenbedingungen sind aber noch längst nicht vollständig, um alle Parameter der Strategieentwicklung aufzuzeigen. Auch bei den Mitarbeitern – als bedeutende ,stakeholder' einer Unternehmung – und in der Gesellschaft haben Veränderungen stattgefunden, die sich mit dem Begriff ,Wertewandel' charakterisieren lassen[317]. Seitens der Mitarbeiter drückt sich diese Entwicklung durch die zunehmende Ablehnung von Unterordnung, Verpflichtung und Arbeitsausführung ohne eigenen Handlungsspielraum aus. Seit den 70er Jahren findet man daher auch die Orientierung hin zu neuen Formen der Arbeitsorganisation in industriell geführten Unternehmen vor, die die Handlungsspielräume der Mitarbeiter erweitern und das Arbeitsleben humanisieren. Die damit gemachten Erfahrungen sind unterschiedlicher Natur. Das Spektrum reicht von verbuchten Misserfolgen bis hin zu erfolgreichen Implementierungen neuer Organisationsformen. Allerdings – darüber besteht Einigkeit – sind noch nicht alle Potentiale in diesem Bereich aktiviert. In der Arbeitswelt besteht die Forderung nach einer noch stärkeren Orientierung zur Eigenverantwortung, Selbständigkeit, Selbstverwirklichung und Individualität. Es existiert ebenfalls Einvernehmen darüber, dass gerade in dieser mitarbeiterbezogenen Sichtweise ein spürbares Potential für die betriebswirtschaftlichen ,Tugenden' Qualität, Flexibilität und auch Rationalisierung liegt.

Der *gesellschaftliche Wertewandel* drückt sich in der veränderten Haltung gegenüber Ressourcen, Umwelt und auch der Nutzung von Technologiepotentialen aus. Die Verknappung und damit auch Verteuerung von Ressourcen, die Belastung der Umwelt durch Emissionen aus den Produktionsprozessen, aber auch aus den begleitenden logistischen Prozessen haben Grundhaltungen verändert. Hinzu kommt der politisch zunehmend mehr etablierte Gedanke der Nachhaltigkeit. Es wird erwartet, dass die Unternehmen sich auch diesen Fragen stellen und effiziente Antworten darauf finden. Nicht unerwähnt darf an dieser Stelle bleiben, dass die Übernahme der daraus entstehenden Kosten nachfragerseitig allerdings häufig abgelehnt wird.

Nicht jede mögliche Technologie findet gleichermaßen Akzeptanz. Besonders einsichtig wird dieses, wenn die über Jahre andauernde Diskussion über die Atomtechnologie als Beispiel angeführt wird. Ein Beispiel aus jüngerer Vergangenheit ist im Bereich der Gentechnologie zu sehen.

Ganz anders verhält es sich aber bei den *Informations- und Kommunikations-Technologien* (IuK). Sie nehmen eine bedeutende Rolle in den Wandel- und Umstrukturierungsprozessen ein, da in ihnen der Schlüssel zu neuen Anwendungspo-

---

[316] Vgl. *Friedrich* 1997, S. 225.

[317] Vgl. *Fischer* 1995, S. 191.

tentialen auf der Produkt- und Prozessebene zu sehen ist[318]. Im Verbund mit anderen, z. T. traditionellen und etablierten Technologien, ist hierdurch die Möglichkeit zur Kapazitätssteigerung, Mobilität, Zusammenarbeit, Integration, Verteilung und Globalisierung gegeben. Dieses Potential hat bereits zahlreiche Dienstleistungsmärkte entstehen lassen, wobei aber jetzt schon klar ist, dass diese Entwicklungen noch relativ am Anfang ihres Lebenszyklus stehen. Die Forderungen und Begehrlichkeiten, die an die Adresse der Wirtschaft aber auch Wissenschaft und Verwaltung gerichtet sind, werden ein noch größeres Ausmaß annehmen. Viele dieser Forderungen werden durch einzelne Unternehmen gar nicht zu erbringen sein. Die Folge wird sein, dass es verstärkt zur überbetrieblichen arbeitsteiligen Leistungserstellung kommt, wie es zurzeit auch schon beobachtet werden kann[319]. Die Anforderungen, die dadurch an Unternehmen auch in organisatorischer Hinsicht gestellt werden, sind steigend. Neben der unternehmensinternen Organisation wird sich auch eine Organisation der Kooperation herausbilden müssen. Hierbei handelt es sich um Teamkonzepte, Gruppenarbeit, modulare Organisation, Arbeit in mobilen Büros oder dezentralen Arbeitsstätten, Telekooperation bis hin zu virtuellen Unternehmen.

Alle die geschilderten Entwicklungen des Unternehmensumfelds sind zu berücksichtigen, wenn eine erfolgreiche strategische Orientierung stattfinden soll. Eine besondere Anforderung resultiert dabei aus dem Umstand, dass der *Wandel* von seinem Erscheinen nicht nur einmaliger Natur ist. In diesem Fall wäre u. U. selbst ein tiefgreifender Wandel noch relativ einfach zu bewältigen. Der vorzufindende Wandel ist zur unveränderlichen und permanent begleitenden Größe geworden.

7.1 Grundlagen der gewählten Betrachtungsweise

Der Begriff der Strategie ist sowohl in der Literatur als auch im Verständnis der Unternehmenspraxis sehr unterschiedlich belegt, was zu einer Vielzahl von Definitionen und Auffassungen geführt hat[320]. So vielfältig wie der Inhalt dieses Begriffs ist, so zahlreich sind die Instrumente und Methoden, um eine Strategie zu entwickeln, sie verbindlich festzulegen und im Unternehmen zu kommunizieren. Die Menge der Definitionen und die weit verbreitete Gepflogenheit, den Zusatz ‚strategisch' als Vorsilbe jeder betriebswirtschaftlichen Disziplin oder Aufgabe voranzustellen, hat zu einer Inflation der Bedeutung geführt. Das Ergebnis ist ein Überangebot von Wortgebilden, bei denen irgendeine Verhaltensweise eines Unternehmens dadurch zur Strategie aufgewertet wird, dass das Wort ‚Strategie' einfach an ein anderes Wort gehängt wird[321]. So sind Begriffe wie ‚strategische Motivation', ‚strategische Kostenrechnung' oder etwa ‚strategisches Marketing' etc. entstanden, die zu Modebegriffen aufgestiegen sind, aber bezüglich ihres Inhalts sehr unscharf und vieldeutig blieben[322].

---

[318] Vgl. *Picot/Reichwald/Wigand* 1998, S. 5 f.

[319] Vgl. *Prange/Probst/Rüling* 1996, S. 10 ff.

[320] Vgl. *Burger* 1994, S. 101 ff.

[321] Vgl. *Welge/Al-Laham* 1992, S. 165.

[322] Vgl. *Kreikebaum* 1993, S. 24.

Die nachfolgenden Ausführungen definieren den Begriff der Strategie und zeigen auf, in welchem Sinne er in dieser Arbeit Verwendung findet.

7.1.1 Strategiebegriff

Die Bedeutung des Begriffs ‚Strategie' geht aus etymologischer Perspektive auf die dem Griechischen entstammenden Begriffe ‚*stategós*' (= Heerführer, Feldherr) bzw. ‚*stratos*' (= Heer) und ‚*agein*' (= Führen) zurück[323]. Inhaltlich versteht man darunter die Kunst, ein Heer erfolgreich im Kampf zu führen. Die zu Grunde liegende Planung wird als ‚*strategem*' (= Kriegslist) bezeichnet. Die Drakonische Verfassung erwähnt bereits im 5. Jahrhundert vor Christus das ‚Kollegium der Strategen', worunter militärische Oberbeamte für Fragen der Kriegsführung zu verstehen sind. Erst im 19. Jahrhundert hat man diese Bedeutung – wiederum zunächst im militärischen Bereich – wiederentdeckt. *Von Clausewitz*, ein Mitglied des preußischen Generalstabs, veröffentlichte dazu zahlreiche Abhandlungen, die Strategien als die allgemeine Entwicklungsrichtung eines Heeres beschrieben. In Abgrenzung dazu bezeichnet man als Taktik das situationsgerechte Verhalten der Truppenführung und der Truppe auf dem Kampfplatz (‚*taktiké*' = die Kunst der Anordnung und Aufstellung).

Den ersten Brückenschlag dieser Begriffe zur Betriebswirtschaftslehre hin machten *von Neumann* und *Morgenstern*, zwei bedeutende Vertreter der Spieltheorie[324]. Sie verstanden unter der Strategie eines Spielers einen vollständigen Plan, der in allen nur denkbaren Situationen die richtige Wahl zu treffen ermöglicht[325]. Ein strategischer Plan berücksichtigt simultan und antizipativ die eigenen Aktionen und die der Gegenspieler. Der theoretische Charakter dieser Auffassung ist evident, da die Komplexität der Wirklichkeit eine vollständige Beschreibung der möglichen Handlungen gar nicht zulässt.

Die Übernahme des Begriffs ‚Strategie' in die Managementlehre und seine Verbreitung erfolgte zunächst im amerikanischen Sprachraum etwa Anfang der 60er Jahre durch *Ansoff* und weitere Vertreter des ‚*Harvard Approach*', zu denen auch *Chandler* (1962) gehörte. Die Diskussionen im deutschen Sprachraum ließen bis etwa Ende der siebziger Jahre auf sich warten. Fasst man die Ergebnisse sowohl der deutschen als auch der amerikanischen Managementliteratur zusammen, so kann man sagen, dass die Diskussionen keine einheitliche Sicht auf den Strategiebegriff herausbilden konnten. Die in den Definitionen verwendeten Elemente weisen jedoch in den Ansätzen z. T. eine deutliche Übereinstimmung auf. *Hofer* und *Schendel* haben diese Ansätze analysiert und drei Merkmale herausgearbeitet, die als Unterscheidungsmerkmal bzw. Klassifikationskriterium der Definitionen gewählt werden können[326]. Zunächst wird die Breite des Strategiebegriffs angeführt. Darunter ist zu prüfen, ob eine Strategie sowohl die strategischen Ziele und Maßnahmen umfasst, oder ob der Be-

---

[323] Vgl. *Kreikebaum* 1993, S. 24 f und *Baum/Coenenberg/Günther* 2004, S. 1.

[324] Vgl. *Dürr/Kleibohm* 1992, S. 166.

[325] Vgl. *Welge/Al-Laham* 1992, S. 166.

[326] Vgl. *Welge/Al-Laham* 1992, S. 167 ff.

griff der Strategie enger gefasst ist und nur die Maßnahmen meint. Beide Auffassungen sind zulässig. Das zweite Merkmal sind die Komponenten des Strategiebegriffs. Darunter ist die Abgrenzung der Aktionsfelder einer Strategie zu verstehen, das heißt, eine Strategie kann sich auf Produkt-/Marktbereiche, Ressourcen, Funktionen etc. oder auf Teilmengen dieser Felder beziehen. Zuletzt ist der Umfang des Strategieformulierungsprozesses anzusprechen. Dahinter verbirgt sich die Sichtweise, ob zum Strategieprozess auch die Festlegung der Unternehmensmission, der Ziele und Strategien gehören, oder ob lediglich die Formulierung der Strategie Bestandteil dieses Prozesses ist.

In nachfolgender Synopse (Tab. 4) ist eine Auswahl bedeutender Strategiedefinitionen aus der deutschsprachigen Literatur wiedergegeben.

Autor	Strategiedefinition
Arbeitskreis Unternehmensplanung (1977)	Strategien beinhalten langfristig angelegte, die Gesamtunternehmung berührende und der Erreichung der Unternehmensziele dienende Verhaltensweisen der Unternehmung in ihren Aktivitätsbereichen.
Ulrich/Fluri (1978)	Strategien sollen helfen, Ziele mit einem genügend großen Sicherheitsabstand zu erreichen.
Szyperski/Winand (1980)	Eine Strategie ist ein bedingter und vollständiger Handlungsplan, der für jede mögliche Entscheidungssituation, in die ein Planer im Verlauf eines Entscheidungsprozesses gelangen kann, genau eine Handlungsalternative bestimmt.
Schreyögg (1984)	Bei Strategien handelt es sich um komplexe Entscheidungen, die für die Unternehmung von besonderer Bedeutung sind.
Hentze/Brose (1985)	Strategien bezeichnen die grundsätzlichen, konzeptionellen Möglichkeiten zur Bestimmung, Verfolgung und Realisierung festgelegter (oder noch festzulegender) Unternehmensziele.
Gälweiler (1987)	Strategie bedeutet, sein Denken, Entscheiden und Handeln an übergeordneten Zielen oder Zielvoraussetzungen zu orientieren, und sich dabei nicht durch vordergründige Dringlichkeiten, das heißt Augenblicksvorteile und -nachteile, ablenken zu lassen.

Klaus (1987)	Strategie beinhaltet Pläne und Maßnahmen, die der best- möglichen Anpassung des Unternehmens an Chancen und Risiken aus dem Umfeld dienen, und zugleich bestmöglichen Gebrauch von Ressourcen und Fähigkeiten eines Betriebes machen.
Scholz (1987)	Strategie ist die grundsätzliche Vorgehensweise zur Errei- chung der unternehmenspolitischen Ziele.
Hammer (1991)	Strategie ist eine Philosophie und Denkmethodik, die sich auf das Überleben und für das Wachstum innerhalb und außer- halb der Unternehmung Wesentliche (strategisch relevante) konzentriert. Strategie ist ein Rahmen für alle Entscheidun- gen, die Art und Richtung der Unternehmung bestimmen. Die Strategie trifft vor allem Entscheidungen über Ziele, Maß- nahmen und Mittel zur Erreichung von dauerhaften Wettbe- werbsvorteilen.
Staehle (1990)	Begriffsmerkmale von Strategie: • Planung von Handlungen anderer (relevanter) Aktoren im Umfeld der Unternehmung • Planung • Langfristigkeit
Zahn (1989)	Strategie ist eine wirkungsvolle, auf das Ziel der Unterneh- mung ausgerichtete Verknüpfung des Weges, auf dem die Stärken und Schwächen einer Unternehmung sinnvoll zu Chancen und Risiken der Umwelt in eine für das Unterneh- men vorteilhafte Beziehung gesetzt werden, zu einer Route.
Hanss- mann (1990)	Strategie ist die Gesamtheit aller Maßnahmen der Unter- nehmung, die einen wesentlichen Einfluß auf den Ausgang des Wettbewerbs – etwa auf den im Konkurrenzkampf er- rungenen Marktanteil und Gewinn – haben.

Kirsch (1990)	Strategien können metaphorisch als (globale) ‚Weg-Beschreibungen' interpretiert werden. Eine solche Weg-Beschreibung soll zum Ausdruck bringen • von welchem Zustand man wegkommen will und • welche der von diesem Ausgangspunkt wegführenden alternativen Wege man beschreiten will.
Ulrich (1990)	Strategie ist die grundsätzliche Vorgehensweise zur Erreichung der unternehmenspolitischen Ziele.
Kreikebaum (1991)	Strategien bringen zum Ausdruck, wie ein Unternehmen seine vorhandenen und seine potentiellen Stärken einsetzt, um Veränderungen der Umweltbedingungen zielgerichtet zu begegnen.

Tabelle 4: Strategiedefinitionen in der deutschsprachigen Literatur[327]

Wenn in den weiteren Ausführungen der Begriff der Strategie verwendet wird, dann ist damit – Aspekte aus obengenannten Definitionen aufgreifend – folgender Inhalt gemeint:

Strategie drückt eine langfristige Orientierung des Unternehmens aus, die das Ziel hat, die Existenz des Unternehmens durch die Anpassung an eine dynamische Unternehmensumwelt zu sichern. Der Weg zum Erreichen des Zieles führt über das Entwickeln von Erfolgspotentialen, Aktivierung von Stärken, Beseitigung von erkannten Schwächen, Nutzen von Chancen und Meiden von Risiken[328].

Unter Erfolgspotentialen versteht man die Faktoren, die den Erfolg des Unternehmens oder einer strategischen Geschäftseinheit beeinflussen. Es handelt sich um sämtliche geschäftsprozessspezifischen Voraussetzungen, die für die Realisierung des späteren Erfolgs notwendig und dafür zu entwickeln sind[329].

Die gewählte Definition beinhaltet nach den Strukturierungskriterien von Hofer und Schendel eine Sichtweise mit maximalem Begriffsinhalt. Zur Breite der Strategieformulierung gehört das Festlegen der Ziele des Unternehmens und der dazugehörigen Maßnahmen zur Erreichung derselben. Die in Strategien angesprochenen Komponenten können alle Funktionsbereiche des Unternehmens, die Ressourcen, aber auch alle Produkte und Märkte sein. Letztendlich gehört zum Umfang des Strategieprozesses neben der Ziel- auch die Wegplanung. Dieses Maximum an Begriffsinhalt ist alleine schon deswegen sinnvoll, um den Kreativprozess nicht im Vorfeld durch einen engen Fokus zu behindern. Nicht unerwähnt darf bleiben, dass die genannten Bestandteile nicht akribisch behandelt werden müssen, sondern nur in dem Umfang,

---

[327] Vgl. *Welge/Al-Laham* 1992, S. 166 f.

[328] Eigene Definition.

[329] Vgl. *Bramsemann* 1993, S. 71.

wie sie aus der Sicht des planenden Unternehmens sinnvoll sind. Nur die situative und unternehmensindividuelle Betrachtung kann hierüber Aufschluss geben.

7.1.2 Planungshierarchien

Die für ein Unternehmen festgelegte Strategie ist im Regelfall noch keine Leitlinie für konkretes Handeln. Strategien besitzen einen hohen *Aggregations- und Abstraktionsgrad*, so dass sie auf den Stufen der weiteren Planungshierarchien weiter konkretisiert und spezifiziert werden müssen[330].

Strategien sind Planungs- bzw. Entscheidungsprämissen für die taktische und operative Unternehmensplanung, die den Weg zur Realisierung aufzeigen. Das bedeutet, jeder entwickelte Teilplan hat sich konform zu den Zielsetzungen, die in den Strategien festgehalten sind, zu verhalten. Auf der nächsten Planungsebene trifft man auf den taktischen Unternehmensplan. Im Gegensatz zum strategischen Plan[331] ist hier die langfristige Sichtweise gegen eine mittelfristige ausgetauscht und die hohe Aggregation wird durch mehrere *Teilpläne* aufgelöst. Bricht man diese Planungssicht noch weiter herunter, dann gelangt man zum operativen Unternehmensplan, der durch Kurzfristigkeit und einen *hohen Detaillierungsgrad* gekennzeichnet ist. Alle drei Planungsstufen sind hierarchisch zueinander angeordnet und beschreiben umfassend den gesamten Planungsprozess. Erst danach schließt sich die Realisation, das konkrete Handeln im Tagesgeschäft, in den Unternehmen an. Auf dieser Ebene wird z. T. auch improvisiert, da weder die strategische noch die taktische oder operative Planung jede Entscheidungssituation im Voraus determinieren kann. Die begleitende strategische Kontrolle hat sicherzustellen, dass jede Entscheidung zielführend in Bezug auf die strategische Ausrichtung ist.

Die Zielhierarchie ist in Abbildung 23 wiedergegeben.

7.1.3 Charakteristika der Strategieplanung

Das Planen einer Strategie wird in der Literatur als *Problemlösungsprozess* verstanden. Zum Bearbeiten und Lösen von Problemen sind Grundstrukturen aufgestellt worden, denen man ein hohes Maß an Allgemeingültigkeit zuschreibt. Dieser Lösungsprozess beginnt bei der Erfassung eines Problems und nimmt den Weg über die Ist-Zustands-Analyse, Zielformulierung, Ermittlung von Handlungsvarianten, Variantenbeurteilung, Entscheidung bis hin zur Umsetzung und Kontrolle der Ergebnisse[332].

---

[330] Vgl. *Voigt* 1996, S. 6 ff.

[331] Vgl. *Reichmann* 2001, S. 547.

[332] Vgl. *Rieder* (ohne Datum), Lose Blatt Werk; Kapitel 10/3.1.2, S. 6.

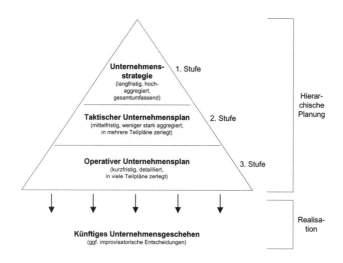

Abbildung 23: Hierarchie der Planung[333]

Diese *Vorgehensweise in Prozessphasen* ist für die Strategieplanung adaptiert worden und hat zum Herausbilden eines Ablaufmodells für die strategische Planung geführt. Insgesamt sind dabei zwei grundsätzliche Modelle mit unterschiedlicher Struktur bzw. Planungsrationalität entstanden. Einmal handelt es sich um die Strukturierung des Planungsprozesses nach einer *präskriptiv-synoptischen Rationalität* und zum andern nach einer *deskriptiv-inkrementalen Planungsrationalität*[334].

Synoptische Prozessmodelle haben gemeinsam, dass die Formulierung der Strategie ein *systematischer Prozess* ist, der sich nach einem definierten Aufbau vollzieht[335]. Die Anlehnung an die Struktur des Problemlösungsprozesses ist dabei unverkennbar. Der erste Prozessschritt ist die Zielformulierung, dann geht es weiter mit der Unternehmens- und Umweltanalyse, Strategiebewertung und Auswahl der Strategie. Ein sogenannter strategischer Plan bildet die Grundlage für das Erstellen hierarchischer Teilpläne, die in der letzen Stufe kurzfristiger Natur sind. Nachfolgend werden die Organisation und das Führungssystem auf die Anforderung der Implementierung der Lösung zugeschnitten. Kennzeichnend ist, dass solche Pläne umfassend sind. Sie haben den Anspruch, dass alle für das Problem relevanten Faktoren in diese Planung mit einbezogen sind, und dadurch die Lösung konstituiert ist. Eine weitere Besonderheit tritt hinzu: Aus der synoptischen Sicht sind strategische Planungen wegen der umfassenden Unternehmensbetrachtung nicht delegierbare Aufgaben, die nur durch die Unternehmensspitze ausgeführt werden können. Diese Be-

---

[333] Vgl. *Voigt* 1996, S. 8.

[334] Vgl. *Welge/Al-Laham* 1992, S. 35 ff.

[335] Vgl. *Schreyögg* 1984, S. 133.

hauptung gilt für die reine Planung, jedoch weniger für die Implementierung von Strategien.

Historisch betrachtet wurden zunächst synoptische Ansätze zur strategischen Planung in der Literatur formuliert. Durch empirische Befunde aus Planungsprozessen – quasi als Kritik an den synoptischen Ansätzen – sind später die inkrementalen Ansätze entstanden und haben eine weite Verbreitung gefunden. Problematisch bei den synoptischen Ansätzen ist, dass Planungsprobleme z. T. außerordentlich komplex sind und dadurch nicht selten die Informationsverarbeitungskapazität des Planungsträgers überfordert ist. Manche Informationen dagegen sind gar nicht verfügbar, aber trotzdem unterstellt das synoptische Ideal eine vollständige Durchdringbarkeit der Planungszusammenhänge. Die inkrementale Planungstheorie hat sich durch empirische Beobachtung des tatsächlichen Ablaufs von Planungsprozessen herausgebildet. Dieser Prozess verläuft in komplexen Situationen nach einem Muster, das – so von *Lindblom* in empirischen Untersuchungen Anfang der 60er Jahre im öffentlichen Sektor herausgefunden – mit den Begriffen ,*Muddling Through*' (= ,Durchwursteln') bzw. später als ,*Disjointed Incrementalism*' (= ,Strategie der kleinen Schritte') bezeichnet wurde. Charakteristisch für die inkrementale Planung ist, dass die Entscheidungsträger sich am Ausgangspunkt des Problemfeldes orientieren[336]. Man prüft nur die Ziel- und Mittelalternativen, die auch im Umfeld des Vertrauten liegen und versucht herauszufinden, durch welche inkrementalen Veränderungen eine gewählte Politik realisiert werden kann. Durch das Anlehnen an den Ist-Zustand wird auch nur eine eingeschränkte Menge an Handlungsalternativen betrachtet. Mögliche Konsequenzen, die sich aus der Wahl einer Strategie ergeben, werden ebenfalls nur in eingeschränktem Umfang berücksichtigt. Der erstellte Plan ist nicht das systematische Festlegen einer ganzheitlichen Zukunftsvision, sondern beinhaltet nur kleine Schritte der Veränderung, die ihrerseits auch wieder revidierbar sind. Jeder Schritt löst ein einzelnes Problem und die Teillösungen müssen nicht miteinander vernetzt sein (,*Stückwerktechnologie*').

7.1.4 Strategieprozesse aus der Sicht der Change-Forschung

Die Studie von *Lindblom* hat weitere Studien von Vertretern der inkrementalen Planung nach sich gezogen. Die Ergebnisse zeigten wiederholt die Falsifikation des Phasenmodells, wie es im synoptischen Ansatz gefordert wird. Eine bedeutende Theorie dazu stellte *Mintzberg,* ein Vertreter der *Change-Forschung*, im Jahre 1990 auf[337]. In Untersuchungen, die u. a. in den Unternehmen *Air Canada, National Film Board of Canada* aber auch bei der *Volkswagen AG* stattfanden, wurde hinterfragt, auf welche Art strategische Entscheidungen und Strategien in Unternehmen entstehen und auch umgesetzt werden. Eine phasenbestimmte Aktivitätenfolge konnte in diesen Untersuchungen in Strategieprozessen nicht nachgewiesen werden.

---

[336] Vgl. *Welge/Al-Laham* 1992, S. 37 f.

[337] Vgl. *Welge/Al-Laham* 1992, S. 38 f.

Mintzberg fand in seinen empirischen Forschungen heraus, dass der Prozess der Strategieformulierung und auch der Umsetzung die Charakterzüge eines unternehmensbezogenen Lernprozesses aufweist. Zunächst einmal – so *Mintzberg* – seien Strategien nur individuelle Problemlösungen, die dann zu Strategien der Unternehmung werden, wenn sie auf einen breiten Konsens stoßen. Die von *Mintzberg* herausgestellten Erkenntnisse sind als ‚*Grassroot Modell of Strategy Formation*' veröffentlicht worden. Recht bildlich ist darin ausgedrückt, dass Strategien sich wie Unkraut im Garten entwickeln und nicht wie Tomaten in einem Gewächshaus zu züchten sind. Dahinter steht die Erkenntnis, dass der Strategieprozess nicht in feste und starre Bahnen gelenkt werden darf. Ein hohes Maß an Flexibilität und Freiräumen führt zu konstruktiveren Ergebnissen. Im Weiteren fand *Mintzberg* heraus, dass Strategien sich überall dort entwickeln, wo Menschen Lernfähigkeit besitzen und wo Ressourcen vorhanden sind, diese Fähigkeit zu fördern. Strategien sind als organisatorisch zu bezeichnen, wenn sie das ganze Verhalten der Unternehmung ändern. Der Prozess des Ausarbeitens der Strategie muss dabei nicht einmal bewusst vorgenommen werden, womit gemeint ist, dass keine formalen Rahmenbedingungen zu dieser Entwicklung existieren müssen. Einschränkend führt *Mintzberg* jedoch an, dass Strategien, sofern sie als nützlich und wertvoll für eine Organisation angesehen werden, in ihrer weiteren Entwicklung doch besser zu lenken seien. Lenken heißt jedoch nicht, Strategien im Vorhinein zu formulieren, sondern zu bemerken, wann sie sich herausbilden, um ggf. korrigierend oder unterstützend eingreifen zu können.

Neue Strategien entstehen schwerpunktmäßig in Zeiten des Wandels in Unternehmen. In Zeiten der Stabilität ziehen sich Organisationen auf etablierte Strategien zurück. Werden die Rahmenbedingungen jedoch turbulent, dann akzeptiert man eher Experimente und neue Ausrichtungen bezüglich der strategischen Haltung.

7.1.5 Strategiebildung als prozessualer Ablauf

Trotz der vielfältigen Sichtweisen in der Literatur, soll in dieser Arbeit der Weg zur gelebten Strategie als Prozess verstanden werden[338]. Diese Festlegung schafft eine Struktur, die es ermöglicht, die vielfältigen interdisziplinären Teilprozesse und Aktivitäten, die in nicht unerheblichen Maß durch empirische Befunde beeinflusst werden, koordiniert und damit auch – so weit möglich – vollständig durchzuführen[339]. Das von *Welge/Al-Laham* konzipierte Modell des strategischen Managements greift die Phaseneinteilung des synoptischen Ansatzes auf, berücksichtigt dabei aber die Erkenntnis, dass gefundene Strategien überprüft und ggf. korrigiert werden müssen. *Welge/Al-Laham* zeigen den Weg zur Strategie in vier Handlungsschritten auf.

In der ersten Phase – die *Phase der Zielbildung* – geht es um die Entwicklung der Unternehmenspolitik und des Leitbildes der strategischen Zielsetzungen Die zweite Phase beschäftigt sich mit der *Unternehmens- und Umweltanalyse* sowohl im Sinne von Stärken und Schwächen als auch von Chancen und Risiken, sowie mit der

---

[338] Vgl. *Baum/Coenenberg/Günther* 2004, S. 31; *Karst* 1998, S. 123 ff und *Horváth* 2001, S. 261 ff.

[339] Vgl. *Welge/Al-Laham* 2001, S. 95.

Prognose umweltbezogener Entwicklungen. Während der Analysepart vergangenheitsorientiert ist, wird diese Sicht um die zukunftsbezogene Betrachtung erweitert[340]. Da Prognosen definitionsgemäß mit Unsicherheiten behaftet sind, ist ein weiterer Aspekt der zweiten Phase die Auswahl geeigneter *Frühaufklärungssysteme*. Ihre Aufgabe ist es, den Wahrheitsgehalt der getroffenen Prognosen zu einem frühen Zeitpunkt zu verifizieren oder zu falsifizieren. Darüber hinaus sollen sie – ebenfalls frühzeitig – neue entstehende Bedrohungen aber auch Chancen aufzeigen[341].

Die dritte Phase baut auf den Erkenntnissen der vorherigen Phasen auf und beinhaltet sowohl das Formulieren als auch das *Bewerten und Auswählen* der Strategie. Diese Phase macht zugleich den Kernbereich des strategischen Managementprozesses aus[342].

In der vierten und letzten Phase dieses Schemas erfolgt die *Strategieumsetzung*. Die Phase an sich beinhaltet einen vollständigen weiteren Prozess, da sie als Lern- und Veränderungsprozess konzipiert ist[343] und somit die Offenheit für die permanente Revision der Strategie in das Modell einbringt[344].

Abbildung 24 verdeutlicht die Phasen der Konzeption des strategischen Managements.

7.2 Exkurs: Strategieprozesse in deutschen Unternehmen

Abweichend von den Erkenntnissen, zu denen die Change-Forschung gelangt, verlaufen Strategieprozesse in deutschen Unternehmen – so eine empirische Studie – überwiegend sehr strukturiert. Im Gegensatz dazu zeigten Veröffentlichungen im angloamerikanischen Raum durch *Mintzberg* (1990), *Johnson* (1988), *Pettigrew* (1985) und *Quinn* (1980) sehr deutlich auf, dass Strategieprozesse eher unstrukturierte, evolutionär verlaufende Prozesse sind, die sich einem aktiven Prozessmanagement weitgehend entziehen[345].

Al-Laham führte im Jahr 1994/1995 eine schriftliche Befragung bei den *500 größten Unternehmen* durch, die ihren Sitz in den alten Bundesländern, einschließlich West-Berlin hatten. Von den 500 Erhebungseinheiten konnte ein Rücklauf von 65 auswertbaren Fragebögen erzielt werden, die Aufschlüsse über den Strategieprozess in diesen Unternehmen vermittelten[346].

---

[340] Vgl. *Welge/Al-Laham* 2001, S. 289.

[341] Vgl. *Welge/Al-Laham* 2001 , S. 298.

[342] Vgl. *Welge/Al-Laham* 2001, S. 313.

[343] Vgl. *Welge/Al-Laham* 2001, S. S. 527 f.

[344] Vgl. *Baum/Coenenberg/Günther* 2004, S. 31.

[345] Vgl. *Welge/Al-Laham* 1998, S. 893.

[346] Vgl. *Welge/Al-Laham* 1998, S. 879.

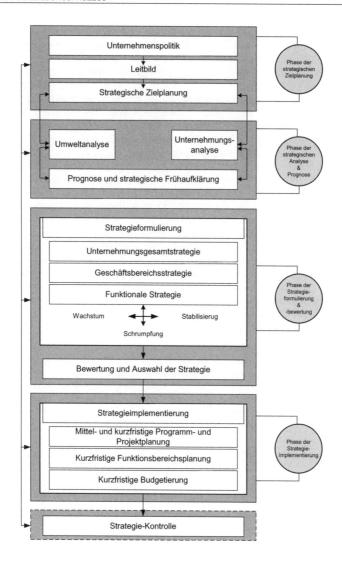

Abbildung 24: Phasenmodell des strategischen Managements[347]

---

[347] Vgl. *Welge/Al-Laham* 2001, S. 96. Zu ähnlichen Modellen kommen andere Autoren. Vgl. dazu auch *Eschenbach* 1995, S. 12. und *Müller* 2000, S. 22.

Über 80 Prozent der Unternehmen verfügten über Erfahrungen mit strategischen Prozessen von mehr als drei Jahren. Ziel der Untersuchung war es, die Frage nach der Struktur in Strategieprozessen zu beantworten. Dazu wurden verschiedene *Strukturparameter* festgelegt und in den zitierten Unternehmen untersucht. Strukturiertheit drückt sich in dieser Erhebung durch ein Set aus sechs Beschreibungsvariablen aus. Zunächst wurde untersucht, ob es spezielle Planungsorgane im Unternehmen gibt, die für die strategiebezogenen Aufgaben verantwortlich sind, oder ob diese Aufgaben von etablierten Stellen der Unternehmung ausgeführt werden (*Ausmaß der Spezialisierung*). Der zweite Parameter der Struktur galt der Frage nach der Delegation von Teilaufgaben in Strategieprozessen (*Grad der Delegation*). Im Weiteren untersuchte man die Entscheidungs- und Weisungsbefugnisse der Planungsträger (Kompetenzverteilung), und hinterfragte, auf welche Weise die Strategieprozesse koordiniert werden (*Grad der Koordination*). Es schloss sich die Erhebung an, inwieweit es schriftliche Regelungsvorschriften für das Planen und Umsetzen von Strategien gibt (*Grad der Formalisierung*) und schließlich, welcher Effizienzbeitrag aus den erwähnten organisatorischen Regelungen erwächst. Jede Sicht auf die Struktur der Strategieprozesse, die hier mit wenigen Worten skizziert sind, wurde sehr ausführlich operationalisiert. Exemplarisch soll im Folgenden die Operationalisierung des Begriffs ‚Effizienz' wiedergegeben werden, da ihm besondere Bedeutung zukommt. Der Grund dafür liegt darin, dass sich die untersuchten Unternehmen sehr stark in der Effizienz ihrer strategischen Prozesse unterschieden, was zu einer Unterteilung in drei Prozessstrukturmuster in der Ergebnisdarstellung geführt hat, die jeweils einen unterschiedlichen Effizienzgrad ausweisen.

Effizienz wird als ein mehrdimensionales Konstrukt aus verschiedenen Effizienz-Ansätzen im Rahmen dieser Studie aufgefasst[348]. Eine Dimension ist die Prozesseffizienz, bei der die prozessbezogene *Zielerreichung* analysiert wird. Es wird geprüft, inwieweit die mit dem Prozess verfolgten Ziele auch wirklich erreicht werden. Es schließt sich als zweite Dimension die *Ergebnis*-Effizienz an. Hier wird der Umfang hinterfragt, mit dem die Ziele, die mit der zu entwickelnden Strategie erreicht werden sollen, auch wirklich erreicht werden. Die dritte Dimension beobachtet die Prozess-*Wirtschaftlichkeit*. Wirtschaftlich ist ein Prozess dann, wenn das Ausmaß der Zielerfüllung ein zum Mitteleinsatz günstiges Verhältnis ausweist (Input / Output Relation). Die letzte Dimension der Effizienz ist die soziale Effizienz. Im Rahmen dieser Perspektive wird der Prozess in Bezug auf die auftretenden Konflikte und auf die Zufriedenheit der internen und externen Prozessteilnehmer analysiert und bewertet.

Die höchste Effizienz konnte für die Unternehmen nachgewiesen werden, bei denen ein zentralistisch-koordinierter Prozesstyp vorgefunden wurde. Eine mittlere Effizienz der strategischen Prozesse war in Unternehmen anzutreffen, die einen strukturiertspezialisierten Prozess-Typ hatten. Die geringste Effizienz hatten Unternehmen mit einem Prozess-Typ, der kaum strukturiert war[349].

Die durchgeführte Untersuchung ist eine der ersten im deutschsprachigen Raum, bei der die Frage der Strukturmuster in Strategieprozessen hinterfragt worden ist. Als Fazit lässt sich – im Gegensatz zu *Mintzberg* und anderen Vertretern der Change-

---

[348] Vgl. *Welge/Al-Laham* 1998, S. 883 f.

[349] Vgl. *Welge/Al-Laham* 1998, S. 871.

Forschung – festhalten, dass Strategieprozesse in deutschen Unternehmen sich durch eine hohe Strukturiertheit, eine hohe Anzahl involvierter Träger, einen hohen Spezialisierungsgrad und eine stringente Phasenfolge auszeichnen[350]. Hinweise auf eine mangelnde Strukturierung strategischer Prozesse oder zufällig bzw. evolutionär verlaufende Prozesse vermisst man vollständig bei den gewonnenen empirischen Erkenntnissen. Das gleiche gilt auch bezüglich fehlender Rationalität bei der Planung und Umsetzung der Strategien.

Die Frage, warum empirische Studien in amerikanischen und deutschen Unternehmungen zu so unterschiedlichen Ergebnissen geführt haben, ist nicht abschließend zu beantworten. Es ist zu vermuten, dass die Ursachen in unterschiedlichen Managementkulturen bzw. -philosophien zu sehen sind. Das deutsche Managementverständnis ist eher bürokratisch, rational und strukturorientiert ausgerichtet. Hier werden in der Zukunft weitere Forschungen und Analysen Aufschluss geben müssen.

7.3 Erfolgsfaktoren bei der Implementierung von Strategien

Ist eine Strategie für ein Unternehmen festgelegt worden, dann lautet die Anforderung, die strategischen Maßnahmenprogramme umzusetzen; die Strategie muss *implementiert* werden. Dazu zählt zum einen die *Spezifizierung der Strategie* und der mit ihr verbundenen Folgemaßnahmen und zum anderen die *Ausrichtung aller Erfolgsfaktoren* an der Strategie[351]. Unter der Spezifizierung versteht man die Konkretisierung der Strategie für die bereichs- oder abteilungsbezogenen Ebenen. Zu diesem Prozess zählt man ebenfalls die detaillierte Formulierung und Überarbeitung von Teilstrategien in den funktionalen Bereichen und die Ableitung operativer Maßnahmen. Diese Vorgehensweise soll durch kurzfristige Maßnahmen-, Termin- und Budgetplanungen flankiert werden, so dass eine Verzahnung der strategischen mit der operativen Planung sichergestellt ist.

In der untenstehenden Synopse (Tab. 5) ist die Sicht unterschiedlicher Autoren wiedergeben, die sie über die erfolgreiche Implementierung von Strategien gewonnen haben. Auf vollständige Definitionen wird an dieser Stelle verzichtet. Stattdessen sind die zentralen Aussagen der gewonnenen Erkenntnisse wiedergegeben:

---

[350] Vgl. *Welge/Al-Laham* 1998, S. 893.

[351] Vgl. *Welge/Al-Laham* 1992, S. 388.

Autor (Jahr der Veröffentlichung)	Erfolgsfaktoren der Strategieemplementierung
Hentze/Brose (1985)	Aspekte der Implementation einer Unternehmensstrategie: • Formulierung von Politiken für Entscheidungsbereiche. • Durchführung organisatorischer Maßnahmen, vor allem die Zuordnung von Kompetenzen für die an der Realisierung der Strategien beteiligten Unternehmensbereiche.
Huber (1985)	Hauptaufgaben der Strategieimplementierung: • Unternehmenskultur, Organisationsstruktur, Fähigkeiten der Mitarbeiter, Führungssysteme auf die gewählte Strategie auszurichten und sie dabei aufeinander abzustimmen. • Die Strategie bzw. strategischen Ziele zu quantifizieren bzw. operationalisieren.
Hammer (1988)	Komponenten der Implementierung der ausgewählten Strategie: • Durchführungsplan • Motivationssysteme • Personalpolitik • Organisationsstruktur
Staehle (1990)	Aspekte der Strategieimplementation • Von der Strategie zur operativen Planung. • Controlling als Verbindung von Planung und Kontrolle. • Organisatorische und personelle Unterstützung der Strategieimplementation

Ulrich/Fluri (1991)	Teilaufgaben der Realisierung der gewählten strategischen Erfolgspotentiale in konkreten Aktionen: • Ableitung von Teilstrategien für Funktionsbereiche. • Vorbereitung und Einführung einer strategiegerechten Organisation. • Stufengerechte Information und Ausbildung der betroffenen Leistungskräfte und Mitarbeiter. • Entwicklung von Aktionsplänen, aus denen sich direkt die Vorgaben für die operative Planung ergeben.
Kolks (1990)	Aufgaben der Strategieimplementierung: • Durchsetzungsaufgaben: - Vermitteln der Strategie - Einweisung und Schulung - Erwirken des strategiebezogenen Konsenses • Umsetzungsaufgaben: - Analyse notwendiger Ausrichtungen der Erfolgsfaktoren der Strategie - Spezifizierung der Strategie und Entwicklung von Maßnahmenprogrammen zur Erfolgsgestaltung
Steinmann/Schreyögg (1990)	Zentrale Erfolgsbedingungen der Strategieimplementierung: • Strategische Programme • Strategiegerechte Organisationsstruktur • Strategie und Kultur • Personalwirtschaftliche Aspekte: - Personalentwicklung - Anreizsystem

Tabelle 5: Erfolgsfaktoren der Strategieimplementierung[352]

Neben der operativen Planung müssen – wie auch die obenstehenden Ausführungen gezeigt haben – weitere Erfolgsfaktoren in den jeweils relevanten Bereichen auf die Strategie hin ausgerichtet werden. Zur erfolgreichen Strategieimplementierung zählt der sogenannte *‚Fit'*. Darunter versteht man die Stimmigkeit zwischen der Strategie

---

[352] Vgl. *Welge/Al-Laham* 1992, S. 390 ff.

und allen relevanten Erfolgsfaktoren, wie sie z. B. im *Modell der 7-S-Konzeption* von *McKinsey* wiedergegeben sind[353]. Die 7-S-Konzeption ist ein aussagefähiges Modell, um die Vielschichtigkeit und Komplexität der dafür notwendigen Abstimmprozesse aufzuzeigen. *McKinsey* verlangt die Abstimmung zwischen dem angestrebten Aktionsbündel (*strategy*), dem gemeinsamen Grundkonsens (*shared values* bzw. *superordinate goals*), der Aufbauorganisation (*structure*), der Ablauforganisation (*system*), dem Führungsverhalten (*style*) dem Mitarbeiterstamm (*staff*) und den Fähigkeitspotentialen (*skill*) im Sinne einer optimalen Kombination zu- und untereinander (*Fit*). Dabei ist zu berücksichtigen, dass zwischen den einzelnen Elementen *Interdependenzen* bestehen und ein zufriedenstellendes Ergebnis nur erreicht werden kann, wenn alle Elemente im gleichen Maße zielorientiert ausgerichtet sind.

Die nachfolgende Grafik gibt die 7-S-Konzeption von *McKinsey* wieder (Abb. 25):

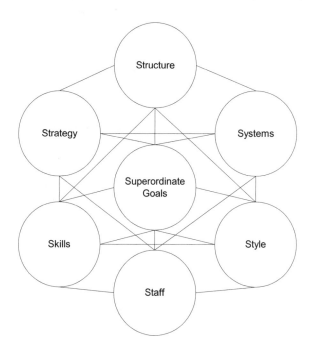

Abbildung 25: 7-S-Konzeption von McKinsey[354]

Da zugleich mehrere Möglichkeiten der Abstimmung existieren (*top-down, bottom-up, Gegenstromverfahren*) wird sehr schnell einsichtig, dass der Vorgang der Imple-

---

[353] Vgl. *Peters/Watermann* 1982, S. 8 ff.

[354] In Anlehnung an *Niedereichholz* 1997, S. 115.

mentierung ein sehr entscheidender ist. Treten Störungen beim ‚Ausbalancieren' des Fit auf, dann ist der gesamte Erfolg der Strategie mitunter in Frage zu stellen. Auf der anderen Seite ist es oft nur schwer, die Ursachen für den Misserfolg von strategischen Unternehmensorientierungen zu ergründen, die vielleicht sogar in einem anderen Unternehmen derselben Branche zu gutem Erfolg geführt haben. Zu komplex sind der Prozess und seine determinierenden Variablen, als dass einfache, lineare Ursache-Wirkung-Beziehungen konstruiert werden könnten.

Empirische Befunde belegen, dass es bei der Implementierung von Strategien zu vielschichtigen Problemen kommen kann. Ungeachtet dessen ist zunächst der hohe zeitliche und personelle Einsatz im Rahmen der Implementierung anzusprechen. Darüber hinaus führen Restrukturierungen recht häufig zu Unruhen in Organisationen, die ihrerseits das zeitgleich ablaufende operative Geschäft blockieren können. Ist das der Fall, dann sind diese Erscheinungsformen nicht selten von Demotivation der Organisationsmitglieder begleitet, da am Sinn der neuen Struktur auf Grund von Anlaufschwierigkeiten Zweifel und Vorbehalte aufgebaut werden. Dringt die Demotivation nach außen, dann besteht zudem das Risiko, dass Kunden, Lieferanten und andere bedeutende Stakeholder darüber in Kenntnis gelangen und es auf diesem Weg zu einem wettbewerbsbenachteiligenden Reputationsverlust kommen kann[355].

---

[355] Vgl. *Carl/Kiesel* 1996, S. 147.

8 Balanced Scorecard als kennzahlengestütztes Managementkonzept

„If you can't measure it, you can't manage it[356]".

Nach *Kaplan/Norton* ist die Balanced Scorecard eine geeignete *Führungsmethode*, um eine entscheidende Lücke in Unternehmungen zu schließen: Die Lücke zwischen der Entwicklung und Formulierung von Strategien und deren Umsetzung[357]. Damit geht die Bedeutung dieses betriebswirtschaftlichen Instrumentes über die Messung von operativen Merkmalsausprägungen im diagnostischen Sinne hinaus, wie es vielfach in traditionellen Kennzahlensystemen dargestellt wird, hin zu den erfolgswirksamen strategischen Unternehmensbetrachtungen. Diese Betrachtungen umfassen die Formulierung, Implementierung und auch die langfristige Beobachtung und das Verfolgen der Umsetzung von Strategien[358]. Wenngleich diese Notwendigkeit unmittelbar einsichtig und nahezu trivial erscheint, so darf nicht außer Acht gelassen werden, dass es gerade für diese umfassende Betrachtung an betriebswirtschaftlichen Instrumentarien gefehlt hat. Die Balanced Scorcard ist nach h. M. in der Lage, diesen Mangel zu beseitigen.

Diese Sicht der Balanced Scorecard geht über die Leistungsmessung hinaus. Der Einsatz dieses Instruments erlaubt mehrdimensionale Verbesserungen in den Bereichen der Produkt-, Prozess-, Kunden- und auch Marktentwicklung. Sie unterstützt das Management bei folgenden Aufgabenstellungen:

- *„Klärung und Konsensbildung in Bezug auf der Strategie,*
- *Kommunizieren der Strategie im gesamten Unternehmen,*
- *Anpassung von abteilungsspezifischen und persönlichen Zielen an die Strategie,*
- *Verknüpfung der strategischen Ziele mit langfristigen Zielen und Jahresbudgets,*
- *Identifizierung und Verknüpfung von strategischen Initiativen,*
- *Durchführung von periodischen und Strategie-Reviews und*
- *Feedback und Lernen über die Verbesserungsmöglichkeiten der Strategie"[359].*

---

[356] Vgl. *Kaplan/Norton* 1997, S. 20.

[357] Vgl. *Kaplan/Norton* 1997, S. 184.

[358] Vgl. *Müller* 2000, S. 116.

[359] Vgl. *Kaplan/Norton* 1997, S. 18 – 19.

Die Balanced Scorecard als Managementkonzept bedeutet demnach eine umfassende Methode für den Prozess der Entwicklung von Strategien bis hin zu deren Umsetzung. Im Zuge dessen befasst sich das Konzept mit den relevanten Einflussfaktoren des Unternehmenserfolgs und projiziert die so entstehenden Erkenntnisse zurück bis hin zur Ebene der Strategieformulierung. Dort führen sie bei erkanntem Bedarf zur Anpassung oder sogar Revidierung der ursprünglichen Strategie. Müller spricht in diesem Zusammenhang von einem *zirkulären Prozess mit Rückkopplungsschleifen*[360], der bis in die Entwicklungsphasen von Strategien hinein reicht[361].

Aus in der Praxis gemachten Erfahrungen sind Erkenntnisse über Hindernisse bei der Einführung einer Strategie gewonnen worden. Die empirisch identifizierten Hindernisse lassen sich in vier *Problemfelder* klassifizieren:

- Die gewählte Vision oder Strategie ist nicht umsetzbar.

- Es erfolgt keine Verknüpfung zwischen Strategie und Zielvorgaben für Organisationsmitglieder.

- Es erfolgt keine Verbindung zwischen der Strategie und der kurzfristigen Ressourcenallokation.

- Anstelle eines strategischen Feedbacks erfolgt ein taktisches.

In allen genannten Fällen erweist sich die Balanced Scorecard als unterstützendes Medium zur Vermeidung der Probleme. Sie schafft im ersten Schritt die notwendige Transparenz über die Umsetzbarkeit einer Strategie. Im Weiteren erlaubt sie eine Verknüpfung eines *leistungsgerechten Entlohnungssystems* an die formulierten Leistungsziele der Strategie, die in der Balanced Scorecard fixiert sind. Das dritte Problemfeld der *Divergenz von Strategiezielen und Allokation* lässt sich beseitigen, indem die Budgetierung und insbesondere Investitionen widerspruchsfrei mit den Zielsetzungen der Balanced Scorecard korrespondieren. Nicht zuletzt führen regelmäßig durchgeführte Beurteilungen der Strategie im Rahmen des Balanced Scorecard-Konzepts dazu, dass die längerfristige Orientierung einer Strategie nicht in taktischen mittelfristigen und gegebenenfalls übereilten Beurteilungen zunichte gemacht wird, bevor sich der Erfolg einer Strategie in der dafür notwendigen Zeit einstellen kann[362].

Die Aspekte der Betrachtung einer Balanced Scorecard als Managementsystem sind in nachfolgender Grafik zusammengefasst (Abb. 26):

---

[360] Vgl. dazu auch die Ausführungen zur Lernenden Organisation.

[361] Vgl. *Müller* 2000, S. 116.

[362] Vgl. *Müller* 2000, S. 116.

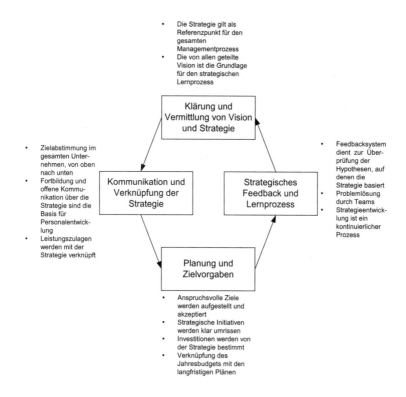

Abbildung 26: Balanced Scorecard als Managementsystem[363]

8.1 Kennzahlensysteme

Reichmann/Lachnit verstehen allgemein unter einem *Kennzahlensystem* eine Zusammenstellung von quantitativen Variablen, die in einer sachlich sinnvollen Beziehung zueinander stehen und auf ein gemeinsames übergeordnetes Ziel – Analyse oder Steuerung[364] – ausgerichtet sind. Damit ist gemeint, dass Kennzahlen eines Systems sich ergänzen oder erklären[365].

---

[363] Vgl. *Müller* 2000, S. 117.

[364] Vgl. *Dangelmaier/Kösters/Kress* 2002, S. 389.

[365] Vgl. *Reichmann* 2001, S. 23 und *Reichmann/Lachnit* 1977, S. 45.

Die Beziehungen der Kennzahlen untereinander können *systematischer, mathematischer* oder auch *empirischer* Natur sein. Systematische Beziehungen gehen von einem übergeordneten Ziel aus und berücksichtigen, dass alle Kennzahlen des Systems die entscheidungsrelevanten Bereiche des Unternehmens abbilden unter Offenlegung der gegenseitigen Beziehungen und Einflüsse zueinander. Die Vorgehensweise zur Erstellung eines solchen Kennzahlensystems ist also deduktiv. Sofern alle Beziehungen in quantifizierbaren Relationen ausgedrückt werden, wird dieses System zu einem mathematischen. Kennzeichen der empirischen Kennzahlensysteme ist, dass ein Realsystem den Überlegungen zu Grunde gelegt wird, und beschreibende Größen in Form von Kennzahlen ein vereinfachtes Abbild der Wirklichkeit ergeben. Bei dieser empirisch-induktiven Vorgehensweise fließen naturgemäß die subjektiven Annahmen des Systemerstellers mit ein[366].

8.1.1 Kennzahlen

Wie es bei vielen Begriffen in der Betriebswirtschaft der Fall ist, hat auch die Bedeutung des Kennzahlenbegriffes eine vielfältige Diskussion erlebt. Aus heutiger Sicht kann aber festgestellt werden, dass die Verständigung auf einen weitgehend einheitlichen und allgemein akzeptierten Begriffsinhalt gelungen ist. In der Literatur werden Kennzahlen als die Zahlen bezeichnet, die quantitativ erfassbare Sachverhalte in konzentrierter Form erfassen[367]. *Reichmann* stellt in diesem Zusammenhang drei Elemente heraus, die einer Kennzahl zu Eigen sind:

- Informationscharakter,
- Quantifizierbarkeit,
- spezifische Form der Information.

Das erste Element kennzeichnet das Vermögen von Kennzahlen, Urteile über wichtige Sachverhalte und Zusammenhänge zu ermöglichen. Das zweite Element erlaubt eine Präzisierung des Betrachtungsgegenstandes, indem eine Einordnung und Bewertung über Zahlenskalen erfolgt. Das dritte und letzte Element beinhaltet den Aspekt, dass die Komplexität der Wirklichkeit auf eine relativ einfache Betrachtungsweise reduziert wird und damit für eine bedeutende Vereinfachung sorgt[368].

Nach statistischen Kriterien unterscheidet man in *absolute* und *relative Kennzahlen*[369]. Absolute Kennzahlen bezeichnen die Mächtigkeit einer Menge. Sie werden im Sinne von Einzelkennzahlen, Summen, Differenzen oder auch Mittelwerten etc. ver-

---

[366] Vgl. *Reichmann* 2001, S. 23.

[367] Vgl. *Reichmann* 2001, S. 19.

[368] Vgl. *Reichmann* 2001, S. 20.

[369] Vgl. zu den Ausführungen über Kennzahlenarten *Gladen* 2003, S. 16 – 18.

wendet. Isoliert betrachtet, ist die Aussagefähigkeit absoluter Kennzahlen ohne Vergleich oder Bezug eingeschränkt. Anders verhält es sich bei relativen Zahlen, die Sachverhalte in Form eines Quotienten in Beziehung setzen[370].

Bei den relativen Kennzahlen unterscheidet man in Gliederungs-, Beziehungs- und Indexzahlen.

Gliederungszahlen geben den Anteil einer Größe an einer Gesamtmenge an, wobei Zähler und Nenner aus gleichartigen aber ungleichrangigen Zahlen derselben Grundgesamtheit stammen. Die gewonnene Aussage vermittelt Erkenntnisse über die relative Größe im Zähler bzw. über die vertikale Strukturbeziehung[371].

Bei *Beziehungszahlen* wird eine Beziehung zwischen ungleichartigen Zahlen verschiedener Grundgesamtheiten gebildet. Diese Zahlen sind jedoch nicht willkürlich gewählt. Vielmehr besteht zwischen ihnen eine kausale Abhängigkeit; zumindest wird eine solche vermutet. Die errechnete Kennzahl dient dazu, eine konkrete Wirkung einer Ursache aus mehreren Ursachen zu isolieren[372].

Mit Hilfe von *Indexzahlen* lässt sich die zeitliche Veränderung von Daten übersichtlich darstellen. Bei der Errechnung wird ein Wert als Referenzwert festgelegt, und alle anderen Werte in Beziehung zu dieser Basis gebracht und üblicherweise prozentual ausgedrückt[373]. Gerne werden diese Daten an Adressaten außerhalb von Unternehmungen weitergegeben, da keine absoluten Werte offengelegt werden müssen.

Eine Übersicht der Kennzahlenarten gibt nachfolgende Grafik wieder (Abb. 27):

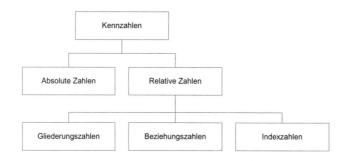

Abbildung 27: Kennzahlenarten[374]

---

[370] Üblicherweise wird der gemessene Wert in den Zähler gestellt und der Bezugswert in den Nenner.

[371] Z. B. Marktanteil, Lieferbereitschaftsgrad, Kapazitätsauslastungsgrad etc.

[372] Z. B. Rentabilität, Wirtschaftlichkeit, Anlagendeckung etc.

[373] Z. B. Aktienindex, Preisindex, Kostenindex etc.

[374] Vgl. *Gladen* 2003, S. 17.

8.1.2 Aufgaben von Kennzahlen

Das Verwenden von Kennzahlen ist in der Unternehmenspraxis verbreitet. Ihnen kommt die Aufgabe zu, zum einen bei der Analyse *Erkenntnisse über Umweltbedingungen und Unternehmensprozesse* zu generieren, zum anderen aber auch bei der *Steuerung* – im Sinne von Planen, Durchsetzen und Kontrollieren – erfolgskritische Parameter abzubilden[375].

Dienen Kennzahlen der Analyse, dann können sie mit Sicht nach außen, im Sinne der *Umweltanalyse* oder mit Sicht nach innen im Sinne der *Unternehmensanalyse* verwendet werden. Eine im englischsprachigen Raum entstandene Form der nach außen gerichteten Analyse ist das *,Benchmarking'*. Hierbei geht es im Kern darum, die Arbeitsabläufe und internen Prozesse zu überwachen und mit denen der marktführenden Unternehmen zu vergleichen. Das Besondere ist, dass diese Unternehmen nicht zwingend Unternehmen der eigenen Branche sein müssen. Damit ist auch der grundlegende Unterschied zu anderen vergleichenden Analysen, wie z. B. dem Betriebsvergleich oder der Konkurrenzanalyse ersichtlich[376].

Eine weitere Aufgabe kommt den Kennzahlen im Rahmen der *Frühaufklärung* bei zukunftsbezogenen Analysen zu. Hier geht es darum, Entwicklungen von Unternehmenskenngrößen über Kausalketten zu antizipieren. Das gelingt, indem betriebswirtschaftliche Sachverhalte über zeitlich vorauseilende Ersatzgrößen (*Leading Indicators*), deren Zusammenhang entweder nachgewiesen ist oder aber auch als Hypothese zu Grunde gelegt wird, beobachtet wird, um so frühzeitig sowohl Chancen als auch Risiken zu identifizieren[377].

Auch bei der vergangenheitsbezogenen Analyse werden Kennzahlen herangezogen. Diesen Analysen ist zu Eigen, dass komplexe Sachverhalte in Komponenten zerlegt werden, um daraus die Ursachen der Entstehung bereits bekannter Ergebnisse aufzuzeigen[378].

Werden Kennzahlen zur Steuerung verwendet, dann haben sie einen *normativen Charakter*. Charakteristisch für Steuerungskennzahlen ist, dass sie einen Zielzustand beschreiben und damit zukunftsbezogen sind. Ihnen kommt die Aufgabe zu, die Planung zu unterstützen, Alternativen bewertbar zu machen, Handlungsträger in ihrem Verhalten im Sinne der Zielerreichung zu beeinflussen und nicht zuletzt eine Kontrolle zu ermöglichen[379]. Schließt sich bei erkannten Gefährdungen der Zielerreichung eine Revision des ursprünglichen Plans an, so ist ein Regelkreis geschaffen wie er z. B. im Strategieprozess oder auch bei der Lernenden Organisation typisch ist[380].

---

[375] Vgl. *Gladen* 2003, S. 18 und *Egger/Winterheller* 2002, S. 149.

[376] Vgl. *Gladen* 2003, S. 18 - 19.

[377] Insbesondere bei neueren Kennzahlensystemen, wie z. B. der Balanced Scorecard haben diese Größen eine besondere Bedeutung.

[378] Vgl. *Gladen* 2003, S. 20.

[379] Vgl. *Gladen* 2003, S. 22.

[380] Vgl. dazu die Ausführungen zum strategischen Prozess (Kapitel 7) und zur Lernenden Organisation (Kapitel 8.2.8).

Eine Übersicht der Aufgaben von Kennzahlen ist in der nachfolgenden Grafik zusammengefasst (Abb. 28).

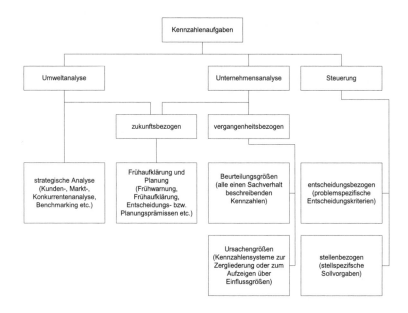

Abbildung 28: Aufgaben von Kennzahlen[381]

8.1.3 Traditionelle Kennzahlensysteme

In der betriebswirtschaftlichen Literatur existiert eine Anzahl bekannter und durchaus
etablierter Kennzahlensysteme, deren Ziel die Messung von Leistung und ihre Bewertung ist. Zu den bekanntesten zählt neben anderen das *,Du Pont System of Financial Control'*, die *,Pyramid Structure of Ratios'*, das *,ZVEI-Kennzahlensystem'* und
das *,RL-Kennzahlensystem'*, welche im Folgenden exemplarisch dargestellt werden.

---

[381] In Anlehnung an *Gladen* 2003, S. 19.

8.1.3.1 Du Pont-Kennzahlensystem und Pyramid Structur of Ratios

Das Du Pont-Kennzahlensystem – auch *ROI-Schema* genannt – geht von der Spitzenkennzahl der Gesamtkapitalrentabilität (*Return on Investment*) aus, die sich als Produkt aus der Umsatzrentabilität und dem Kapitalumschlag ergibt (Abb. 29). Der weitere Aufbau folgt einem Rechenschema, das alle Größen mathematisch miteinander verknüpft. So ist die Umsatzrentabilität ein Quotient aus Gewinn und Umsatz und der Kapitalumschlag ein Quotient aus Umsatz und Kapital. Diese Aufgliederung wird bis hin zur Ursprungsgrundzahl verfolgt[382]. Das Du Pont Kennzahlensystem gilt als das bekannteste Kennzahlensystem in der Betriebswirtschaft. Entwickelt wurde es bereits im Jahr 1919 in dem amerikanischen Unternehmen *E. I. Du Pont de Nemours & Co.*; dort wurde es zur Überwachung und Steuerung des Unternehmens eingesetzt[383].

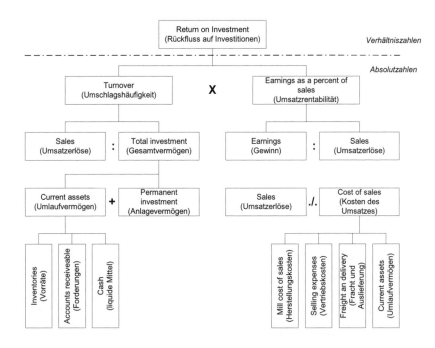

Abbildung 29: Du Pont-System of Financial Control[384]

---

[382] Vgl. *Baus* 1996, S. 132 f.

[383] Vgl. *Staudt/Groeters/Hafkesbrink/Treichel* 1985, S. 34.

[384] Vgl. *Weber* 2002, S. 202.

Ähnlich dem *,Du Pont-System of Financial Control'* ist das Kennzahlensystem *,Pyramid Structur of Ratios'*. Auch hierbei handelt es sich um ein Rechenschema, das von der Spitzenkennzahl Return on Investment ausgeht. Die Aufgliederung dieser Kennzahl bis hin zu den Grundzahlen folgt allerdings einem anderen Schema als beim Du Pont-System. Dieses Kennzahlensystem stammt aus dem Jahr 1956 und wurde vom *British Institute of Management entwickelt*[385].

8.1.3.2 ZVEI-Kennzahlensystem

Das bekannteste deutsche Kennzahlensystem ist das vom *Zentralverband der Elektrotechnik und Elektroindustrie* erstmals im Jahr 1969 veröffentliche *,ZVEI-Kennzahlensystem*[386]. Auch wenn dieses System vom Verband einer Branche konzipiert wurde, ist es dennoch betriebswirtschaftlich neutral und lässt sich auf andere Wirtschaftszweige übertragen[387].

Mit Hilfe dieses Systems wird das Ziel verfolgt, die *Effizienz eines Unternehmens* zu messen. Der Begriff der Effizienz wird dabei über *Wachstums- und über Strukturkomponenten* abgebildet. Bei der Wachstumsanalyse werden Veränderungen über die Zeit mit Hilfe von Indexzahlen beschrieben. Die Strukturanalyse gibt Aufschluss über die Risikobelastung der Ertragsfähigkeit der Unternehmung[388]. Insgesamt hat das Kennzahlensystem eine Mächtigkeit von ca. 200 Kennzahlen. Die aus dieser Kennzahlenmenge zu gewinnenden Erkenntnisse im Bereich der Wachstumsanalyse bestehen aus einem Überblick ausgewählter Grundzahlen, die im Vergleich zur Vorperiode – also vergangenheitsorientiert – betrachtet werden. Dadurch gelangt man zu ersten Informationen über stattgefundene Veränderungen. In der Strukturanalyse werden Hauptkennzahlen über die Ertragskraft (z. B. Rentabilität oder Beschäftigung) und über das Unternehmensrisiko (z. B. Liquidität oder Kapital) abgebildet. Die Hauptkennzahlen wiederum sind mittels Hilfskennzahlen rechnerisch miteinander verknüpft, die für sich isoliert betrachtet eine nur geringe Aussagekraft hätten. Insgesamt birgt die Gesamtmenge der Kennzahlen die Gefahr, dass das System mit Informationen überflutet und dadurch eher verwirrt als Erkenntnisse vermittelt[389].

Das Schema des ZVEI-Kennzahlensystems ist in folgender Grafik wiedergegeben (Abb. 30):

---

[385] Vgl. *Baus* 1996, S. 133.

[386] Vgl. *Baus* 1996, S. 133.

[387] Vgl. Vgl. *Staudt/Groeters/Hafkesbrink/Treichel* 1985, S. 59.

[388] Vgl. *Reichmann* 2001, S. 31.

[389] Vgl. *Baus* 1996, S. 133 f.

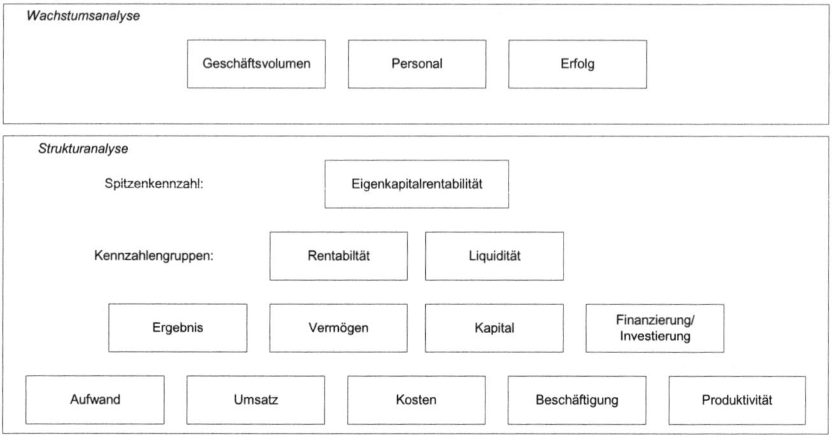

```
┌─────────────────────────────────────────────────────────────────────────┐
│ Wachstumsanalyse                                                          │
│                                                                           │
│        ┌──────────────┐   ┌──────────────┐   ┌──────────────┐            │
│        │Geschäftsvolumen│  │   Personal   │   │    Erfolg    │            │
│        └──────────────┘   └──────────────┘   └──────────────┘            │
│                                                                           │
└─────────────────────────────────────────────────────────────────────────┘

┌─────────────────────────────────────────────────────────────────────────┐
│ Strukturanalyse                                                           │
│                                                                           │
│    Spitzenkennzahl:          ┌────────────────────────┐                  │
│                              │ Eigenkapitalrentabilität│                  │
│                              └────────────────────────┘                  │
│                                                                           │
│    Kennzahlengruppen:   ┌────────────┐   ┌────────────┐                  │
│                         │ Rentabiltät │   │  Liquidität │                  │
│                         └────────────┘   └────────────┘                  │
│                                                                           │
│     ┌──────────┐   ┌──────────┐   ┌──────────┐   ┌──────────────┐        │
│     │ Ergebnis │   │ Vermögen │   │  Kapital │   │ Finanzierung/ │        │
│     └──────────┘   └──────────┘   └──────────┘   │  Investierung │        │
│                                                  └──────────────┘        │
│                                                                           │
│  ┌────────┐  ┌────────┐  ┌────────┐  ┌────────────┐  ┌────────────┐      │
│  │ Aufwand│  │ Umsatz │  │ Kosten │  │Beschäftigung│  │Produktivität│      │
│  └────────┘  └────────┘  └────────┘  └────────────┘  └────────────┘      │
└─────────────────────────────────────────────────────────────────────────┘
```

Abbildung 30: ZVEI-Kennzahlensystem[390]

8.1.3.3 RL-Kennzahlensystem

Im Gegensatz zum bereits skizzierten Du Pont- und ZVEI-Kennzahlensystem dient das von *Reichmann* und *Lachnit* entwickelte *‚RL-Kennzahlensystem'* nicht in erster Linie der Kontrolle der Unternehmenseffizienz, sondern es ist als *Planungs- und Kontrollsystem* konzipiert, indem es entscheidungsbezogene Informationen für die Unternehmensführung zur Verfügung stellt[391].

Zentrale Kenngrößen des Kennzahlensystems sind die Größen Erfolg und Liquidität. Die Komponente *Erfolg* wird für die laufende Steuerung des Unternehmens benötigt. Sie errechnet sich aus dem ordentlichen Betriebsergebnis, dem ordentlichen Finanzergebnis als auch den außerordentlichen Komponenten des Jahresabschlusses. Die *Liquidität* selber wird nicht als originäres Ziel gesehen, wohl aber als notwendige Voraussetzung für den Unternehmensfortbestand[392].

Die einzelnen Kennzahlen sollen Sachverhalte beschreiben, die aus Unternehmenssicht wichtig und der Planung zugänglich sind. Diese Kennzahlen des Systems werden als Plangrößen hinterlegt. Durch Soll-Ist-Vergleiche entstehen Informationen, die

---

[390] Vgl. *Reichmann* 2001, S. 32.

[391] Vgl. Vgl. *Staudt/Groeters/Hafkesbrink/Treichel* 1985, S. 60 ff und *Reichmann* 2001, S. 32 f.

[392] Vgl. *Reichmann* 2001, S. 33.

für unternehmerische Entscheidungen von Bedeutung sind, also über den reinen Analysezweck hinausgehen[393].

Das Kennzahlensystem besteht aus einem *allgemeinen Teil* und einem *Sonderteil*. Der erste Teil enthält keinen Branchen- bzw. Firmenbezug und eignet sich deswegen auch für zwischenbetriebliche Vergleiche. Hier werden in einer dualen Kennzahlenhierarchie[394] die beiden Spitzenkennzahlen Rentabilität und Liquidität betrachtet. Im Sonderteil ist Raum für unternehmensspezifische Besonderheiten, die weiterführende Analysen und Betrachtungen ermöglichen.

Nachfolgende Grafiken stellen zentrale Aspekte des RL-Kennzahlensystems zur besseren Übersicht schematisch dar (Abb. 31 und 32):

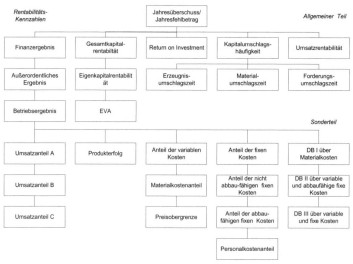

Abbildung 31: RL-Kennzahlensystem – Rentabilität[395]

---

[393] Vgl. *Reichmann* 2001, S. 33.

[394] Vgl. *Baus* 1996, S. 134.

[395] In Anlehnung an *Reichmann* 2001, S. 34.

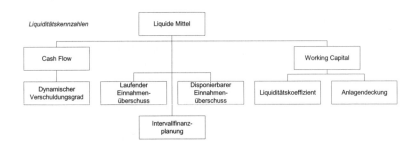

Abbildung 32: RL-Kennzahlensystem – Liquidität[396]

8.1.4 Kritik an den traditionellen Kennzahlensystemen

Die Darstellung etablierter Kennzahlensysteme hat offengelegt, dass überwiegend finanzwirtschaftliche Kennzahlen Eingang in das System gefunden haben und somit eine *Eindimensionalität* in der Ausrichtung vorliegt[397]. Nach *Horvárth* haben monetäre – also z. B. auf Liquidität oder Rentabilität ausgerichtet – Kennzahlen den Nachteil, dass Sachzieldimensionen bei der Beurteilung der Ergebnisse, aber auch für die Steuerung und Leistungsmessung, nicht herangezogen werden. Im Weiteren unterbleibt der Einbezug von Kunden oder Märkten in der Betrachtung hinsichtlich Zeit, Qualität, Service etc.[398].

Naturgemäß sind finanzwirtschaftlich orientierte Systeme überwiegend operativ ausgerichtet und weisen zudem in den meisten Fällen eine Vergangenheitsorientierung auf. Die Aussagefähigkeit hinsichtlich zukunftsrelevanter Steuerungsinformationen ist als eingeschränkt zu bezeichnen. Ebenfalls eingeschränkt sind die abzuleitenden Erkenntnisse über Ursachen, deren Folgen in diesen Kennzahlen abzulesen sind. Auch bei der Frage der Beeinflussbarkeit finanzieller Messgrößen durch das Management – hier sind nicht die Verfahren der Bilanzgestaltung gemeint – wird im Allgemeinen eher als gering eingestuft[399]. Diese Aussage wiegt besonders schwer vor dem Hintergrund, dass Manager im Regelfall an der Entwicklung dieser Größen gemessen werden und die vorzufindenden Anreiz- und Entlohnungssysteme üblicherweise gerne damit verknüpft werden.

Als weiterer kritischer Punkt ist die hohe *Aggregationsdichte* finanzwirtschaftlicher Kennzahlen anzuführen. Das führt nicht selten dazu, dass der in den Kennzahlen abgebildete Sachverhalt – insbesondere von niedrigeren Hierarchieebenen – nur

---

[396] In Anlehnung an *Reichmann* 2001, S. 35.

[397] Vgl. *Weber* 2002, S. 203.

[398] Vgl. *Horváth* 1998, S. 561.

[399] Vgl. *Sure/Thiel* 1999, S. 54 und *Scheibeler* 2001, S. 10 f.

schwer verstanden wird und schon gar nicht im Sinne einer proaktiven Steuerung Verwendung findet[400].

Der Einbezug so genannter ‚soft facts' findet im Regelfall nicht statt. Diese Betrachtung erweist sich aber als notwendig, da hier für die Beurteilung finanzieller Kenngrößen sowie für Planung und Steuerung der betrieblichen Ressourcen und für die Leistungsmessung wichtige Kausalitäten enthalten sind[401].

8.2 Darstellung des Balanced Scorecard-Konzepts

Die Balanced Scorecard hat ihren Ursprung in einer Forschungsarbeit, die das *Nolan Norton Institute* zu Beginn der neunziger Jahre in Zusammenarbeit mit zwölf Unternehmen unterschiedlicher Branchen durchführte. Gegenstand der Forschung war es, bestehende Performance Measurement-Ansätze bezüglich ihrer zukünftigen Bedeutung für Unternehmen zu analysieren. Dabei ging man von der Vorstellung aus, dass die überwiegende bzw. alleinige Orientierung dieser Ansätze an monetären Kennzahlen, Unternehmen hindere, zukünftige wertschöpfende Tätigkeiten anzustoßen[402]. *David Norton* leitete diese Studie als Geschäftsführer der Unternehmensberatung *Nolan Norton Institute*. Die wissenschaftliche Begleitung lag bei Professor *Robert S. Kaplan*, der einen Lehrstuhl für Rechnungswesen an der *Harvard Business School* inne hat. Zielsetzung der gemeinsamen Arbeit war es, ein Performance Measurement-System zu entwickeln, das über die finanzielle Leistungsbetrachtung hinaus auch nichtfinanzielle Ziele unterschiedlicher Dimensionen berücksichtigt.

Übersetzt werden kann der Begriff der ‚Balanced Scorecard' mit ‚*ausgewogener Berichtsbogen*'[403]. Dabei ist von Bedeutung, dass es sich hier um mehr als nur eine Zusammenfassung von finanziellen und nichtfinanziellen Kennzahlen handelt, die zu einem Kennzahlensystem gruppiert werden. Mit der Idee der Balanced Scorecard begegnete man der Kritik an traditionellen Kennzahlensystemen und stellte ein Modell zur Verfügung, das es erstmalig ermöglichte, eine umsetzungsorientierte, an der Unternehmensstrategie ausgerichtete Steuerung der Unternehmung vorzunehmen[404]. Damit erlangt die Balanced Scorecard den Status, einen strategischen Handlungsrahmen für Managementprozesse zu legen, mit dessen Hilfe strategische Ziele mit operativen Maßnahmen verbunden werden. Gleichzeitig berücksichtigen die unterschiedlichen Sichtweisen des Modells, dass zur Steuerung in turbulenten Märkten, eine eindimensionale Betrachtung ungeeignet ist.

Der Modelltitel ‚Balanced Scorecard' selbst impliziert weitere Erkenntnisse. So geht aus dem Begriff ‚balanced' hervor, dass eine *ausgewogene Betrachtung* sowohl aus der *externen Perspektive* (z. B. Anteilseigner, Kunden etc.) als auch aus der *internen*

---

[400] Vgl. *Steinle/Bruch* 2003, S. 384.

[401] Vgl. *Gleich* 2001, S. 6.

[402] Vgl. *Kaplan/Norton* 1997, S. VII.

[403] Vgl. dazu auch die Ausführungen von *Preißner* 2002, S. 5 ff.

[404] Vgl. *Horváth/Kaufmann* 1998, S. 41.

Perspektive (z. B. Mitarbeiter) stattzufinden hat. Ausgewogenheit ist im Weiteren zwischen *kurz- und langfristigen Zielsetzungen*, *monetären* und *nichtmonetären* Kennzahlen, zwischen *nachlaufenden Zielgrößen* (Ergebnissen) und *vorlaufenden Zielgrößen* (Leistungstreiber) zu erzielen. Der Begriff der ‚Scorecard' verweist auf den *Berichtsbogen*, der die Leistungsentwicklung des Unternehmens transparent abbildet[405].

Die Balanced Scorecard vereint in ihrer Betrachtung die finanziellen Kennzahlen vergangener Leistungen und die treibenden Faktoren zukünftiger Leistungen. Diese sind nicht willkürlich miteinander in Verbindung zu setzen, sondern leiten sich aus der *Vision* und der *Strategie* sowie den *Zielen* des Unternehmens in einem top-down-Prozess ab. Im Grundmodell der Balanced Scorecard beziehen sich diese Ziele und Kennzahlen auf vier Aspekte. Diese sind die Perspektiven Finanzen, Kunden, interne Prozesse sowie Lernen und Entwicklung[406]. Das Grundmodell ist in nachfolgender Abbildung wiedergegeben (Abb. 33):

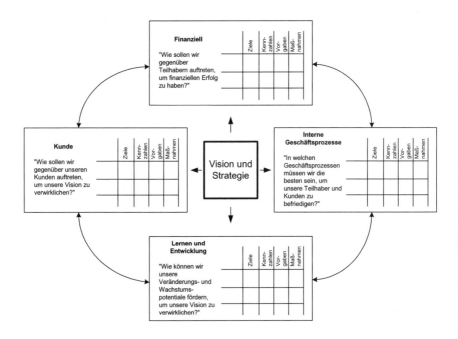

Abbildung 33: Das Grundmodell der Balanced Scorecard[407]

---

[405] Vgl. *Kaufmann* 1997, S. 423 f.

[406] Vgl. *Kaplan/Norton* 1997, S. 8.

[407] Vgl. *Kaplan/Norton* 1997, S. 9.

Die Balanced Scorecard ist mehr als ein taktisches oder operatives Messsystem. Sie wird als *strategisches Managementsystem* gesehen, mit dessen Hilfe das Erreichen von strategischen Vorhaben langfristig verfolgt werden kann. Durch die Vorgaben der Balanced Scorecard werden kritische Managementprozesse begleitet. Nach *Kaplan/Norton* gehören dazu insbesondere die folgenden Prozesse:

- *„Klärung und Herunterbrechen von Vision und Strategie,*
- *Kommunikation und Verknüpfung von strategischen Zielen und Maßnahmen,*
- *Planung, Festlegung von Zielen und Abstimmung strategischer Initiativen,*
- *Verbesserung von strategischem Feedback und Lernen"*[408].

Der Zweck der Balanced Scorecard als strategischer Handlungsrahmen lässt sich wie folgt visualisieren (Abb. 34):

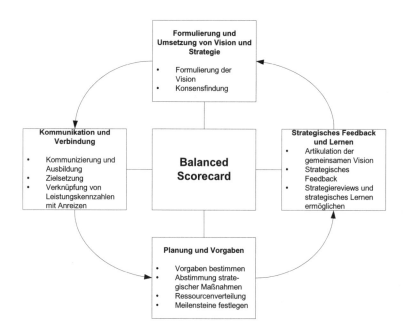

Abbildung 34: Balanced Scorecard als strategischer Handlungsrahmen[409]

---

[408] Vgl. *Kaplan/Norton* 1997, S. 11.

8.2.1 Managementprozess zum Erstellen einer Balanced Scorecard

Das Erstellen einer Scorecard ist im ersten Schritt Aufgabe des *Topmanangements*. In Teamsitzungen werden Strategien für das Unternehmen oder auf Ebene strategischer Geschäftseinheiten formuliert und in Ziele übersetzt. Üblicherweise beginnt der Planungsprozess mit dem Festlegen der finanziellen Ziele und der Kundenziele sowie deren Kennzahlen. Auf Grundlage dieser getroffenen Festlegungen werden Ziele und Kennzahlen für die interne Prozessebene identifiziert. Hierin liegt ein wesentliches Novum des Balanced Scorecard-Ansatzes, da bei traditionellen Performance Measurement-Systemen klassisch die Verbesserung von Kosten, Qualität und Durchlaufzeiten bestehender Prozesse im Vordergrund steht. Beim Balanced Scorecard-Ansatz werden dagegen die Prozesse identifiziert, die für die formulierten Ziele und damit auch für einen hohen Strategieziel-Erreichungsgrad für Kunden und Teilhaber wegen ihres erfolgskritischen Charakters von hoher Bedeutung sind. Damit einher geht unter Umständen die Erkenntnis, dass eine Verlagerung der Konzentration auf andere Prozesse die Folge sein muss. Zuletzt werden die Lern- und Wachstumsziele formuliert. Hier wird aufgedeckt, welche Investitionen im Bereich der Personalweiterbildung, Informationstechnologie oder auch in den Organisationsabläufen stattfinden müssen, damit die formulierten Ziele und in der Summe die gesamte Strategie erfolgreich umgesetzt werden[410].

Der zweite bedeutsame Schritt beim Erstellen einer Balanced Scorecard besteht in der Kommunikation der strategischen Zielsetzungen. Üblicherweise nutzt man für diesen Zweck die vorhandenen Kommunikationswege in Form von Firmenzeitschriften, Mailings, Aushängen etc. Hier steht im Fokus, dass die Strategie und die damit in Verbindung stehenden Ziele jeden Mitarbeiter erreichen sollen. Ebenfalls von Bedeutung ist, dass festgelegte Maßnahmen so kommuniziert werden, dass ihr Zusammenhang mit den Zielen und der gewählten Strategie sich jedem Mitarbeiter der Organisation erschließt[411].

Im Allgemeinen schreibt man der Balanced Scorecard die größte Wirkung zu, wenn sie das Potential hat, Veränderungen in der gesamten Organisation des Unternehmens herbeizuführen. Aus diesem Grund sollten sowohl die formulierten Zielsetzungen als auch die Strategie mittel- bis langfristig – also für den Zeitraum von drei bis fünf Jahren – formuliert sein und in ihrer Ausprägung ein außerordentlich hohes Leistungsziel beschreiben. Nur über hohe Zielsetzungen wird die Bereitschaft erreicht, über das gesamte Unternehmen nachzudenken und alle Bereiche in den Gestaltungsprozess einzubeziehen. Der Weg der Zielerreichung sollte mit den Methoden des *'Benchmarking'* begleitet werden. Alle Ziele und Maßnahmen dürfen nicht isoliert erscheinen. Aus diesem Grund kommt eine hohe Bedeutung der Verknüpfung aller getroffenen Maßnahmen zu, so dass für die Organisationsmitglieder Ursache-Wirkungsbeziehungen transparent werden[412]. Eine Verknüpfung der strategischen Planung mit der Budgetplanung ist unbedingt sinnvoll, da auf diese Weise mittel-

---

[409] Vgl. *Kaplan/Norton* 1997, S. 10.

[410] Vgl. *Kaplan/Norton* 1997, S. 11.

[411] Vgl. *Kaplan/Norton* 1997, s. 11 f.

[412] Vgl. dazu auch *Steinle/Thiem/Lange* 2001, S. 29.

bzw. langfristige Ziele in der operativen Jahresplanung über erwartete Leistungen und verursachte Kosten verankert werden. Der Jahresplanung kommt somit auch die Aufgabe der Meilensteinkontrolle und Standortbestimmung auf dem Weg zur Erreichung der gewählten strategischen Ziele zu[413].

Der letzte und zugleich bedeutsamste Schritt im Managementprozess ist das Einbinden der Scorecard in den *strategischen Lernprozess* der Organisation. Nach *Kaplan/Norton* handelt es sich hier um die Etablierung einer lernenden Organisation auf Managementebene. Das klassische Berichtswesen der Unternehmen erlaubt Rückmeldungen über das Erreichen monetärer Zielsetzungen auf Monats- oder Quartalsebene. Die Reviews der Balanced Scorecard geben darüber hinaus Informationen über den Zielereichungsgrad von Zielen, die in Verbindung mit den Kunden, interner Prozesse, Innovationen, Mitarbeiter etc. stehen. Sie zeigen Vergangenes aber auch gleichzeitig Lernpotentiale auf. Die Diskussionen, die auf Grund dieser Reviews im Management ausgelöst werden, zwingen zur Auseinandersetzung mit der Fragestellung, ob die aktuellen Zukunftserwartungen noch das Strategieziel als realistisch erscheinen lassen. Bei der Diskussion erweisen sich die Kennzahlen als außerordentlich hilfreich, da sie komplexe Sachverhalte in komprimierter Form wiedergeben. Abweichungen von den Zielvorstellungen erlauben Rückschlüsse auf mögliche Ursachen, da von vornherein Ursache-Wirkungsketten formuliert wurden. Die Balanced Scorecard fördert ein Denken in dynamischen Systemen unter Einbezug von Mitarbeitern aus unterschiedlichen Unternehmensbereichen[414].

Zusammenfassend lässt sich der Managementprozess wie folgt darstellen:

- *„Klärung und Konsensbildung in Bezug auf die Strategie,*
- *Kommunizierung der Strategie im gesamten Unternehmen,*
- *Anpassung von abteilungsspezifischen und persönlichen Zielen an die Strategie,*
- *Verknüpfung der strategischen Ziele mit langfristigen Zielen und Jahresbudgets,*
- *Identifizierung und Verknüpfung von strategischen Initiativen,*
- *Durchführung von periodischen und systematischen Strategie-Reviews und*
- *Feedback und Lernen über die Verbesserungsmöglichkeiten der Strategie"[415].*

---

[413] Vgl. *Kaplan/Norton* 1997, S. 13 f.

[414] Vgl. *Kaplan/Norton* 1997, S. 15 ff.

[415] Vgl. *Kaplan/Norton* 1997, S. 18 f.

8.2.2 Die Perspektiven der Balanced Scorecard und bedeutende konzeptionelle Grundlagen

Das von *Kaplan/Norton* formulierte Grundmodell der Balanced Scorecard mit vier Perspektiven hat sich in vielen Unternehmen als nützlich und stabil erwiesen. Dennoch geben die Autoren deutlich zu erkennen, dass die Scorecard *„als Schablone und nicht als Zwangsjacke gedacht ist"*. Es wäre unzutreffend, zu behaupten, dass vier Perspektiven für jedes Unternehmen geeignet und ausreichend sind. Im Verlauf ihrer Arbeit mit der Balanced Scorecard hat es Unternehmen gegeben, die mit mehr oder auch weniger Sichtweisen in der Lage waren, ihre Strategien abzubilden. Den Autoren ist es jedoch von großer Bedeutung, zu betonen, dass gewählte Kennzahlen nicht isoliert dastehen dürfen, sondern dass sie immer in die Kette der kausalen Zusammenhänge zu integrieren sind[416].

Über die Anzahl der zu verwendenden Kennzahlen äußern sich die Autoren ebenfalls. Aus empirischen Erfahrungen heraus beschreiben sie, dass die meisten Unternehmen zwischen vier und sieben Kennzahlen verwenden, um ihre festgelegte Strategie zu beschreiben. Auf die vier Grundsichtweisen bezogen bedeutet das, dass Scorecards bis zu ca. 25 Kennzahlen enthalten. Wichtiger als die Anzahl der Kennzahlen ist *Kaplan/Norton* jedoch die von ihnen wiederholt getroffene Feststellung, dass diese Kennzahlen durch *Ursache-Wirkungsbeziehungen* miteinander verknüpft sein sollen und dadurch in der Lage sind, die Strategie eines Geschäftsbereichs oder eines Unternehmens abzubilden[417].

Ein Beispiel für eine Ursache-Wirkungskette über alle Grundperspektiven, gibt die nachfolgende Grafik wieder (Abb. 35).

Auch die Art der verwendeten Kennzahlen ist von Bedeutung. In Scorecards werden traditionelle Kennzahlen verwendet, die in der Regel zentrale Ergebniszahlen sind. Normalerweise handelt es sich bei diesen Ergebniszahlen um sogenannte *Spätindikatoren* wie z. B. Rentabilität, Marktanteil, Kundenzufriedenheit, Kundenloyalität etc. Von ihrem Fokus her sind sie vergangenheitsorientiert, das heißt, sie beschreiben Auswirkungen von in der Vergangenheit gewählten und umgesetzten Maßnahmen. Ihnen ist zu Eigen, dass sie für mehrere Strategien – auch für mehrere Geschäftsbereiche gleichermaßen – zum Beschreiben und Dokumentieren von Ergebnissen herangezogen werden können. Spezifischer sind dagegen die sogenannten *Leistungstreiber* oder *Frühindikatoren*. In ihnen kommen die Besonderheiten der gewählten Strategie zum Ausdruck. Aus diesen Kennzahlen ist frühzeitig ablesbar, ob das Unternehmen noch auf dem richtigen Weg zum Erreichen des Strategieziels ist. Leistungstreiber vermitteln, wie die geplanten Ergebnisse erreicht werden sollen.

---

[416] Vgl. *Kaplan/Norton* 1997, S. 33 f.

[417] Vgl. *Kaplan/Norton* 1997, S. 156 f.

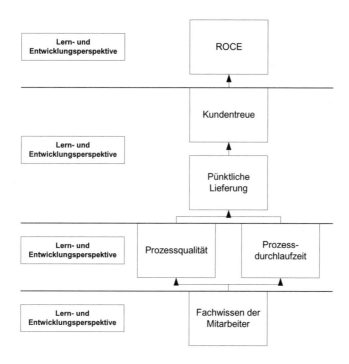

Abbildung 35: Ursache-Wirkungsketten in der Balanced Scorecard[418]

Eine gute, im Sinne von ausgewogene, Balanced Scorecard enthält eine Mischung aus beiden Kennzahlenarten. Verschöbe sich die Betrachtung zu sehr auf Leistungstreiber, dann könnten kurzfristige operative Verbesserungen zu dem Schluss verleiten, dass das Unternehmen auf einem guten Weg wäre, auch wenn dies nicht langfristig zuträfe. Enthielte sie zu viele Ergebnisgrößen, dann erhielte man zu wenige Informationen über die erfolgreiche Umsetzung der Strategie[419].

Zum besseren Verständnis des dargestellten Zusammenhangs soll nachstehende Grafik dienen: In dem hier dargestellten Beispiel lautet die Zielsetzung eines Unternehmens, die ‚Entwicklung verkaufsfördernder Fähigkeiten' als strategische Teilmenge der Steigerung der Mitarbeiterproduktivität anzustreben. In der Abbildung 36 werden die dazugehörigen Maßnahmen sowie die Früh- und Spätindikatoren dargestellt.

---

[418] Vgl. *Kaplan/Norton* 1997, S. 29.

[419] Vgl. *Kaplan/Norton* 1997, S. 144.

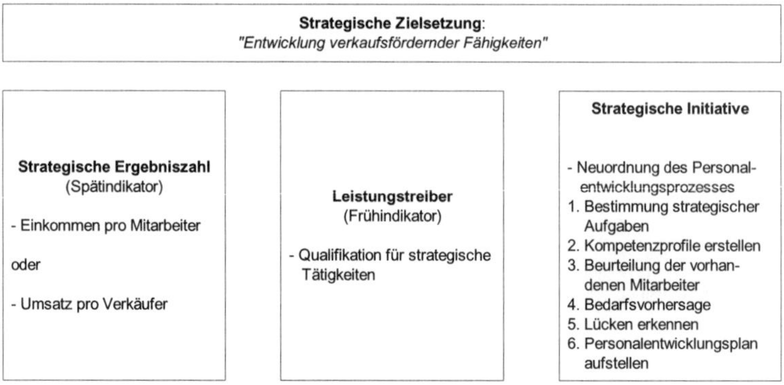

Strategische Zielsetzung:
"Entwicklung verkaufsfördernder Fähigkeiten"

Strategische Initiative

Strategische Ergebniszahl (Spätindikator)	**Leistungstreiber** (Frühindikator)	- Neuordnung des Personal-entwicklungsprozesses
- Einkommen pro Mitarbeiter		1. Bestimmung strategischer Aufgaben
oder	- Qualifikation für strategische Tätigkeiten	2. Kompetenzprofile erstellen
		3. Beurteilung der vorhan-denen Mitarbeiter
- Umsatz pro Verkäufer		4. Bedarfsvorhersage
		5. Lücken erkennen
		6. Personalentwicklungsplan aufstellen

Abbildung 36: Steigerung der Mitarbeiterproduktivität[420]

Zum besseren Verständnis der Philosophie der Balanced Scorecard werden in den nachfolgenden Kapiteln die vier klassischen Perspektiven dieses Modells näher beschrieben.

8.2.2.1 Die finanzwirtschaftliche Perspektive

Die Frage nach der Überlebensfähigkeit von Unternehmen führt unmittelbar zur Perspektive der finanziellen Kennzahlen und unterstreicht deren Bedeutung. Ein Unternehmen wird nur in der Lage sein, sich im Markt zu behaupten und damit zu überleben, wenn auf Dauer Rentabilität erzielt wird. Des Weiteren muss es dem Unternehmen zu jedem Zeitpunkt – auch kurzfristig – möglich sein, Verbindlichkeiten zu begleichen. Letzterer Aspekt zielt auf die Frage der Liquidität ab.

Aus dieser Vorbemerkung heraus ist zu verstehen, dass der finanzwirtschaftlichen Perspektive die zentrale Bedeutung in der Balanced Scorecard zukommt, da sich darin das langfristige Unternehmensziel – nämlich eine Verzinsung des eingesetzten Kapitals zu erzielen – ausdrückt[421].

Damit kommt finanzwirtschaftlichen Zielen eine *Doppelrolle* zu. Sie legen zum einen fest, welche finanzielle Leistung von der Strategie erwartet wird, zum anderen formulieren sie die Endziele, die für alle Vorgaben und Kennzahlen, die in den anderen Scorcard-Perspektiven formuliert sind, gültig sind[422].

---

[420] Vgl. *Kaplan/Norton* 1997, S. 149.

[421] Vgl. *Kaplan/Norton* 1997, s. 60.

[422] Vgl. *Kaplan/Norton* 1997, S. 46.

Finanzwirtschaftliche Ziele müssen sich an den Stufen des *Lebenszyklus* der strategischen Geschäftseinheit orientieren. Aus diesem Grund sehen die Autoren es als unrealistisch an, eine Finanzkennzahl für das gesamte Unternehmen und damit für alle strategischen Geschäftseinheiten zu formulieren. Je nach Phase des Zyklus stehen unterschiedliche Strategien zur Verfügung, die vom aggressiven Wachstum des Marktanteils über Konsolidierung bis hin zum Rückzug aus dem Markt oder Liquidation der Geschäftseinheit reicht. *Kaplan/Norton* verweisen auf ein vereinfachtes Lebenszyklusmodell, das einer strategischen Geschäftseinheit die Phasen *Wachstum, Reife* oder *Ernte* zuordnet[423]. Wegen der besonderen Bedeutung des Lebenszyklusmodells zum Verständnis der Ausführungen von *Kaplan/Norton* über das Modell der Balanced Scorecard erfolgt eine ausführliche Darstellung im folgenden Kapitel.

Befindet sich eine strategische Geschäftseinheit in der *Anfangsphase* des Lebenszyklusmodels, dann wird die strategische Ausrichtung sich auf das Wachstum beziehen. Zur strategischen Orientierung in dieser Phase zählen unter anderem:

- Entwicklung und Förderung neuer Produkte und Dienstleistungen,

- Aufbau und Ausweitung von Produktionsstätten,

- Gestaltung von Prozessen,

- Investitionen in Systeme, Infrastruktur und globale Vertriebsnetze,

- Kunden,

- etc.

Für solche strategischen Geschäftseinheiten ist charakteristisch, dass sie als Ergebnis zunächst einmal einen niedrigen oder auch negativen Cash Flow haben und die generierte Eigenkapitalrendite gering ist. Aus diesem Grund wird das finanzwirtschaftliche Gesamtziel Größen enthalten, die z. B. ein prozentuales Ergebniswachstum oder Umsatzwachstum in den erkannten Zielmärkten, Kundenkreisen bzw. Regionen beschreiben[424].

Befindet sich eine strategische Geschäftseinheit in der *Reifephase*, so wird in der Zielsetzung verankert sein, den Marktanteil zu halten oder auszubauen. Auch für solche Unternehmen sind Investitionen noch von Bedeutung, sofern sie eine hohe Kapitalrendite versprechen. Investitionen werden in der Reifephase jedoch mit der Intention getätigt, Engpässe auszugleichen, eine Ausweitung der Kapazität vorzunehmen oder eine kontinuierliche Verbesserung zu erzielen.

Das strategische Ziel bezieht sich im Regelfall auf die Rentabilität. Kennzahlen wie das erzielte Betriebsergebnis oder der Deckungsbeitrag haben hier eine entscheidende Bedeutung, denn es geht um die Maximierung des Zinses für das im Unternehmen eingesetzte Kapital[425].

---

[423] Vgl. dazu Kapitel 8.2.2.2.

[424] Vgl. *Kaplan/Norton* 1997, S. 47.

[425] Vgl. *Kaplan/Norton* 1997, S. 47 f.

Befindet sich eine strategische Geschäftseinheit in der *Erntephase*, dann wird die Intention sein, die geschaffenen Potentiale zu nutzen, aber keine neuen mehr zu entwickeln. Das verfolgte Hauptziel besteht in der Maximierung des Cash Flow-Rückflusses. Sofern Investitionen noch eine Relevanz besitzen, müssen sie über eine kurze Amortisationsdauer verfügen. Als gesamtwirtschaftliches Ziel sollte im Weiteren verfolgt werden, das für den Geschäftsgegenstand benötigte Nettoumlaufvermögen zu senken, um dadurch die Kapitalrendite zu erhöhen[426].

Da eine strategische Geschäftseinheit über Jahre hinweg den Entwicklungsprozess über Wachstum hin zur Reife, Ernte und auch Marktaustritt durchläuft, ist die Festlegung eines Finanzziels nicht statisch. Aus diesem Grund ist es notwendig, die finanziellen Ziele periodisch zu hinterfragen und gegebenenfalls neu festzulegen[427].

Kaplan/Norton beziehen im Weiteren die Gedanken des Risikomanagements in ihr Modell mit ein, da nach ihrer Auffassung ein effektives Finanzmanagement sowohl die Gewinn- als auch die Risikogrößen berücksichtigen soll. Auch hier steht der Begriff der Balance im Mittelpunkt, der eine einseitige Betrachtung von Rentabilität und Cash Flow ausschließt. Aus diesem Grund ist es ratsam, in die finanzwirtschaftlichen Zielsetzungen eine Risikodimension mit einzubeziehen, und zwar im Sinne einer Restriktion der gewählten Gewinnziele oder als ein zusätzliches Ziel[428].

Bezogen auf die drei Geschäftsstrategien Wachstum, Reife und Ernte sind es somit unterschiedliche Faktoren, denen im relevanten Strategiefeld eine treibende Kraft zugeordnet wird[429]. Die nachfolgende Grafik fasst die Zusammenhänge noch einmal zusammen (Abb. 37):

---

[426] Vgl. *Kaplan/Norton* 1997, S. 48.

[427] Vgl. *Kaplan/Norton* 1997, S. 49.

[428] Vgl. *Kaplan/Norton* 1997, S. 49 und S. 59.

[429] Zu ausführlichen Beispielen geeigneter Kennzahlen in Abhängigkeit der gewählten Unternehmensstrategie vgl. *Kaplan/Norton* 1997, S. 150 ff und S. 176, *Horváth* 2001, S. 267, *Preißner* 2001, S. 188 ff, *Reichmann* 2001, S. 592, *Friedag/Schmidt* 1999, S. 183 ff, *Friedag/Schmidt* 2000, S. 248 ff, *Rödler/Rödler/Müller* 2003, S. 52 ff, *Ehrmann* 2000, S. 104 f und S. 138 ff, *Horváth & Partner* 2001, S. 210 sowie *Greischel* 2003, S. 37 ff.

strategische Themen			
Geschäftseinheitenstrategie	**Wachstum**	Umsatzwachstum pro Segment, Prozent der Erträge aus neuen Produkten, Dienstleistungen und Kunden	Ertrag / Mitarbeiter	Investition (in % des Umsatzes), F&E (in % des Umsatzes)
	Reife	Anteil an Zielkunden, Cross-Selling, Prozentuale Erträge aus neuen Anwendungen, Rentabilität von Kunden und Produktlinie	Kosten des Unternehmens versus Kosten bei der Konkurrenz, Kostensenkungssätze, indirekte Kosten (Verkauf in Prozent)	Kennzahlen für das Working Capital (Cash-to-cash-cycle), ROCE pro Hauptvermögenskategorien, Anlagennutzungsrate
	Ernte	Rentabilität von Kunden und Produktlinie, Prozentzahl der unrentablen Kunden	Einheitskosten (pro Outputeinheit, pro Transaktion)	Amortisation, Durchsatz

Abbildung 37: Messung und Bewertung strategischer finanzwirtschaftlicher Themen[430]

8.2.2.2 Das Lebenszyklusmodell

Das Lebenszyklusmodell ist eine von der Unternehmensberatung *Arthur D. Little* konzipierte Analysemethode zur Bestimmung der Marktposition eines Unternehmens[431]. Einzuordnen ist es aus betriebswirtschaftlicher Sicht unter der Rubrik der Portfolioanalysen und ist damit ein Instrument der strategischen Unternehmensplanung[432].

---

[430] Vgl. *Kaplan/Norton* 1997, S. 50.

[431] Das Lebenszyklusmodell ist eine verbreitete Methode innerhalb der Analyseverfahren zur Bestimmung der Marktposition von Unternehmen, auf das *Kaplan/Norton* in ihren Ausführungen zur Balanced Scorecard explizit Bezug nehmen. Daneben existieren weitere verbreitete Verfahren der Portfolioanalysen wie z. B. das Erfahrungskurvenkonzept mit Marktwachstums- und Marktanteilsportfolio, das von der *Boston Consulting Group* entwickelt wurde, das von *McKinsey* in Zusammenarbeit mit *General Electric* entwickelte Marktattraktivitäts-/Wettbewerbsposition-Portfolio und schließlich das Ressourcen-/Produkt-Portfolio.

[432] Vgl. *Niedereichholz* 1997, S. 98 und *Steinle/Bruch* 2003, S. 333 ff.

Grundlage für die existierenden Lebenszykluskonzepte ist die Annahme, dass das Gesetz des „*Werdens und Vergehens*", so wie es bei natürlichen Organismen der Fall ist, sich auch auf künstliche Gebilde übertragen lässt.

Die ersten Untersuchungen über die getroffene Aussage wurden im Zusammenhang mit Produkten – konkret Markenartikeln – gemacht, deren ‚*Lebensweg*' von der Markteinführung bis zum Marktaustritt in verschiedenen Dimensionen analysiert worden sind. In einem Produkt-Lebenszyklus spiegeln sich Mode-, Geschmacks- und Stilveränderungen sowie psychologische Veralterungen und technischer Fortschritt wider. Man fand heraus, dass die gewonnenen Erkenntnisse problemlos auf Materialien, Farben, Formen und Verarbeitungsweisen übertragen werden konnten. Ebenso konnte die Erkenntnis gewonnen werden, dass Lebenszyklus-Konzepte sich nicht nur bei Konsumgütern, sondern auch bei Investitionsgütern und Dienstleistungen anwenden ließen[433].

Ein Lebenszyklusmodell ist ein zeitbezogenes *Marktreaktionsmodell*, in dem als abhängige Variable eine unternehmensbezogene Erfolgsgröße im zeitlichen Verlauf – die einzige unabhängige Größe ist die Zeit – betrachtet wird. Diese Erfolgsgröße kann Absatz, Umsatz, Deckungsbeitrag, Gewinn, Cash Flow etc. sein. Üblicherweise wird unterstellt, dass die unabhängige Variable in mathematischer Darstellung gegenüber der Zeit einen S-förmigen oder glockenförmigen Verlauf hat.

Der Lebenszyklus wird zur besseren Handhabung in eine Abfolge von deutlich voneinander differenzierten Phasen eingeteilt. Im Falle eines Produkt-Lebenszyklus beginnt der Zyklus mit der *F&E-Phase*, die dem Markteintritt voran geht. Es schließt sich die *Marktphase* an, die je nach Sichtweise der unterschiedlichen Autoren in vier bis sechs Phasen unterteilt wird. Die im Folgenden erörterte Darstellung ist die von *Nieschlag/Dichtl/Hörschgen*, deren Modellbildung an dieser Stelle fünf Phasen vorsieht[434].

Der *Produktentwicklung*, bei der technische und kommerzielle Erprobung stattfindet, was Kosten aber keine Erlöse bedeutet, schließt sich die Phase der Einführung an. Kennzeichnend für diese Phase ist, dass die Umsätze nur gering sind, ebenso wie das Umsatzwachstum. Hierdurch wird die Zone der positiven Deckungsbeiträge erreicht.

Sobald das Produkt genügend Aufmerksamkeit im Markt genießt, was an den Verkaufszahlen ablesbar ist, wird die Gewinnschwelle (Break-Even-Point) erreicht. Dieser Punkt ist der Beginn der *Wachstumsphase*. Ihr Kennzeichen ist, dass auf Grund des hohen Absatzes nunmehr auch ein positiver Cash Flow zu verzeichnen ist.

Sobald der Wendepunkt in der Umsatzkurve erreicht wird, geht das Produkt in die *Reifephase* über. Konkret heißt das, dass immer noch ein Umsatzwachstum zu verzeichnen ist, allerdings mit zunehmend geringeren Wachstumsraten. Zu diesem Zeitpunkt erreichen sowohl Deckungsbeitrag als auch Cash Flow sein Maximum.

---

[433] Vgl. *Nieschlag/Dichtl/Hörschgen* 2002, S. 120 f.

[434] Vgl. *Nieschlag/Dichtl/Hörschgen* 2002, S. 122.

Die nächste Phase markiert die *Sättigungsphase*, in der das Umsatzwachstum zum Stillstand gelangt und danach sogar rückläufig wird. Dieses wiederum hat negative Auswirkungen auf den Deckungsbeitrag, Gewinn und Cash Flow.

Die Sättigungsphase mündet in die *Degenerationsphase*. Für sie ist charakteristisch, dass sowohl Umsatz als auch Deckungsbeitrag signifikant und irreversibel zurückgehen.

Das Lebenszyklusmodell bezieht sich in seiner ursprünglichen Form auf die Betrachtung des Lebensweges von Produkten. In Analogie zu diesem sind Modelle konzipiert worden, die Technologien durch Aggregation auf eine höhere Ebene abbilden. Hier geht es nicht mehr um einzelne Produkte, sondern um ganze Produktgenerationen. Werden mehrere Technologien zusammen betrachtet, dann erweitert sich das Modell zum Markt-Lebenszyklus oder auch Branchen-Lebenszyklus. Bei diesem Denkmuster befinden sich in der Einführungsphase nur wenige Unternehmen auf dem Markt (Pionierunternehmen). Erst in der Wachstumsphase treten weitere Wettbewerber in den Markt ein (Imitatoren), die über hohe Service- und Lieferbereitschaft – durch Ausbau der Kapazitäten – versuchen, Marktanteile zu gewinnen.

In der Reife- bzw. Sättigungs- und auch Degenrationsphase steht das Kostenmanagement der Unternehmen im Mittelpunkt. Zugleich wird man bestrebt sein, den Nachfragern ein günstiges Preis-Leistungsverhältnis anzubieten, um Wettbewerbsvorteile zu erlangen[435].

Wie *Kaplan/Norton* in ihrer Modellbildung herausstellen, impliziert jede Lebenszyklusphase ihre strategische Orientierung. *Hinterhuber* hat die Strategieprämissen je Lebenszyklusphase in einer Übersicht zusammengefasst, die nachfolgend wiedergegeben ist (Tab. 6):

Kriterien	Einführungs-phase	Wachstums-phase	Reife- bzw. Sättigungsphase	Degenerationsphase
Wachstums-phase	Steigende Wachs-tumsrate	Hohe steigende Wachstumsrate	Höchste Wachstumsrate = Wendepunkt der Entwicklung	Stagnation oder negative Wachstumsrate

---

[435] Vgl. *Nieschlag/Dichtl/Hörschgen* 2002, S. 123 f.

Marktpoten-tial	Nicht über-schaubar; Er-füllung eines kleinen Teils der potentiel-len Nachfrage	Unsichere Be-stimmung durch Preissenkungen (Nutzung der Erfahrungseffek-te)	Überschaubar-keit des Markt-potentials	Begrenztes Marktpotential, häufig nur Er-satzbedarf
Marktanteile	Entwicklung der Marktan-teile nicht ab-schätzbar	Konzentration der Marktanteile auf wenige An-bieter	Konzentration der Marktanteile auf wenige An-bieter	Verstärkung der Konzentra-tion, da schwa-che Konkurren-ten ausschei-den (Erfah-rungseffekte)
Sortiment	Spezialisier-tes, flexibles Produkt- und Dienstleis-tungs-spektrum	Intensivierung des Wettbe-werbs – Erwei-terung des Pro-dukt- und Dienstleistungs-angebots	Sortimentsberei-nigung	Weiterer Abbau des Produkt-spektrums, Segmentierung des Marktes
Anzahl der Wettbewer-ber	Gering	Höchstwert der Anzahl an Wett-bewerbern	Kristallisierung des Wettbe-werbs, da Kon-kurrenten ohne Produkt- und Kostenvorteile ausscheiden	Weitere Verrin-gerung der An-zahl der Wett-bewerber

Stabilität der Marktanteile	Starke Schwankungen der Marktanteile – hohe Instabilität	Konsolidierung der Marktanteile auf Grund von Erfahrungseffekten	Änderung in den Marktanteilen nur auf Grund außergewöhnlicher Ereignisse	Änderungen in den Marktanteilen nur auf Grund außergewöhnlicher Ereignisse
Stabilität der Abnehmerkreise	Keine Bedingungen an Anbieter	Gewisse Kundentreue, häufig unter Beibehaltung alternativer Bezugsquellen	Festgelegte Einkaufspolitik der Abnehmer	Stabiler Abnehmerkreis, sinkende Anbieterzahl, wenig alternative Bezugsquellen
Eintrittsbarrieren	Im Allgemeinen keine Eintrittsbarrieren, wenn kein dominierender Wettbewerber den Markt beherrscht. Eintritt hängt von Kapitalkraft, technischem Know-how und Risikobereitschaft ab.	Schwieriger Marktzugang, wenn führende Unternehmen das Kostensenkungspotential der Erfahrungskurve ausschöpfen. In der Regel erfolgt Eintritt nur durch Schaffung von Marktnischen.	Zunehmende Markteintrittsprobleme, da wachsende „Erfahrung" der stärksten Konkurrenten. Wegen geringem Wachstum sind den bestehenden Konkurrenten Marktanteile abzuwerben.	Im Allgemeinen keine Veranlassung, in einen stagnierenden Markt einzudringen.

Technologie	Technische Innovationen als Voraussetzung für Erschließung neuer Märkte	Produkt- und Verfahrensverbesserungen	Verfahrensverfeinerung, da Marktanforderungen bekannt sind. Rationalisierung der Produktions- und Distributionsprozesse	Bekannte, verbreitete und stagnierende Technologie
Wettbewerbssituation	Monopol	Oligopol	Oligopol, Polypol	Oligopol

Tabelle 6: Situationsbedingungen in den einzelnen Phasen des Markt-Lebenszyklus[436]

8.2.2.3 Die Kundenperspektive

Im Vorfeld des Entwickelns von strategischen Zielen der Kundenperspektive erfolgt die *Identifikation der Kunden- und Marktsegmente*, in denen die strategische Geschäftseinheit in Zukunft tätig sein will. Der Versuch, es dabei jedem recht machen zu wollen, würde letztendlich in der Erkenntnis münden, dass niemand mehr zufrieden gestellt werden kann. Es müssen demnach Prioritäten gesetzt und Entscheidungen für einzelne Zielgruppen und Märkte getroffen werden. Die hier identifizierten Segmente sind gleichermaßen die Quellen zur Erfüllung der finanziellen Ziele.

Bei der Festlegung der Ziele geht es in erster Linie darum, sich durch ein definiertes *Wertangebot* von den Mitwettbewerbern zu unterscheiden. Sollen langfristig gute finanzwirtschaftliche Leistungen erbracht werden, dann wird der Weg dorthin über für Kunden Nutzen stiftende Produkte und Dienstleistungen gehen[437].

Sind die Zielsegmente für ein Unternehmen bzw. eine strategische Geschäftseinheit festgelegt, dann können Ziele und Kennzahlen für das Segment definiert werden.

Empirisch nachweisbar unterteilen Unternehmen, die mit der Balanced Scorecard arbeiten, die Kennzahlen im Bereich der Kundenperspektive in zwei Gruppen. Die

---

[436] Vgl. *Hinterhuber* 1992, S. 284 f.

[437] Vgl. *Kaplan/Norton* 1997, S. 62 f.

erste Gruppe wird durch die *Grundkennzahlen* gebildet, die in den Unternehmen nahezu identisch sind. Dabei handelt es sich um Kennzahlen wie Kundenzufriedenheit, Marktanteil etc. *Kaplan/Norton* nennen diese Kennzahlen in der Gesamtheit ‚*Kernkennzahlengruppe*'.

Die zweite Gruppe der Kennzahlen wird von den *Leistungstreibern* – hier auch *Differenziatoren* genannt – gebildet. Diese Kennzahlen verdeutlichen das Wertangebot von Unternehmen an Kunden, damit ein hoher Grad an Zufriedenheit, Treue, Akquisition und letztendlich auch Marktanteil erreicht werden kann[438].

Die Gruppe der Kernkennzahlen, die als identisch für alle Organisationen beschrieben werden, wird durch die folgenden Größen gebildet:

- Marktanteil,
- Kundentreue,
- Kundenakquisition,
- Kundenzufriedenheit und
- Kundenrentabilität.

Auch wenn diese Kennzahlen für alle Organisationen gleich sein sollen, so erhalten sie durch unterschiedliche Betonungen, die von der Lebenszyklusphase der Geschäftseinheit abhängen, ihre individuelle Prägung[439].

Zwischen den Kennzahlen besteht eine Kausalität, die in Abbildung 38 wiedergegeben ist.

Nach *Kaplan/Norton* setzt sich das Wertangebot, das Unternehmen an ihre Kunden machen aus drei Kategorien zusammen:

- Produkt- / Service-Eigenschaften,
- Kundenbeziehungen,
- Image und Reputation.

Die inhaltliche Ausgestaltung variiert von Branche zu Branche, jedoch lassen sich die von den Unternehmen gewählten Lösungen in die genannten Kategorien einordnen[440].

---

[438] Vgl. *Kaplan/Norton* 1997, S. 65.

[439] Zu ausführlichen Beispielen geeigneter Kennzahlen in Abhängigkeit der gewählten Unternehmensstrategie vgl. *Kaplan/Norton* 1997, S. 150 ff und S. 176, *Horváth* 2001, S. 267, *Preißner* 2001, S. 188 ff, *Reichmann* 2001, S. 588, *Friedag/Schmidt* 1999, S. 113 ff, *Friedag/Schmidt* 2000, S. 212 ff, *Rödler/Rödler/Müller* 2003, S. 52 ff, *Ehrmann* 2000, S. 104 f und S. 138 ff, *Horváth & Partner* 2001, S. 211 sowie *Greischel* 2003, S. 37 ff.

[440] Vgl. *Kaplan/Norton* 1997, S. 71.

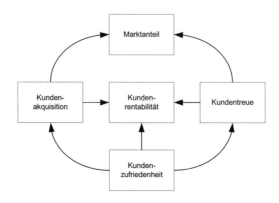

Marktanteil	Drückt den Umfang eines Geschäftes in einem gegebenen Markt aus (als Anzahl der Kunden, ausgegebene Beträge oder verkaufte Einheiten.)
Kunden-akquisition	Misst das Ausmaß, zu dem eine Geschäftseinheit neue Kunden anlockt oder gewinnt (in absoluten oder relativen Zahlen)
Kundentreue	Misst das Ausmaß, zu dem eine Geschäftseinheit dauerhafte Beziehungen zu seinen Kunden erhält oder gewinnt.
Kunden-zufriedenheit	Untersucht den Zufriedenheitsgrad seiner Kunden anhand spezifischer Leistungskriterien innerhalb der Wertvorgaben.
Kunden-rentabilität	Misst den Nettogewinn eines Kunden oder eines Segments unter Berücksichtigung der für diesen Kunden entstandenen einmaligen Ausgaben.

Abbildung 38: Kernkennzahlen der Kundenperspektive[441]

In der Kategorie der Produkt- und Serviceeigenschaften wird das Angebot der Unternehmen mit Hilfe der Faktoren Funktionalität, Qualität, Preis und Zeit formuliert. In der Kategorie der Kundenbeziehungen werden die Faktoren durch Kompetenzen, Service, Erreichbarkeit, Reaktionsgeschwindigkeit, Kauferfahrungen etc. gebildet (Abb. 39). Auch dem Image kommt eine besondere Bedeutung zu. Bei gleichartigen Produkten dient z. B. das Image, ein zuverlässiger Lieferant zu sein, als Differenzie-

---

[441] Vgl. *Kaplan/Norton* 1997, S. 66.

rungskriterium zu den Angeboten der Unternehmen, mit denen man im Wettbewerb steht[442].

Abbildung 39: Allgemeines Modell des Wertangebots an Kunden[443]

8.2.2.4 Die interne Prozessperspektive

Aufbauend auf den Zielen der Anteilseigner und der Kunden ist es bei der dritten Perspektive die Aufgabe des Managements, die internen Prozesse zu identifizieren, die zum Erreichen dieser Ziele als kritisch einzustufen sind. *Kaplan/Norton* postulieren in deutlicher Weise, dass, nach ihrer Auffassung, die Erstellung einer Balanced Scorecard einem stringenten Ablauf mit *top-down-Orientierung* zu folgen hat. Die Logik liegt darin begründet, dass exzellente Kunden- und Finanzleistungen ihre Kausalität in Maßnahmen der Organisation – also auch in optimierten Prozessen – haben.

Damit wird deutlich, worin nach *Kaplan/Norton* der Unterschied zu vielen anderen Modellen des Performance Measurement liegt. Diese Modelle konzentrieren sich zumeist auf bestehende Prozesse und versuchen, in Verantwortungsbereichen und Abteilungen Prozessexzellenz zu erreichen. Der Balanced Scorecard-Ansatz dagegen empfiehlt dem Management, eine umfassende Wertschöpfungskette der internen Prozesse zu definieren:

Bei jedem Geschäft wird eine Reihe von Prozessen ausgeführt, die zur Wertschöpfung für den Kunden und zum Erzielen von finanziellen Ergebnissen für Unternehmen dienen. *Kaplan/Norton* stellen heraus, dass es ein Wertkettenmodell gibt, das als Schablone für die Prozessgestaltung Anwendung finden kann. Wie bereits erwähnt, beinhaltet das Modell die drei hoch aggregierten Hauptgeschäftsprozesse Innovation, betriebliche Prozesse und Kundendienst.

Intention des *Innovationsprozesses* ist, dass das Unternehmen die vorhandenen Wünsche der Kunden erforscht und anhand der gewonnenen Erkenntnisse Produkte

---

[442] Vgl. *Kaplan/Norton* 1997, S. 71 ff.

[443] Auszugsweise aus *Kaplan/Norton* 1997, S. 72.

und Dienstleistungen konzipiert, die in der Lage sind, die erkannten Wünsche zu befriedigen. Diese grundsätzliche Vorgehensweise gilt ebenso auch für alle anderen identifizierten Prozessstufen[444].

Im *Betriebsprozess* werden diese Produkte oder Dienstleistungen erstellt bzw. erbracht und dem Kunden zugänglich gemacht. Traditionelle Performance-Measurement-Modelle, wie z. B. Qualitätsmanagementprogramme, legen auf diese Prozessstufe ihren Schwerpunkt.

In der dritten Prozessstufe, dem *Service- oder Kundendienstprozess*, werden Leistungen für Kunden erbracht, die nach dem Kauf eines Produktes oder einer Dienstleistung von Bedeutung sind. Hier handelt es sich bspw. um After-Sales-Aktivitäten, Schulungen, Wartung, Reparatur etc.

Das allgemeine Wertkettenmodell von *Kaplan/Norton* ist nachfolgend grafisch wiedergegeben (Abb. 40):

Abbildung 40: Generisches Wertkettenmodell der internen Prozessperspektive[445]

Die Dauer der drei Prozessstufen ist durchaus unterschiedlich. Dem Innovationsprozess wird eine lange Dauer innerhalb der Wertschöpfung zugeschrieben, da hier die Identifikation von Märkten, Kunden sowie aufkommenden Wünschen stattfindet. Diese Teilprozesse werden durch die Konstruktion und Entwicklung fortgesetzt, so dass Produkte und Dienstleistungen zur Verfügung stehen, die das Potential besitzen, Kundenwünsche zu befriedigen[446]. Der sich anschließende Betriebsprozess, der im Verkauf der Produkte und Dienstleistungen besteht, ist dagegen vergleichsweise kurz in der Wertschöpfungskette. Er beginnt mit der vom Kunden ausgelösten Bestellung und endet mit dem Erbringen der Dienstleistung oder der Auslieferung des Produktes. Durch die repetitiv ablaufenden Prozessschritte ist dieser Hauptprozess vergleichsweise einfach zu optimieren und standardisieren. Die Autoren weisen jedoch zu Recht auf die damit in Verbindung stehenden Gefahren hin, die sich in *dysfunktionalen Aktivitäten* äußern können. Darunter versteht man die Optimierung eines Krite-

---

[444] Vgl. *Kaplan/Norton* 1997, S. 89 f.

[445] Vgl. *Kaplan/Norton* 1997, S. 93.

[446] Vgl. *Kaplan/Norton* 1997, S. 94.

riums zu Lasten eines anderen. So kann z. B. das Kriterium ‚Arbeitszeit und Maschinenlaufzeiten' optimiert werden mit dem Ergebnis, dass sich Lagerbestände aufbauen. Zur Messung der Prozessexzellenz sind gerade in den letzten Jahren eine Reihe von Modellen entwickelt worden, die Messgrößen für Qualität, Zykluszeit, Kosten des Betriebsprozesses etc. enthalten[447].

Den letzten Abschnitt der Wertschöpfungskette bildet der Kundendienst. Er umfasst Garantie- und Wartungsarbeiten, die Bearbeitung von beim Kunden erkannten Fehlern in Produkten und auch der Rechnungs- und Zahlungsprozess. Ähnliche Kennzahlen wie in der internen Prozessperspektive können hier zum Einsatz kommen[448], denn der Betrachtung von Zeit, Kosten und Qualität ist auch in dieser Stufe eine hohe Bedeutung zuzumessen[449].

8.2.2.5 Performance Measurement

Der Begriff des *Performance Measurement* taucht in der englischsprachigen Management- und Controllingliteratur etwa seit Mitte der achtziger Jahre auf[450] und beschreibt im Allgemeinen die Weiterentwicklungen kennzahlengestützter Instrumente der Unternehmensplanung und -steuerung[451], die sich nicht nur auf finanziell beherrschte Informationsinhalte fokussieren.[452]

Mittlerweile existiert ein Fülle von betriebswirtschaftlichen Veröffentlichungen, die dazu geführt haben, dass eine ebenso große Fülle an Definitionen verfügbar ist[453]. Die Differenzen beruhen auf der unterschiedlichen Auslegung des Begriffs der Performance. Häufig wird Performance mit dem Begriff der *Leistung* übersetzt, dessen Bedeutung allein in der Betriebswirtschaftslehre mehrere Dimensionen hat. So unterscheidet z. B. das Rechnungswesen zwischen dem wertmäßigen und mengenmäßigen Leistungsbegriff. Daneben existieren weitere Facetten des Leistungsbegriffs[454]. *Hoffmann* definiert Leistung als den bewerteten Beitrag zum Erreichen der Ziele einer Organisation, wobei der Beitrag sowohl von Individuen und Gruppen der Organisation selber, als auch von externen Gruppen erbracht werden kann[455].

---

[447] Vgl. *Kaplan/Norton* 1997, S. 100 f.

[448] Zu ausführlichen Beispielen geeigneter Kennzahlen in Abhängigkeit der gewählten Unternehmensstrategie vgl. *Kaplan/Norton* 1997, S. 150 ff und S. 176, *Horváth* 2001, S. 267, *Preißner* 2001, S. 188 ff, *Reichmann* 2001, S. 592, *Friedag/Schmidt* 1999, S. 135 ff, *Friedag/Schmidt* 2000, S. 228 ff, *Rödler/Rödler/Müller* 2003, S. 52 ff, *Ehrmann* 2000, S. 104 f und S. 138 ff, *Horváth & Partner* 2001, S. 212, *Weber/Schäffer* 2000, S. 259 sowie *Greischel* 2003, S. 37 ff.

[449] Vgl. *Kaplan/Norton* 1997, S. 102 f.

[450] Vgl. *Horváth* 2001, S. 587.

[451] Vgl. *Schomann* 2001, S. 107.

[452] Vgl. *Günther/Grüning* 2001, S. 283.

[453] Vgl. *Wiese* 2001, S. 62.

[454] Vgl. *Schomann* 2001, S. 108.

[455] Vgl. *Hoffmann* 1999, S. 8.

Eine häufig zitierte und auf *Neely/Gregory/Platts* zurückgehende Definition des Performance Measurement besagt, dass es sich hierbei um den Vorgang der Messung von *Effektivität und Effizienz bei der Leistungserbringung* handelt. Die Effektivität drückt aus, inwieweit die Anforderungen an die Leistungserstellung erfüllt sind, während die Effizienz verdeutlicht, in welcher wirtschaftlichen Güte die Unternehmensressourcen während der Erbringung der Leistung eingesetzt worden sind[456]. In der Summe ist ein Performance Measurement-System nach *Neely/Gregory/Platts* in der Lage, durch mehrere Maßgrößen die Effizienz und Effektivität der Leistungserstellung einer ganzen Organisation zu beschreiben.

Reichmann und *Weber* betonen, dass es Kennzeichen des Performance Measurement ist, die Beschränkung auf finanzielle Messgrößen in traditionellen Steuerungssystemen aufzuheben[457]. *Horváth* trifft diese Feststellung ebenso und ergänzt den Gedanken der Integration von Strategie, Stakeholder-Ansprüchen und der kontinuierlichen Verbesserung zu den Basiselementen des Performance Measurement[458].

In der deutschsprachigen Managementliteratur stammen die wichtigsten Beiträge von *Klingebiel* und *Gleich*. *Gleich* sieht im Performance Measurement die Beurteilung der Effizienz und Effektivität von Leistung und Leistungspotenzialen der unterschiedlichsten Objekte im Unternehmen. Bei den Objekten kann es sich um Organisationseinheiten, Mitarbeiter, Prozesse etc. handeln. Die beschreibenden Kennzahlen stammen aus den Dimensionen Kosten, Zeit, Qualität, Innovationsfähigkeit, Kundenzufriedenheit usw.[459]

Bei *Schomann* findet man eine Synopse ausgewählter unterschiedlicher Definitionen unter Bezugnahme auf ihr Publikationsdatum. Zum besseren Verständnis der vielschichtigen Performance Measurement-Auffassungen ist diese Gegenüberstellung in nachfolgender Tabelle wiedergegeben (Tab. 7):

Verfasser	Jahr	Definition
Rummler, Brache	1990	Leistungsbeurteilung auf drei Ebenen des Leistungserstellungsprozesses (Unternehmen, Prozess, Mitarbeiter)
Eccles	1991	Messung der Entwicklung langfristiger Erfolgsfaktoren; Beurteilungsdimension: Qualität, Kundenzufriedenheit, Innovation, Marktanteil
Fitzgerald	1991	Essentieller Bestandteil eines jeglichen Steuerungssystems
Hronec	1993	Messung der Lebenszeichen („Vital Signs") einer Organisation; Beurteilung der Effizienz und Effektivität von Aktivitäten und Geschäftsprozessen; Beurteilungsdimensionen: Kosten, Zeit, Qualität

---

[456] Vgl. *Schomann* 2001, S. 109.

[457] Vgl. *Reichmann* 2001, S. 585 und *Weber* 2002, S. 217.

[458] Vgl. *Horváth* 2001, S. 585.

[459] Vgl. *Schomann* 2001, S. 109 f und *Gleich* 2002, S. 447.

McGee	1993	Verknüpfung zwischen strategischen Zielsetzungen und operativen Maßnahmen
Lockamy, Cox	1994	Systematischer Weg der Evaluierung von Einsatz, Ergebnis, Leistungserstellung und Produktivität eines Produktions- oder Dienstleistungsunternehmens
Neely, Gregory, Platts	1995	Vorgang der Effektivitäts- und Effizienzmessung der Leistungserbringung
Klingebiel	1996	System zur Leistungsbeurteilung mit dem Ziel der kontinuierlichen Leistungsverbesserung
Gleich	1997	Beurteilung der Effektivität und Effizienz der Leistung und Leistungspotentiale unterschiedlichster Objekte im Unternehmen (Organisationseinheiten unterschiedlichster Größe, Mitarbeiter, Prozesse)

Tabelle 7: Ausgewählte Definitionen des Performance Measurement[460]

Ein besonderes Augenmerk ist auf die Bedeutung der Begriffe *Effizienz* und *Effektivität* zu lenken. *Gleich* bezeichnet sie als Wirtschaftlichkeitsmaßgrößen, die keineswegs synonym zu verwenden sind. Definitorisch lehnt er sich an die Ausführungen von *Budäus* und *Dobler* an[461] und gelangt zu folgender Sichtweise:

- *Effizienz* misst die Relation zwischen wertmäßigem Output und wertmäßigem Input. Damit wird der Kennzahlenbotschaft gefolgt: *„Doing the things right".*

- *Effektivität* dagegen orientiert sich am erzielten Output und den zuvor getroffenen konkreten Zielsetzungen im Zusammenwirken mit den gesteckten langfristigen Zielsetzungen einer Organisation. Die hier vorliegende Kennzahlenbotschaft lautet: *„Doing the right things"[462].*

Ziel des Performance Measurement ist es also, durch Leistungskennzahlen mehr Transparenz über die *Güte der Organisation* zu erlangen und dadurch die Grundlagen zu schaffen, Verbesserungen auf allen Ebenen durch eine bessere Informationslage mittels effektiverer Planungs- und Steuerungsabläufe zu erreichen. Darüber hinaus soll durch das Performance Measurement eine leistungsbezogene und leistungsübergreifende Kommunikation ausgelöst werden, die zur Mitarbeitermotivation beiträgt und auch für Lerneffekte in der Organisation sorgt. Die Sicht des Performance Measurement erweitert damit die traditionelle, überwiegend bereichsbezogene,

---

[460] Vgl. *Schomann* 2001, S. 110.

[461] Vgl. dazu auch *Budäus/Dobler* 1977, S. 61 ff.

[462] Vgl. *Gleich* 2002, S. 447.

Sach- und Formalzielplanung der Unternehmungen. Es unterstützt eine anspruchs-
gruppen- und leistungsebenengerechte Zielformulierung und in gleicher Weise die
Strategieoperationalisierung und Strategiequantifizierung[463]. Diese Definition wird zu
Grunde gelegt, wenn im Folgenden von Performance Measurement die Rede ist.

8.2.2.5.1 Balanced Scorecard und der Performance Measurement-Ansatz

So zahlreich wie die definitorischen Auffassungen über die Bedeutung von Performance Measurement sind, so viele Ansätze und Modelle sind in den letzten Jahren
über den Aufbau und den Einsatz der Leistungsmessung entwickelt worden. Die Entstehung ist maßgeblich von drei Interessensgruppen getragen worden. Es handelt
sich zum einen um Ansätze aus dem Entwicklungsumfeld der Unternehmen selbst
und zum anderen um die eher konzeptionell geprägten Ansätze aus dem Umfeld der
Unternehmensberatungen und der Wissenschaft. Eine detaillierte Übersicht von 14
Ansätzen und deren Analyse und Bewertung findet man bei *Gleich*, der die Konzepte
nach *elf Analyse- und Bewertungskriterien* aufgeschlüsselt hat. Es handelt sich dabei
um die folgenden Untersuchungsgegenständen:

- „Visions- und Strategieanbindung des Konzepts (an die strategische Planung)
  sowie Regelungen zur Planzielvorgabe,

- Einsatz einer Stakeholder-bezogenen Zieldifferenzierung,

- Berücksichtigung mehrerer Leistungsebenen,

- Beschreibung der Regelungen zum Kennzahlenmanagement (Kennzahlenaufbau und -pflege),

- Modalitäten der Messung (u. a. Messzyklen und Messpunkte),

- Vorgehensweise bei der Leistungsbeurteilung und Abweichungsanalyse,

- Berücksichtigung von Anreiz- und Belohnungsaspekten,

- Institutioneller Rahmen (Performance Measurement-Ablauf und Performance
  Measurement-Beteiligte),

- Einsatz von Instrumenten im Performance Measurement,

- Verbindung zu einem Performance Management sowie die Integration kontinuierlicher Verbesserungsaspekte"[464].

---

[463] Vgl. *Gleich* 2002, S. 447 f.

[464] Vgl. *Gleich* 2002, S. 448.

Entlang dieses Prüfschemas analysiert *Gleich* 14 Performance Measurement-Konzepte[465] hinsichtlich ihrer Leistungsfähigkeit und gelangt zu folgender qualitativen Bewertung (Tab. 8):

Kriterium / Konzept	Visions- und Strategie-anbindung	Stake-holder-bezo-gene Ziel-diffe-ren-zierung	Berück-sichti-gung mehre-rer Leis-tungs-ebenen	Kenn-zahlen-mana-ge-ment	Modali-Täten-Mes-sung	Leis-tungs-beur-teilung und Abwei-chungs-analyse	Berück-sichti-gung Anreiz-aspekte	Kon-zept Repor-ting	Institu-tioneller Rah-men	Einsatz von Instru-menten im PM	Integra-tion eines Perfor-mance Ma-nage-ment
Data Envelopment Analysis	4	4	3	4	1	1	4	3	3	3	3
PM in Service Business	2	3	3	3	4	4	2	3	3	3	4
Balanced Scorecard	1	3	3	3	3	2	1	1	2	2	2
Tableau de Bord	2	4	2	3	5	5	5	2	4	4	2
ProMES	3	4	3	4	3	5	5	5	3	4	4
PM-Modell	2	4	4	2	5	5	5	5	3	4	4
Performance Pyramid	2	3	1	3	3	3	4	2	2	3	3
Quantum PM-Konzept	1	2	1	3	3	3	3	2	2	3	2
Ernst & Young-Konzept	3	3	2	5	3	5	5	3	5	5	3

---

[465] Zu den Inhalten der in der Analyse betrachteten Performance Measurement-Modelle siehe *Gleich* 2001, S. 47 – 86 und *Baum/Coenenberg/Günther* 2004, S. 343 ff.

Business Mgt. Windows	3	2	5	3	3	5	4	4	5	5	3
J. I. Case-Konzept	2	3	3	3	5	5	5	5	5	5	3
Caterpil-lar-Konzept	2	3	3	3	5	5	5	2	2	5	3
Honey-well-Konzept	1	4	1	5	2	2	5	2	2	5	2
Hewlett-Packard-Konz.	2	3	3	2	1	1	4	2	2	3	2

1	Konzeptionell umfassend berücksichtigt
2	Konzeptionell berücksichtigt
3	Konzeptionell kaum / nur bedingt berücksichtigt
4	Konzeptionell nicht berücksichtigt
5	Beurteilung auf Grund fehlender Informationen nicht möglich

Tabelle 8: Performance Measurement-Konzepte im Vergleich[466]

Im Bewertungsschema kommt zum Ausdruck, dass nur sechs der aufgeführten Performance Measurement-Konzepte durchgängig bewertet werden konnten. Bei allen anderen gab es Lücken in der Informationsbereitstellung, die in der Tabelle durch ,Beurteilung 5' kenntlich gemacht sind.

In der Bewertung fallen vier Konzepte durch eine sehr positive Bewertung auf. Das sind die weit verbreiteten und durch zahlreiche Publikationen beschriebenen Konzepte der *Balanced Scorecard, Performance Pyramid* sowie das Konzept von *Hewlett-Packard* und das *Quantum Performance Measurement*[467].

Gleich sieht im Balanced Scorecard-Ansatz Schwachpunkte in der Leistungsebenendifferenzierung. Dennoch billigt er dem Modell in der Gesamtbewertung die Fähigkeit der Unternehmens- und Geschäftsfeldsteuerung zu. Ebenfalls einen Schwachpunkt sieht er in der mangelnden Stakeholder-Orientierung. Das Modell in

---

[466] Vgl. *Gleich* 2001, S. 90.

[467] Vgl. *Gleich* 2001, S. 89.

der klassischen Form von *Kaplan/Norton* ist stärker auf den Shareholder ausgerichtet. Zuletzt kritisiert er weitere Schwachpunkte sowohl im Bereich Kennzahlenaufbau und -pflege als auch in der Darstellung der Messmodalitäten. In allen anderen Analysebereichen erweist sich das Modell als umfassend, so dass *Gleich* zu der Aussage kommt, dass sieben der elf Kriterien in der Balanced Scorecard vollständig berücksichtigt sind und daher dieser Ansatz seiner Auffassung nach am überzeugendsten die Kriterien erfüllt, die an ein effektives Performance Measurement zu stellen sind[468].

Zu ähnlicher Aussage über die Güte der Balanced Scorecard gelangt *Erdmann*, der eine Bewertung von Performance Measurement-Konzpten aus Sicht von Wissenschaftlern und Beratern aufzeigt[469]. Die Auswahl der hier bewerteten Ansätze ist von der Anzahl her deutlich geringer verglichen mit der Analyse von *Gleich*. Es erfolgt eine Betrachtung der *‚Data Envelopment Analysis'*, *‚Performance Measurement Matrix'*, *‚Performance Pyramid'*, *‚Balanced Scorecard'* und des *‚Quantum Performance Measurementansatzes'*[470]. Auch variieren die gewählten Analysekriterien im Vergleich zu der zuvor beschriebenen Untersuchung. *Erdmann* wählt als erstes Kriterium die *‚Zeit'* und stellt heraus, dass Performance Measurement-Systeme sowohl vergangenheits- als auch zukunftsbezogene Informationen bereit stellen müssen.Als weiteres Kriterium wird die *‚Ausrichtung'* herangezogen, worunter die Fähigkeit zu verstehen ist, Informationsbedarfe für interne und externe Stakeholder zur Verfügung zu stellen. Das dritte Kriterium ist der *‚Aggregationsgrad'*. In diesem Begriff spiegelt sich wider, dass ein Performance Measurement-System sowohl hoch aggregierte Kenngrößen für die Leitungsebene als auch Prozessgrößen für die Ausführungsebene zur Verfügung stellen soll[471]. Eine weitere Anforderung ist das Bereitstellen von kurz- und langfristig orientierten Leistungsindikatoren zur Unterstützung kurz- und langfristiger Optimierungsüberlegungen. Dieses Kriterium wird unter dem Begriff des *‚Steuerungsziels'* eingeführt. Das Zusammenwirken von monetären und nicht-monetären Leistungsmaßen und Ergebnisgrößen fasst *Erdmann* mit dem Begriff der *‚Dimension'* zusammen, während quantitative und qualitative Leistungsmerkmale zur Beschreibung von harten und weichen Signalen als *‚Format'* bezeichnet werden. Unter dem Kriterium *‚Planungsbezug'* wird der Bezug der Leistungsmaße zur Vision und Strategie des Unternehmens überprüft. Dagegen beschreibt *‚Anreizbezug'* die Fähigkeit des Performance Measurement-Systems, Informationen zur Reduzierung von Kosten im Sinne eines kontinuierlichen Verbesserungsprozesses aufzuzeigen[472]. Unter *‚Anwendungsflexibilität'* versteht *Erdmann* die Eigenschaft eines Performance

---

[468] Zu der gleichen Einschätzung gelangt *Servatius* 2002, S. 437.

[469] Die Bewertung einzelner Performance Measurement-Ansätze erfolgt zudem aus der Sicht der Unternehmenspraxis. In dieser Sicht ist aber das Balanced Scorecard-Konzept nicht enthalten, weswegen an dieser Stelle nur die Bewertung von Wissenschaftlern und Beratern wiedergegeben wird, die sich explizit mit der Balanced Scorecard auseinandersetzt. Zur Bewertung aus der Sicht der Unternehmenspraxis vgl. *Erdmann* 2003, S. 168.

[470] Zu den Inhalten der in der Analyse betrachteten Performance Measurement-Modelle siehe *Erdmann* 2003, S. 127 – 156 und *Baum/Coenenberg/Günther* 2004, S. 343 ff.

[471] Vgl. *Erdmann* 2003, S. 163.

[472] Vgl. *Erdmann* 2003, S. 164.

Measurement Systems, die gesamte ‚Supply Chain'[473] als auch den Leistungsbeitrag eines jeden Partnerunternehmens abzubilden. Die Forderung hinsichtlich der ‚Anwendungskomplexität' lautet, möglichst gering zu sein, worunter eine leichte Verständlichkeit und eine gute Handhabbarkeit zu verstehen ist[474]. Das elfte und letzte Kriterium ist die ‚Prozessorientierung'. Hier ist gemeint, dass das Performance Measurement-Konzept alle Abläufe der ‚Supply Chain' unter Einbezug von funktions-, bereichs- und unternehmensübergreifenden Leistungsmaßen bewerten kann[475].

Die Bewertung aus der Sicht von Wissenschaftlern und Beratern ist in nachfolgender Tabelle (Tab. 9) vor dem Hintergrund der zuvor aufgezeigten Bewertungskriterien wiedergegeben:

	Data Envelopment Analysis	Performance Measurement Matrix	Performance Pyramid	Balanced Scorecard	Quantum Performance Measurement-Ansatz
Zeit	1	3	3	1	3
Ausrichtung	1	1	1	1	3
Aggregationsgrad	4	1	1	1	1
Steuerungsziel	1	1	1	1	1
Dimension	1	1	1	1	1
Format	1	4	4	1	1
Planungsbezug	5	1	1	1	2
Anreizbezug	1	4	2	1	2
Anwendungsflexibilität	4	1	2	1	1
Anwendungskomplexität	4	1	1	1	3
Prozessorientierung	4	3	2	2	2

---

[473] Vgl. dazu ausführlich Kapitel 8.4.6.

[474] Vgl. *Erdmann* 2003, S. 165 f.

[475] Vgl. *Erdmann* 2003, S. 166.

1	Vollständig erfüllt
2	Zum großen Teil erfüllt
3	Zum Teil erfüllt
4	Zum geringen Teil erfüllt
5	Nicht erfüllt

Tabelle 9: Bewertung einzelner Performance Measurement-Ansätze aus der Sicht von Wissenschaftlern und Beratern[476]

8.2.2.5.2 Vom Performance Measurement zum Performance Management

Fay konstatiert, dass ein Performance Management sehr viel weitreichender als nur eine Performance-Messung sei, da es Techniken beinhalten kann, mit deren Hilfe Manager Bezug nehmend auf die übergeordneten Unternehmensziele die Performance ihrer Mitarbeiter planen, lenken und verbessern können[477].

Kermally sieht die besondere Bedeutung des Performance Managements in der auszuübenden Koordinationsfunktion, bei der im Fokus der Aktivität die Treiber von Performance und nicht in erster Linie die Ergebnisse stehen[478].

Klingebiel greift diese Sicht auf und betont, dass es beim Performance Management insbesondere um die ebenenspezifische Leistung einer Organisation geht. Dazu ist es notwendig, eine Berichtsstruktur festzulegen, die eine effektive Steuerung unter Zurhilfenahme zeitnaher Informationen ermöglicht[479].

Alle Sichtweisen kommen jedoch identisch zu der Schlussfolgerung, dass das Kernelement des Performance Managements die Messung der Performance an sich ist.

Spangenberg kennzeichnet vier Elemente, die charakteristisch für ein Performance Managementsystem sind:

- Planung der Performance (Performance Planning),
- Aktivitäten zur Beeinflussung / Lenkung der Performance (Managing Performance),
- Messung der Performance (Performance Measurement) und

---

[476] In Anlehnung an Erdmann 2003, S. 172.

[477] Vgl. *Hoffmann* 2000, S. 29.

[478] Vgl. *Gleich* 2002, S. 448 ff.

[479] Vgl. *Hoffmann* 2000, S. 29 f.

- Belohnung der Performance (Rewarding Performance)[480].

Eine Verbindung der vier Elemente gelingt *Klingebiel*, indem er die wechselseitigen Beziehungen untereinander herausstellt und die der eigentlichen Performance-Messung vorausgehenden Schritte mit einbezieht. *Hoffmann* nimmt Bezug auf diese Ausführungen und verbindet diese Elemente zu einem Modell des Performance Managements, aus dem der Prozesscharakter des Performance Managements evident wird. Nachfolgende Grafik gibt die Gedanken *Hoffmanns* wieder (Abb. 41):

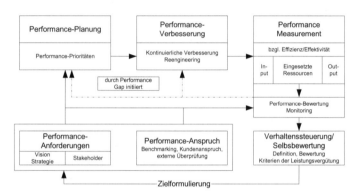

Abbildung 41: Elemente des Performance Managements[481]

8.2.2.6 Die Lern- und Entwicklungsperspektive

Der Stringenz des Modells von *Kaplan/Norton* folgend ist die vierte Stufe des klassischen Balanced Scorecard-Ansatzes die *Generierung der Lern- und Entwicklungsperspektive.* Während die Finanz- und Kundenperspektive sowie die interne Perspektive identifizieren, wo eine Organisation besondere Leistungen erbringen muss, wird in dieser Stufe, die in der Literatur auch als *Lern- und Wachstumsperspektive* bezeichnet wird, die dafür notwendige Infrastruktur geschaffen. Es gilt, die treibenden Faktoren für Exzellenz in den bereits beschriebenen drei Perspektiven herauszuarbeiten.

Mit Unternehmensinfrastruktur ist nicht nur die Ausstattung mit Maschinen und technischen Anlagen gemeint, sondern hier geht es in erster Linie um Investitionen in Mitarbeiterqualifikationen und in System- und Organisationspotentiale.

Es sind somit drei Hauptkategorien in dieser Perspektive zu erkennen:

---

[480] Vgl. *Hoffmann* 2000, S. 30.

[481] Vgl. *Hoffmann* 2000, S. 30

- Mitarbeiterpotentiale,
- Potentiale von Informationssystemen,
- Motivation, Empowerment und Zielausrichtung[482].

Der Rolle von Mitarbeitern in einer innovativen, lernenden und an Umweltbedingungen anpassungsfähigen Organisation kommt eine zentrale Bedeutung zu. Diese Auffassung gilt nach *Kaplan/Norton* umso mehr, je mehr diese Mitarbeiter mit Kunden direkt in Verbindung stehen oder maßgebliche Verantwortung bei der Gestaltung der internen Prozesse haben. Mitarbeiter sind deshalb so zu fördern, dass sie motiviert und eigenverantwortlich handeln und damit die *Leistungsfähigkeit der gesamten Organisation* steigern. Damit der Entwicklungsprozess sich zielgerichtet gestaltet, müssen die Mitarbeiter mit dem Gedankengut der gewählten strategischen Ausrichtung vertraut sein. Gleiches gilt für die Kausalität, die zwischen den finanziellen Zielen, Kunden und internen Prozessen besteht. Daraus wird deutlich, dass den in Organisationen eingesetzten *Informationssystemen* eine hohe Bedeutung beizumessen ist. Sie fungieren als Provider des in der Organisation verankerten Wissens. Das Maß der *Mitarbeitermotivation* wird darüber entscheiden, wie erfolgreich dieser Prozess verlaufen wird. Ein Optimum führt zu zufriedenen, unternehmenstreuen und produktiven Mitarbeitern, die wiederum die Basis für den Erfolg der eingeschlagenen strategischen Ausrichtung sein werden.

Kaplan/Norton haben in ihrer Arbeit einen Leistungsmaßstab für diese Perspektive entwickelt, der aus einem Kern von Kennzahlen für Mitarbeiterzufriedenheit, Mitarbeitertreue und Mitarbeiterproduktivität besteht. Der Mitarbeiterzufriedenheit kommt dabei die Bedeutung zu, treibender Faktor der beiden anderen Kennzahlen zu sein. Darüber hinaus sind sich auf die notwendigen Unternehmenspotentiale beziehende Leistungstreiber zu identifizieren, die von Bedeutung sind, um hervorragende Leistungen im Sinne der Strategieziele zu erreichen[483].

Bei den systembezogenen Größen ist das Ziel, dass Informationen über Kunden, interne Prozesse und finanzielle Konsequenzen getroffener Entscheidungen zur Verfügung stehen[484]. Dabei handelt es sich um die formulierten Ergebnisgrößen. Die dazugehörenden Treiber sind im Bereich der betriebswirtschaftlichen Instrumente, aber auch der IT-Unterstützung zu finden.

Selbst wenn Mitarbeiter hochqualifiziert sind, und die zur Verfügung stehenden Informationen einen hohen Deckungsgrad mit den benötigten Informationen aufweisen, so wird sich letztendlich nur Unternehmenserfolg einstellen, wenn diese Mitarbeiter den Freiheitsgrad besitzen, eigene Entscheidungen zu treffen und selbständig zu handeln. Aus diesem Grund werden Innovationsziele nur erreicht werden, wenn das Unternehmensklima der Mitarbeitermotivation und -initiative förderlich ist[485].

---

[482] Vgl. *Kaplan/Norton* 1997, S. 121.

[483] Vgl. *Kaplan/Norton* 1997, S. 123 ff.

[484] Vgl. *Kaplan/Norton* 1997, S. 130.

[485] Vgl. *Kaplan/Norton* 1997, S. 131.

Den Rahmen für die Kennzahlen der Lern- und Entwicklungsperspektive[486], untergliedert nach den Kerngrößen und den zur Erreichung notwendigen Voraussetzungen, die auch *Befähiger* genannt werden, fasst die nachfolgende Abbildung zusammen (Abb. 42).

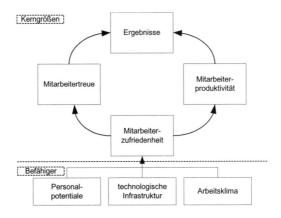

Abbildung 42: Rahmen für Kennzahlen der Lern- und Entwicklungsperspektive[487]

8.2.2.7 Aussagen der Systemtheorie

Die Ursprünge der systemorientierten Ansätze gehen auf die Beschreibung von naturwissenschaftlichen und technischen Problemstellungen zurück. Erst in den sechziger Jahren erfolgte die Adaption des Systemgedankens auch auf nichttechnische Probleme[488].

Unter einem System versteht man zunächst allgemein eine *gegenüber der Umwelt abgegrenzte Gesamtheit von Elementen*, die durch *Beziehungen* miteinander verknüpft sind[489]. Elemente sind kleinste Einheiten innerhalb eines Systems, die nicht

---

[486] Zu ausführlichen Beispielen geeigneter Kennzahlen in Abhängigkeit der gewählten Unternehmensstrategie vgl. *Kaplan/Norton* 1997, S. 150 ff und S. 176, *Horváth* 2001, S. 267, *Preißner* 2001, S. 188 ff, *Reichmann* 2001, S. 590 f, *Friedag/Schmidt* 1999, S. 163 ff, *Friedag/Schmidt* 2000, S. 237 ff, *Rödler/Rödler/Müller* 2003, S. 52 ff, *Ehrmann* 2000, S. 104 f und S. 138 ff, *Horváth & Partner* 2001, S. 213 sowie *Greischel* 2003, S. 37 ff.

[487] Vgl. *Kaplan/Norton* 1997, S. 124.

[488] Pionierarbeit für die Betriebswirtschaftslehre leistete die Veröffentlichung von *Hans Ulrich* aus dem Jahre 1968: „Die Unternehmung als produktives soziales System".

[489] Vgl. *Schulte-Zurhausen* 1995, S. 28 f.

weiter in Bestandteile zerlegt werden. Wie tief eine Gliederung in Elemente erfolgt, ist aus der Sicht der Zweckmäßigkeit zu beantworten. Elemente kennzeichnen also nicht die maximale Gliederungstiefe sondern die kleinste Gliederungseinheit, die für die Betrachtung von Interesse ist. U. U. kann ein Element also ein eigenes (Sub-) System sein.

Die Beziehungen drücken die Verbindungen aus, die zwischen den Elementen bestehen. Diese Sichtweise impliziert, dass die Elemente in einem System nicht isoliert voneinander agieren können, sondern durch diese Relationen erfolgt die wechselseitige Beeinflussung des Verhaltens der Elemente. Ist im Zeitablauf ein relativ konstantes Beziehungs- und Anordnungsmuster erkennbar, dann spricht man von der *Struktur des Systems*. Sie beschreibt die Position, die ein einzelnes Element innerhalb des Systems einnimmt, und die sich daraus ergebenden Wirkungsmöglichkeiten. Das bedeutet, dass zu einem bestimmten Systemverhalten als Voraussetzung auch eine bestimmte Struktur gehört.

Systeme lassen sich im Weiteren in *offene und geschlossene Systeme* einteilen. Zur Unterscheidung ist nach der Umweltbeziehung des Systems zu fragen. Verfügt ein System über Input- und Outputgrößen, dann bezeichnet man es als offenes System, andernfalls als geschlossenes. Die Berührungspunkte zur Umwelt (extern) – aber auch zwischen Subsystemen untereinander (intern) – bezeichnet man als Schnittstellen.

Die dargestellten Begriffe finden in den sogenannten systemorientierten Ansätzen in der *Organisationstheorie* Verwendung. Diese Ansätze lassen sich grob in zwei Denkrichtungen einteilen[490]. Hier findet sich zum einen der technisch-naturwissenschaftlich geprägte *systemtheoretisch-kybernetische Ansatz* und zum anderen der *soziotechnische Ansatz*.

Beim systemtheoretisch-kybernetischen Ansatz werden die beiden namensgebenden interdisziplinären Wissenschaften der Systemtheorie und Kybernetik zum Erkennen, Beschreiben und auch Lösen von organisatorischen Problemen verwendet. Dabei sind zwei charakteristische Merkmale besonders erwähnenswert. Durch die Integration dieser Ansätze gelangt man zu einer ganzheitlichen Betrachtung der Organisation und es existiert ein Instrumentarium zur Beschreibung von Steuerungs- und Regelungsmechanismen. Dadurch erhält man die Möglichkeit, Systeme unter statischen und dynamischen Gesichtspunkten im Sinne von Struktur und Verhalten zu erfassen und zu gestalten.

Als Fazit der in dieser Richtung existierenden Ansätze lassen sich bestimmte Aspekte herausstellen, die als repräsentativ für diese Denkrichtung angesehen werden können. Das ist zunächst der Aspekt der *Selbstregelung* von Systemen. Darunter versteht man die Fähigkeit, ohne äußere Lenkung einen vorgegebenen Sollwert einzuhalten. Als weiterer Aspekt ist die *Anpassungsfähigkeit* zu nennen; sie beschreibt, inwieweit ein System in der Lage ist, diesen Sollwert einer sich ändernden Umwelt anzupassen. Hinzu kommt die *Lernfähigkeit* im Sinne des Vermögens, aus Erfahrungen zu lernen und daraus Konsequenzen für zukünftiges Handeln abzuleiten. Im Weiteren ist die *Selbstorganisation* anzuführen. Damit ist die Verbesserung oder

---

[490] Vgl. *Schulte-Zurhausen* 1995, S. 24 f.

auch Erhaltung der internen Struktur aus dem System heraus gemeint. Schließlich ermöglicht die *Automatisierbarkeit* den Menschen, weder kontinuierlich noch zu definierten Zeitpunkten in das System eingreifen zu müssen.

Aus diesen fünf Aspekten ist besonders hervorzuheben, dass die Strukturen nicht das Ergebnis von planmäßigem und rationalem Handeln sind, sondern dass sie sich von selbst herausbilden. Verhaltensregeln werden nicht bewusst aufgestellt und auch nicht ausdrücklich in Kraft gesetzt. Selbststrukturierung wird zu einer *natürlichen Eigenschaft* eines Systems. Planmäßigem Organisieren kommt eine unterstützende Bedeutung zu, die insbesondere dann genutzt werden muss, wenn das betrachtete System sehr komplex ist.

Die Ursprünge des *soziotechnischen Ansatzes* gehen auf die von *Trist* Mitte der fünfziger Jahre veröffentlichen Ausführungen zurück. Sein Bemühen war es, die sich als demotivierend herausgestellte Arbeitsteilung in Industrieprozessen zu eliminieren und den Menschen nicht mehr unter den Zwang zu stellen, sich als Fortsatz der Technologie deren Vorgaben anpassen zu müssen. Berücksichtigt man die Terminologie der Systemtheorie, so gelangt dieser Ansatz zu der Definition, dass Organisationen offene und dynamische Systeme sind, deren Primäraufgabe die *Transformation* von Input in Output ist. Mensch und Arbeit, aber auch Organisation und Technik werden zunächst als gleichwertig eingestuft. Die höchste Leistungsfähigkeit eines Systems ist dann zu erzielen, wenn es zur ganzheitlichen und integrativen Optimierung des technischen und sozialen Subsystems kommt (*,joint optimization'*)[491].

Beim soziotechnischen Ansatz steht demnach das *gesamte Arbeitssystem* und nicht so sehr die einzelne Arbeitstätigkeit im Vordergrund. Auch rückt die Arbeitsgruppe vor dem Stelleninhaber in den Mittelpunkt des Interesses. Das Regulieren des Systems erfolgt durch die Gruppe selbst. Eine Führung nach dem *,top-down-Prinzip'* ist nicht empfehlenswert hinsichtlich des formalen Organisationsaufbaus. Effizienter ist es, wenn es innerhalb des Systems statt Vorschriften vereinbarte Entscheidungsspielräume für jedes Organisationsmitglied gibt.

Die systemorientierten Ansätze sind auf Grund der Kritik an der formalen Organisationsgestaltung aufgegriffen worden. Angesichts der nicht beherrschbaren Komplexität lautet die Empfehlung an das Management durch die Vertreter dieses Ansatzes, günstige *Rahmenbedingung für eine Selbstorganisation und Evolution* zu schaffen und sich bei der Organisationsgestaltung auch darauf zu beschränken[492]. Wie in den folgenden Ausführungen noch zu zeigen sein wird, weist diese Denkrichtung mancherlei *Übereinstimmung* mit den Charaktermerkmalen der *,Lernenden Organisation'* auf. Auch bei dieser Vision stehen Begriffe wie Selbstorganisation, Selbstreflexion etc. im Mittelpunkt und verweisen damit auf Gestaltungskräfte, die bereits latent in jeder Organisation vorhanden sind. Die Bedeutung der Systemtheorie für das Verständnis der Lernenden Organisation und der Balanced Scorecard – *Kaplan/Norton* nehmen explizit darauf Bezug – wird an dieser Stelle bereits deutlich.

---

[491] Vgl. *Schulte-Zurhausen* 1995, S. 25 f.

[492] Vgl. *Kieser* 1995, S. 259.

Als Fazit dieser Ausführungen ist ein zentraler Gedankengang herauszustreichen, der in der Literatur auch als *klassische Systemtheorie'* bezeichnet wird[493]. Diese Sichtweise drückt aus, dass alle Elemente eines Systems mit den anderen verknüpft sind und deswegen auch die *Vorhersagbarkeit* einer Systemreaktion nur auf Grund der Kenntnis über die einzelnen Elemente an sich kaum möglich ist. Systemverhalten wird durch das Wissen über die Beziehung zwischen diesen Elementen erst vorhersagbar.

Neuere Perspektiven der Systemtheorie betonen einen Ansatz, der mit dem Begriff der *Selbstorganisation'* und *Autopoiese'* beschrieben werden kann, und der sehr stark mit dem Namen von *Luhmann* und *Willke* verbunden ist. Nach dieser erweiterten Sichtweise ist eine Organisation demnach ein System, das sich selbst herstellt und auch selbst erhält, indem es seine Handlungen und die Kommunikation auf sich selbst bezieht. Ferner legt es mittels seiner Struktur fest, mit welchen Ereignissen der Umwelt es interagiert und welche Verhaltensform auf Grund der Interaktion gewählt wird[494].

Willke führt diesen Gedanken fort, indem er den Vorgang der Selbstreflexion mit dem Begriff des *reflektiven Rekonstruktivismus'* belegt[495]. Damit ist ein Verfahren der Erkenntnisgewinnung angesprochen, in dem das reflektierende System mit den eigenen Mitteln des Beobachtens und Verstehens zu Erkenntnissen über einen Gegenstand oder Sachverhalt gelangt. Diese Erkenntnis ist nicht die jeweils objektive und tatsächlich reale Sicht darüber, aber auch keinesfalls nur ein Phantasieprodukt. Vielmehr ist zwischen Erklärung und Erklärtem eine – so *Willke* – plausible Relation vorhanden, also ein *passendes Verhältnis'* (*goodness of fit'*). Damit kann zwar nicht behauptet werden, dass die gegebene Erklärung auch eine wirkliche und tatsächlich reale sei, aber es ist richtig, dass es sich um eine passende Erklärung handelt.

Unter der Selbstreferenz eines Systems ist demnach eine Operationsweise des Systems zu verstehen, bei deren Reproduktion einer Einheit des Systems die Möglichkeit der Fremdreferenz aufgegeben wird. Es verbleibt somit das System selber und die Kontinuierung einer operativ geschlossenen Funktionsweise als Maßstab dafür, ob eine Operation geeignet ist. Die Umwelt hat die Bedeutung, Möglichkeiten zu bieten aber auch Restriktionen zu setzen. Beide Zuordnungen erfolgen auf Grund der Operationsweise des Systems – also durch Selbstbezug. Selbstreferenz hat also die Bedeutung einer durch die Gesetzmäßigkeiten der autonomen Operationsweise des Systems bestimmten Umweltbezugs[496].

---

[493] Vgl. *Reinhardt/Schweiker* 1995, S. 272.

[494] Vgl. *Reinhardt/Schweiker* 1995, S. 273.

[495] Vgl. *Willke* 1996, S. 166 ff.

[496] Vgl. *Willke* 1996, S. 265.

8.2.2.8 Lernende Organisation

Ordnet man den Begriff der Lernenden Organisation historisch ein, dann geht er auf *Simon* zurück, der vor mehr als 30 Jahren den Terminus des *,organisationalen Lernens*' als erster prägte[497]. Unstrittig ist, dass dieser Begriff zu diesem Zeitpunkt nahezu keine Bedeutung erlangte. Diese bildete sich erst heraus, als *Senge* das Buch *,The Fifth Discipline: The Art and Practice of the Learning Organization*' im Jahr 1990 veröffentlichte. Auf dem Fundament der Feststellung, dass Lernen die Grundlage jeder erfolgreichen Unternehmung sei, beschreibt *Senge* darin fünf Schritte (Disziplinen) als Weg zur Lernenden Organisation[498]. Diese fünf Disziplinen erhalten ihre Berechtigung aus praxisbezogenen Arbeiten, die *Senge* mit weiteren Kollegen am *MIT* ausführte. Im Rahmen der praktischen Arbeiten dieses Institutes wurden diese Disziplinen in Unternehmen auf ihre Gültigkeit hin überprüft. Erst sechs Jahre später erschien dieses Buch in der deutschen Übersetzung und wurde ganz unterschiedlich aufgenommen. Die Reaktionen reichten von Skepsis und Vorbehalten über Interesse bis hin zur Euphorie. Trotz unterschiedlicher Reaktionen war man aber gleichermaßen motiviert, sich dieses Themas anzunehmen und damit auseinanderzusetzen. Die zunächst vorgebrachten Vorbehalte konnten aber gegenüber den Vorteilen nicht bestehen, so dass das Thema der Lernenden Organisation zu einem Modethema der wissenschaftlichen und unternehmerischen Diskussion aufsteigen konnte. Die Interpretation des Konzepts darüber ist jedoch noch immer vielschichtiger Natur. Einen guten Überblick über den Stand der Diskussion liefert die Sammelrezension von *Schreyögg* und *Eberl*, die die neueren Veröffentlichungen der Jahre 1995 bis zum ersten Quartal 1997 zu dieser Thematik bewerten und in Beziehung zueinander setzen[499]. Diese Veröffentlichungen, die den Stand der Diskussion und Forschung wiedergeben, lassen sich unter drei Rubriken einordnen. Zum einen geht es in der Diskussion nach wie vor um die Theorie der Lernenden Organisation, zu der noch zahlreiche offene Fragen zu beantworten sind. Im Weiteren gibt es Veröffentlichungen mit empirischem Schwerpunkt. Hier spiegeln sich in Fallstudien die mannigfaltigen Auffassungen der Praxis über das Thema der Lernenden Organisation wider. *Waren* stellt sehr konkret heraus, welche möglichen Ansätze und Ausgestaltungsalternativen Unternehmen nach eigener Auffassung zu einem Lernenden Unternehmen machen. Dazu stellt er die Aussagen der Unternehmen, die in der Manager-Fachpresse abgedruckt, oder die von *Wildemann* anlässlich des *Münchner Management Kolloquiums* erhoben wurden, zusammen. In folgender Tabelle sind diese Selbstdarstellungen einiger Unternehmen zur Lernenden Organisation wiedergegeben (Tab. 10).

Unternehmen	Definiert sich als Lernende Organisation über
Thyssen	Reduzierung der Durchlaufzeit, Rüstzeit und der Lagerbestände

---

[497] Vgl. *Waren* 1996, S. 4.

[498] Vgl. *Fatzer* 1998, S. 20 f.

[499] Vgl. *Schreyögg/Eberl* 1998, S. 516 ff.

Goodyear und Plambeck	Teamarbeit, Projektgruppen, Kostensenkungsprogramme
Festo	Flache Hierarchien, Gruppenarbeit
Krone	Maßnahmen zur Personalentwicklung, Einführung von Lernstattgruppen
ABB, Fichtel und Sachs	Verstärkung der Projekt-, Gruppen- und Teamarbeit
Siemens, Landis und Gyr, Con Moto, Kautex, Fendt, Kutsch	KVP
Mercedes Benz	Kundenorientierung
Hoest	Lean Management
VW, Grundig	Varianten- und Komplexitätsmanagement
Porsche	Benchmarking
Vaillant, Voko, Stoll	Restrukturierung und Reengineering

Tabelle 10: Ausgestaltung und Bedeutung der Lernenden Organisation aus der Sicht von Unternehmen[500]

Die dritte Perspektive der Diskussionen über Lernende Organisationen befasst sich mit der Gestaltung der Organisation. Hier hat sich ein besonderer Schwerpunkt herauskristallisiert, der den Blick in Richtung der Überwindung von Lernbarrieren[501] und des Einsatzes von Instrumenten der Lernförderung verlagert hat[502]. Quasi als Fazit fassen die beiden Autoren die für die aktuellen Diskussionen repräsentativen Veröffentlichungen unter der Überschrift zusammen: ‚*Organisationales Lernen: Viele Fragen, noch zu wenig neue Antworten*'.

Wie ist nun mit dieser Begriffs- und Meinungsvielfalt umzugehen? Nach *Geißler* drückt sich darin ein deutliches Anzeichen des Paradigmenwechsels in der Organisations- und Managementwissenschaft aus[503]. Der Blick wendet sich von einer wissenschaftlichen Disziplin, wie z. B. der Betriebswirtschaftslehre, über die Auflösung der traditionellen Fächergrenzen hin zur interdisziplinären Fachrichtung. Mit diesem Gedanken konform geht die Ausrichtung zweier prominenter Managementschulen, der

---

[500] Vgl. *Waren* 1996, S. 8.

[501] Vgl. *Güldenberg* 1997, S. 230 ff.

[502] Vgl. *Schreyögg/Eberl* 1998, S. 526.

[503] Vgl. *Geißler* 1995, S. 1 f.

St. Gallener Schule (Ulrich) und der *Münchner Forschergruppe (Kirsch)*. Ein bedeutsamer Inhalt dieser Denkrichtung ist das ganzheitliche Denken, das sich von linearen Erklärungsversuchen löst und sich einem umfassenden, vernetzten – also systemischen – Denken zuwendet. Nach dieser Sicht existieren zwischen Faktoren und Faktorkomplexen zirkuläre Wirkungszusammenhänge. Das Einwirken eines Faktors auf einen anderen wird niemals nur in einer Richtung verlaufen. Der zweite Faktor wird seinerseits auch immer in der Lage sein, den ersten Faktor mit zu beeinflussen. Systemisch betrachtet, muss immer ein *rekursives Verhältnis* zwischen zwei Faktoren eines Systems bestehen, auch wenn die Rekursivität nicht unmittelbar erkennbar sein mag. Jeder Faktor ist Ursache und Wirkung gleichermaßen. Bringt man die Managementaufgaben der Unternehmung, zu denen im funktionalen Sinn die Aufgaben und Prozesse gehören, die in arbeitsteiligen Organisationen entstehen[504] – die Strategieplanung gehört unstrittig dazu – und den Begriff der Organisation zusammen, so gelangt man unter dem Blickwinkel der zirkulären Kausalität in Verbindung mit der systemtheoretischen Denkweise nur zu dem Ergebnis, dass Management und Organisation sich im permanenten Fluss befinden. Der Begriff des Organisationslernens fasst diese Überlegungen zusammen. Somit ist die moderne Management- und Organisationsauffassung auch eine Abkehr von statischen Konzepten. Organisatorisches Lernen ist ein Rahmen des dynamischen Managements.

Einen bedeutsamen Hinweis zum Lernen als Katalysator für den Paradigmenwechsel im Management und für Organisationsentwicklung gibt *Pautzke*. Er systematisiert das Wesen der Lernenden Organisation als Form des *kollektiven Lernens* durch Zusammentragen der dominanten Aussagen aus verschiedenen Veröffentlichungen und stellt heraus, dass diese unterschiedlichen Zentralaussagen sich komplementär zueinander verhalten[505]. Das Lernen von Organisationen, so lautet eine immer wieder anzutreffende Aussage, erhöht die *organisatorische Handlungseffizienz* und das *Problemlösungspotential*. Im Weiteren ist festzustellen, dass Lernen die Anpassung an Umweltbedingungen bedeutet. Darüber hinaus bedeutet es eine Veränderung des Wissens und der Wissensbasis der Organisation. Wissenspotentiale sind entscheidende Parameter für organisatorische Transformations- und Wandelprozesse[506]. Gelingt es, das unternehmensinterne Wissen, das durch die einzelnen Organisationsmitglieder sowie in den spezialisierten Funktionsbereichen, dem kulturellen Kontext der Gesamtorganisation und auch dem unternehmensextern vorliegenden Know-how-Potential, gespeichert ist, so 'aufzuarbeiten', dass es 'zum richtigen Zeitpunkt und am richtigen Ort' vorliegt, dann ist die Unternehmung in der Lage, die gesetzten Ziele auch zu erreichen. Die Lernende Organisation bzw. die Etablierung einer Lernkultur[507] erlaubt, durch die Anreicherung mit kollektivem Wissen, das Erreichen von Unternehmenszielen, die bei der strategischen Planung festgelegt werden.

Das Lernen selber kann ganz unterschiedlicher Natur sein. *Probst/Büchel* geben darüber Aufschluss, indem sie herausstellen, dass *Lernen* den Charakter von An-

---

[504] Vgl. *Staehle* 1999, S. 71.

[505] Vgl. *Schüppel* 1995, S. 198.

[506] Vgl. *Schüppel* 1995, S. 191 f.

[507] Vgl. *Bursee* 1999, S. 209.

passungslernen, Veränderungslernen oder Prozesslernen haben kann[508]. Unter *Anpassungslernen* ist die ‚effektive Adaption an vorgegebene Ziele und Normen durch die Bewältigung der Umwelt' zu verstehen. Dieser Prozess findet durch Interaktion der Organisationsmitglieder und der Umwelt statt. Neue Informationen kommen hinzu, alte gehen z. T. verloren, was dazu führt, dass – um es mit *Hedberg* auszudrücken – *Stimulus-Response-Ketten* aufgebrochen und auch neu konstruiert werden.

Veränderungslernen ist die ‚Hinterfragung von organisationalen Normen und Werten, sowie die Restrukturierung dieser in einem neuen Bezugsrahmen'. Diese Sicht bezieht auch tiefergehende kognitive Prozesse ein und geht somit über das zuvor erklärte Anpassungslernen hinaus. Dem Wesen nach werden hier nicht nur Handlungsmuster verändert, sondern auch die Normen und Werte, die Grundlage für bestimmtes Handeln sind.

Spricht man von *Prozesslernen*, so meint man damit ‚die Einsicht über den Ablauf der Lernprozesse, in denen das Lernen zu lernen der zentrale Bezugspunkt ist'. Gewissermaßen handelt es sich hierbei also um die Metaebene des Lernens.

Lernen führt letztendlich auch zur Veränderung eines formalen organisatorischen Systems. Diese Feststellung zeigt die Rekursivität zwischen der Strategie und Struktur. Das Bindeglied dieser Aussage ist die Wissensbasis der Lernenden Organisation. Sie zeigt sich verantwortlich für das Aufstellen und Erreichen von Strategiezielen. Ebenfalls kommt der Wissensbasis Verantwortung für das Anpassen der eigenen organisationalen Erscheinung im Sinne der Zielerreichung zu. Ändert sie sich, so kann das weitere Änderungen für die Organisation und die strategische Planung bedeuten. Wissen wird zum Kanal dieser interaktiven Beziehung – nur der Vollständigkeit halber sei an dieser Stelle erwähnt, dass es einen Trend in den laufenden Diskussionen gibt, der den Begriff der Lernenden Organisation in den Hintergrund treten lässt und dem Terminus des *Wissensmanagements* die zentrale Bedeutung zumisst. Ob es sich dabei – wie manche Autoren herausstellen – um eine Weiterentwicklung handelt, oder ob damit lediglich einer der bedeutenden Aspekte der Lernenden Organisation sehr stark betont wird, kann nicht abschließend beantwortet werden.

8.2.2.8.1 Theorien zur Lernenden Organisation

Betrachtet man die existierenden Theorien zur Lernenden Organisation, so ist festzustellen, dass deren Anzahl und die damit in Verbindung stehenden definitorischen Bemühungen ein erhebliches Ausmaß angenommen haben. Durchleuchtet man diese Vielfalt, dann relativiert sich die Anzahl der Theorien etwas, da einige Erklärungsansätze z. T. andere Theorien aufgreifen, sie in einigen Aspekten fortführen oder modifizieren bzw. Sinnzusammenhänge in eine andere Betrachtungsweise überführen und dadurch bemüht sind, das Ansehen einer neuen, eigenständigen Theorie zu erlangen. Nicht immer ist auf diesem Weg ein höheres Niveau der Verständlichkeit zu erzielen. Gleiche Feststellung trifft zu, wenn man die Frage beantwortet, welchen

---

[508] Vgl. *Probst/Büchel* 1998, S. 35 ff.

Beitrag eine (vermeintlich) neue Theorie zum Stand der aktuellen Diskussion vermitteln kann.

Vor diesem Hintergrund kommt der Veröffentlichung von *Wiegand* eine große Bedeutung zu. Sehr umfassend gelingt es ihm, die existierenden Theorien zur Lernenden Organisation anhand ausgewählter Ansätze in kurzer Form darzustellen und sie in ein leistungsfähiges Raster einzuordnen[509]. Dieses Raster greift Theorien auf, bei denen unterschiedliche Perspektiven (in Anlehnung an *Shrivastava*) des Organisationalen Lernens im Mittelpunkt der Betrachtungen stehen. Diese Perspektiven machen die *traditionellen Ansätze* aus, deren Vertreter n. a. *March* et al. sowie *Argyris* et al. sind.

Im Weiteren sieht das Ordnungsschema die Kategorie der *wissensbasierten Ansätze* vor, in welchen die Bedeutung von Wissen in und auch von Organisationen als Ausgangspunkt des organisationalen Lernens aber auch als Ergebnis dessen gesehen wird[510]. Prominente Vertreter sind n. a. *Duncan/Weiß* als auch *Pautzke*.

Das Schema wird erweitert durch *Ansätze zu den Lern- und Erfahrungskurven*. Hier stehen die Institutionalisierung von Wissen und die Lernprozesse der Organisationen im Zentrum des Interesses[511]. Vertreter dieser Richtung sind *Henderson, Sahal* und weitere.

Als nächstes Ordnungskriterium führt *Wiegand* die ‚*eklektischen Ansätze*' an. Hier trifft man auf das bereits vorgestellte Phänomen, dass vorhandene Ansätze aufgegriffen, neu zusammengefügt, ergänzt, modifiziert etc. werden[512]. Obwohl diese Ansätze sich oftmals durch Unstrukturiertheit und nur wenig systematische Aufbereitung des Inhalts auszeichnen, erfahren sie dennoch eine breite Rezeption in der Literatur über Organisationen. Der prominenteste Ansatz ist die Veröffentlichung von *Senge*, die dem Begriff der Lernenden Organisation, 20 Jahre nachdem er geprägt wurde, ein hohes Maß an Bedeutung verschaffen konnte. Als ein weiterer bedeutsamer Vertreter ist *Hedberg* zu nennen.

Das nächste Ordnungskriterium nach *Wiegand* sind die sogenannten *integrativen Ansätze*. Kennzeichnend für deren Vertreter ist, dass sie sich zunächst mit den zahlreichen bestehenden Veröffentlichungen zu dieser Thematik sehr intensiv auseinandersetzen und bemüht sind, über das enthaltene Wissen eine integrative Diskussion zu führen, in welche die eigenen Gedanken eingearbeitet werden. Oft ist zu erkennen, dass die Auswahl der Aspekte bereits aus der Perspektive der eigenen Anschauungen geschieht[513]. Vertreter dieses Ansatzes sind n. a. *Shrivastava* und *Fiol/Lyles*.

Im Weiteren nennt *Wiegand* das Ordnungskriterium der *systemischen bzw. systemtheoretischen Perspektive*[514]. Aus der Sicht der neueren Ansätze der Systemtheorie

---

[509] Zu den bedeutendsten Theorien vgl. *Wiegand* 1996, S. 174 ff.

[510] Vgl. *Wiegand* 1996, S. 226.

[511] Vgl. *Wiegand* 1996, S. 263.

[512] Vgl. *Wiegand* 1996, S. 273 f.

[513] Vgl. *Wiegand* 1996, S. 287.

[514] Vgl. *Wiegand* 1996, S. 301 f.

charakterisiert *Reinhardt* das Wesen der Lernenden Organisation durch die Begrifflichkeit der Selbstreferenz und Autonomie als Kriterien der *Lernfähigkeit*. Mit Verweis auf *Luhmann* stellt er heraus, dass es weniger um konkrete Gestaltungsempfehlungen gehen kann, als um die Kommunikationsfähigkeit der Organisationsmitglieder. Die Kommunikation miteinander ist der Konstituierungsmodus für die Lernende Organisation, oder, wie es *Lutz* ausdrückt: Kommunikation wird zum Organisationsprinzip[515]. Neben *Reinhardt* sind *Klimecki/Probst/Eberl*, aber auch *Steinmann/Schreyögg* Vertreter dieser Perspektive.

Das letzte Ordnungskriterium wird durch die *individualistisch-normativen Ansätze* gebildet[516]. In diesen Ansätzen drückt sich eine erkennbare Nähe zur traditionellen Organisationsentwicklung (OE) aus. Inhaltlich werden bei diesen Theorien klassische OE-Ansätze durch eklektische Integration vom Gedankengut der Lernenden Organisation (LO) angereichert. Bedeutende Vertreter dieser Richtung sind *Pedler/Boydell/Borgoyne* und auch *Garratt*.

Der Vollständigkeit halber soll nicht unerwähnt bleiben, dass es neben dem Ansatz zur Einordnung der Modelle über organisationales Lernen nach *Wiegand* auch weitere Übersichten zu den LO-Ansätzen gibt. So sind *Fiol/Leyles*, *Shrivastava* und *Daft/Huber* zu nennen, die jeweils aus unterschiedlichen Sichten die Einzelbeiträge systematisieren[517].

In den nachfolgenden Ausführungen werden in kurzen Zügen Teile dieser Theorien exemplarisch nachgezeichnet. Die Selektion soll sich dabei auf drei Theorien beschränken, die jedoch im Rahmen der Diskussion über die Lernende Organisation eine sehr bedeutende Rolle einnehmen und einen aussagefähigen Hintergrund für das Modell der Balanced Scorecard vermitteln. An geeigneter Stelle erfolgt statt umfangreicher Ausführungen der Hinweis auf die Literatur, in denen diese Theorien umfassend dargestellt bzw. zitiert sind.

Bei der im Folgenden dargestellten Auswahl handelt es sich um die Theorie von *Argyris/Schön*, die eindeutig als eine grundlegende Theorie gekennzeichnet werden darf. Nicht zuletzt der Umstand, dass – bis auf nur wenige Ausnahmen – die meisten Autoren auf diese Theorie Bezug nehmen und sie wiederholt zitieren, unterstützt diese Wahl.

Als zweites Modell soll der Veröffentlichung von *Senge* Aufmerksamkeit geschenkt werden. Die Auswahl dieser Theorie geht es nicht vordergründig auf den Inhalt zurück, sondern auf den Umstand, dass diese Publikation eine außerordentliche Vitalisierung der Diskussion der Thematik erzielen konnte.

Die dritte und letzte Theorie behandelt die Gedanken von *Pedler/Borgoyne/Boydell*. Diese Auswahl begründet sich darin, dass ein bedeutender Bestandteil dieser Theorie sich auch mit der Thematik der Strategiebildung in Unternehmen auseinandersetzt.

---

[515] Vgl. *Lutz* 1996, S. 103.

[516] Vgl. *Wiegand* 1996, S. 307.

[517] Vgl. *Stotz* 1999, S. 9 ff.

8.2.2.8.1.1 Die Theorie von *Argyris/Schön*

Das Modell von *Argyris/Schön* aus dem Jahr 1978 ist laut h. M. wohl die prominenteste Theorie zur Lernenden Organisation[518], wenngleich sie historisch nicht am Anfang der zahlreichen Publikationen steht. Die beiden Autoren betrachten in ihren Ausführungen schwerpunktmäßig die Formen und *Speichermedien* des Wissens in Organisationen und die Anlässe, Ziele und Ebenen des organisationalen Lernens. Insbesondere der letzte Aspekt, die Analyse der Lernebenen, hat weitreichende Beachtung gefunden und wird in vielfältiger Form in anderen Veröffentlichungen zitiert.

Lernprozesse finden nach Meinung der Autoren auf verschiedenen Niveaus statt und können sehr unterschiedliche Auswirkungen haben[519]. Auf jedem Niveau verläuft der Lernprozess in vier charakteristischen Stufen. Die erste Stufe besteht in der Erkenntnis eines Fehlers und der Suche dieses Fehlers durch die Mitglieder der Organisation (,*discovery*'). Der festgestellte Fehler ist eine unerwartete Folge einer Handlung, hinsichtlich derer eine andere Erwartung bestand. Die sich anschließende Aktivität ist die Entwicklung einer Lösung für den auf diesem Weg erkannten Fehler (2. Schritt: ,*invention*') worauf die Implementierung dieser Lösung (3. Schritt: ,*production*') folgt. Wiederum über Handlungen wird die Leistungsfähigkeit der gefunden Lösung herausgefunden. Gilt sie als bewährt, dann erfolgt zum Ende des Lernprozesses die Generalisierung der neuen Lösung (,*generalization*'). Bei erneutem Auftreten eines Fehlers beginnt dieser vierstufige Prozess von vorne. Ergänzt wird dieser Gedanke dadurch, dass die Organisation das Lernen auf den einzelnen Prozessstufen zunächst einmal selbst erlernen muss. Das bedeutet, dass diese Struktur aus den beschriebenen vier Prozessstufen sich auf jeder einzelnen Ebene ebenfalls vollziehen muss. *Argyris/Schön* haben dieses Modell in einer Grafik zusammengefasst (Abb. 43):

Das Handeln von Individuen erfolgt auf der Basis alltagsweltlicher Handlungs- oder Gebrauchstheorien, den sogenannten ,*theories of action*'[520]. Diese bewussten Handlungen haben ihre Basis in der kognitiven Struktur und den allgemeinen Werten von Menschen. Darin drücken sich also Normen und auch Annahmen aus, die ein Individuum begleiten und zum Handeln bewegen. Lernen bedeutet vor diesem Hintergrund, dass Wissen zunächst konstruiert und danach immer wieder bezüglich seiner Gültigkeit überprüft und bei Bedarf rekonstruiert wird. Lernen setzt also ein, wenn ein Fehler entdeckt und dann auch korrigiert wird[521]. Mit den Begrifflichkeiten von *Argyris/Schön* bedeutet das Folgendes: Handeln ist identisch mit zweckrationalem Verhalten. Dabei steht die Frage, was erreicht werden soll (= *norm*), im Vordergrund. Dem schließen sich die Überlegungen an, mit welchen Mitteln und Wegen diese Zielsetzung erreicht werden kann (= *strategy*). Letztendlich erfolgt eine Reflexion über die Wirkungszusammenhänge und und Kenntnisse (= *assumptions*) der Situation, mit deren Hilfe eine Beziehung zwischen Ziel und Verfahren hergestellt werden soll.

---

[518] Vgl. *Waren* 1996, S. 46 und *Wiegand* 1996, S. 201.

[519] Vgl. *Kleingarn* 1997, S. 82 f.

[520] Vgl. *Felsch* 1996, S. 95 ff.

[521] Vgl. *Argyris* 1997, S. 13.

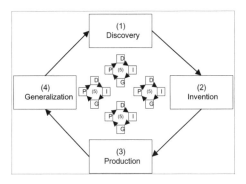

Abbildung 43: Prozess des organisationalen Lernens nach Argyris/Schön[522]

Die angesprochenen ‚*theories of action*' sind eine Form des Wissensspeichers von Individuen. Erweitert man diesen Begriff auf Organisationen, so differenzieren die Autoren die Handlungs- bzw. Gebrauchstheorien in ‚*espoused theories*' und ‚*theories-in-use*'. Die erstgenannten Theorien sind der Speicher der offiziell anerkannten und vereinbarten Handlungsmuster in Organisationen, die grundsätzliches Handeln determinieren. Ihre Intention besteht in der Annäherung der Handlungen von Organisationsmitgliedern an Unternehmensphilosophien, Visionen, Führungsgrundsätze oder auch Strategien[523].

In den ‚theories-in-use' sind die Arbeitshypothesen und praktizierten Regeln des organisationalen Gefüges hinterlegt. Sie bestehen aus Erwartungen und Wissen von Normen über richtiges Verhalten und Handeln, Regelwerken zur Vorgehensweise bei der Bewältigung von Aufgaben, Beurteilungskriterien von Erfolg und Misserfolg und dergleichen mehr. Zusammengefasst kann festgehalten werden, dass diese Theorien den Bestand an gültigen Wahrheiten über die Wirklichkeit der Organisation und ihrer Umwelt beinhalten. In ihnen ist die intersubjektiv geteilte Wirklichkeit der Organisationsmitglieder gespeichert. In Abgrenzung zu den ‚espoused theories' haben sie einen inoffiziellen Charakter[524].

Die offiziellen Theorien sind in einem Wissensspeicher hinterlegt, den *Argyris/Schön* mit dem Begriff ‚*organizational maps*' bezeichnen. Konkret können das verfügbare Richtlinien, Ausarbeitungen oder Beschreibungen sein, in denen Aktivitätsmuster hinterlegt sind. Daneben existieren – auch als Speicher organisationalen Wissens – sogenannte persönliche Bilder (‚*private images*'), in denen die Vorstellung hinterlegt ist, die sich die Mitglieder der Organisation über die Organisation selbst gemacht haben. *Argyris/Schön* stellen bezugnehmend auf diese Wissensspeicher die These auf, dass organisationales Lernen durch Veränderung dieser ‚images' und ‚maps' von-

---

[522] Vgl. *Kleingarn* 1997, S. 85.

[523] Vgl. *Waren* 1996, S. 47.

[524] Vgl. *Waren* 1996, S. 49 f.

statten geht. Ändern sich die Bilder, dann werden auch die ‚theories-in-use' diesen Veränderungen folgen. Damit werden die Bilder zum Medium des organisationalen Lernens.

Neben den Speichermedien der Organisation gilt die Aufmerksamkeit der Autoren im Weiteren den Anlässen, in denen das Lernen der Organisation stattfindet. Dieses wird sich immer dann vollziehen, wenn Mitglieder der Organisation feststellen müssen, dass die Erwartungen, bei der Orientierung an einer ‚theorie-in-use' nicht mehr zum erwarteten Ergebnis führen[525]. In diesem Fall würde die verwendete ‚theorie-in-use' in Frage gestellt unter Einbeziehung der zu Grunde liegenden ‚images' und ‚maps'. Es kommt zu einer ‚Lernschleife', in der das subjektive Wissen und die Annahmen über die Wirklichkeit rekonstruiert werden. Ggf. erfolgt eine Korrektur der ‚theories-in-use'. Abweichungen haben den Status eines Fehlers[526] und bedürfen der Aufklärung durch die Mitglieder der Organisation. Bei Korrektur sind es auch die Mitglieder, die eine neue Theorie auf der Grundlage veränderter Erwartungen und Annahmen (‚assumptions') formulieren. Das führt zu einer weiteren Erkenntnis: Organisationales Lernen findet niemals ohne individuelles Lernen statt. Die Umkehrung dieser Erkenntnis ist allerdings nicht zulässig.

Der bekannteste Teil aus der Theorie von *Argyris/Schön* sind die Ebenen des organisationalen Lernens. In Anlehnung an die Lerntheorie von *Bateson* beschreiben die beiden Autoren verschiedene Lernniveaus, die mit den Begriffen des *‚single-loop-learning'* (Abb. 44) bzw. *‚double-loop-learning'* (Abb. 45) bezeichnet werden[527]. ‚Single-loop-learning' findet dann statt, wenn Personen oder Gruppen einer Organisation Veränderungen der internen oder externen Umwelt registrieren und mit Anpassungsmaßnahmen darauf reagieren. Die ‚theories-in-use' bleiben dabei unverändert bestehen.

Abbildung 44: Single-loop-learning[528]

Beim ‚double-loop-learning' geht es nicht um Fehlererkennung und -korrektur. Auf dieser Lernebene werden Normen, Strategien oder grundsätzliche Annahmen über

---

[525] Vgl. *Waren* 1996, S. 51 f.

[526] Vgl. *Waren* 1996, S. 58.

[527] Vgl. *Waren* 1996, S. 52 ff.

[528] Vgl. *Waren* 1996, S. 54.

die Welt in Frage gestellt, verändert und in den Wissensspeicher überführt[529]. Dieser Feedback-Prozess durchläuft eine zweifache Rückkopplungsschleife. In der ersten Schleife kristallisiert sich die Erkenntnis heraus, dass einfache Anpassungsaktivitäten zu keinen umfassenden Veränderungen führen können. Das führt zur reflexiven Überprüfung der ‚theorie-in-use‘ und ggf. zur Veränderung derselben durch den Austausch von Annahmen, Normen und Strategien. Praktisch bedeutet das, dass Probleme, die wiederkehrender Natur sind, zunächst umfassend analysiert werden. Im intensiven, dialogisch-kommunikativen Prozess entsteht nachfolgend ein kollektives Verständnis darüber, warum bestimmte Ansichten entstanden sind und bis zum aktuellen Zeitpunkt beibehalten wurden. In einem weiteren Schritt erfolgt durch Kommunikation die Festlegung der neuen Ansichten, Strategien und Normen, denen man eine höhere Effizienz beimisst.

Nach *Argyris/Schön* werden Lernprozesse nur dann eine weitreichende Veränderung bewirken, wenn die ‚theories-in-use‘ der Organisation der Gegenstand der Modifikation sind. Im Unterschied zum ‚single-loop-learning‘ ist dieser Prozess ein tiefgreifender und radikaler. Er durchläuft so lange die Erprobungsschleife, bis alle behindernden und nicht mehr angemessenen ‚theories-in-use‘ erkannt und verändert wurden.

Das Modell der Lernenden Organisation wird durch eine dritte Lernebene vervollständigt. Es handelt sich um die Ebene des sogenannten ‚*deutero-learning*‘. Hier geht es um die Metaebene des Lernens, auf der man sich mit den Lernprozessen selbst auseinandersetzt. Ziel ist es, neue Lernstrategien zu entwickeln, sie bezüglich ihrer Tauglichkeit zu bewerten und sie anschließend als eine neue Norm abzuspeichern. Mit anderen Worten ausgedrückt: Man überprüft auf dieser Ebene, wie man sinnvoller, effektiver, ökonomischer und tiefgreifender lernt[530].

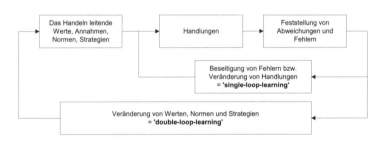

Abbildung 45: Double-loop-learning[531]

---

[529] Vgl. *Waren* 1996, S. 53 f.

[530] Vgl. *Waren* 1996, S. 56.

[531] Vgl. *Waren* 1996, S. 55.

8.2.2.8.1.2 Die Theorie von *Senge*

Anders als die meisten der Autoren, die über die Thematik der Lernenden Organisation veröffentlichen, beschreibt *Senge* in der weithin beachteten Publikation ‚*The Fifth Discipline: The Art und Practice of the Learning Organisation*‘ aus dem Jahr 1990 und ‚*The Fifth Discipline Fieldbook Strategies and Tools for Building a Learning Organization*‘ aus dem Jahr 1994 weniger eine Theorie zur Lernenden Organisation als die Vorgehensweise zur Entwicklung und Implementierung dieser Art der Organisation[532].

In der typischen Schreibweise der amerikanischen Managementliteratur schildert *Senge* fünf Methoden, im Sinne von Mechanismen und Rahmenbedingungen, zum Aufbau einer Lernenden Organisation. Eine theoretisierende Darstellung wird bewusst und durchgängig vermieden, jedoch ist erkennbar, dass diese Überlegungen auf die Theorie von *Argyris/Schön* und die Systemtheorie Bezug nehmen. Von besonderer Bedeutung der fünf genannten Disziplinen ist die letzte Disziplin, die auch namensgebend für die Publikation ist. Vom Ausgangspunkt *Senges* betrachtet ist das Betonen des Systemdenkens[533] auch besonders einsichtig. Der Ansatz von *Senge* entstammt einem Forschungsprogramm (‚*Program in Systems Thinking and Organizational Learning*‘), das vom *MIT* in Zusammenarbeit mit amerikanischen Großunternehmen durchgeführt wurde, mit der Zielsetzung, systemisches Denken in Organisationen zu untersuchen und Gestaltungsempfehlungen auszusprechen[534]. Die dahinter stehende Absicht bestand darin, neue strategische Ausrichtungen für amerikanische Unternehmungen zu finden, die sich zunehmend mehr einer nachlassenden Wettbewerbsfähigkeit, verstärktem Wettbewerbsdruck und hohen japanischen Exporterfolgen ausgesetzt sahen.

Die Forderungen in den fünf Disziplinen werden verständlich, wenn man zunächst untersucht, welche normativen Grundannahmen den Autor begleiten. *Wiegand* fasst diese Annahmen in drei Positionen zusammen. Die erste Annahme beschreibt die Entwicklung der Organisationsumwelt. *Senge* stellt heraus, dass das Produktivitätswachstum rückläufig ist, und das technologische und auch politische Umfeld durch eine extreme Dynamik beschrieben werden muss. Die zweite Annahme bezieht sich auf das Menschenbild in der Organisation. Auch hier sind Änderungen zu verzeichnen, die sich mit der Forderung nach sinnvoller Arbeit durch gewachsene individuelle Lernbedürfnisse kennzeichnen lassen. *Senge* koppelt diese Feststellung an die Lernfähigkeit der Organisation:

„*Learning Organisations are possible because, deep down, we are all learners ... (L)earning organizations are possible because not only is it nature to learn but we love to learn*".

Die letzte normative Grundannahme besteht in der Feststellung, dass die meisten Organisationen im Gegensatz zu den konstituierenden Individuen grundsätzlich erst einmal lernunfähig sind. Den Grund dafür sieht er in der hohen Komplexität der Or-

---

[532] Vgl. *Waren* 1996, S. 70.

[533] Vgl. *Senge* 1998, S. 15 f.

[534] Vgl. *Wiegand* 1996, S. 274.

ganisationen und der einseitigen Ausrichtung, die die Notwendigkeit zum Lernen nur als Manageraufgabe sieht. Daran schließt sich die Kritik an den Bestrebungen zur Verschlankung der Unternehmen an, die nicht die Lernhindernisse zum Mittelpunkt der Elimination machen. So ist auf diesem Weg in vielen Organisationen die Fähigkeit verloren gegangen, in einer lernfördernden Weise, dialogisch miteinander zu kommunizieren[535].

Die erste Disziplin auf dem Weg zur Lernenden Organisation beschäftigt sich mit der Selbstführung und Persönlichkeitsentwicklung von Menschen in Organisationen. *Senge* verwendet hierfür den Begriff der *‚personal mastery'*[536]. Obwohl dies auf Kompetenz und Fachwissen beruht, geht ‚personal mastery' über diese Qualitäten allein hinaus. Hier geht es um geistige Entfaltung, das Öffnen gegenüber Neuem, gewissermaßen um eine Lebensführung, die die eigene Arbeit als Kunstwerk bezeichnet und nicht als Pflicht deklariert. Solche Persönlichkeiten gilt es entschieden zu fördern, damit sie an ihrer Entwicklung ständig arbeiten und somit synergetische Effekte für die Organisation entstehen.

Die zweite Disziplin besteht in der Sichtbarmachung der mentalen Modelle. In diesen Modellen sind die Annahmen über die Unternehmensumwelt gespeichert, die nachfolgend zur Grundlage für das Handeln der Organisationsmitglieder und der Manager werden[537]. An dieser Stelle wird die Nähe zum Modell von *Argyris*/*Schön* besonders deutlich. Ziel muss es nach *Senge* sein, diese bestehenden *‚mental modells'* sichtbar zu machen. Ein besonderes Augenmerk liegt darin auf den Modellen, die die Entscheidungsträger der Organisation miteinander teilen. An dieser Stelle wird üblicherweise der Handlungsspielraum der Organisation auf altbewährte und vertraute Verfahren beschränkt, wenn es nicht zur Etablierung neuer, leistungsfähigerer Modelle kommt[538].

Die dritte Disziplin ist die Entwicklung sogenannter *‚shared visions'*. *Senge* legt Wert darauf, dass eine gemeinsame Vision weit mehr ist, als bloß eine Idee. Eine Vision ist eine innere Bewegkraft für Menschen, während Ideen, wenn sie nicht gelebt werden, zu einer Abstraktion verkümmern können[539]. Visionen sind Bilder der Zukunft. Zielsetzung ist, dass sie von möglichst vielen Mitgliedern der Organisation verinnerlicht und auch geteilt werden. Entfaltet sich die beschriebene Kraft in der Organisation, dann wird das Erreichen der Vision in gemeinsamer Mission verfolgt. Die Verbreitung von Visionen in der Organisation vollzieht sich in einem Verstärkungsprozess, der die Komponenten ‚Kommunikation und Begeisterung' enthält. Je mehr man in Organisationen über Visionen redet, umso größer wird sich die gemeinsame Klarheit hierüber, Begeisterung und das Engagement ausbreiten[540]. Die Begriffe Kommunikation, Klarheit, Begeisterung und Engagement sind systemisch miteinander verbunden. *Senge* geht dabei soweit, zu sagen, dass der Disziplin eine entscheidende Stüt-

---

[535] Vgl. *Wiegand* 1996, S. 274 f.

[536] Vgl. *Senge* 1998, S. 173 ff.

[537] Vgl. *Waren* 1996, S. 71.

[538] Vgl. *Senge* 1998, S. 228 f.

[539] Vgl. *Senge* 1998, S. 251 f.

[540] Vgl. *Senge* 1998, S. 277 f.

ze fehlt, wenn man den Prozess der Entwicklung einer gemeinsamen Vision vom Gedanken der Systemtheorie trennt. Lineare Denkprozesse und reaktives Managerverhalten verhindern das Entwickeln gemeinsamer Visionen[541] und damit auch das Ausrichten einer Organisation auf die Belange und Anforderungen der Zukunft, also einer strategischen Ausrichtung.

Die vierte Disziplin besteht in der Einrichtung von Teams als Lerneinheiten. *Senge* spricht in diesem Zusammenhang recht pathetisch von ,*Weisheitsteams*'. Bedeutsam ist, dass nicht das individuelle Lernen Grundlage zum Aufbau der Lernenden Organisation sein kann. Das Lernen im Team, das drei wichtige Bereiche umfasst, ist der Schlüssel für diese Aufgaben. Der erste Bereich ist die Erkenntnis, dass das gemeinsame Nachdenken aller die größte Menge an Wissen bereitstellen kann[542]. Zum anderen wächst auch die Notwendigkeit zum innovativen und koordinierten Handeln. In einem koordinierten und effektiven Team besteht zudem ein Vertrauensverhältnis – *Senge* spricht vom Arbeitsvertrauen – zwischen den Mitgliedern dieses Teams. Jeder ist sich seiner Teamkollegen bewusst und jeder kann auch fest davon ausgehen, dass alle sich gegenseitig bestmöglich ergänzen. Drittens, und nicht zuletzt, geht von einem Team eine Wirkung auf andere Teams aus. Das bedeutet im Idealfall, dass ein lernendes Team auch andere Teams bezüglich der Lernprozesse fördert. In Anlehnung an ein Zitat von *Heisenberg, „... Wissenschaft entsteht im Gespräch ...*" wird zum zentralen Element dieser Disziplin der Dialog bzw. die Diskussion. *Heisenberg* belegte diese Aussage seinerzeit mit zahlreichen Gesprächen, die er mit bedeutenden Physikern wie *Pauli, Einstein, Bohr* und anderen geführt hat, die der traditionellen Physik in der ersten Hälfte des zwanzigsten Jahrhunderts nachweislich entscheidend Richtung verleihen konnten. *Senge* folgert daraus das große Potential des kollektiven Lernens. Der Intelligenzquotient (IQ) des Teams kann durch Dialog und Kommunikation weitaus höher sein, als der IQ einzelner Teammitglieder.

Wie der Ausgangspunkt der Untersuchung von *Senge* schon determiniert, ist das Systemdenken (,*system thinking*') die integrative Klammer der zuvor beschriebenen Disziplinen und auch gleichzeitig die namensgebende fünfte Disziplin. Innerhalb der recht vielfältigen Sichtweisen der Systemtheorie[543] folgt *Senge* einer neueren Sichtweise. Ziel dieser Sichtweise ist es, die hohe Komplexität der Beziehungen und Prozesse in Organisationen bewältigen zu können[544]. Der Autor beschreibt die von ihm gewählte systemische Perspektive mittels dreier Grundbausteine, die jeder für sich einen kausalen Kreislauf darstellen, und neun sogenannter System-Archetypen, in denen typische Verläufe und Abfolgen in Systemen vordefiniert sind. Damit legt er gewissermaßen ein Instrumentarium und Vokabular gleichermaßen zu Grunde, um Ereignisse in Organisation besser wahrzunehmen, zu bezeichnen und dann auch besser darauf einwirken zu können. Die Realität besteht aus Kausalkreisen und nicht aus linearen Beziehungen. Ihr Wesen zu verstehen, erfolgt in Feedbackprozessen,

---

[541] Vgl. *Senge* 1998, S. 282 f.

[542] Vgl. *Senge* 1998, S. 288.

[543] Vgl. Kapitel 8.2.7.

[544] Vgl. *Waren* 1996, S. 72 ff.

die aus systemischer Sicht immer in zwei Richtungen verlaufen. Alles ist Ursache und Wirkung zugleich[545].

8.2.2.8.1.3 Die Theorie von *Pedler/Burgoyne/Boydel*

Nach dem Einteilungsraster von *Wiegand* ist der Ansatz von *Pedler* et al. den individualistisch-normativen Ansätzen zuzurechnen. *Wiegand* räumt ein, dass es sich bei dieser Einteilung um seine persönliche Bewertung handelt, die höchstwahrscheinlich von den Autoren nicht geteilt wird. Er antizipiert ihre persönliche Einordnung als genuinen Ansatz[546]. Ursache für die Einordnung nach *Wiegand* ist die Erkenntnis, dass das Modell sehr stark auf klassischen OE-Ansätzen aufbaut, die durch eklektische Anreicherung mit LO-Gestaltungsansätzen zu einer neuen Theorie integriert werden.

Der im Mittelpunkt stehende OE-Ansatz ist das Konzept der *Management-Selbstentwicklung*. Damit wird die Ausrichtung verfolgt, dass Gruppen und Teams in der Organisation – also nicht die gesamte Organisation en bloc – sich einer kontinuierlichen Selbsttransformation unterziehen. Der Fokus auf Gruppen und Teams, und nicht auf die ‚radikale' und umfassende Veränderung der gesamten Organisation, legt die Nähe zur klassischen OE offen[547].

Pedler et al. definieren das Lernende Unternehmen als Organisation, die das Lernen sämtlicher Organisationsmitglieder ermöglicht und die sich kontinuierlich selbst transformiert[548]. Damit ist die Organisation mit folgenden Merkmalen charakterisiert:

- Es existiert ein positives Lernklima, das jedes Mitglied der Organisation durch Berücksichtigung des individuellen Lern- und Leistungspotentials integriert.

- Es existiert eine Lernkultur, die auch die bedeutenden ‚stakeholder' der Unternehmung einbezieht[549].

- Zentrale Intention der Geschäftspolitik ist die Entwicklung einer ‚Human Ressource Development'-Strategie.

- Individuelle Lernprozesse verlaufen reflexiv.

Die Veröffentlichung von *Pedler* et al. hat den Charakter, eine Sammlung von Kurzgeschichten bzw. Karten zu sein, die den Weg zum Lernenden Unternehmen kennzeichnen und ermutigen, ihn zu beschreiten[550]. Als theoretischen Bezugsrahmen fin-

---

[545] Vgl. *Senge* 1998, S. 95 f.

[546] Vgl. *Wiegand* 1996, S. 307.

[547] Vgl. *Wiegand* 1996, S. 308.

[548] Vgl. *Stotz* 1999, S. 33 und *Wiegand* 1996, S. 307.

[549] Vgl. *North* 1998, S. 36.

[550] Vgl. *Waren* 1996, S. 78 ff.

det man die Überlegungen von *Argyris/Schön*, *Senge* aber auch *Peters/Waterman* und anderen wieder. Entsprechend vielschichtig sind die dargestellten Dimensionen und Merkmale, denen die Autoren zusätzlich 101 Empfehlungen zur Entwicklung dieser Organisationsform anfügen. In diesen Empfehlungen finden sich nahezu aus allen aktuellen Diskussionen über moderne Management- und Unternehmensführungstechniken die zentralen Schlagworte wieder.

Die elf Dimensionen einer Lernenden Organisation sind von den Autoren in eine Beziehung gesetzt worden, die die Zuordnung zu fünf Begriffsebenen vorsieht. Diese elf Merkmale stammen von in der Literatur dargestellten Forschungsarbeiten und auch aus Interviews mit Führungskräften. Die Zuordnung erfolgt zu fünf Begriffsebenen, deren zentraler Punkt die Struktur ist. Den Rahmen für die Struktur des Unternehmens bilden der Blick nach außen und der Blick nach innen. Als weiterer Rahmen sind die Begriffe Strategie und Lernmöglichkeiten zu sehen. Sie sind nach Auffassung der Autoren die spiegelbildlichen Folgerungen aus den beiden Blickrichtungen.

Eine Dimension des Lernenden Unternehmens ist es, dass die Strategieformulierung ein umfassender und experimenteller Lernprozess ist und auch organisatorisch als solcher betrachtet wird.

Die zweite Dimension besteht in der partizipativen Unternehmenspolitik. Diese ist dann gewährleistet, wenn allen ‚stakeholder' im gebührenden Umfang die Möglichkeit eingeräumt wird, die Unternehmensentscheidungen mit zu beeinflussen.

Die dritte Dimension beschreibt den freien Informationsfluss. Hier drückt sich auch die Forderung der umfassenden Nutzung der Informationstechnologie aus.

Als vierte Dimension sehen die Autoren ein formatives Rechnungs- und Kontrollwesen. Diesbezüglich besteht die Intention der Unterstützung in den Lernprozessen durch die Daten der genannten Informationsbasen.

Die fünfte Dimension ist der interne Austausch zwischen den Einheiten der Organisation. Diese Sicht bezieht außerdem die Kunden und Lieferanten mit ein.

Die sechste Dimension fordert eine flexible Vergütung, bei der es um ein leistungsorientiertes Vergütungssystem geht.

Die qualifizierenden Strukturen als siebte Dimension drücken eine Prozessorientierung aus. Damit wird die Sicht der Kunden-Lieferantenbeziehung für die internen Strukturen übernommen. Der nachfolgende Prozess im Unternehmen ist der Kunde des vorangegangenen Prozesses, dessen Anforderungen zufriedengestellt werden müssen. Dennoch sollen die Strukturen immer noch den Freiraum für persönliche Entwicklungen lassen.

Die achte Dimension der Umfeldkontakte für die strategische Frühaufklärung besteht in der systematischen Datenerhebung und Informationssammlung der relevanten Umwelt. Diese Aufgabe kann von spezialisierten Stellen wahrgenommen werden aber auch von allen Mitarbeitern, die externe Kontakte zu Marktpartnern wie Lieferanten, Kunden etc. haben.

Die neunte Dimension fordert das firmenübergreifende Lernen. Z. B. über das Benchmarking erfolgt die Einbeziehung der Kunden oder Konkurrenten in den Lernprozess durch Vorgabe eines hohen, aber realistischen Leistungsniveaus.

Die zehnte Dimension beschreibt das Lernklima. Dieses Klima muss zur Experimentierfreudigkeit einladen, auch unter der Maßgabe, dass Experimente in Fehler münden könnten.

Die elfte und letzte Dimension besteht in der Forderung der Selbstentwicklungsmöglichkeit für alle Mitglieder der Organisation. Hier geht es um ,angemessene Führung' und ,konstruktive Feedbackprozesse', wie sie z. B. durch Workshops, autodidaktische Lernunterlagen und Kurse vermittelt werden können. Diese Stufe stellt zugleich das höchste Zufriedenheitsniveau nach der Bedürfnispyramide nach Maslow dar[551].Das Modell wird von den Autoren als ,Blaupause' (blueprint) zum Modell der Lernenden Organisation bezeichnet. Die skizzenhaften Erläuterungen, zu denen auch die Autoren kaum darüber hinaus gehende und vertiefende Erklärungen geben, sind in Abbildung 46 zusammengefasst.

8.2.2.8.2 Fazit aus den Theorien zur Lernenden Organisation

Wenngleich der vermittelte Überblick über einige wenige Modelle und Theorien zu dem Wesen der Lernenden Organisation nur einen Eindruck über den Stand der Diskussionen vermitteln kann, so wird dennoch hinreichend deutlich, dass jede verfügbare Definition nur als Partialansatz aufgefasst und verstanden werden kann. Somit ist es zum genauen Verständnis unumgänglich, bei jedem Ansatz nach der gedanklichen Basis und der Intention der Ausführungen zu fragen. Erst dadurch wird sich die Ausrichtung der Definition, die mitunter auch sehr einseitig verlaufen kann, und deren Bedeutung erschließen.

Worin besteht also die Bedeutung der Lernenden Organisation? Der hier vorliegenden Arbeit wird die Auffassung zu Grunde gelegt, dass durch Etablierung der Lernenden Organisation ein Unternehmen nachhaltig einen effizienten Wettbewerbsvorteil gegenüber Konkurrenten erzielen kann. Vor dem Hintergrund dieser Äußerung verliert die von manchen Autoren beschriebene instrumentale Ausrichtung des Konzepts an Bedeutung. Lernende Organisationen können nach dem Prinzip der Gruppenarbeit ausgerichtet sein, können JIT-Konzepte präferieren, können sich an der KVP- oder Kaizen-Philosophie orientieren[552] etc., aber keiner der genannten Aspekte ist verbindlich und keiner der genannten Aspekte definiert die Vision der Lernenden Organisation. Die Ausgestaltung ist optional.

---

[551] Vgl. zur ,Bedürfnishierarchie von Maslow' Scholz 2000, S. 878 ff.

[552] Vgl. Rudolph 1997, S. 203.

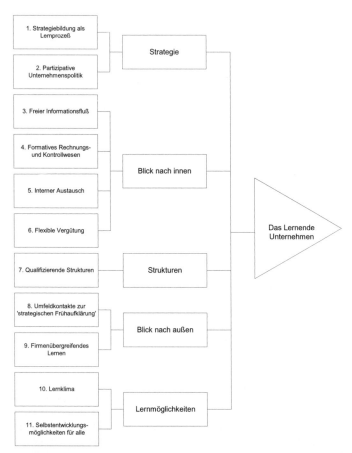

Abbildung 46: Blueprint zum Modell der Lernenden Organisation[553]

Was macht also das Wesen einer Lernenden Organisation aus? Nach eigener Auffassung ist das Prinzip eine Denkhaltung, gewissermaßen eine Einstellung und Sichtweise der Mitglieder zu ihrer Organisation, zum Umfeld der Organisation und nicht zuletzt auch zu sich selbst. Das Modell der Lernenden Organisation ist der dazugehörige Integrationsansatz. Hierbei werden Mitarbeiterpotentiale, wie die Fähigkeit und die Begeisterung zu lernen, Visionen zu entwickeln, kreativ zu sein etc. in eine Vertrauens- und Kommunikationskultur zu einem neuen Organisationskonzept integriert. Vor dieser Perspektive wird verständlich, dass eine Lernende Organisation existiert, wenn die dargestellte Denkhaltung und die beschriebene Unternehmenskultur gleichermaßen vorhanden sind. Sie hört auf zu existieren, wenn eine der Kompo-

---

[553] Vgl. *Pedler/Burgoyne/Boydell* 1994, S. 44 .

nenten verloren geht. An dieser Feststellung würde sich auch nichts ändern, wenn einzelne Instrumente der möglichen Ausgestaltung im Unternehmen fortgeführt würden. Eine Lernende Organisation ist ein dynamisches Konzept und lebt von der Antriebskraft dieser beiden Komponenten; die Lernende Organisation ist als Prozess zu sehen.

Zum weiteren Verständnis ist eine zusätzliche Sichtweise hinzuzufügen: Nicht von ungefähr weisen bedeutende Theorien zur Lernenden Organisation eine Schnittstelle zur Systemtheorie (z. B. *Senge*) auf. Der Erfolg der Vision der Lernenden Organisation wird nicht durch das Konstatieren linearer Wirkungszusammenhänge erzielt werden. Er wird sich nur einstellen, wenn die Interdependenzen und rekursiven Beziehungen aller Systemelemente untereinander zunächst gedanklich zugelassen und dann auch – soweit sie sich erschließen lassen – gezielt genutzt werden.

Vor diesem Hintergrund soll eine *eigene Definition* über die Lernende Organisation hinzugefügt werden:

Lernende Organisation ist eine von der Systemtheorie geprägte Denkhaltung zur Aktivierung von Mitarbeiterpotentialen auf der Basis einer Kommunikations- und Vertrauenskultur in organisationalen Gebilden. Das Prinzip ist mit einem unendlichen Prozess vergleichbar, der eine permanent strategische, operative und auch taktische Ausrichtung der Organisation zur Folge hat.

Durch die in der Definition ausgedrückte Sichtweise ist dann auch die gedankliche Nähe zum Konzept der Balanced Scorecard unmittelbar einsichtig: Im traditionell hierarchisch angelegten Prozess der Strategieformulierung und -implementierung mangelt es nach *Kaplan/Norton* an einem effizienten Feedback-Prozess. Rückkopplungen erfolgen lediglich auf der operativen Ebene im Sinne des beschriebenen ‚single-loop-learning'. Das Konzept der Balanced Scorecard fordert jedoch, Rückkopplungen in Bezug auf die strategische Ausrichtung vorzunehmen, im Sinne des ‚double-loop-learning', um dadurch einen strategischen Lernprozess in Gang zu setzen[554].

Die Beziehung zwischen Strategie und Lernender Organisation kommt in dieser Betrachtung zum Ausdruck. Wie bereits ausgeführt, ist die Lernende Organisation der Bezugsrahmen für die Entwicklung von Strategien. In den vorstehenden Kapiteln konnte herausgestellt werden, dass die Dynamik der Unternehmensumwelt besondere Anforderungen an den Strategiebildungsprozess stellt.

8.3 Das *Horváth & Partner*-Modell zur Implementierung einer Balanced Scorecard

Umsetzungen und Einführungen der Balanced Scorecard hat es seit Existieren des Modells in zahlreichen Unternehmen unterschiedlichster Branchen gegeben. Die Vorgehensweise dazu mag durchaus unterschiedlich gestaltet worden sein. Es existieren zahlreiche Empfehlungen für die wirkungsvolle Gestaltung und Einführung ei-

---

[554] Vgl. *Weber/Schäffer* 1999, S. 7.

ner Balanced Scorecard[555]. In den nachfolgenden Ausführungen soll ein Handlungsrahmen daraus vorgestellt werden, der von Unternehmensberatern entwickelt wurde
und in mehr als 100 Beratungsprojekten verifiziert bzw. modifiziert werden konnte. Es
handelt sich um den Ansatz der Unternehmensberatung *Horváth & Partner*, die im
Zuge ihrer Beratungen ein Fünf-Phasen-Schema für die Implementierung einer Balanced Scorecard in Unternehmen entwickelt hat. Das von den Beratern entwickelte
Schema erhebt nach Einschätzung der Autoren den Anspruch, der ‚Praktikerleitfa-
den' im deutschen Sprachraum zur Entwicklung und Implementierung der Balanced
Scorecard zu sein[556]. Der Grad der Verbreitung und der Akzeptanz dieses Konzepts
rechtfertigt diese Sichtweise.

Das nachfolgend skizzierte Schema orientiert sich am klassischen Aufbau der Balanced Scorecard nach *Kaplan/Norton*. Ziel der Darstellung ist, den Inhalt und die Bedeutung der einzelnen Phasen hervorzuheben[557].

Horváth & Partner gehen analog zu *Kaplan/Norton* von der Prämisse aus, dass die
Balanced Scorecard ein *Managementsystem* begründet und gegebenenfalls das im
Unternehmen vorhandene System modifiziert oder sogar ablöst. Entsprechend dieser Vorstellung reicht es nach Ansicht der Verfasser nicht aus, einige Perspektiven
zu wählen, sie mit Kennzahlen zu hinterlegen und deren Ursache-/Wirkungsketten zu
kommunizieren. Vielmehr geht es um tiefgreifende Veränderungen.

Das *Phasen-Schema* nach *Horváth & Partner* ist zum besseren Überblick in Abbildung 47 wiedergegeben.

Neben der formalen Festlegung erfolgt in dieser Phase bereits auch eine inhaltliche
Festlegung. Es gilt die Frage zu beantworten, wie viele und welche Perspektiven der
zu entwickelnden Balanced Scorecard bearbeitet werden sollen und welche Organisationsebenen und Unternehmenseinheiten eine Balanced Scorecard erhalten sollen[558].

8.3.1 Phase 2: Strategische Grundlagen klären

Im Regelfall wird man bei der Klärung der strategischen Grundlagen immer von einer
bestehenden Strategie ausgehen. Das entkräftet jedoch nicht die Aussage, dass die
Balanced Scorecard auch ein Instrument zur Strategieentwicklung ist. Dieser Aspekt
kommt aber üblicherweise durch Feedback-Kopplungen und Management-Reviews
erst in den Folgeperioden zum Tragen.

---

[555] Vgl. dazu auch *Kaplan/Norton* 1997, Kapitel 13.

[556] *Horváth & Partner* 2001, S. V f.

[557] Zur ausführlichen Vorgehensweise vgl. *Horváth & Partner* 2001, Kapitel drei bis sieben.

[558] Vgl. *Horváth & Partner* 2001, S. 63.

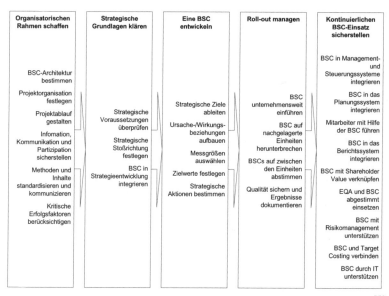

Organisatorischen Rahmen schaffen	Strategische Grundlagen klären	Eine BSC entwickeln	Roll-out managen	Kontinuierlichen BSC-Einsatz sicherstellen
				BSC in Management- und Steuerungssysteme integrieren
BSC-Architektur bestimmen				
Projektorganisation festlegen		Strategische Ziele ableiten	BSC unternehmensweit einführen	BSC in das Planungssystem integrieren
Projektablauf gestalten	Strategische Voraussetzungen überprüfen	Ursache-/Wirkungs- beziehungen aufbauen	BSC auf nachgelagerte	Mitarbeiter mit Hilfe der BSC führen
Infomation, Kommunikation und Partizipation sicherstellen	Strategische Stoßrichtung festlegen	Messgrößen auswählen	Einheiten herunterbrechen	BSC in das Berichtssystem integrieren
Methoden und Inhalte standardisieren und kommunizieren	BSC in Strategieentwicklung integrieren	Zielwerte festlegen	BSCs auf zwischen den Einheiten abstimmen	BSC mit Shareholder Value verknüpfen
Kritische Erfolgsfaktoren berücksichtigen		Strategische Aktionen bestimmen	Qualität sichern und Ergebnisse dokumentieren	EQA und BSC abgestimmt einsetzen
				BSC mit Risikomanagement unterstützen
				BSC und Target Costing verbinden
				BSC durch IT unterstützen

Abbildung 47: Fünf Phasen zur Implementierung einer Balanced Scorecard[559]

Von besonderer Bedeutung und entscheidend für das erfolgreiche Einführen einer Balanced Scorecard ist die Verständigung auf eine einheitliche und von allen Organisationsmitgliedern getragene *Strategie*. Sofern diese erst noch entwickelt werden muss, erfolgt zunächst die strategische Analyse von Chancen und Risiken, Stärken und Schwächen, Lebenszyklusphasen der strategischen Geschäftseinheiten und deren kritischen Erfolgsfaktoren. Erst dann werden in einem zweiten Schritt die strategischen Stoßrichtungen auf der Grundlage der durchgeführten Analysen festgelegt[560].

8.3.2 Phase 3: Eine Balanced Scorecard entwickeln

Das Entwickeln einer Balanced Scorecard erfolgt bezogen auf die strategisch abgrenzbare Organisationseinheit bzw. strategische Geschäftseinheit. Unter Umständen kann es sich dabei auch um das Gesamtunternehmen handeln. *Horváth & Partner* betonen aus den gemachten Erfahrungen, dass als Grundlage dieser Phase verschiedene Voraussetzungen bereits eindeutig geklärt sein müssen. Dazu zählen:

---

[559] Vgl. *Horváth & Partner* 2001, S. 62.

[560] Vgl. *Horváth & Partner* 2001, S. 66 f.

- „Festlegungen über die Balanced Scorecard-Grundarchitektur (Perspektiven etc.),

- ein informiertes und motiviertes Top-Management-Team,

- klare Abläufe und Methodenstandards (Phase 1) und

- die dokumentierte Strategie"[561].

Es schließt sich dann der Kern der *Balanced Scorecard-Implementierung* an. Wiederum bezogen auf die strategische Geschäftseinheit werden die strategischen Ziele konkretisiert. Im Weiteren ist es notwendig, die Verknüpfung der strategischen Ziele untereinander durch sogenannte Ursache-/Wirkungsketten herzustellen. Diese Ketten spiegeln die Kausalität der Strategiekomponenten wider. Danach erfolgt die Auswahl der Messgrößen und deren Zielwerte und letztendlich die Auswahl der strategischen Maßnahmen.

Bei der Auswahl der Messgrößen gilt es zu berücksichtigen, dass nur solche Größen wirklich in Frage kommen, die in der Lage sind, das Verhalten der Organisationsmitglieder im Sinne des Strategieziels zu steuern. Ihre Aussage muss zudem die Möglichkeit bieten, sich über den gewünschten Zielerreichungsgrad zu informieren.

Das Festlegen von Zielgrößen ist Aufgabe des Top-Managements der entsprechenden strategischen Geschäftseinheit. Sofern Zielvereinbarungen im Sinne eines Anreizsystems für die Organisationsmitglieder geschaffen werden, kommt diesen Größen eine weitere entscheidende Bedeutung zu[562].

Strategische Aktionen und Projekte sollen dazu geeignet sein, einen Beitrag zur Ergebniserzielung zu leisten. Diese Forderung klingt unmittelbar einleuchtend, aber in der Praxis hat sich herausgestellt, dass aktive Projekte in Unternehmen nicht zwangsweise mit den strategischen Zielen korrespondieren müssen.

Die Dokumentation dieser Schritte ist von entscheidender Bedeutung für die Kommunikation der Strategie und für ein sich anschließendes *Monitoring* der Strategieumsetzung[563].

8.3.3 Phase 4: Den Roll-out managen

In dieser Phase geht es um mehr, als nur die Prozessstufen der vorherigen Phasen auf alle strategischen Geschäftseinheiten anzuwenden, damit ein einheitliches Strategieverständnis entsteht und vom Monitoring profitiert. Ein erfolgreicher Roll-out führt zu einer qualitativen Verbesserung des unternehmensweiten strategischen Managements.

---

[561] Vgl. *Horváth & Partner* 2001, S. 67.

[562] Zur Verbindung des Scorecard-Instrumentariums mit Anreizsystemen vgl. *Grüner* 2001, S. 218 ff.

[563] Vgl. *Horváth & Partner* 2001, S. 67 ff.

Im Zuge dieser Forderung gilt es, sowohl Ziele als auch strategische Aktionen aus den übergeordneten Bereichen in die darunter liegenden herunterzubrechen. Dieser Vorgang bezeichnet die *vertikale Integration* der strategischen Ziele.

Im Weiteren müssen die Ziele der Organisationseinheiten, die auf der selben Hierarchieebene sind, aufeinander abgestimmt werden, was einer horizontalen Zielintegration gleich kommt[564].

8.3.4 Phase 5: Den kontinuierlichen Balanced Scorecard-Einsatz sicherstellen

An dieser Stelle ist der Vorgang einer erfolgreichen Implementierung der Balanced Scorecard noch nicht abgeschlossen. Würde man dieses unterstellen, dann wäre in den Phasen 1 bis 4 zwar eine einmalige Fokussierung auf die Strategie erfolgt, ein kontinuierlicher Prozess wäre jedoch nicht gegeben. Gerade darin aber liegen die Forderungen an eine strategiefokussierte Organisation. Alle Entscheidungen und Verhaltensweisen sollen dauerhaft auf die aktuelle Strategie ausgerichtet sein.

Damit die Intention der Einbindung der Balanced Scorecard in das Management- und Steuerungssystem der Organisation erfüllt werden kann, müssen mehrere Erfolgsfaktoren ineinander greifen. Dazu zählen:

- *„Ein Controlling, das die konsequente Umsetzung der strategischen Ziele und Aktionen aus der Balanced Scorecard verfolgt,*

- *die Integration der Balanced Scorecard in die strategische und operative Planung zur kontinuierlichen Anpassung der Balanced Scorecard an die neue Strategie und zur passgenauen Transformation der operationalen Ziele und strategischen Aktionen in die Jahresplanung und Budgetierung,*

- *die Integration des Berichtwesens, um ein laufendes Monitoring der Zielerreichung zu erhalten und*

- *die Integration in das System der Mitarbeiterführung zur Verankerung der operationalen Ziele und strategischen Aktionen in persönlichen Zielvereinbarungen"[565].*

Die Autoren sehen im Balanced Scorecard-Konzept deutliche Schnittstellen zu anderen betriebswirtschaftlichen Modellen, wie z. B. im Shareholder Value-Ansatz, Target Costing, Qualitätsmanagement und Risikomanagement. Diese Modelle dürfen zuletzt nicht „inselartig" nebeneinander stehen, sondern es gilt, ihre ergänzenden Aspekte und ihre Überschneidungen miteinander zu vernetzen.

Nicht zuletzt benötigt die Implementierung eine wirkungsvolle *IT-Unterstützung*. Insbesondere dann, wenn eine Organisation mit mehrere Scorecards arbeitet, wird die

---

[564] Vgl. *Horváth & Partner* 2001, S. 70.

[565] Vgl. *Horváth & Partner* 2001, S. 71.

Fülle der zu gewinnenden Informationen nur noch über geeignete Systeme beherrschbar sein[566].

8.4 Alternative Gestaltungsansätze und deren konzeptionelle Grundlagen

Über die Ausgestaltung des Balanced Scorecard-Konzepts existieren mittlerweile in der Literatur zahlreiche Gestaltungsansätze. Sie gehen von einer kritischen Sicht der Leistungsfähigkeit und der Eignung hinsichtlich bestimmter Aufgabenstellungen aus und postulieren die Notwendigkeit der Modifikation bzw. Erweiterung des Modells von *Kaplan/Norton*.

In nachfolgenden Kapiteln werden verschiedene dieser Ansätze dargestellt, da Aspekte daraus von Bedeutung für das Entwickeln eines eigenen Balanced Scorecard-Ansatzes für die Abfallwirtschaft sind.

Im Einzelnen handelt es sich um die Ansätze von *Weber/Weißenberger/Liekweg* und von *Reichmann*, deren Modifikation in der Integration der Risikobetrachtung und bei *Reichmann* zusätzlich in der Wertorientierung der Finanzkennzahlen liegt.

Im Weiteren erfolgt die Darstellung des Ansatzes von *Figge/Hahn/Schaltegger/Wagener*, die die Controlling-Eignung des Balanced Scorecard-Konzepts für die strategische Ausrichtung von Organisationen hinsichtlich Nachhaltigkeitsgesichtspunkten nachweisen.

Der sich anschließende Komplex behandelt das Controlling in Unternehmensnetzwerken. Drei Ansätze werden in diesem Zusammenhang diskutiert, nämlich die von *Weber/Bacher/Gebhardt/Voss* sowie *Jehle/Stüllenberg/Schulze im Hove* und *Lange/Schaefer/Daldrup*. Die beiden erstgenannten Modelle beziehen sich dabei auf Sonderformen des Netzwerkes. Hier geht es um die vertikale Integration (beginnend bei Lieferanten bis hin zu Entsorgern) von Unternehmen zu einem Netzwerk, was dem Supply Chain-Modell entspricht.

8.4.1 Der Ansatz von *Weber/Weißenberger/Liekweg*

Das von *Weber* et al. konzipierten Modell der Balanced Scorecard[PLUS] stellt einen integrativen Ansatz dar:

Ausgehend von den Anforderungen, die das KonTraG[567] den Unternehmen auferlegt, fordern die Autoren, analog zu den Ausführungen *Reichmanns*[568], das Risikomana-

---

[566] Vgl. *Horváth & Partner* 2001, S. 70 ff.

[567] Vgl. Kapitel 8.4.3.

[568] Vgl. Kapitel 8.4.2.

gement[569] der Unternehmung und die Möglichkeiten der Balanced Scorecard zu verbinden[570].

Diese Forderung ist Teil des Gedankengangs, einen Handlungsrahmen für die Implementierung eines Risikomanagementsystems zu erstellen, das zu gleichen Teilen den Anforderungen der gesetzlichen Regelung gerecht wird, und die nachhaltige Erwirtschaftung von Erträgen im Rahmen einer wertorientierten Unternehmensführung unterstützt[571].

Es gehört unumgehbar zu den unternehmerischen Aufgaben, Chancen zu erkennen und zu nutzen, dabei aber auch im kalkulierten Umfang Risiken einzugehen. Beides ist untrennbar miteinander verbunden. Aus diesem Grund würde die Unternehmenssituation auch nicht hinreichend abgebildet, wenn man die Anforderungen des Risikomanagements nur dahingehend interpretieren würde, aus ihnen die Warnfunktion abzuleiten. An dieser Stelle erfolgt die Erweiterung der Anforderungen, die sich aus Sicht der Autoren als Folge aus dem *KonTraG* ergeben. Das KonTraG legt den Fokus der Betrachtung auf die Risiken im negativen Sinn. Konkret bedeutet das, dass es um die Vermeidung von Gefahren für die Vermögens-, Finanz- oder Ertragslage geht. Eine systematische Einbeziehung von Chancen wird nicht ausdrücklich gefordert. Gerade aber in der Ausgewogenheit beider Betrachtungen liegt das unternehmerische Erfolgspotential. Ansonsten ist die Wahrscheinlichkeit sehr groß, dass das Handeln der Organisation auf das Ausweichen der Folgen von Risiken fixiert ist: Es besteht quasi in einer Vermeidungsstrategie, was mit dem Gedanken des Shareholder-Value kollidiert[572].

Im Weiteren fordern *Weber* et al., dass das Risikomanagement kein in sich geschlossenes Instrument neben anderen Führungsinstrumenten sein darf. Die integrative Klammer über die formulierten Forderungen sehen die Autoren im Vorschlag eines *Risk Tracking and Reporting*[573] als umfassenden prozessualen Ansatz, der alle bestehenden unternehmerischen Planungs-, Informations- und Kontrollprozesse und das Chancen- und Risikomanagement integriert[574].

Der RTR-Prozess beginnt mit der *Chancen-/Risiken-Strategie* des Unternehmens. In dieser Strategie legt das Management der Organisation fest, welche risikopolitischen Ziele existieren, wie Chancen und Risiken zu steuern sind und schließlich wie darüber zu berichten ist. Weniger relevante Chancen und Risiken werden an dezentrale Bereiche delegiert, wo sie dann entsprechend der formulierten Strategie behandelt werden. Als weiterer Prozessschritt schließt sich die *Chancen-/Risiken-Identifikation* und die *Chancen-/Risiken-Bewertung* an, die, wann immer dieses möglich ist, vor-

---

[569] Nach *Erdenberger* versteht man unter Risikomanagement „... *die Diagnose (Erkennung, Messung, Analyse, Bewertung), Steuerung und Überwachung aller bedrohenden Verlustgefahren einschließlich der Entscheidung von vorbeugenden Maßnahmen zur Abwehr und Begrenzung der Risiken*". Vgl. *Erdenberger* 2001, S. 14.

[570] Vgl. *Weber/Schäffer* 2000, S. 73.

[571] Vgl. *Weber/Weißenberger/Liekweg* 1999, S. 9.

[572] Vgl. *Weber/Weißenberger/Liekweg* 1999, S. 10 f.

[573] Nachfolgend RTR genannt.

[574] Vgl. *Weber/Weißenberger/Liekweg* 1999, S. 11.

zugsweise quantifiziert zu erfolgen hat. Die Ergebnisdarstellung erfolgt in der *Chancen-/Risiken-Berichterstattung*, die wiederum die Grundlage für die anschließend folgende Steuerung ist, aber auch Rückkopplungseffekte für die formulierte Risikostrategie liefert. Der prozessuale Charakter des RTR wird damit deutlich. Die sich permanent ändernden Rahmenbedingungen einer Organisation und die damit verbundene Änderung in der Chancen- und Risiken-Struktur kann nicht durch das einmalige Durchlaufen dieser Schritte sichergestellt werden[575].

Die Überwachung des Prozesses ist Aufgabe des Managements der Unternehmung. Der gesamte RTR-Prozess ist in nachfolgender Grafik noch einmal zusammengefasst (Abb. 48).

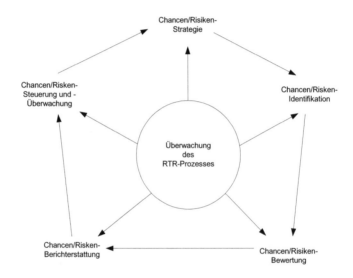

Abbildung 48: RTR-Prozess[576]

8.4.1.1 Chancen-/Risiken-Strategie

Diese Prozessstufe bildet gleichermaßen den Anfangs- und den Endpunkt des RTR-Prozesses. Um eine adäquate Strategie festzulegen, ist die gründliche Kenntnis des Chancen- und Risikenumfelds der Unternehmung notwendig. Aus diesem Grund

---

[575] Vgl. *Weber/Weißenberger/Liekweg* 1999, S. 15 f.

[576] In Anlehnung an *Weber/Weißenberger/Liekweg* 1999, S. 16.

werden vor dem erstmaligen Formulieren der Strategie die Prozessstufen der Identifikation und Bewertung von Chancen und Risiken zu durchlaufen sein.

Die Strategie soll offen legen, in welchem Umfang und Verhältnis Chancen und Risiken für das gesamte Unternehmen oder Unternehmensteilbereiche einzugehen sind. Dabei kommt der Betrachtung des maximal zu übernehmenden Risikos eine besondere Bedeutung zu.

In der Strategie werden zudem Verantwortlichkeiten zugewiesen. Identifizierte Unsicherheiten sind Aufgabenträgern innerhalb der Aufbauorganisation zuzuordnen, so genannten *Risk Owner*, die gleichermaßen die operative Aufgaben- und Entscheidungsverantwortung haben. Das Festlegen von Wesentlichkeitsgrenzen in Form von Schwellenwerten für einzelne oder auch kumulierte Chancen und Risiken kann jedoch zur Folge haben, dass die Verantwortlichkeit auf eine höhere Ebene innerhalb der Aufbauorganisation delegiert wird.

Sofern bspw. ein Risiko als bestandsgefährdend identifiziert wird, fällt es in den Verantwortungsbereich der Unternehmensleitung, die wiederum ab einer kritischen Größe ihrem Kontrollgremium berichtspflichtig wird, ohne jedoch den Status des Risk Owner zu verlieren. Gilt ein Risiko dagegen als unwesentlich, dann muss es nicht kommuniziert werden. Die Steuerung verbleibt beim zuvor festgelegten Risk Owner.

Zur Definition von Schwellenwerten eignen sich bspw. Kosten- oder Investitionsbudgets[577].

Ein mögliches Schema der Chancen- und Risikenverantwortlichkeit gibt nachfolgende Grafik wieder (Abb. 49).

---

[577] Vgl. *Weber/Weißenberger/Liekweg* 1999, S. 16 ff.

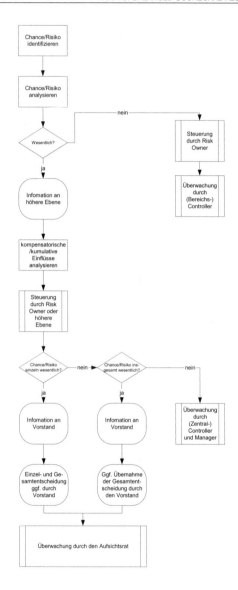

Abbildung 49: Ablaufdiagramm der Verantwortungsregelung im RTR-Prozess[578]

---

[578] Vgl. *Weber/Weißenberger/Liekweg* 1999, S. 20.

Zur Analyse von Chancen und Risiken können Portfolios unterstützend für die Stra-
tegiefindung herangezogen werden. Anhand des folgenden Beispiels sei die Vorgehensweise verdeutlicht: Ein Unternehmen beabsichtigt, das bestehende Produktpro-
gramm durch die Entwicklung eines neuen Produkts zu erweitern. Damit in Verbindung stehen sowohl Chancen als auch Risiken, die im Ereignisfall Auswirkungen auf
die Unternehmung hätten. Auf beide Szenarien kann die Unternehmung durch ihr
eigenes Aktionspotential in einem antizipierten Umfang einwirken. Mit Hilfe der Port-
foliotechnik könnte die folgende Strategie entwickelt werden, wie sie nachstehend
beispielhaft dargestellt ist (Abb. 50).

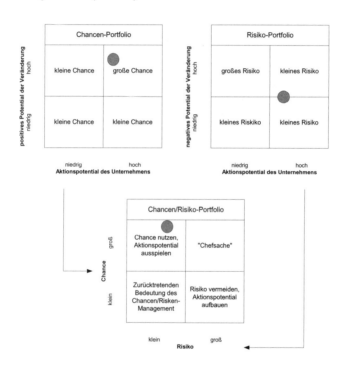

Abbildung 50: Chancen/Risiken-Portfolio[579]

---

[579] Vgl. *Weber/Weißenberger/Liekweg* 1999, S. 21.

8.4.1.2 Chancen-/Risiken-Identifikation

Die Identifikation der im Unternehmensumfeld bestehenden Chancen und Risiken stellt die zweite Stufe des RTR-Prozesses dar. Zielsetzung dieser Prozessstufe ist das systematische Offenlegen aller erkennbaren Chancen und Risiken und deren Einflussfaktoren. Hierzu kann auf bestehende Unternehmensinstitutionen, wie z. B. Planungsrunden, Gesprächskreise oder auch dafür eigens anberaumte Workshops zurückgegriffen werden. Der Teilprozess kann durch Kreativitätstechniken oder Prognosemethoden, dazu zählen bspw. ,*Brainstorming'*, ,*Mind-Mapping'* oder ,*Delphi-Studien'* etc., wirkungsvoll unterstützt werden.

Von hoher Bedeutung ist, dass das gesamte Wissen der Organisation über mögliche Risiken und Chancen offen gelegt wird, was sich am effektivsten in der vom guten Unternehmensklima geschaffenen Kommunikationskultur im Dialog entwickeln lässt[580].

Damit diese Prozessstufe strukturiert abläuft, kann es hilfreich sein, die potentiellen Einflussfaktoren in Form einer Struktur vorzugeben. *Weber* et al. machen diesbezüglich einen Vorschlag in Form eines Rasters, das sechs Typen von Einflussfaktoren enthält (Tab. 11). Sie konstatieren jedoch, dass die Typisierung länder-, branchen- und unternehmensindividuell verschieden sein kann.

Einflussfaktoren	Chancen- und Risiken-Bedeutung für die Unternehmung
Generelle Einflussfaktoren	Einflussfaktoren, die alle Unternehmen einer Branche bzw. einer Region gleichermaßen treffen.
Marktveränderungen	Chancen und Risiken bzgl. der eigenen Stellung auf dem Absatz- und Beschaffungsmarkt.
Leistungswirtschaftliche Einflussfaktoren	Chancen und Risiken, die aus Veränderungen im eigenen Leistungserstellungsprozess resultieren.
Finanzwirtschaftliche Einflussfaktoren	Chancen und Risiken, die durch vertragliche und/oder gesetzliche Verpflichtungen zur Bereitstellung oder Entgegennahme von Zahlungsmitteln entstehen.
Organisatorische Einflussfaktoren	Risiken (im Regelfall keine Chancen), die durch beabsichtigtes oder fahrlässiges Abweichen von organisatorischen Abläufen entstehen.
Rechtliche Einflussfaktoren	Im Regelfall ebenfalls nur Risiken, die an die ordentliche Vertragserfüllung anknüpfen.

Tabelle 11: Einflussfaktoren der Chancen-/Risikenidentifikation[581]

---

[580] Vgl. *Weber/Weißenberger/Liekweg* 1999, S. 22.

[581] Vgl. *Weber/Weißenberger/Liekweg* 1999, S. 22 ff.

8.4.1.3 Chancen/Risiken-Bewertung

Sinn dieser Prozessstufe ist die Erfassung der originären Unsicherheit. Damit ist das Wissen gemeint, das über die Unsicherheit besteht, und die Bewertung dieses Sachverhaltes an sich, ohne dass eine mögliche Gegensteuerungsmaßnahme in die Bewertung mit einbezogen wird.

Die Bewertung kann mit Hilfe von Skalen geschehen, die gemäß ihrer Ordinalität unterschiedliche Unsicherheitsintensitäten offenbaren. Ergänzende Analysen, wie z. B. Regressions- oder Sensitivitätsanalysen können die Unsicherheit bei der Bewertung minimieren, was sich in einer niedrigen Bewertungszahl auf der Ordinalskala ausdrückt. Erklärtes Ziel dieser Prozessstufe ist es also, jeder Chance bzw. jedem Risiko eine geringe Unsicherheit zuzuordnen und damit den Verantwortlichen eine möglichst sichere und vollständige Entscheidungssituation zu schaffen[582]. Weber et al. gehen jedoch davon aus, dass die Einflussfaktoren in sich begründet unterschiedliche Unsicherheiten offenbaren. So werden Risiken im Finanzbereich eher geringere Unsicherheiten zugewiesen als z. B. den Risiken, die auf Grund organisatorischer Einflussfaktoren entstehen[583].

In nächsten Schritt dieser Prozessstufe geht es um die Quantifizierung von Chancen und Risiken. Wurde eine Chance oder ein Risiko mit einer geringen Unsicherheit bewertet, dann gestaltet sich die Quantifizierung vergleichsweise einfach. Es besteht dann die Möglichkeit, die wertmäßige Beurteilung auf der Basis von Erwartungswerten und unter Berücksichtigung der Annahmen ihrer Eintrittswahrscheinlichkeit vorzunehmen. Dagegen ist man bei Chancen und Risiken, die mit höheren Unsicherheiten behaftet sind, auf Schätzungen angewiesen. Sofern Schätzungen auf der Grundlage einer sehr unsicheren Entscheidungsbasis geschehen müssten, sollte in diesen Fällen eher auf eine qualitative Bewertung zurückgegriffen werden, um eine vermeintliche Scheingenauigkeit innerhalb des RTR-Prozesses zu vermeiden.

Die Summe aller bewerteten Chancen und Risiken wird schließlich in eine Szenarioanalyse überführt, die weiteren Aufschluss über die zukünftige Vorgehensweise vermittelt. Hier wird verprobt, inwiefern die Veränderung einzelner Einflussfaktoren in Verbindung mit dem Aktivitätsprofil des Unternehmens und dem Aktionspotential das Unternehmen zum Handeln zwingt[584].

8.4.1.4 Chancen-/Risiken-Berichterstattung

In dieser Prozessstufe geht es um die strukturierte Kommunikation und Dokumentation der bestehenden Chancen und Risiken und ihrer Entwicklung.

Als Instrument hierfür schlagen Weber et al. ein ‚Risk Tracking Sheet' vor. Dieses beinhaltet alle für eine Organisation oder Organisationseinheit als wesentlich beur-

---

[582] Vgl. dazu auch Reichmann 2001, S. 9 ff.

[583] Vgl. Weber/Weißenberger/Liekweg 1999, S. 25.

[584] Vgl. Weber/Weißenberger/Liekweg 1999, S. 27 f.

teilten Chancen und Risiken, die in ihrem Verantwortungsbereich liegen. In diesem Instrument werden die identifizierten und quantifizierten Risken den entgegenstehenden Chancen, bspw. in Form erwarteter Erträge, gegenübergestellt. Alle zur Bewertung getroffenen Annahmen werden der besseren Transparenz halber ebenfalls wiedergegeben. Sofern Chancen und Risiken mit höheren Unsicherheiten vorliegen, die nicht monetär quantifizierbar sind, so erfolgt die Gegenüberstellung in Form einer Rangskala, die bspw. einer Skalierung mit der Einteilung ‚gering, hoch und wesentlich' folgt. Neben den für einen Bereich oder ein Projekt identifizierten Chancen und Risiken enthält das ‚Risk Tracking Sheet' die Aggregation der Chancen und Risiken, die auf untergeordneten Ebenen, die auf den Darstellungsbereich Einfluss ausüben, von Bedeutung sind. Dieser Einfluss kann kompensierende oder kumulierende Auswirkung haben[585].

An dieser Stelle des RTR-Prozesses ist ein bedeutender Schritt noch nicht vollzogen. Es gibt noch keine konsistente Verknüpfung der formulierten Chancen-/Risiken-Strategie mit den Chancen und Risiken und ihren Einflussfaktoren. Hier greifen die Autoren auf das Modell der Balanced Scorecard zurück und erweitern die klassische Sicht um die beschriebenen Risikoaspekte zum Modell der Balanced Scorecard[Plus]. Ähnlich wie im Ursprungmodell von *Kaplan/Norton* wird auch bei der Balanced Scorecard[Plus] zunächst die Konzeption auf oberster Unternehmensebene stattfinden. Das Herunterbrechen auf darunter liegende Hierarchieebenen erfolgt im nächsten Schritt, bis dass die letzte Ebene der *Cards* als Informationsprovider für die ‚Risk Tracking Sheets' fungiert[586].

Zum besseren Verständnis ist in nachfolgender Grafik die Balanced Scorecard[Plus] dargestellt (Abb. 51).

---

[585] Vgl. *Weber/Weißenberger/Liekweg* 1999, S. 28 ff.

[586] Vgl. *Weber/Weißenberger/Liekweg* 1999, S. 31.

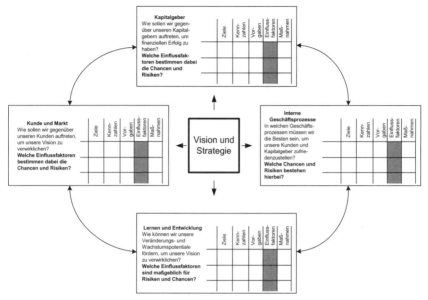

Abbildung 51: Balanced Scorecard^{Plus587}

8.4.1.5 Chancen-/Risiken-Steuerung und Überwachung

Der gesamte RTR-Prozess folgt einer relativ einfachen Philosophie: Erkannte Risiken sind durch den ‚*Risk Owner*' dahingehend zu beeinflussen, dass sie minimiert, wenn möglich sogar eliminiert werden, ohne dabei die bestehenden Chancen zu sehr zu beschneiden. Die mit dieser Prozessstufe verbundene Intention besteht in dem kontrollierenden Vergleich von tatsächlich Erreichtem zu Gewolltem (*Soll-Ist-Vergleich*). Aus diesem Grund lautet die Forderung, dass Abweichungsanalysen erstellt werden müssen, um die Entwicklungen zu überwachen.

Bei der Steuerung von Chancen und Risiken gibt es zwei grundsätzliche Handlungsmuster. Zum einen kann versucht werden, die *Eintrittswahrscheinlichkeit* zu verändern, bspw. Verringerung des wahrscheinlichen Eintritts eines Risikos durch genauere Handlungsanweisungen, zum anderen kann an der *Auswirkungsebene* angesetzt werden. Im letzteren Fall geht es um die Begrenzung von negativen und die Förderung von positiven Auswirkungen[588].

---

[587] Vgl. *Weber/Weißenberger/Liekweg* 1999, S. 32.

[588] Vgl. *Weber/Weißenberger/Liekweg* 1999, S. 32 f.

Weber et al. unterscheiden bei der Steuerung von Chancen und Risiken in fünf Kategorien des Verhaltens (Tab. 12):

Verhaltenskategorie	Bedeutung
Akzeptanz	Bewusste Inkaufnahme einer Unsicherheit (Risiko oder Chance).
Kompensation	Übernahme des Risikos und Eingehen eines gegenläufigen Geschäfts.
Übertragung	*Insurance-Risk-Transfer:* Übertragung des Risikos auf ein anderes Unternehmen (in der Regel handelt es sich um ein Versicherungsunternehmen). *Non-Insurance-Risk-Transfer:* Übertragung des Risikos durch Vertragsbedingungen an den Vertragspartner.
Reduktion von Auswirkungen negativer Veränderungen	Ergreifen von Maßnahmen, die die negativen Auswirkungen oder die Eintrittswahrscheinlichkeit eines Risikos senken.
Vermeidung	Verzichten auf das Geschäft, das mit Risiken behaftet ist.

Tabelle 12: Verhaltenskategorien in Chancen-/Risiko-Steuerung[589]

Die Frage nach der zu wählenden Verhaltensform wird maßgeblich durch die Risikostrategie der Unternehmung bestimmt. Sie entscheidet, welche Risiken akzeptiert werden, weil entsprechende Chancen kompensatorisch dagegen gestellt werden können, und welche Risiken gemildert werden, indem z. B. Versicherungskontrakte abzuschließen sind.

Diese Prozessstufe wird durch eine *Krisenplanung* abgeschlossen. Die Krisenplanung enthält die Maßnahmen, die durchzuführen sind, wenn die Risiken, die die Unternehmung ganz oder teilweise alleine trägt, eintreten. Damit ist zum einen der gesetzlichen Forderung, im Krisenfall rechtzeitig Gegenmaßnahmen einleiten zu können, Rechnung getragen, zum andern ein wichtiger Schritt zur Sicherung des Shareholder Value getan. Aus der Katastrophenforschung ist bekannt, dass im Schadens- oder Krisenfall bei Unternehmen die negativen Auswirkungen auf den Shareholder Value unterbleiben, wenn das Management der Unternehmung zeigt, dass es die nötige Professionalität besitzt, mit extremen Situationen adäquat umzugehen[590].

---

[589] Vgl. *Weber/Weißenberger/Liekweg* 1999, S. 33 f.

[590] Vgl. *Weber/Weißenberger/Liekweg* 1999, S. 34 f.

8.4.1.6 Überwachung des RTR-Prozesses

Der Überwachung des Prozesses kommt die Aufgabe zu, Schwachstellen im Prozess oder in den organisatorischen Rahmenbedingungen aufzudecken.

Die Überwachung selbst ist eine kontinuierliche Analyse hinsichtlich Effektivität, Effizienz und Adäquanz der gewählten Prozessstruktur, aber auch der gewählten Steuerungsmaßnahmen. *Weber* et al. geht es dabei um *„eine institutionalisierte Drittsicht, dir durch regelmäßige [...] Überprüfung der Methoden der Chancen-/Risiko-Identifikation, Bewertung und Steuerung ihre Sicherheit und Tauglichkeit hinterfragt und somit als Rücksicherung das Fundament des RTR-Prozesses darstellt"* [591].

Schwerpunkt dieser Betrachtung – so die Empfehlung der Autoren – sollten kompensatorische Rechnungen sein, in denen Chancen und Risiken saldiert, sowie Wesentlichkeitsgrenzen festgelegt werden. Es besteht die Gefahr, dass die getroffenen Annahmen zu positiv sind und damit wesentliche Risiken per Saldo oder per gewählter Eingrenzung gar nicht mehr im Bewusstsein der Verantwortlichen verankert sind.

Als geeignet für die Überwachung des RTR-Prozesses erweisen sich grundsätzlich die Personen, die nicht in den Prozess des RTR eingebunden sind. Zu berücksichtigen ist dabei, dass ihre Qualifikation und ihre Unabhängigkeit die Güte des Prozesses sichern kann und darüber hinaus Sorge trägt, dass der RTR-Prozess angepasst und weiterentwickelt wird. Aus Gründen der Unabhängigkeit sollte diese Gruppe der leitenden Ebene direkt berichten. Die Leitungsebene wird darüber hinaus in die Lage versetzt, zu beurteilen, ob alle wesentlichen Risiken im Reporting der Unternehmung enthalten sind[592]. Damit wird der durch das KonTraG geforderten Sorgfaltspflicht der leitenden Ebene im ausreichenden Maß nachgekommen.

8.4.2 Der Ansatz von *Reichmann*

Ausgehend von der Überlegung, dass die Betriebswirtschaft eine Anzahl von Instrumenten zur Verfügung stellt[593], die es ermöglichen, in strukturierter Form Erfolgspotentiale zu identifizieren und die sich daraus ergebenden Chancen zu nutzen, als auch die damit in Verbindung stehenden Risiken zu minimieren, kritisiert *Reichmann*, dass diese Ansätze nicht integriert genutzt werden.

Die *integrative Klammer* über diese Ansätze unterschiedlicher betriebswirtschaftlicher Instrumente ist das von ihm formulierte Modell der ‚*Balanced Chance und Risk-Card* (BCR-Card)'. In diesem Modell findet eine vergleichende Betrachtung von Chancen und Risiken unter Verwendung sowohl qualitativer und quantitativer als auch vorlaufender und nachlaufender Indikatoren auf strategischer und operativer

---

[591] Vgl. *Weber/Weißenberger/Liekweg* 1999, S. 36.

[592] Vgl. *Weber/Weißenberger/Liekweg* 1999, S. 37.

[593] Gemeint sind z. B. Frühwarnsysteme, Risikomanagement, Shareholder Value-Berechnungen etc.

Ebene statt[594]. Es erweitert und konkretisiert die Sichtweise des BSC-Ansatzes von *Kaplan/Norton*.

Die Forderung an einen integrativen Ansatz lautet, dass das Wechselspiel von Chancen und Risiken abgebildet werden muss. Dazu wählt *Reichmann* drei Systemelemente, die zusammen die Philosophie des BCR-Managements ausmachen. Die zentrale Steuer- und Zielgröße ist der Unternehmenswert, da sowohl die Realisierung von Erfolgsfaktoren als auch das Abwenden von Risiken unmittelbar darauf wirkt.

Die erste Systemkomponente ist der Unternehmenswert, der in drei Dimensionen ermittelt wird. Zunächst wird der *Discounted Cash Flow-Ansatz* (DCF) angewendet, bei dem die mit dem Gesamtkapitalkostensatz abgezinsten Einzahlungsüberschüsse aller zukünftigen Perioden errechnet werden. Die nächste Dimension ist der *Economic Value Added* (EVA). Er ergibt sich als Saldo des Gewinns über die Gesamtkapitalkosten hinaus. Die dritte Betrachtung ist der *Market Value Added* (MVA). In diesem Wert drückt sich der Wert des Unternehmens aus, der über das gebundene Kapital (eigenes und fremdes) hinausgeht[595]. Diese drei Größen bilden die Spitzenkennzahl der BCR-Card. Für sie gilt gleichermaßen, dass sie alle zukunfts- und wertorientiert sind und die Ertragskraft des Unternehmens und seinen Wert aus der Sicht der Shareholder beleuchten.

Die zweite Systemkomponente setzt sich mit den Erfolgsfaktoren auseinander, denn sie bilden die Kausalität für den resultierenden Unternehmenswert. Konkret formuliert bedeutet das, dass eine zielgerichtete Steuerung der Erfolgsfaktoren mittel- bis langfristig eine positive Veränderung des Unternehmenswertes zur Folge haben wird. An dieser Stelle wird die gedankliche Nähe zum Balanced Scorecard-Ansatz von *Kaplan/Norton* deutlich. *Reichmann* konstatiert die Wirkungszusammenhänge von erkannten Chancen und Risiken für den zukünftigen Unternehmenserfolg, indem sie in die strategische Orientierung einbezogen werden. In Abweichung zum Ursprungskonzept werden jedoch die vier klassischen Perspektiven durch repräsentative strategische Erfolgsfaktoren ersetzt, denen laut *Reichmann* zu Eigen ist, dass sie besser operationalisierbar sind. Die Beschreibung der Erfolgsfaktoren erfolgt wie im Ursprungskonzept durch quantitative und qualitative Indikatoren[596].

Bei der dritten Systemkomponente wird dezidiert der Betrachtung von Chancen und Risiken Raum gegeben, und zwar je identifiziertem strategischen Erfolgsfaktor. Nicht außer Acht gelassen werden darf, dass es weitere Risiken gibt, die sich nicht auf diese Erfolgsfaktoren beziehen. Sie werden im Risikomanagement des Unternehmens erfasst und bewertet. Risiken selber können sowohl einen endogenen als auch exogenen Charakter haben. Endogene Risiken entstehen als Folge von Entscheidungen oder Handlungen aus dem Unternehmen heraus, während exogene Risiken ihren Ursprung in Ereignissen oder Handlungen außerhalb der Unternehmung haben. Bei der Betrachtung von Wirkungszusammenhängen strategischer Ziele und kritischer Erfolgsfaktoren und bei der Nutzung der damit in Verbindung stehenden

---

[594] Vgl. *Reichmann/Form* 2000, S. 189.

[595] Vgl. *Reichmann/Form* 2000, S. 190.

[596] Vgl. *Reichmann/Form* 2000, S. 191.

Chancen können nach *Reichmann* nur die endogenen Risiken, die im Zusammenhang mit den kritischen Erfolgsfaktoren stehen, bewältigt werden. Das Modell schließt diese Lücke jedoch, indem ein zusätzlicher Erfolgsfaktor hinzugefügt wird, nämlich der Faktor des Unternehmensumfelds[597].

Anstelle der vier Perspektiven des Balanced Scorecard-Ansatzes stehen bei diesem Modell die unternehmensspezifischen Erfolgsfaktoren im Mittelpunkt. Sie sind unternehmensindividuell und abhängig von der gewählten Strategie und der Branche. Aus diesem Grund ist die von *Reichmann* gewählte Darstellung der Erfolgsfaktoren aus den Bereichen Finanzen, Kunden/Absatzmarkt, Produkt, Leistungserstellung/Produktionslogistik und Personal, erweitert um die Betrachtung des Unternehmensumfelds, nur beispielhaft zu sehen.

Die nachfolgende Grafik fasst die vorstehenden Aussagen in komprimierter Form zusammen (Abb. 52).

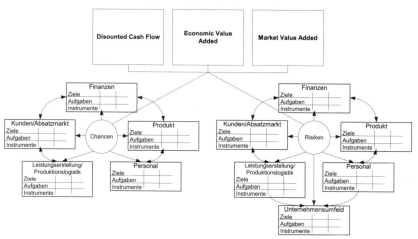

Abbildung 52: Balanced Chance and Risk Management[598]

Bei der Ermittlung der Risiken schlägt *Reichmann* einen pragmatischen und damit einfachen Weg vor. Er unterstellt, dass in der Unternehmung eine realistische Einschätzung darüber gebildet werden kann, ob ein antizipiertes Risiko als gering, mittel, groß oder gar als existenzbedrohend eingestuft werden kann. Entsprechend werden vier Risikoklassen gebildet. Nicht unbedeutend ist dabei die Einschätzung, ob innerhalb einer geringeren Risikoklasse durch Kumulation von Einzelrisiken eventuell in der Summe ein existenzbedrohendes Risiko entstehen kann. Jedem Ertragsbereich – das kann das Unternehmen insgesamt, eine strategische Geschäftseinheit oder eine Produktgruppe etc. sein – wird eine Risikoklasse zugeordnet. Im Weiteren

---

[597] Vgl. *Reichmann* 2001, S. 626.

[598] In Anlehnung an *Reichmann* 2001, S. 624.

wird jeder Erfolgsfaktor vor dem Hintergrund bestehender Chancen und Risiken a-
nalysiert. Dabei wird dem nachfolgend aufgeführten Schema gefolgt (Abb. 53):

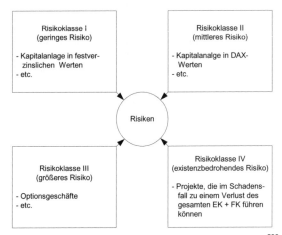

Abbildung 53: Risikoklassen des BCR-Managements[599]

Da – wie auch im Konzept der Balanced Scorecard – unterstellt wird, dass zwischen
den Erfolgsfaktoren der BCR-Card, und den gewählten Strategien, Zielen, Aufgaben
und Instrumenten Wirkungszusammenhänge bestehen, ergibt sich für die Umsetzung, dass sie nach einem *Regelkreisprinzip* verläuft. Durch das Controlling erkannte
Abweichungen lösen Gegensteuerungsmaßnahmen aus[600].

8.4.3 Das Kontroll- und Transparenzgesetz

Am 01. Mai 1998 ist das *Gesetz zur Kontrolle und Transparenz im Unternehmensbe-
reich*[601] in Kraft gesetzt worden. Beim KonTraG handelt es sich um ein Rahmenge-
setz, das Einfluss auf unterschiedlichste Gesetze ausübt und diese sogar in einigen
Teilen verändert[602]. In erster Linie sind das *Aktiengesetz* (AktG) und das *Handelsge-
setz* (HGB) betroffen. Im Weiteren wirkt es sich auf andere Rechtsnormen wie das
Publizitätsgesetz, das *Genossenschaftsgesetz*, das *Wertpapiergesetz*, die *Börsenzu-*

---

[599] Vgl. *Reichmann* 2001, S. 629.

[600] Vgl. *Reichmann/Form* 2000, S. 191.

[601] Nachfolgend KonTraG genannt.

[602] Vgl. *Meyding/Mörsdorf* 1999, S. 5.

lassungsverordnung, die *Wirtschaftsprüferordnung*, das *GmbH-Gesetz* und andere aus.

Zielsetzung des Gesetzgebers war es, sicherzustellen, dass insbesondere Publikumsgesellschaften eine Verpflichtung auferlegt wird, Risiken des Unternehmens, aus denen unter Umständen der wirtschaftliche Zusammenbruch die Folge sein kann, so frühzeitig aufzuzeigen, dass die Führungsverantwortlichen Gelegenheit zum Abwehren erkannter Gefahrenpotentiale haben. Das Gesetz ist von dem Gedanken getragen, eine höhere Transparenz zu schaffen und die Interessen von Gesellschaftern, Anteilseignern und Gläubigern stärker zu berücksichtigen[603]. Konkrete Vorgaben, welcher Gestalt ein Risikomanagement sein soll, fehlen allerdings im Wortlaut des Gesetzes. Der Verweis auf § 93 Abs. 1 S. 1 AktG fordert bei der Umsetzung den Maßstab, dass sich die Geschäftsführung an betriebswirtschaftlichen Aspekten zu orientieren habe. Das impliziert, dass die Umsetzung von unternehmensspezifischen Gegebenheiten, wie z. B. Größe, Branche und Struktur der Unternehmung abhängig ist[604].

Basierend auf den vielfältig zu beobachtenden Unternehmenskrisen in den neunziger Jahren war es die erklärte Zielsetzung des KonTraG, eine Reform des deutschen Aktienrechts zu erreichen. Da seine Änderungen aber auch das HGB betreffen, wird über Verweise im GmbH-Gesetz (GmbHG), im Mitbestimmungsgesetz (MitbestG) als auch im Betriebsverfassungsgesetz (BetrVG) auch der Rechtsform der GmbH die Forderung nach einem aussagefähigen Risikomanagement auferlegt. Das gleiche Ergebnis trifft in der Konsequenz für nicht börsennotierte Aktiengesellschaften zu, also Aktiengesellschaften, deren Aktien nicht im geregelten Markt und amtlichen Handel notiert werden[605]. Die Anwendbarkeit aller Regelungen des KonTraG variiert je nach Typ der Kapitalgesellschaft[606].

Das KonTraG zielt auf die *Identifizierung von Unternehmensrisiken* ab. Unternehmensrisiken entstehen als Folge unternehmerischer Entscheidungen, deren Auswirkungen auf Grund externer Faktoren, deren Einfluss mitunter nur schwer oder gar nicht antizipierbar ist, mit Unsicherheiten behaftet sind. Die Literatur behandelt den *Risikobegriff* sehr unterschiedlich und vielschichtig. *Reichmann* fordert, dass eine Definition des Begriffes dazu dienen muss, ein Risikobewusstsein zu schaffen und dadurch eine Risikophilosophie bzw. -kultur innerhalb der Unternehmung zu etablieren, die für alle Organisationsmitglieder auf allen Ebenen Gültigkeit hat. Dementsprechend definiert er den Risikobegriff als Gefahr auf Grund von Ereignissen und Handlungen, die *„ein Unternehmen daran hindern, seine Ziele zu erreichen bzw. seine Strategien erfolgreich umzusetzen"*[607].

Von Bedeutung ist, dass den Mitgliedern von Organisationen risikopolitische Grundsätze als Leitlinie vermittelt werden. Ansonsten wäre die Gefahr sehr groß, dass ein unnatürliches Vorsichtsprinzip aktivitätshemmend sein und damit den Gedanken des

---

[603] Vgl. *Reichmann* 2001, S. 601.

[604] Vgl. *Reichmann* 2001, S. 602.

[605] Vgl. *Meyding/Mörsdorf* 1999, S. 27.

[606] Zu den Unterschieden vgl. u. a. die Synopse von *Meyding/Mörsdorf* 1999, S. 31 – 39.

[607] Vgl. *Reichmann* 2001, S. 606 f.

unternehmerischen Handels konterkarieren würde. Beispielhaft nennt *Reichmann* die folgenden Grundsätze:

- Unternehmerisches Handeln mit der Absicht der Gewinnerzielung ist grundsätzlich mit Risiko verbunden,

- Handlungen oder Entscheidungen dürfen nicht zur Gefährdung der Existenz führen,

- Ertragsrisiken steht eine angemessene Rendite gegenüber,

- Risiken sind mit Instrumenten des Risikomanagements zu steuern und

- Risiken sind permanent und institutionalisiert zu beobachten[608].

Den Risikoprozess anzustoßen und die erkannten Risiken zu steuern, ist – wie auch die vorstehend genannten Aufgaben – Aufgabe des Managements[609]. Die Vorgehensweise folgt einem *Prozessschema* mit fünf Phasen, die sich mit den Begriffen Identifikation, Analyse, Steuerung, Risikoüberwachung und Prozessüberwachung charakterisieren lassen. Von Bedeutung ist, dass dieses Phasenschema nicht stichtagsbezogen ausgelöst wird, sondern als kontinuierlicher Prozess zu verstehen ist. Das Prozessschema ist in nachfolgender Abbildung wiedergegeben (Abb. 54):

---

[608] Vgl. *Reichmann* 2001, S. 608.

[609] Vgl. *Verband Deutscher Treasurer e.V* , Frankfurt am Main 1999, S. 127.

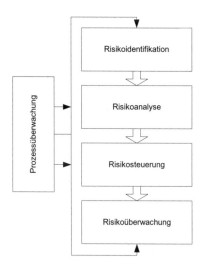

Abbildung 54: Risikomanagement-Prozess[610]

8.4.4 Die neuen Baseler Eigenkapitalvereinbarungen

Der *Baseler Ausschuss für Bankenaufsicht* ist ein Gremium der Bankenaufsichtsbehörden. Er wurde bereits im Jahre 1975 vom Präsident der Zentralbanken der G10 gegründet und setzt sich aus Vertretern der Bankenaufsichtsbehörden und der Zentralbanken der Länder Belgien, Kanada, Frankreich, Deutschland, Italien, Japan, Luxemburg, Niederlande, Schweden, USA und dem Vereinigten Königreich zusammen. Seine Zielsetzung besteht in der Entwicklung und Etablierung eines internationalen Regelwerkes und eines Netzwerkes zur weltweiten Verbesserung der Qualität der Bankenaufsicht[611]. In der Regel tritt er bei der *Bank für Internationalen Zahlungsausgleich (BIZ)* zusammen, die wiederum die Funktion der Zentralbank der Zentralbanken ausübt und damit die Risiken reglementiert, die im internationalen Finanzsystem wahrgenommen werden können. Die nachstehende Grafik beschreibt den Baseler Ausschuss (Abb. 55).

---

[610] Vgl. *Reichmann* 2001, S. 610.

[611] Vgl. *Hundt/Neitz/Grabau* 2003, S. 5 und S. 183.

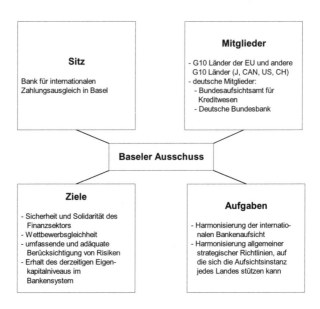

Abbildung 55: Baseler Ausschuss[612]

Im Jahr 1988 fasste der Ausschuss den Beschluss über den sogenannten *Baseler Akkord*, in der Literatur besser bekannt unter der Bezeichnung *,Basel I'*. Juristisch gesehen ist dieser Beschluss keine völkerrechtliche Vereinbarung, sondern eigent- lich nur ein *,gentlemen's aggrement'*, dennoch konnte man in der Praxis feststellen, dass diese Empfehlung besser eingehalten wurde, als mancher völkerrechtliche Ver- trag. Nachweislich ist dieser Vertrag von ca. 100 Staaten übernommen worden, also weit mehr, als der Gruppe der *G10-Länder* zugehörig sind[613]. Der Grund dafür liegt darin, dass bei Nichtbeachtung dieser Standards mit Sanktionen auf den Kapital- märkten durch Risikozuschläge oder Kapitalzurückhaltung zu rechnen ist.

Die durch Basel I bekannt gewordene Regelung sagt aus, dass jedes Kreditinstitut bei der Vergabe eines Kredites einen definierten Prozentsatz der risikogewichteten Aktiva mit Eigenkapital zu hinterlegen hat. Basel I bildet drei Gruppen von Kredit- nehmern: Das sind öffentliche Kreditnehmer, Kreditinstitute und alle übrigen Kredit- nehmer. Die von Kreditinstituten ausgelegten Kredite müssen grundsätzlich mit 8 % Eigenkapital unterlegt werden. Die Eigenkapitalunterlegung wird jedoch zuvor noch mit einem Risikofaktor gewichtet. Wird der Kredit an ein Unternehmen ausgegeben, dann beträgt der Faktor 100 %. Ausleihungen an Kreditinstitute werden mit 20 % und an öffentliche Kreditnehmer mit 0 % gewichtet. Einsichtig ist, dass die Regelungen zu unterschiedlichen Finanzierungskosten und damit auch der Finanzierungskonditio-

---

[612] Vgl. *Hundt/Neitz/Grabau* 2003, S. 6.

[613] Vgl. *Hundt/Neitz/Grabau* 2003, S. 183.

nen der drei Gruppen führen, während jedoch innerhalb der Schuldnergruppen keine weitere Differenzierung, bspw. hinsichtlich der Kreditausfallwahrscheinlichkeit eines Kreditnehmers, erfolgt. Die Folge von Basel I ist also ein nach Gruppen differenziertes Zinsniveau, das innerhalb einer Gruppe keine zusätzliche Betrachtung erfährt[614].

Das unter dem Begriff ‚Basel II' bekannt gewordene internationale Abkommen befindet sich zurzeit noch in der Diskussionsphase. Im Jahr 1999 veröffentlichte der Baseler Ausschuss für Bankenaufsicht ein Konsultationspapier zur ‚Neuen Eigenkapitalverordnung'[615]. Ziel dieses Vorgehens war, die Eigenkapitalverordnung von 1988 (Basel I) abzulösen. Beim Stand der momentanen Umsetzung ist damit zu rechnen, dass dieses im Jahr 2006 vollzogen sein wird. Basel II richtet sich – genauso wie Basel I – an international agierende Banken, wird aber de facto ein Standard für alle Banken werden[616].

Während Basel I als einzigen Bezug das Eigenkapital der Banken sieht und eine pauschale Hinterlegung der Kredite mit 8 % vorsieht, ist die für Basel II vorgesehene Betrachtung durchaus vielschichtiger. Basel II fußt auf drei Kriterien: Eine Mindestkapitalanforderung, ein aufsichtsrechtliches Überprüfungsverfahren und, durch erweiterte Offenlegungsvorschriften, mehr Transparenz bei den Kreditinstituten (Abb. 56).

Basel II
Das Drei-Säulen-Konzept

Mindestkapital-anforderungen	Aufsichtsrechtliches Überprüfungsverfahren	Marktdisziplin
Mindeststandards für die EK-Ausstattung der Banken	Individualisierung der Bankenaufsicht	
Quantitative und qualitative Erfassung sämtlicher Risiken	Aktiver Dialog zwischen Banken und Aufsichtsinstanz (Bankenaufsicht)	Erweiterung der Transparenz durch Erlass von Leitlinien zur Offenlegungspraxis
Externes und internes Rating gleichberechtigt	Sicherstellung der fortlaufenden Erfüllung der Anforderungen von Banken durch die Aufsichtsinstanz (Bankenaufsicht)	
Aufsichtsrechtliche Eigenkapital-anforderungen von Kredit-, Markt- und operationellen Risiken		Veröffentlichung von mehr und aussagefähigeren Informationen

Abbildung 56: Drei-Säulen-Konzept von Basel II[617]

---

[614] Vgl. *Hundt/Neitz/Grabau* 2003, S. 6 f.

[615] Die offizielle Bezeichnung ist: The New Basel Capital Accord, ‚Basel II'.

[616] Vgl. *Hundt/Neitz/Grabau* 2003, S. 7.

[617] Vgl. *Deutsche Bundesbank*, zitiert aus *Hundt/Neitz/Grabau* 2003, S. 8.

Bei der Ermittlung der Eigenkapitalausstattung einer Bank wird das Kreditrisiko im Sinne des Ausfallrisikos des Kreditnehmers herangezogen. Die bereits in Basel I stattfindende Marktrisikobetrachtung findet darüber hinaus weiter Anwendung. Sofern relevant, werden noch zusätzlich operationelle Risiken einbezogen.

Die zweite Säule beschreibt die erweiterte Prüfung der Kreditinstitute durch die Aufsichtsbehörden und die dritte Säule die ebenfalls erweiterten Publizitätspflichten der Banken.

Die drei Säulen führen zu einer neuen Berechung der Eigenkapitalhinterlegung von Banken, die sich wie folgt darstellt:

$$\frac{\text{Eigenkapital insgesamt}}{\text{Kreditrisiko + Marktrisiko + operationelles Risiko}} = \text{Eigenkapitalquote (mind. 8 \%)}$$

Diese Vorgehensweise bei der Ermittlung der Eigenkapitalhinterlegung wird in der praktischen Umsetzung zu erheblichen Abweichungen je nach identifizierter Risikolage führen. Um diese Auswirkungen zu verdeutlichen, ist nachfolgend ein Beispiel eines Kredites in Höhe von 100.000 Euro bei unterschiedlichen Risikoparametern wiedergegeben (Tab. 13).

Eigenkapitalunterlegung für Kredit in Höhe von 100.000 Euro		
Allgemein: Kreditsumme x Risikogewicht % x %-Satz		= EK-Unterlegung
Bisher:	Kreditsumme x 100 % x 8 %	
	100.000 Euro x 100 % x 8 %	= 8.000 Euro
Künftig im Standardansatz bei entsprechender Bewertung:		
AAA bis AA	100.000 Euro x 20 % x 8 %	= 1.600 Euro
A+ bis A-	100.000 Euro x 50 % x 8 %	= 4.000 Euro
BBB+ bis BB-	100.000 Euro x 100 % x 8 %	= 8.000 Euro
Ab B+	100.000 Euro x 150 % x 8 %	= 12.000 Euro
Künftig ergeben sich bei einem internen Rating-Ansatz einer Bank:		
z. B. von:	100.000 Euro x 14 % x 8 %	= 1.125 Euro
bis zu:	100.000 Euro x 625 % x 8 %	= 50.000 Euro

Tabelle 13: Vergleich der EK-Unterlegung durch Banken bei Basel II[618]

---

[618] Vgl. *Hundt/Neitz/Grabau* 2003, S. 9.

Das dargestellte Beispiel unterscheidet zwischen dem *Standardansatz* und dem *internen Rating-Ansatz* der Banken. Wie die Berechnungen sehr eindeutig zeigen, handelt es sich dabei um zwei unterschiedliche *Internal-Rating-Based* (IRB)-Ansätze zur Ermittlung von Kreditrisiken. Der grundlegende Unterschied ist, dass der Standardansatz auf externe Ratings zurückgreift, während der IRB-Ansatz auf einem bankeninternen Bewertungsverfahren beruht (Abb. 57). Beide Ansätze sind durch die Bankenbehörde zu genehmigen.

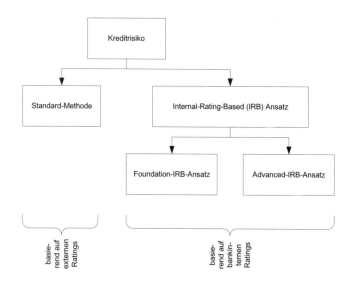

Abbildung 57: Drei Ansätze zur Messung des Kreditrisikos[619]

Beim Standardansatz wird das Risiko einer Forderung durch ein Rating des Kreditnehmers seitens einer Ratingagentur ermittelt. Alle Aktiva der Banken werden dabei in fünf Risikoklassen eingeteilt, denen Risikogewichte von 0 %, 20 %, 50 %, 100 % oder 150 % zugeordnet werden. Erfolgt bspw. eine Bewertung mit dem Risikogewicht von 100 %, dann bedeutet dieses, dass die Kreditsumme in voller Höhe in die Berechnung der risikogewichteten Aktiva eingeht und – in Analogie zur Festlegung von Basel I – mit 8 % Eigenkapital zu hinterlegen ist. Grundsätzlich sind Kredite an Unternehmen ohne externes Rating mit mindestens 100 % Risikogewicht zu hinterlegen[620].

Der IRB-Ansatz unterteilt sich in den *Basisansatz* (Foundation-Ansatz) und den *fortgeschrittenen Ansatz* (Advanced-Ansatz), die jeweils unterschiedliche Bewertungen

---

[619] Vgl. URL:http://www.confirm-md.de/down/conFIRM vom 10.04.2002.

[620] Vgl. *Hundt/Neitz/Grabau* 2003, S. 10.

der Risikokomponenten mit einbeziehen. Zu den Risikokomponenten (Abb. 58) gehören die *Ausfallwahrscheinlichkeit* (PD = probability of default), der erwartete *Verlust bei Ausfall* (LGD = loss given default) als Prozentsatz des Kredits, die *Restlaufzeit* (M = maturity) und die erwartete *Höhe der ausstehenden Forderungen* (EAD = exposure at default) gegenüber dem Unternehmen zum Zeitpunkt des Ausfalls.

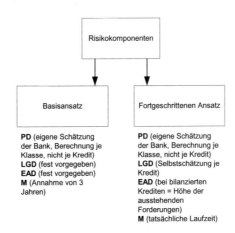

Abbildung 58: Risikokomponenten der IRB-Ansätze[621]

Bei Verwendung des Basisansatzes wird das Risikogewicht einer Forderung nach dem internen Rating des Kreditnehmers ermittelt, was bedeutet, dass die Bank die Ausfallwahrscheinlichkeit des Kredites bewertet. Die übrigen Risikodeterminanten sind durch die Aufsichtsinstanz vorgegeben. Dagegen kann die Bank beim fortgeschrittenen Ansatz sämtliche Risikoklassen nach eigenem Ermessen bewerten. Hat sich eine Bank einmal für den IRB-Ansatz entschieden, dann ist dieser Ansatz fortzuführen. Eine Wechselmöglichkeit zu einer Bewertung durch ein externes Rating existiert nicht.

Die wesentlichen Unterschiede der Ansätze sind noch einmal in der folgenden Tabelle wiedergegeben (Tab. 14):

---

[621] Vgl. *Hundt/Neitz/Grabau* 2003, S. 11.

Standardansatz	Foundation Approach Basisansatz	Advanced Approach Fortgeschrittener Ansatz
Ausfallwahrscheinlichkeit aus externen Ratings	Ausfallwahrscheinlichkeit aus internen Ratings	Ausfallwahrscheinlichkeit aus internen Ratings
Andere Parameter (EAD, LGD) fest vorgegeben	Andere Parameter (EAD, LGD) fest vorgegeben	Alle Parameter (EAD, LGD) selbst ermittelt
Eng begrenzte Anerkennung von Sicherheiten	Begrenzte Anerkennung von Sicherheiten	Keine Beschränkung der Anerkennung von Sicherheiten
Keine Datenhistorie notwendig	Mindestens dreijährige Datenhistorie	Siebenjährige Datenhistorie

Tabelle 14: Unterschiede der Rating-Ansätze[622]

Mit der Endfassung der Vereinbarung ‚Basel II' ist in naher Zukunft zu rechnen. Fest steht jedoch bereits heute, dass mit Verabschieden dieser Empfehlungen Konsequenzen auf die Unternehmen zukommen werden, deren durchschnittliche Eigenkapitalquote in Deutschland bei 18 % liegt. Mit abnehmender Unternehmensgröße sinkt diese Quote weiter bis auf ein Niveau von 1,2 bis 3,3 % bei Unternehmen bis 5 Millionen Euro Jahresumsatz. Besonders bedenklich stimmt die Tatsache, dass mehr als 50 % der kleinen Betriebe kein oder sogar bereits ein negatives Eigenkapital aufweisen[623]. Nennenswerte Veränderungen sind nicht unbedingt kurzfristig zu erwarten, zumal die erzielten Gewinne ebenfalls unbefriedigend sind. Im Bilanzjahr 2000 erzielten 30 % der mittelständischen Betriebe überhaupt keinen Gewinn[624].

Aus Richtung der Banken ist zwar die Botschaft durchgedrungen, dass die Einführung von Basel II die Kreditversorgung des Mittelstandes nicht beeinträchtigen wird[625], tatsächlich aber wird es zu einer Spreizung der Konditionen im Kreditgeschäft kommen mit spürbaren Auswirkungen in der mittelständischen Wirtschaft[626].

Dem Vorgang des Ratings werden sich die Unternehmen nicht entziehen können. Das stellt besondere Anforderungen an die Berichtssysteme der Unternehmen, die in diesem Verfahren sowohl ‚*soft facts*' als auch ‚*hard facts*' zur Verfügung stellen müssen[627]. So beurteilt die Deutsche Bank bspw. die finanziellen Verhältnisse anhand zentraler Kennzahlen aus der Bilanz bzw. der Gewinn- und Verlustrechnung und die Einschätzung der Finanz- und Liquiditätssituation auf der Grundlage einer bankeinheitlicher Bilanzgliederung. Wenngleich die Schuldendienstfähigkeit des Unterneh-

---

[622] Vgl. *Hundt/Neitz/Grabau* 2003, S. 13.

[623] Vgl. URL:http://www.ratingcert.de vom 18.04.2002.

[624] Vgl. URL:http://www.ratingcert.de vom 18.04.2002.

[625] Vgl. *Heinke* 2001, S. 174.

[626] Vgl. *Vera* 2002, S. 31 und *Becker/Müller* 2003, S. 533.

[627] Vgl. *Becker/Müller* 2003, S. 541.

mens im Mittelpunkt steht, so fließen dennoch weitere Betrachtungen in das Rating ein. So wird z. B. die Managementqualität anhand der persönlichen und fachlichen Qualifikation der ersten und zweiten Führungsebene beurteilt. Weitere Kriterien im Rating sind die Qualität des Produktangebotes, Vertriebsstärke, Marktbedeutung und Konkurrenz, Abhängigkeiten auf der Abnehmer- und Lieferantenseite sowie mittel- und langfristige Entwicklungsaussichten der Branche. Diese Aspekte müssen in das Reporting der Unternehmen integriert werden. Als Minimalanforderung formuliert die Deutsche Bank, dass folgende Unterlagen bereitgestellt werden müssen:

- Darstellung der Unternehmensstrategie,

- Detaillierte Präsentation der einzelnen Geschäftsbereiche mit einer Aufgliederung nach Segmenten, Produkten, Regionen etc.,

- Unterlagen zur Unternehmensorganisation,

- Geschäftsberichte und (testierte) Jahresabschlüsse der vergangenen drei Jahre,

- Aktuelle Jahresverkehrszahlen,

- Mittel- und langfristige Planung (GuV, Bilanz, Cash flow)[628].

8.4.5 Die Sustainability Balanced Scorecard nach *Figge/Hahn/Schaltegger/ Wagner*

Der klassische Ansatz der Balanced Scorecard nach *Kaplan/Norton* verbindet die aus der Sicht der gewählten Strategie bedeutsamen Ergebnisgrößen und ihre Leistungstreiber in vier Perspektiven. Diese gelten allerdings nicht als ausschließlich, sondern sie sind für die Besonderheiten der Unternehmung bzw. der Branche anzupassen, zu reduzieren oder auch zu erweitern[629].

Figge/Hahn/Schaltegger/Wagner kritisieren, dass diese vier Standardperspektiven ausschließlich in der Lage sind, das *marktlich-ökonomische Umfeld* abzubilden, während Austauschprozesse, die jenseits des Marktmechanismus ablaufen, keine Berücksichtigung finden[630]. Gerade außerhalb des Marktmechanismus vollziehen sich jedoch Umwelt- und Sozialaspekte, die durch Unternehmensaktivitäten wie Produktion etc. verursacht werden. Ihnen ist zu Eigen, dass sich die Folgen weniger im wirtschaftlichen Umfeld zeigen, sondern eher im natürlichen oder gesellschaftlichen. Den damit im Zusammenhang stehenden Knappheiten ist nicht durchgängig ein Marktpreis zugewiesen. Sicherlich gibt es Branchen, die mit umwelt- und sozialbezogenen Abgaben belastet sind, so dass sie auch ein Bestandteil des Marktsystems geworden sind, allerdings, so die Auffassung der Autoren, ist keine ausreichende Integration in

---

[628] Vgl *Deutsche Bank* 2001, S. 17.

[629] Vgl. *Kaplan/Norton* 1997, S. 33.

[630] Vgl. *Figge/Hahn/Schaltegger/Wagner* 2001, S. 19.

den marktlich-ökonomischen Koordinationsmechanismus erfolgt. Sie sind quasi Externalitäten geblieben[631].

Die Autoren sehen als Abhilfe grundsätzlich drei Varianten zur Integration von Umwelt- und Sozialaspekten in die Balanced Scorecard. Diese Varianten werden in den nachfolgenden Kapiteln erläutert und auch aus Sicht ihrer Verfasser bewertet. Es handelt sich im Einzelnen um:

- Einordnung der Umwelt- und Sozialaspekte in die bestehenden Perspektiven der klassischen Balanced Scorecard,

- Erweiterung der Balanced Scorecard um eine zusätzliche Perspektive zur Berücksichtigung von Umwelt- und Sozialaspekten und

- Ableitung einer speziellen Umwelt- und/oder Sozial-Balanced Scorecard[632].

8.4.5.1 Einordnung der Umwelt- und Sozialaspekte in die bestehenden Perspektiven der klassischen Balanced Scorcard

Vom Grundsatz her lassen sich alle für ein Unternehmen oder eine Organisation strategisch relevanten Aspekte in dem von *Kaplan/Norton* konzipierten Grundmodell der Balanced Scorecard abbilden[633]. Dazu ist es, analog zur bekannten Vorgehensweise, auch bei Umwelt- und Sozialaspekten notwendig, die strategischen Kernelemente, Ziele, Ergebniskennzahlen und Maßnahmen zu identifizieren und sie innerhalb der Perspektiven sinnvoll einzufügen. *Kaplan/Norton* haben diesbezüglich die Empfehlung ausgesprochen, die Integration dieser Thematik innerhalb der *Prozessperspektive* vorzunehmen[634].

Der üblichen Vorgehensweise, mit der Finanzperspektive zu beginnen, und im topdown-Ansatz die übrigen Perspektiven zu bearbeiten, wird an dieser Stelle nicht widersprochen. Vielmehr ist durch die Hierarchisierung auf die Finanzperspektive sichergestellt, dass die Umwelt- und Sozialaspekte berücksichtigt werden, die das Potential besitzen, eine dauerhafte Steigerung des Unternehmenswerts zu leisten[635].

Die Variante der Einordnung der Aspekte in die Perspektiven der klassischen Balanced Scorecard bietet sich für Unternehmen und Branchen an, für die strategisch relevante Umwelt- und Sozialaspekte bereits in das Marktsystem internalisiert sind.

Der Vorteil liegt darin, dass man sich über das vernetzte Vorgehen bei der Erstellung der Balanced Scorecard der Philosophie des Umwelt- und Sozialmanagements nähert, das im Kern der Dinge eine Querschnittsfunktion aufweist. Gleichzeitig ist si-

---

[631] Vgl. *Figge/Hahn/Schaltegger/Wagner* 2001, S. 19.

[632] Vgl. *Figge/Hahn/Schaltegger/Wagner* 2001, S. 20.

[633] Vgl. *Czymmek/Faßbender-Wynands* 2001, S. 25 ff.

[634] Vgl. *Figge/Hahn/Schaltegger/Wagner* 2001, S. 20.

[635] Vgl. *Figge/Hahn/Schaltegger/Wagner* 2001, S. 21.

chergestellt, dass die internalisierten Umwelt- und Marktaspekte, die für die erfolgreiche strategische Positionierung relevant sind, identifiziert und wertorientiert koordiniert werden[636].

Möglicherweise als Nachteil ist zu bewerten, dass eine Balanced Scorecard bezüglich der Anzahl der Kennzahlen limitiert sein sollte und somit kaum Kapazität für Umwelt- und/oder Sozialaspekte hat. So schlagen *Kaplan/Norton* vor, dass eine Balanced Scorecard eine Anzahl von 16 und 25 Kennzahlen nicht überschreiten sollte.

Für eine Top-Scorecard – gegebenenfalls die Unternehmens-Scorecard – besteht die Gefahr, dass Umwelt- oder Sozialinformationen nur noch in stark aggregierter Form oder eventuell gar nicht mehr vorhanden sind, da sie nur noch in Scorecards auf mittlerer oder unterer Organisationsebene Verwendung finden. Im Weiteren ist kritisch anzumerken, dass die Berücksichtigung von ausschließlich marktlichen Umwelt- und Sozialaspekten nicht zwangsweise zu einer Verbesserung der ökologischen und sozialen Leistung und damit auch der ‚Ökoeffektivität' der Organisation führt[637].

8.4.5.2 Erweiterung der Balanced Scorecard um eine zusätzliche Perspektive zur Berücksichtigung von Umwelt- und Sozialaspekten

Die Idee der Erweiterung der klassischen Balanced Scorecard um eine weitere Perspektive (ggf. auch mehr) ist nicht die Erkenntnis neuerer Publikationen, sonder stammt unmittelbar von *Kaplan/Norton*[638]. Sie stellen heraus, dass eine Erweiterung bzw. Perspektivenmodifikation nur dann zu rechtfertigen ist, wenn die in die neue Perspektive eingehenden Faktoren in der Lage sind, für das Unternehmen einen Wettbewerbsvorteil zu schaffen. Das bedeutet, dass die identifizierten Umwelt- und Sozialaspekte einen strategischen Kernaspekt der Unternehmensleistung darstellen[639].

Sofern Umwelt- und Sozialaspekte über das nicht-marktliche Umfeld wirken, ist eine Eingliederung in die Perspektiven der klassischen Balanced Scorecard ebenfalls nicht möglich. In diesem Fall, wie er häufig in umweltsensiblen oder sozial exponierten Branchen vorzufinden ist, ist die zusätzliche Perspektive ebenfalls legitimiert. Solche Branchen sind gekennzeichnet durch starken gesetzgeberischen Druck, starke öffentliche *Exponiertheit* bzw. durch einen *hohen Stakeholderdruck*[640]. *Kaplan/Norton* verdeutlichen über ein empirisches Beispiel den wirkenden Mechanismus[641]. Sie beschreiben die strategische Ausrichtung eines Chemieunternehmens, dessen formulierte Zielsetzung eine exzellente und über die gesetzlichen Anforde-

---

[636] Vgl. *Figge/Hahn/Schaltegger/Wagner* 2001, S. 20.

[637] Vgl. *Figge/Hahn/Schaltegger/Wagner* 2001, S. 22.

[638] Vgl. *Kaplan/Norton* 1997, S. 33.

[639] Vgl. *Figge/Hahn/Schaltegger/Wagner* 2001, S. 23.

[640] Vgl. *Figge/Hahn/Schaltegger/Wagner* 2001, S. 23.

[641] Vgl. *Kaplan/Norton* 1997, S. 33.

rungen hinausgehende Umweltperformance ist. Die Reaktion der Nachbarn der Standorte des Unternehmens wirkt nicht über den Markt, da die Anzahl der Nachbarn zu gering ist, um einen spürbaren ökonomischen Effekt zu bewirken und um eine kritische Kundenmacht zu erreichen. Dennoch wirkt ein ökonomisch relevanter Mechanismus, der sowohl direkte Auswirkungen auf die Finanzperspektive haben kann als auch über Ursache-Wirkungsketten im Bereich der anderen Perspektiven Wertrelevanz entwickelt. Zusammengefasst bedeutet das, dass eine zusätzliche nicht-marktliche Perspektive der Balanced Scorecard einen Rahmen oder Hintergrund darstellt, der die konventionellen, ökonomisch orientierten Perspektiven einschließt[642]. Die um die beschriebene Perspektive erweiterte Balanced Scorecard ist in nachfolgender Grafik wiedergegeben (Abb. 59).

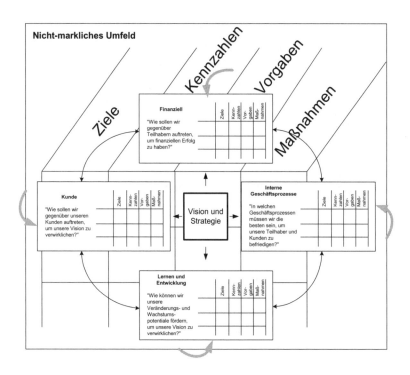

Abbildung 59: Zusätzliche Perspektive zur Integration nicht-marktlicher Umwelt- oder Sozialaspekte in die Balanced Scorecard[643]

---

[642] Vgl. *Figge/Hahn/Schaltegger/Wagner* 2001, S. 23 f.

[643] In Anlehnung an *Figge/Hahn/Schaltegger/Wagner* 2001, S. 24.

Die strategischen Kernelemente und die Leistungstreiber aus dem nicht-marktlichen Umfeld müssen wie alle anderen Elemente der übrigen Perspektiven identifiziert und mit Hilfe geeigneter Kennzahlen abgebildet werden. Sie werden ebenfalls über hierarchische Ursache-Wirkungsketten mit der Finanzperspektive verbunden. Damit gelingt es auch, den Gedanken der Wertorientierung mit nicht-marktlichen Aspekten zu verbinden.

Der größte Vorteil der eigenen Perspektive für Umwelt- und Sozialaspekte in der Balanced Scorecard liegt in der Möglichkeit, nicht-marktliche Aspekte abzubilden. Gleichzeitig misst eine eigene Perspektive der abgebildeten Thematik eine höhere Bedeutung zu. Im Rahmen des gesamten strategischen Konzepts erfolgt eine Aufwertung[644].

Es besteht laut Auffassung von *Figge/Hahn/Schaltegger/Wagner* allerdings die Gefahr, dass Umwelt- oder Sozialaspekte als separate Aufgabe mit Sonderstatus gesehen werden[645]. Auch ist in Frage zu stellen, ob die sicherlich nur begrenzt formulierbaren Ursache-Wirkungsketten in der Balanced Scorecard in der Lage sind, den vielfältigen Gesichtspunkten und dem Querschnittscharakter des Managements von Umwelt- und Sozialaspekten gerecht zu werden. Auch ein gegenteiliger Effekt wäre denkbar. Durch die Integration einer neuen Perspektive besteht die Gefahr der Übergewichtung einzelner Aspekte. Als Filter für dieses Risiko fungiert die bereits zu Beginn der Ausführungen getroffene Forderung, nur wirklich strategisch relevante Aspekte, die noch nicht in das Marktsystem integriert sind, aufzugreifen und in der Perspektive aufzunehmen[646].

8.4.5.3 Ableitung einer speziellen Umwelt- und Sozial-Balanced Scorecard

Die dritte Variante der Integration von Umwelt- und/oder Sozialaspekten besteht in der Konzeption einer eigenen Balanced Scorecard mit diesem Informationsfokus. Damit das integrative Potential, das dem Balanced Scorecard-Konzept zu Eigen ist, nicht ausgeschaltet wird, empfehlen die Autoren *Figge/Hahn/Schaltegger/Wagner* diese ‚*Sustainability Scorecard*' nicht parallel zur konventionellen Balanced Scorecard zu formulieren, sondern diese aus den strategisch relevanten Inhalten der konventionellen Balanced Scorecard abzuleiten[647]. Diese Vorgehensweise folgt konsequent dem Gedanken, die wertorientierte Sichtweise, die sich in der klassischen Balanced Scorecard ausdrückt, nicht außer Acht zu lassen. Aus dieser Betrachtung heraus wird deutlich, dass die dritte Variante eine erweiterte Sichtweise der zuvor geschilderten beiden Varianten ist[648].

---

[644] Vgl. *Figge/Hahn/Schaltegger/Wagner* 2001, S. 25.

[645] Vgl. *Degen* 2001, S. 97 f.

[646] Vgl. *Figge/Hahn/Schaltegger/Wagner* 2001, S. 25 f.

[647] Vgl. *Figge/Hahn/Schaltegger/Wagner* 2001, S. 26.

[648] In der Literatur wird auch die Ansicht vertreten, dass eine abgeleitete und damit untergeordnete Balanced Scorecard mit Umwelt- und Sozialaspekten nicht sinnvoll sei, da man damit der besonderen Bedeutung des Themas nicht gerecht wird (vgl. dazu u. a. *Degen* 2001, S. 51). In den hier vollzoge-

Im Weiteren spricht für diese Vorgehensweise, dass der Fokus auf Umwelt- und Sozialthemen auf gar keinen Fall im Widerspruch zu den anderen identifizierten Zielsetzungen, Kennzahlen und Maßnahmen des Balanced Scorecard-Systems stehen kann. Einer abgeleiteten Sustainabilty-Scorecard kommt damit eine koordinative und organisatorische Aufgabe in den Unternehmensprozessen zu. Sie fasst alle über das Balanced Scorecard-System verteilten Umwelt- und Sozialaspekte zusammen und verhindert durch ihre enge Beziehung zum Balanced Scorecard-System die Isolierung und Parallelführung des Umwelt- und Sozialmanagements.

Die in der Sustainability-Scorecard abgebildete Strategie ist durchaus eine eigenständige Strategie, allerdings ist die Forderung an sie gerichtet, dass sie instrumentell einen Beitrag zur Erreichung der Ziele der übergeordneten Unternehmens- oder Bereichsstrategie leisten muss. Darüber hinaus ist sie in der Lage, einen positiven Nachhaltigkeitsbeitrag zu leisten, in dem sie *ökologische und soziale Effektivität* abbildet[649].

Die wesentliche Erweiterung und der Vorteil gegenüber der zweiten Variante liegt in der zusätzlichen Kapazität, die eine Sustainability-Scorecard für umwelt- und sozialrelevante Kennzahlen zur Verfügung stellt. Gerade bei einer umfassenden Betrachtung von Umwelt- und Sozialaspekten erweist sich eine starke Aggregation als schwierig[650].

8.4.5.4 Exkurs: Bedeutsame Umweltaspekte

Der begriffliche Inhalt der ,*Sustainability*' erstreckt sich auf Aspekte aus dem Bereich der Umwelt und des Sozialen. Wenngleich Sozialaspekte auch für die strategische Ausrichtung von Unternehmen aus der Abfallwirtschaft von Bedeutung sein können, soll im Nachfolgenden der Fokus der Betrachtung auf Umweltaspekten liegen. Allein das Spektrum der hieraus relevanten Themen aus diesem Bereich ist außerordentlich umfangreich und weitreichend, wie in diesem Exkurs aufgezeigt werden soll[651].

In der Literatur zur Ökobilanzierung wird in zwei Arten der *Umwelteinflussnahme* durch menschliche Aktivitäten unterschieden. Das ist zum einen die direkte physikalisch-chemische Einwirkung auf die Umwelt durch Aktivitäten und zum anderen die Verursachung logischer Folgereaktionen als indirekte Auswirkung der Aktivitäten. Ein ökologisches Problem wird dann gesehen, wenn übergeordnete ökologische Schutzgüter gefährdet sind. Als solche betrachtet man die menschliche Gesundheit, die Struktur und Funktion von Ökosystemen und die natürlichen Ressourcen[652].

---

nen Ausführungen soll allerdings der Gedanke der Wertorientierung im Vordergrund stehen, bei dem auf oberster Hierarchieebene der Balanced Scorecard die Finanzperspektive steht und weitere strategische Objekte mit den Aussagen dieser Perspektive vernetzt werden.

[649] Vgl. *Figge/Hahn/Schaltegger/Wagner* 2001, S. 27.

[650] Vgl. *Figge/Hahn/Schaltegger/Wagner* 2001, S. 28.

[651] Vgl. Kapitel 2, Grafik 2: Säulenschema der Umweltaspekte.

[652] Vgl. *Umweltbundesamt* 2000, S. 12 f.

Hahn stellt heraus, dass die gesellschaftliche Wahrnehmung von Umweltproblemen davon abhängig ist, welchen Stellenwert übergeordnete ökologische Schutzgüter in Abwägung zu anderen gesellschaftlichen oder persönlichen Zielen haben[653]. Den Zusammenhang zwischen Umwelteinwirkungen, Umweltauswirkungen und den ökologischen Schutzgütern gibt die nachfolgende Grafik wieder (Abb. 60):

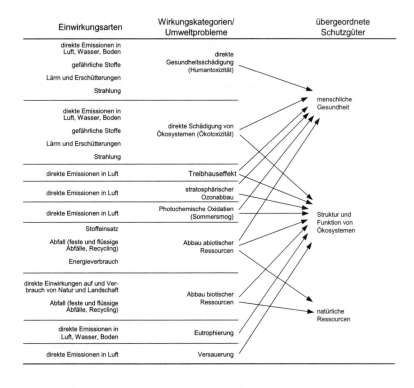

Abbildung 60: Einwirkungsarten auf übergeordnete Schutzgüter[654]

---

[653] Vgl. *Hahn* 2001, S. 31.

[654] Vgl. *Figge/Hahn/Schaltegger/Wagener* 2001, S. 35.

8.4.6 Modelle der Netzwerk-Balanced Scorecard

Betrachtet man die Veröffentlichungen zum Controlling von Kooperationen und Netzwerken, dann findet man gerade in denjenigen jüngeren Datums das Konzept der Balanced Scorecard in modifizierter Form wieder. Insbesondere zu einer speziellen Form des Netzwerks, dem ‚*Supply Chain*', einem primär vertikalen Netzwerktyp[655], existieren wissenschaftliche Untersuchungen und daraus resultierende Balanced Scorecard-Konzepte, die herausstellen, inwieweit die Balanced Scorecard geeignet ist, den Anforderungen des Controllings in Netzwerkstrategien gerecht zu werden[656].

Die Besonderheiten des Controllings in Unternehmensnetzwerken differieren stark zu dem bis in die achtziger Jahre vorzufindenden Controlling-Verständnis. Bis zu diesem Zeitpunkt sah man Controlling eher abteilungsbezogen mit einer klar erkennbaren Funktionsorientierung. Mit den Gedanken des ‚*Business Process Reengineering*' (BPR) wurde diese Philosophie abgelöst zu Gunsten der Betrachtung von abteilungsübergreifenden Prozessketten. Es erfolgte im Weiteren eine gedankliche Ausdehnung auf Systeme, die zum Unternehmen einen Bezug haben, und letztendlich auch auf Unternehmensnetzwerke[657].

Die nachfolgenden Kapitel geben unter Auswahl dreier Beispiele einen repräsentativen Ausschnitt der Diskussion wieder. Es handelt sich zunächst um den Ansatz von *Weber/Bacher/Gebhardt/Voss*, die die Balanced Scorecard über den Austausch zweier klassischer Perspektiven zu einem Instrument des strategischen Controllings für das Supply Chain-Management modifizieren.

Als weiteres Modell ist das von *Jehle/Stüllenberg/Schulze im Hove* thematisiert. *Jehle* et al. betrachten auch Supply Chains, modifizieren allerdings das klassische Balanced Scorecard-Konzept über die Einführung einer weiteren Perspektive, nämlich der Kooperationsperspektive, zu einem Instrument des Netzwerkcontrollings.

Abschließend wird der Ansatz von *Lange/Schaefer/Daldrup* aufgegriffen. Diesem Modell liegt die Betonung zu Grunde, dass ein effektives und effizientes Controlling nur durch ein funktionierendes Kommunikationsinstrument erfolgen kann. Genau diese Fähigkeit wird nach Auffassung der Autoren der Balanced Scorecard zugeschrieben.

8.4.6.1 Der Ansatz von *Weber/Bacher/Gebhardt/Voss*

Der Ansatz von *Weber/Bacher/Gebhardt/Voss* entstammt dem Kontext des Supply Chain Managements, konkret der Fragestellung der Entscheidungsunterstützung durch das Controlling in Supply Chain Management Strategien[658].

---

[655] Vgl. *Jehle* 2003, S. 379.

[656] Vgl. *Morschett/Neidhart* 2003, S. 594 oder *Junga/Neugebauer* 2002, S. 284.

[657] Vgl. *Borrmann* 2003, S. 289 f.

[658] Vgl. *Jehle/Stüllenberg/Schulze im Hove* 2002, S. 19.

Supply Chain Management (SCM) verfolgt die Intention, eine Integration von Lieferanten, Produzenten, Warenhäusern und Verkaufsstellen vorzunehmen, so dass Produkte oder Dienstleistungen in der richtigen Menge, am richtigen Ort, zur richtigen Zeit unter Minimierung der Kosten und Maximierung der Service-Qualität verfügbar sind[659]. Durch diese Anforderung bezieht das Supply Chain Management die Informationsflüsse, Materialströme, Geldtransaktionen und Prozesse in den Managementprozess mit ein. Die Supply Chain beinhaltet die *gesamte Wertschöpfungskette*, wobei es Ansätze in diesem Forschungsfeld gibt, auch die dem Lebenszyklus nachgelagerten Prozesse der geregelten Entsorgung als Bestandteil dieser Kette und damit des Supply Chain Managements zu sehen.

Nach Auffassung von *Weber/Bacher/Gebhardt/Voss* ist das Supply Chain Management aktuell die höchste Entwicklungsstufe innerhalb logistischer Konzepte. Gleichzeitig ist dieses Konzept von großer Komplexität gekennzeichnet, da sich in ihm eine unternehmensübergreifende Flussorientierung hinsichtlich Materialen, Finanzen und Informationen wiederspiegelt, unter gleichzeitiger Beibehaltung umfangreicher Freiheitsgrade der beteiligten Akteure[660].

Die Autoren identifizieren vier voneinander abzugrenzende historische *Entwicklungsstufen innerhalb der Logistik*. Im Rahmen der ersten Stufe betrachtet man die Logistik als Aufgabe eines Funktionsbereiches in einem Unternehmen, z. B. im Lager.

Bei der zweiten Stufe rückte das Schnittstellenmanagement zusätzlich ins Zentrum der Beobachtung. Dadurch wurde die funktionsbezogene Betrachtung durch die Koordinationsfunktion erweitert, die sich instrumentell u. a. in standardisierten Losgrößen oder verbesserten bereichsübergreifenden Informationsflüssen ausdrückt.

Die dritte Entwicklungsstufe war dadurch gekennzeichnet, dass sie unmittelbar auf die Logistikkette einwirkte. Bei den vorherigen Stufen erfolgte kein Einfluss auf die Logistikkette selber. In dieser Stufe stand die Optimierung der flussorientierten Gestaltung der Unternehmen selbst im Mittelpunkt. Diese erweiterte Sichtweise limitierte nicht den Blick auf die Schnittstelleninformationen, sondern bezog das Wissen über die stattfindenden Prozesse in allen Bereichen mit ein. Dieser Vorgang erforderte Offenheit aller beteiligten Partner der Wertschöpfungskette. Genau darin liegt nach Auffassung der Autoren auch die besondere Problematik, da die Befürchtung des Informationsmissbrauchs sensibler Daten latent mitschwingt. Die Führungsaufgaben innerhalb der Logistik erweitern sich an dieser Stelle um den Ausgleich bestehender Interessenskonflikte, die sich aus dem Informationsbedarf und der gewählten Informationspolitik der teilnehmenden Akteure ausdrückt. Logistische Effizienz wird zunehmend mehr zu einer Funktion der Unternehmensführung.

In der vierten Stufe ist kennzeichnend, dass die Komplexität der Materialflüsse und gleichzeitig auch die Freiheitsgrade noch stärker ausgeprägt sind. Innerhalb eines Unternehmens lässt sich noch vergleichsweise einfach – nämlich durch Anreize oder Weisungen – die Flussorientierung herstellen. Bei der unternehmensübergreifenden Betrachtung des Supply Chain Managements ist für das flussorientierte Gestalten

---

[659] Vgl. *Schmidt* 2002, S. 25.

[660] Vgl. *Weber/Bacher/Gebhardt/Voss* 2002, S. 7.

das freiwillige Zusammenwirken und insbesondere der freiwillige Informationsaustausch der Vertreter unabhängiger Unternehmen notwendig[661].

Die nachstehende Grafik gibt die Entwicklungen des Wissens in der Logistik wieder (Abb. 61):

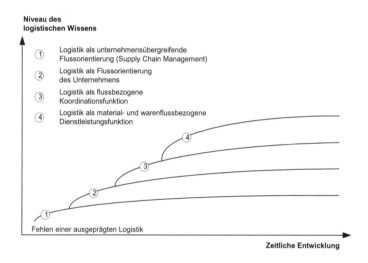

Abbildung 61: Entwicklungsstufen der Logistik[662]

In der Supply Chain-Philosophie liegt verankert, dass sowohl eine *Leistungssteigerung* als auch eine *Kostensenkung* über die gesamte Wertschöpfungskette generiert werden soll. Auf Grund der hohen Komplexität, die diesem Modell zu Eigen ist, wirft die Frage nach den Steuerungs- und Controlling-Möglichkeiten eine besondere Sensibilität auf. Da das Modell noch sehr neu ist und die wissenschaftliche Erforschung noch relativ am Anfang steht, existieren nur wenige Erfahrungswerte, auf die zurückgegriffen werden kann[663]. Dennoch haben sich einige Konzepte als leistungsfähig erwiesen, die den unternehmensübgreifenden Führungsaufgaben gerecht werden.

Als kritisch im Supply Chain Management kann der freiwillige und umfassende *Austausch von Informationen* angesehen werden. Informationen über Prozesse können zum einseitigen Vorteil ausgenutzt werden, so dass jede Offenlegung von bedeutsamen Erkenntnissen sowohl als Chance als auch als Risiko ausgelegt werden kann. Der Schlüssel zur Offenheit liegt im einander entgegengebrachten Vertrauen, das

---

[661] Vgl. *Weber/Bacher/Gebhardt/Voss* 2002, S. 7 f.

[662] Vgl. *Weber/Bacher/Gebhardt/Voss* 2002, S. 7.

[663] Vgl. *Zimmermann/von Flatow/Seuring* 2003, S. 555 und *Stölzle/Heusler/Karrer* 2001, S. 82.

der Freiwilligkeit entspringt und nicht durch eine eventuelle Marktmacht induziert wird[664]. Vertrauen gilt als vielschichtiges psychologisches Phänomen, dessen Erklärung sich komplexer Strukturen bemühen muss. Die Bereitschaft zu vertrauen basiert auf ex post vorhandenen Informationen über den Partner und auf den im Laufe der Zusammenarbeit gewonnenen Erfahrungen. So gilt es als gesicherte Erkenntnis, dass Vertrauensbildung durch Selbstbeobachtung und -bewertung des eigenen Verhaltens nach den Maßstäben und aus der Perspektive des Kooperationspartners erreicht werden kann[665]. Fokus der Beobachtung und der sich anschließenden Bewertung können die Faktoren Zuverlässigkeit, Kompetenz, emotionales Vertrauen, Verletzbarkeit und Loyalität sein, deren Quantifizierung sich als schwierig herausstellen kann (Abb. 62).

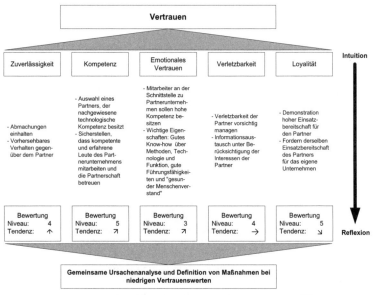

Abbildung 62: Ansätze des Beziehungscontrollings[666]

In der gemeinsamen Analyse und Bewertung der Partner sind bei niedrigen Vertrauenswerten geeignete Maßnahmen der Gegensteuerung einzuleiten. Für die *Kommunikation* zwischen den Partnern, aber auch innerhalb der Partnerunternehmen sind

---

[664] Vgl. *Weber/Bacher/Gebhardt/Voss* 2002, S. 10.

[665] Vgl. *Weber/Bacher/Gebhardt/Voss* 2002, S. 11.

[666] Vgl. *Weber/Bacher/Gebhardt/Voss* 2002, S. 10.

Kennzahlen und Performance Measures ein geeignetes Medium[667]. Kennzahlen sind somit für die Führung der Supply Chain von Bedeutung. Es gilt allerdings auch hier zu beachten, dass auf Grund der besonderen kritischen Erfolgsfaktoren einer effizienten Supply Chain, z. B. das Vertrauen der Partner untereinander, eine spezielle Orientierung des Kennzahlensystems zu erfolgen hat. Ähnlich der Kritik an den traditionellen Kennzahlensystemen[668] darf das entwickelte Kennzahlensystem nicht durch eine zu starke oder sogar ausschließliche Finanzperspektive dominiert werden. In einem Partnerverbund kommt bei diesen Kennzahlen im Weiteren hinzu, dass man untereinander sensible Finanzdaten nur schwerlich offen legen wird. Neben der bereits bekannten Kritik der Vergangenheitsorientierung sind *Weber* et al. zudem der Auffassung, dass Finanzkennzahlen nicht in der Lage sind, die Engpässe der Logistik abzubilden. Ihre Forderungen zur Gestaltung eines Kennzahlensystems mit Führungsanspruch lauten:

- Kennzahlen müssen im engen Zusammenhang mit der gewählten Gesamtstrategie stehen,

- Kennzahlen müssen klare und unter allen Partner verstandene Definitionen haben, die in einem systematischen und transparenten Auswahlprozess festgelegt werden,

- Kosten und Leistungen sollen abgebildet, miteinander verknüpft und in den Kontext der Strategie eingebunden werden und

- die unterschiedlichen Intentionen von diagnostischen oder interaktiven bzw. strategischen oder operativen Kennzahlen sollen von allen Partnern verinnerlicht sein[669].

Bezogen auf die Warenflüsse eines Partners, Teile der Supply Chain oder aber auch die gesamte Supply Chain, können strategische und operative Kennzahlen je Betrachtungsebene festgelegt werden. Die Anzahl möglicher und sinnvoller Kennzahlen ist dabei groß. Umso mehr Bedeutung kommt der gemeinsamen Verständigung auf einzelne Kennzahlen und deren exakten Definition zu[670].

Die nachfolgende Grafik ist ein Beispiel möglicher strategischer und operativer Kennzahlen, bezogen auf unterschiedliche Betrachtungsebenen der Supply Chain (Abb. 63):

---

[667] Vgl. *Weber/Bacher/Gebhardt/Voss* 2002, S. 12.

[668] Vgl. Kapitel 8.1.3.4.

[669] Vgl. *Weber/Bacher/Gebhardt/Voss* 2002, S. 12.

[670] Vgl. dazu auch *Schwarz/Axer 2004*, S. 168, die aus empirischen Beobachtungen heraus feststellen, dass die Supply Chain betreffenden Kennzahlen in der Unternehmenspraxis bisher kaum erhoben werden.

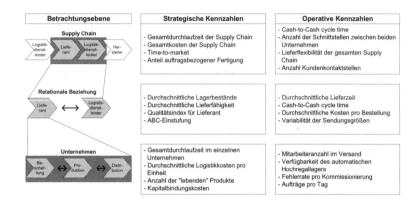

Abbildung 63: Beispielkennzahlen für die Supply Chain[671]

Die Aussagefähigkeit der finanziellen Perspektive soll das Ausmaß der Ergebnisver-
besserung, die durch die Implementierung der Supply Chain-Strategie erzielt werden
kann, sein. Alle Kennzahlen haben die gesamte Supply Chain im Fokus und bewerten ihre Leistungsfähigkeit. Als aussagefähig haben sich Kennzahlen, wie z. B. die
gesamten Logistikkosten, Economic Value Added (EVA) oder auch Cash Value Added (CVA) erwiesen. In Analogie zum Ursprungsmodell von *Kaplan/Norton* determiniert   die   Finanzperspektive   die   anderen   Perspektiven   durch   Ursache-
Wirkungsbeziehungen, aber auch als Endziel die Gestaltung der weiteren Perspektiven[672].

Die Prozessperspektive bildet die Kernprozesse ab, die zum Erreichen der Finanz-
ziele von eminenter Bedeutung sind. Die betrachteten Prozesse sind hier naturgemäß unternehmensübergreifend zu verstehen und bilden die Wertschöpfungsketten
der am Supply Chain teilnehmenden Unternehmen ab[673].

Aus der Perspektive der Kooperationsintensität soll die Aussage ableitbar sein, in
welcher Art und Weise die Zusammenarbeit zwischen den Partnern vonstatten geht,
und welche Entwicklungen aufgezeigt werden können[674].

Die abschließende Perspektive über die Kooperationsqualität fokussiert auf die weichen Faktoren, die für die Steuerung und den Erfolg der Kooperation wichtig sind.
Hier wird dargestellt, wie gut die Kooperation insgesamt funktioniert[675].

---

[671] Vgl. *Weber/Bacher/Gebhardt/Voss* 2002, S. 12.

[672] Vgl. *Weber/Bacher/Gebhardt/Voss* 2002, S. 14.

[673] Eine mögliche Kennzahl der Prozessperspektive ist die Gesamtdurchlaufzeit der Supply Chain.

[674] Kennzahlen der Perspektive der Kooperationsintensität sind z. B. die Anzahl und Qualität der unter
den Partnern ausgetauschten Datensätze zur Bewertung der Offenheit und Kommunikation untereinander.

Wiederum in Analogie zur traditionellen Balanced Scorecard enthält jede Perspektive strategische Ziele, Kennzahlen und Maßnahmen zur Zielerreichung. Die Messgrößen beziehen sich zum Teil – wie bereits erwähnt – auch auf die gesamte Supply Chain. Dazu ist es notwendig, dass dieser Betrachtungsinhalt zunächst in den einzelnen Unternehmen ermittelt und dann durch Aggregation der Einzelperspektiven in eine Gesamtbetrachtung überführt wird, die dann ihrerseits Aussagen zur Supply Chain ermöglicht.

Die Perspektiven Prozesse, Kooperationsintensität und Kooperationsqualität sind durch Ursache-Wirkungsbeziehungen mit den finanziellen Zielen zu verbinden. Diese Kausalanalysen können über mathematische Modelle oder – wohl eher auch im Regelfall – über sachlogische Schlüsse erfolgen[676].

Das Modell der Supply Chain Balanced Scorecard vermittelt den Anspruch, die in der Kooperation existierende Strategie zu operationalisieren und den Zielereichungsgrad abzubilden. Da es sich hier jedoch um einen unternehmensübergreifenden Prozess handelt, sind damit besondere Schwierigkeiten verbunden. Empirisch kann nachgewiesen werden, dass das Modell trotz existierender Supply Chains noch nicht durchgehend gelebt wird. Auch aus Sicht der Forschung, die sich noch ganz am Anfang befindet, besteht erheblicher Arbeitsbedarf. Bei weitem nicht abschließend geklärt sind Fragen über die gemeinsame Strategiedefinition und die Integration der Supply Chain-Strategie in die Unternehmensstrategie der Kooperationspartner.

Um hier eine Abhilfe zu schaffen, schlagen die Autoren eine Balanced Scorecard-Bildung auf drei Ebenen vor, die durch die Betrachtungsebenen innerhalb der Supply Chain bestimmt sind. Zum einen empfehlen sie eine Balanced Scorecard auf der E-bene der gesamten Supply Chain. Daneben können Scorecards über die relationalen Beziehungen von Unternehmen mit gleichen Strukturen konzipiert werden. Die letzte Ebene bilden die Balanced Scorecards, die in den einzelnen Unternehmen auf Grundlage der dort verabschiedeten Unternehmensstrategie nur für dieses Unternehmen existieren[677]. Diesem Gedanken immanent ist, dass die Scorecards auch zeitlich aufeinander folgend erstellt werden können. Je umfassender die Wertschöpfungsketten mit Hilfe von Scorecards gesteuert werden, desto höher kann der Reifegrad der Kooperationsbeziehung bewertet werden[678].

In der nachfolgenden Grafik sind die Perspektiven der Balanced Scorecard für das Supply Chain-Controlling in dieser spezifischen Sichtweise wiedergegeben (Abb. 64):

---

[675] Die hier zum Einsatz gelangenden Kennzahlen können Indizes zur Zufriedenheit oder dem Vertrauen untereinander beziehungsweise die Anzahl der unkooperativ und damit vertrauensschädigend gelösten Konflikte sein.

[676] Vgl. *Weber/Bacher/Gebhardt/Voss* 2002, S. 14 f.

[677] Vgl. *Weber/Bacher/Gebhardt/Voss* 2002, S. 15.

[678] Vgl. *Weber/Bacher/Gebhardt/Voss* 2002, S. 16.

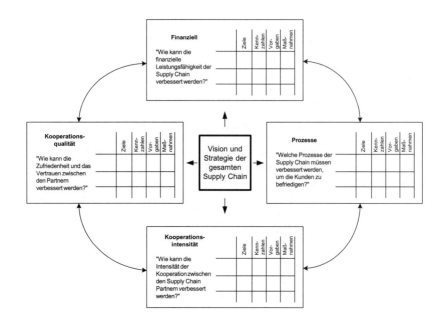

Abbildung 64: Balanced Scorecard für das Supply Chain-Controlling[679]

8.4.6.2 Der Ansatz von *Jehle/Stüllenberg/Schulze im Hove*

Ähnlich wie *Weber* et al. betrachten auch *Jehle*[680]*/Stüllenberg/Schulze im Hove* Supply Chains, also eine besondere Form von logistischen Netzwerken[681]. Diese bestehen aus mindestens drei Partnern, die rechtlich unabhängig sind, und deren Kooperation in den Funktionsbereichen Beschaffung, Produktion und/oder (Re-) Distribution stattfindet[682].

---

[679] Vgl. *Weber/Bacher/Gebhardt/Voss* 2002, S. 15.

[680] Prof. Dr. *Egon Jehle* arbeitet in einem interdisziplinär zusammengesetzten Forscherteam aus den Fakultäten Maschinenbau, Informatik, Statistik, Wirtschafts- und Sozialwissenschaften sowie dem *Fraunhofer Institut für Materialfluss und Logistik* an dem Sonderforschungsprojekt „Modellierung großer Netze in der Logistik" und betreut das Teilprojekt „Netzwerk-Controlling". Ziel des Forschungsauftrags ist der Aufbau einer Theorie und die Entwicklung eines Instrumentariums zur Gestaltung logistischer Netzwerke.

[681] Vgl. Kapitel 8.4.5.

[682] Vgl. *Jehle/Stüllenberg/Schulze im Hove* 2002, S. 19.

Jehle et al. setzen auf der Ebene der empirischen Beobachtungen an, aus denen deutlich wird, dass viele Netzwerkkonzepte hinter ihren Erwartungen zurückbleiben. Diese Feststellung ist in unterschiedlichen Ausprägungen wahrzunehmen. Sie reicht vom partiellen bis hin zum totalen *Netzwerkversagen*[683].

Jehle et al. greifen die Erklärungsmodelle der soziologischen Netzwerktheorien auf, um die dort getroffenen Aussagen zu relativieren. In der soziologischen Forschung ist bezogen auf Supply Chains eine *Macht- und Ausbeutungsthese* formuliert worden, die als eine Folge der oftmals einseitig ausgeprägten Machtverhältnisse und Machtausübungen in Netzwerken interpretiert wird. Vertreter dieser Auffassung sehen gerade in dieser Möglichkeit das Motiv zur Netzwerkbildung. Die großen Partner missbrauchen ihre Stärke zum Ausbau ihrer Machtposition zu Lasten kleinerer Unternehmen. Eine vertrauensbasierte Beziehung zwischen den Partnern wird allenfalls zwischen den Endherstellern und großen Systemlieferanten zugestanden[684]. Nach Auffassung der Autoren ist die aufgestellte These in dieser Schärfe und Ausprägung nicht zu halten, zumal empirische Befunde nachweisen, dass partnerschaftliche und vertrauensvolle Zusammenarbeit zwischen Unternehmen heute keine Einzelfälle mehr sind. Darüber hinaus existieren potentielle Maßnahmen, die in der Lage sind, opportunistische Verhaltensweisen von Partnern in Netzwerken zu verhindern oder zumindest zu minimieren. Diese Maßnahmen[685], die dem strategischen Controlling zuzuordnen sind, und die die Ausbeutungsthese abschwächen[686], fassen *Jehle* et al. in Abbildung 65 zusammen.

Jehle et al. sehen die Problematik, die zum Scheitern von Netzwerkbeziehungen führen kann, weniger in den genannten Risiken, sondern vielmehr in der Vernachlässigung strategischer Aspekte, was zur mangelnden Zielorientierung bis hin zur völligen Konzeptlosigkeit führen kann.

Sind jedoch klare Strategien der Kooperation formuliert und kommuniziert, dann muss ein geeignetes Controlling die Zielerreichung abbilden sowie die akteurspezifische Informationsversorgung und die Fundierung der Kooperationsentscheidungen sicherstellen[687]. Diese Anforderung für Netzwerke im Allgemeinen und Supply Chains im Besonderen führt zu einer holistischen Sichtweise, beginnend bei der Einbindung der Unternehmensebene bis hin zur unternehmensübergreifenden Ebene und Einbeziehung der gesamten Supply Chain. Als besondere Anforderung kommt die *Heterogenität der Partner* bezüglich objektiver Kriterien, wie z. B. Produktpalette und Lieferkapazität, aber auch subjektiver Kriterien, wie z. B. Erreichbarkeit und Kooperationswille, und die Divergenz hinsichtlich der individuellen Unternehmenszielsetzungen hinzu. Zudem ist zu nennen, dass die identifizierten Strukturen dynamischen Veränderungen sowohl durch das Aktivieren bestehender latenter Beziehungen als auch durch die Neuorientierung vorhandener Beziehungen und die Ausweitung der Supply Chain unterworfen sind. Ebenfalls nicht vernachlässigbar ist die In-

---

[683] Vgl. *Jehle* 2003, S. 379.

[684] Vgl. *Hirsch-Kreinsen* 2002, S. 113.

[685] Vgl. dazu auch *Horváth/Mayer* 2002, S. 52.

[686] Vgl. *Jehle* 2003, S. 380.

[687] Vgl. *Jehle/Stüllenberg/Schulze im Hove* 2002, S. 20.

terdependenz zwischen den Handlungen der Kooperationspartner, so dass die Anforderung an das Controlling durch Komplexität, Dynamik und Interdependenz determiniert wird.

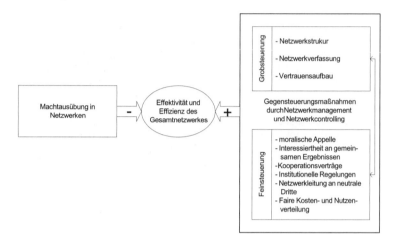

*Abbildung 65: Auswirkungen von Macht in Unternehmensnetzwerken und Gegen-
steuerungsmaßnahmen des Netzwerkmanagements und -controllings[688]*

Im Forschungsverlauf ist überprüft worden, inwieweit existierende Controlling-
Konzeptionen diesen Anforderungen gerecht werden können. Als geeignet hat sich
das Balanced Scorecard-Konzept erwiesen, da es über die systemimmanente Ausgewogenheit – ausgedrückt in den unterschiedlichen Führungsperspektiven – die
verschiedenen Ziele der Kooperationspartner abbilden kann, und im Weiteren einen
hohen Bekanntheits- und Akzeptanzgrad besitzt[689].

Betrachtet man im Vergleich dazu das klassische Modell der Balanced Scorecard
von *Kaplan/Norton*, dann ist festzustellen, dass bedeutende Aspekte der unternehmensübergreifenden Steuerung gar nicht vorgesehen sind. Diese Aussage gilt im
Besonderen für die Koordinationsfunktion, was die Komplexitätsbeherrschung außerordentlich erschwert. *Jehle* et al. fordern daher eine strukturelle und inhaltliche
Anpassung des Ursprungskonzepts. Diese sehen sie auch noch nicht ausreichend
berücksichtigt in der von *Stölzle* ergänzten Lieferantenperspektive[690] in Verbindung
mit unternehmensübergreifenden Kennzahlen oder in der von *Weber* et al. eingeführ-
ten Perspektive der Kooperationsqualität und Kooperationsintensität[691]. Die Kritik an

---

[688] Vgl. *Jehle* 2003, S. 380.

[689] Vgl. *Jehle/Stüllenberg/Schulze im Hove* 2002, S. 20.

[690] Vgl. *Stölzle/Heusler/Karren* 2001, S. 75 ff und *Horváth/Kaufmann* 1998, S. 45.

[691] Vgl. Kapitel 8.4.5.1.

der Lieferantenperspektive lautet, dass sie dem Gedanken des Supply Chain Managements nur eingeschränkt gerecht wird, da das Konzept die Optimierung aller Beziehungen bis hin zum Endkunden und Recyclingunternehmen anstrebt[692].

Jehle et al. sehen grundsätzlich drei Möglichkeiten, Kooperationsaspekte in das Balanced Scorecard-Schema zu integrieren. Die erste besteht darin, das klassische Balanced Scorecard-Konzept lediglich um Kooperationsaspekte zu ergänzen. Die Gefahr besteht laut Auffassung der Autoren jedoch darin, die dann gemessenen Effekte ausschließlich als Folge der zwischenbetrieblichen Kooperation zu erkennen und strategiefördernde Handlungsempfehlungen daraus abzuleiten.

Die zweite Möglichkeit bezieht sich auf den Fall, dass zwischenbetriebliche Kooperationen nur in Teilprozessen stattfinden. Hier besteht die Option, bereichsspezifische Scorecards zu entwickeln, die die klassischen Perspektiven auf abgetrennte Prozesse und Funktionen anwenden. Die Frage der Aggregation der so gewonnenen Erkenntnisse ist allerdings nicht leicht zu beantworten.

Die beste Lösung wird in der Generierung einer speziellen *Kooperationsperspektive* in Ergänzung der bestehenden Perspektiven der Balanced Scorecard gesehen. In dieser neuen Perspektive werden kooperationsrelevante Ziele, Kennzahlen und Maßnahmen direkt abgebildet und mit der gesamten Unternehmensstrategie verknüpft. Die hier zum Einsatz gelangenden Kennzahlen müssen in der Lage sein, die Steuerung und Bewertung von Kooperationen zu unterstützen[693].

Die so für jeden Teilnehmer der Kooperation neu geschaffene Netzwerk-Balanced Scorecard besteht aus den Perspektiven Finanzen, Ressourcen, Markt, Kooperation und Prozesse. Auffallend ist, dass die klassische Bezeichnung der Perspektive für Lernen und Entwicklung nicht namentlich auftaucht. Inhaltlich ist dieser Aspekt in die Ressourcenperspektive eingeordnet, die jedoch noch weitere Gesichtspunkte enthält. Hier werden nämlich zudem die strategischen Potentialfaktoren abgebildet, die für den Unternehmenserfolg relevant sind. Knappe Ressourcen innerhalb einer Supply Chain können Bestände, Flächen, Personal, Bearbeitungsmittel, Hilfsmittel oder Organisationsmittel sein. Da Ressourcen im Regelfall knapp sind, ist ihre Verwendung zu planen, zu steuern und zu kontrollieren. In der Ressourcenperspektive werden Ziele und Kennzahlen zur Optimierung der internen und externen Ressourcen generiert. Leitlinie dabei ist, dass grundsätzlich Bestände abzubauen sind, ohne dass dabei die Ressourcenverfügbarkeit unter ein notwendiges Maß sinkt. Kennzahlen dieser Perspektive sind z. B. der Ressourcenauslastungsgrad, der Verfügbarkeitsgrad von Informations- und Kommunikationssystemen oder aber auch die Mitarbeiterfluktuation[694].

Wie im klassischen Konzept ist auch bei *Jehle* et al. die Finanzperspektive die übergeordnete Perspektive, an der sich die anderen Perspektiven auszurichten haben. Sie soll die finanziellen Wirkungen des Supply Chain Managements abbilden. So können u. a. die Transaktionskosten über Betrachtung der Bestandskosten oder Prozesskosten erfasst werden. Als geeignet erweisen sich in dieser Perspektive Kenn-

---

[692] Vgl. *Jehle/Stüllenberg/Schulze im Hove* 2002, S. 21.

[693] Vgl. *Jehle/Stüllenberg/Schulze im Hove* 2002, S. 21 und *Bornheim/Stüllenberg* 2002, S. 286 f.

[694] Vgl. *Jehle/Stüllenberg/Schulze im Hove* 2002, S. 22.

zahlen wie z. B. der Return on Investment, die Gesamtkapitalrentabilität oder der Anteil der Logistikkosten am Umsatz[695].

Aus der Prozessperspektive wird die operative und strategische Ausgestaltung der internen aber auch unternehmensübergreifenden Prozessabläufe beobachtet und bewertet. Letztendlich werden auch neue Prozesse definiert. Hier können als geeignete Kennzahlen z. B. der Prozesseffizienzgrad, der Lieferbereitschaftsgrad oder die Durchlaufzeit herangezogen werden[696].

In der Marktperspektive werden die Konkurrenzsituation und die Erfüllung der Kundenanforderung abgebildet. Der letzte Aspekt stellt eine Erweiterung des klassischen Balanced Scorecard-Ansatzes in der Außensicht dar, in die auch die Konkurrenzverhältnisse einbezogen werden. Davon werden wiederum die Ziele der Steigerung der Kundenzufriedenheit, der Liefertermintreue sowie einer marktkonformen Produkt- und Servicequalität und des eigenen Marktanteils abgeleitet. Kennzahlen, die in dieser Perspektive Verwendung finden, sind z. B. die Fehllieferungs- und Verzugsquote, der Kundenzufriedenheitsgrad und der relative Marktanteil[697].

Die neu hinzukommende Perspektive ist die ‚Kooperation'. Hier werden die Wirkungen abgebildet, die durch die Kooperation zwischen Unternehmen zu erzielen sind. Damit alle Teilnehmer der Kooperation an deren Erfolg partizipieren, müssen negative Effekte, wie z. B. der ‚Bullwhip-Effekt'[698], eliminiert werden und sensible Themen, wie z. B. das Spannungsfeld zwischen Eigenständigkeit und Unabhängigkeit, in der Balance gehalten werden. Als Kennzahlen kommen neben anderen der Kooperationsstabilitätsgrad, der Informationsverfügbarkeitsgrad nachgefragter Informationen oder die Verflechtungsquote in Betracht[699].

Analog zum klassischen Konzept der Balanced Scorecard sind auch hier die Perspektiven nicht isoliert voneinander zu verstehen. Zwischen den Informationsinhalten bestehen Ursache-Wirkungszusammenhänge, die den Einfluss der nicht-finanziellen Aspekte auf die Finanzperspektive, aber auch die Interdependenzen zwischen den nicht-finanziellen Perspektiven widerspiegeln. Über die Identifikation dieser Ursache-Wirkungszusammenhänge werden Vorleistungen erbracht, um die Werttreiber des Supply Chain Managements zu erkennen.

---

[695] Vgl. *Jehle/Stüllenberg/Schulze im Hove* 2002, S. 22.

[696] Vgl. *Jehle/Stüllenberg/Schulze im Hove* 2002, S. 22.

[697] Vgl. *Jehle/Stüllenberg/Schulze im Hove* 2002, S. 22.

[698] Unter dem Bullwhip-Effekt (*Peitschenschlag-Effekt*) versteht man ein in mehrstufigen logistischen Ketten – z. B. Händler, Großhändler, Produzent, Lieferant – zu beobachtendes Phänomen. Obwohl beim Händler die Variabilität der Nachfrage gering ist, kann die Nachfrage beim Großhändler (Bestellungen der Händler) größeren Schwankungen unterliegen. Das Phänomen setzt sich dahingehend fort, dass die Nachfrage beim Produzenten noch größeren Schwankungen unterliegt, also eine noch höhere Variabilität aufweist. Je höher man in der Supply Chain gelangt, desto stärker ist die Variabilität der Nachfrage vorhanden. Im ungünstigsten Fall führt dieses zum Aufbau von Beständen, die sich nicht an der Nachfrage des Endverbrauchers orientieren, sondern ‚künstlich' aus dem Nachfrageverhalten innhalb der Supply Chain ergeben. Vgl. dazu auch ausführlich *Tempelmeier, H.*: Material-Logistik, Kapitel E; 5. Auflage; Berlin 2003.

[699] Vgl. *Jehle/Stüllenberg/Schulze im Hove* 2002, S. 22.

Die von *Jehle* et al. entwickelte Netzwerk-Balanced Scorecard ist in nachstehender Grafik wiedergegeben (Abb. 66):

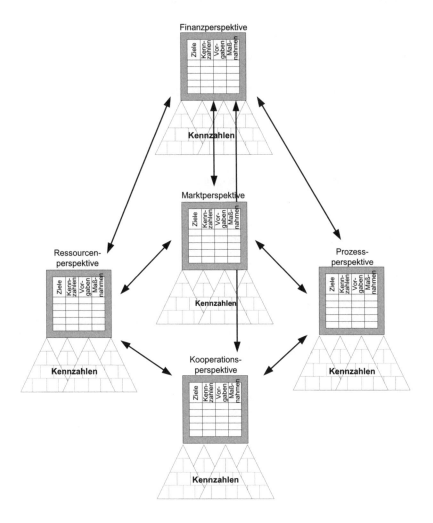

Abbildung 66: Netzwerk Balanced Scorecard[700]

---

[700] Vgl. *Jehle/Stüllenberg/Schulze im Hove* 2002, S. 21.

Aktuelle empirische Untersuchungen unterstreichen die Bedeutung des von *Jehle* et al. entwickelten Konzepts[701]. Als die wichtigsten Ziele des Supply Chain Managements erkennt man darin die folgenden fünf Aspekte:

- Kostensenkung (Finanzperspektive),

- Abbau von Material- und Lagerbeständen in der Supply Chain (Ressourcenperspektive),

- Synchronisation von Nachfrage und Angebot, um den Bullwhip-Effekt zu minimieren (Kooperationsperspektive),

- Verkürzung der Durchlaufzeit (Prozessperspektive) und

- Verbesserung der Liefertermintreue (Marktperspektive)[702].

Abbildung 67 fasst die Zielsetzungen des Supply Chain Controllings zusammen.

Wie schon in der Veröffentlichung von *Kaplan/Norton* formuliert, sind die Perspektiven nicht unabhängig voneinander, sondern durch Ursache-Wirkungsketten miteinander verknüpft. Die Verbindung berührt zwei Ebenen. Das ist zum einen die Ebene des direkten und damit unternehmensinternen Einflusses und zum anderen die durch das eigene Verhalten bewirkte unternehmensübergreifende Beeinflussung der Zielerreichung der Partnerunternehmen. Letztere Beziehung kann sowohl direkte als auch indirekte Ursache-Wirkungsbeziehungen aufweisen. Es ist herauszustellen, dass gerade die Analyse von Interdependenzen mehrerer Scorecards ein noch weitgehend unerforschtes Feld darstellt. *Jehle* et al. greifen diese Fragestellung auf und veranschaulichen exemplarisch potentielle Ursache-Wirkungszusammenhänge zwischen der Balanced Scorecard eines Kunden und der Balanced Scorecard seines Lieferanten. Das Modell ist in Abbildung 68 wiedergegeben.

Aus dem gewählten Beispiel geht unmittelbar hervor, dass alle Perspektiven über Kausalketten mit der Finanzperspektive verbunden sind und auf sie einwirken.

Insgesamt erachten die Autoren das Konzept der Balanced Scorecard als ein geeignetes Controllinginstrument für unternehmensübergreifende Supply Chains. Sie betonen zu Recht, dass es jedoch notwendig ist, zu einer akteursindividuellen inhaltlichen Ausgestaltung zu gelangen, die die eigene Unternehmenssituation und Kooperationsbeziehungen widerspiegelt. Die so konzipierte Balanced Scorecard hat darüber hinaus keinesfalls den Anspruch, statisch zu sein. Ihr Inhalt muss regelmäßig überprüft und, sofern notwendig, an neue Rahmenbedingungen angepasst werden[703].

---

[701] Vgl. *Göpfert/Nehert* 2002, S. 34 ff.

[702] Vgl. *Jehle/Stüllenberg/Schulze im Hove* 2002, S. 23.

[703] Vgl. *Jehle/Stüllenberg/Schulze im Hove* 2002, S. 24 und siehe dazu auch die Ausführungen zum Konzept der Lernenden Organisation in Kapitel 8.2.8.

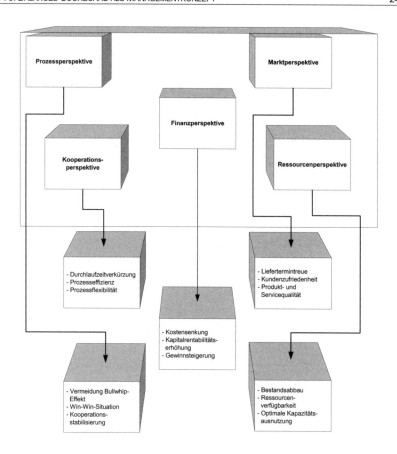

Abbildung 67: Zielsetzungen des Supply Chain Controllings in der Netzwerk-Balanced Scorecard[704]

---

[704] In Anlehung an *Jehle/Stüllenberg/Schulze im Hove* 2002, S. 23.

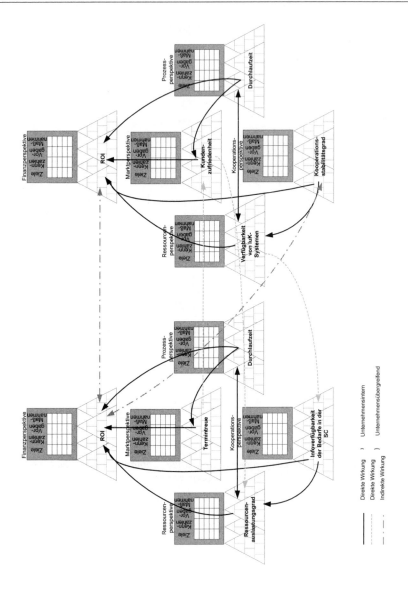

Abbildung 68: Ursache-Wirkungsketten im Rahmen des SCM[705]

---

[705] Vgl. *Jehle/Stüllenberg/Schulze im Hove* 2002, S. 24.

8.4.6.3 Der Ansatz von *Lange/Schaefer/Daldrup*

Lange/Schaefer/Daldrup sehen in Bezug auf das Controlling in strategischen Unternehmensnetzwerken noch eine Anzahl unbeantworteter Fragestellungen, konstatieren jedoch gleichermaßen, dass der Balanced Scorecard-Ansatz über die Potenziale verfügt, ein geeignetes Controlling von strategischen Unternehmenskooperationen zu leisten[706]. Vor diesem Hintergrund konzipieren die Autoren ein eigenes Modell der Balanced Scorecard zur Steuerung von Unternehmensnetzwerken.

Das Modell der Autoren setzt gedanklich an der bisherigen Sichtweise des Controllings an, das überwiegend einen unternehmensinternen und rechnungswesenorientierten Blickwinkel beinhaltet. Die als erste Entwicklungsstufe bezeichnete Vorgehensweise des integrierten Controllings umfasst die *Koordination ausgewählter Kernprozesse* – im Sinne einer prozessbezogenen Integration – beziehungsweise aller Geschäftsprozesse eines Unternehmens – im Sinne einer unternehmensbezogenen Integration (Abb. 69). Für das Controlling in Netzwerken ist jedoch eine Ausweitung auf die gesamte Wertschöpfungskette – im Sinne einer netzwerkbezogenen Integration – notwendig, unter Einbeziehung der ablaufenden Interaktionsprozesse. *Lange* et al. lassen die Option offen, zu einer netzwerkübergreifenden Integration zu gelangen, indem die Interessen der marktbezogenen Stakeholder mit berücksichtigt werden[707].

Die unternehmensinternen Geschäftsprozesse sind nur eine Schnittmenge der gesamten Wertschöpfungskette, die auch Kunden, Wettbewerber und Lieferanten umfasst. Wettbewerbsinduziert ist zu beobachten, dass sich Unternehmen zunehmend mehr auf die unternehmensspezifischen Kernprozesse konzentrieren, um Wettbewerbsvorteile auf- und auszubauen. Diese Beobachtung geht mit einer steigenden Kooperationsbereitschaft einher, deren Motivation strategischer Natur ist. So bezeichnen *Lange* et al. diese spezielle Form der Kooperation als *strategisches Unternehmensnetzwerk*. Das wirft die Forderung auf, das traditionell unternehmensintern ausgerichtete Controlling zu einem unternehmensexternen Controlling zu erweitern, indem Controlling-Perspektiven der Netzwerkpartner aufgenommen werden. Auch die Einbeziehung der marktrelevanten Stakeholder ist bereits als Indiz für die Eignung des Balanced Scorecard-Ansatzes für ein unternehmensübergreifendes Controlling zu werten, denn die durch *Kaplan/Norton* vorgeschlagenen vier klassischen Perspektiven bilden die strategierelevanten Interessen der Anteilseigner, Kunden sowie der Mitarbeiter als bedeutende Stakeholder ab[708]. Sie lassen sich als strategische Erfolgspotentiale interpretieren.

---

[706] Vgl. *Lange/Schaefer/Daldrup* 2001, S. 83.

[707] Vgl. *Lange/Schaefer/Daldrup* 2001, S. 75.

[708] Vgl. *Lange/Schaefer/Daldrup* 2001, S. 76 f.

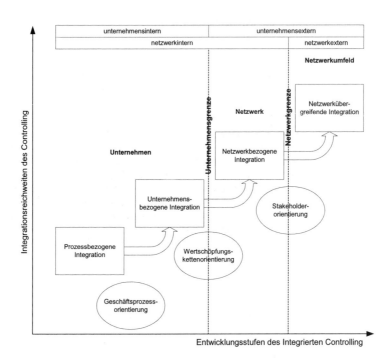

Abbildung 69: Entwicklungsstufen des Integrierten Controllings[709]

Die Zielsetzung einer integrierten Controlling-Konzeption variiert je nach Betrach-tungsebene. Aus der Sicht eines Netzwerkunternehmens besteht sie in der Unter-stützung der Unternehmensführung bei der Formulierung und Kommunikation einer offensiv-antizipativen netzwerkorientierten Unternehmenspolitik. Damit wird die inter-ne Identität *(corporate identity)* festgelegt. In einer erweiterten Sichtweise wird im Folgenden die Identität des Unternehmens im Netzwerk festgelegt *(corporate net-work identity)*, und zuletzt auch über die faktischen Machtpositionen der einzelnen Partner die Identität des ganzen Netzwerks *(network identity)*. Die Frage, inwieweit ein Unternehmen in der Lage ist, die Netzwerkidentität zu beeinflussen, beantwortet sich durch die Bedeutung und Stärke des jeweiligen Netzwerkpartners im Vergleich zu den übrigen Teilnehmern. An dieser Stelle ist es die Aufgabe des integrierten Controllings, eine Unterstützung der Unternehmensführung beim Einbringen der ei-genen Unternehmenspolitik in die Netzwerkpolitik zu leisten.

Integriertes Controlling beschreibt die netzwerkbezogene Integration. *Lange* et al. wählen für diesen Begriffsinhalt folgenden Definition:

---

[709] Vgl. *Lange/Schaefer/Daldrup* 2001, S. 76.

Integriertes Controlling ist ein „auf die (unternehmensinternen) Geschäftsprozesse sowie auf die (unternehmensübergreifende) Wertschöpfungskette bezogener, IT-gestützter Führungssubprozess zur Koordination von Führungsaktivitäten auf allen Entscheidungsebenen des Unternehmens sowie zur Koordination der Führungsaktivitäten mit denen der Partner im strategischen Unternehmensnetzwerk"[710]. Damit wird deutlich, dass das integrierte Controlling sowohl auf die unternehmensinternen Schnittstellen als auch die formellen und informellen Kooperationsbeziehungen der Netzwerkpartner ausgerichtet ist (Abb. 70).

Die Leistung des integrierten Controllings besteht demnach in der zielorientierten, sachlichen, verhaltensbezogenen und zeitlichen *Koordination aller Führungsprozesse*. Dazu zählen u. a. die Prozesse der Planung, Kontrolle, Kommunikation und des Informationsflusses. Diese Aussage gilt sowohl in der unternehmensinternen Betrachtung als auch hinsichtlich der prozessgestaltenden netzwerkinternen Koordination. Demnach verfolgt das integrierte Controlling sowohl die Gesamtzielerreichung des strategischen Netzwerks als auch die Zielerreichung der am Netzwerk beteiligten Unternehmen[711].

In der Literatur findet man mittlerweile eine Reihe von Ansätzen, das Konzept der Balanced Scorecard auch auf das Controlling von Netzwerken anzuwenden[712]. *Lange* et al. sehen dabei die Notwendigkeit, eine Netzwerk-Balanced Scorecard zu konzipieren, die in einer wechselseitigen Beziehung zu den unternehmensindividuellen Balanced Scorecards der am Netzwerk teilnehmenden Unternehmen steht. Die Verknüpfung der Scorecards erfolgt, wie im Ursprungskonzept von *Kaplan/Norton* vorgeschlagen, über die einzelnen Perspektiven. Die Perspektiven der Netzwerk-Balanced Scorecard selber sind auf das gesamte Netzwerk ausgerichtet. Z. B. liegt der Fokus der Perspektive ,*Internal Business Process*' auf der unternehmensübergreifende Betrachtung aller netzwerkinternen und damit auf der die gesamte Wertschöpfungskette einbeziehenden Geschäftsprozesse[713].

Die Entwicklung, Implementierung und Aktualisierung einer Netzwerk-Balanced Scorecard ist die Aufgabe des integrierten Controllings. Gleichzeitig ist die Netzwerk-Balanced Scorecard das zentrale Kommunikations- und Lerninstrument des integrierten Controllings in strategischen Netzwerken. Analog zur klassischen Vorgehensweise sind auch hier für jede Perspektive strategische Ziele abzustimmen, die über Messgrößen, also Kennzahlen, mit konkreten Vorgaben und Maßnahmen zu hinterlegen sind. Aus Netzwerksicht ist die Verantwortung zur Zielerreichung nicht einer Stelle zuzuordnen, sondern sie ist als freiwillige Selbstverpflichtung der Netzwerkteilnehmer zu verstehen[714].

---

[710] Vgl. *Lange/Schaefer/Daldrup* 2001, S. 78.

[711] Vgl. *Lange/Schaefer/Daldrup* 2001, S. 79.

[712] Vgl. *Kaplan/Norton* 1997, S. 167 ff.

[713] Vgl. *Lange/Schaefer/Daldrup* 2001, S. 81.

[714] Vgl. *Lange/Schaefer/Daldrup* 2001, S. 81.

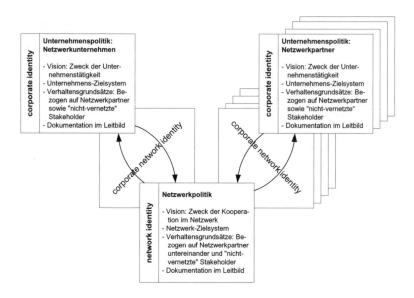

Abbildung 70: Elemente der Unternehmens- und Netzwerkpolitik[715]

Im Weiteren leistet die Netzwerk-Balanced Scorecard, dass alle Kooperationspartner bezüglich der kritischen Erfolgsfaktoren der Kooperation sensibilisiert werden. Über diesen Effekt wird auch das Bewusstsein darüber gefördert, welchen Beitrag das einzelne Unternehmen zur Realisierung der mit dem Netzwerkgedanken verbunden Vision leisten muss. Entstehende Synergie- aber auch Konfliktpotentiale auf Grund unterschiedlicher Unternehmenszielsetzungen werden mit Hilfe dieses Instrumentariums offen gelegt und durch das integrierte Controlling moderiert. Vereinbarte Ergebnisse im Sinne eines gemeinsamen *Commitment* werden in Form von Zielvereinbarungen und der Zuordnung von Verantwortung in der Netzwerk-Balanced Scorecard festgehalten. Damit ist die Netzwerk-Balanced Scorecard auch ein Instrument der Kommunikation und von strategischen Lern- und Entwicklungsprozessen. Durch das Schaffen von Transparenz und die Beseitigung von Informationsasymmetrien wird die Gefahr opportunistischen Verhaltens einzelner Kooperationsteilnehmer minimiert, was der Stabilität der Kooperation und des Netzwerkes dient[716].

Zum besseren Verständnis des Konzepts ist in nachfolgender Grafik ein Beispiel wiedergegeben, das die Verknüpfung mehrerer Balanced Scorecards eines Unternehmensnetzwerks wiedergibt (Abb. 71). Es handelt sich dabei um ein Netzwerk aus Automobilzuliefererbetrieben, Automobilherstellern und – in der Produktlebenszyk-

---

[715] Vgl. *Lange/Schaefer/Daldrup* 2001, S. 78.

[716] Vgl. *Lange/Schaefer/Daldrup* 2001, S. 82 f.

lusbetrachtung von Bedeutung – Altauto-Entsorgungsunternehmen, wodurch unmittelbar der Bezug zur Abfallwirtschaft hergestellt ist.

8.4.7 Kritische Würdigung

Die Erweiterungen, Varianten oder Modifikationen des klassischen Balanced Scorecard-Konzepts von *Kaplan/Norton* sind mit den Ausführungen der vorherigen Kapitel keinesfalls vollständig beschrieben. Über die genannten Ansätze hinaus existieren weitere Modelle, die ihre Grundlagen – so wie oben – in Kritikpunkten hinsichtlich der Balanced Scorecard oder in einer sehr spezifischen Anwendung haben.

Kaplan/Norton selbst haben ihren Vorschlag der Balanced Scorecard mit den vier Perspektiven der Finanzen, Kunden, internen Geschäftsprozesse sowie Lernen und Entwicklung zu keinem Zeitpunkt als apodiktisch betrachtet, wenngleich sie betonen, dass er für viele Unternehmen aus unterschiedlichen Branchen absolut ausreichend ist, was empirisch auch nachgewiesen werden kann. Gleichzeitig konstatieren sie, dass je nach Ausrichtung der Strategie bzw. Betonung innerhalb der strategischen Ausrichtung ggf. auch einmal eine Perspektive hinzukommen oder weggelassen werden kann[717]. Für das Konzept ist es dabei wesentlich, dass mit den gewählten Perspektiven und Kennzahlen auch tatsächlich die Strategie abgebildet wird.

Die Varianten von *Weber/Weißenberger/Liekweg* und von *Reichmann* leisten eine Integration des Risikomanagements in das Balanced Scorecard-Konzept. Die Bedeutung für alle Unternehmen der Abfallwirtschaft ist unmittelbar einsichtig. Zum einen begegnen jedem Unternehmen die Anforderungen aus dem KonTraG[718], zum anderen hat die Risikodimension für Unternehmen, deren Geschäftsgegenstand sich an besonders sensiblen Bereichen orientiert – so ist auch die ökologische Umwelt zu bewerten – eine existenzverbundene Bedeutung.

Reichmanns Ansatz leistet einen zusätzlichen Aspekt zu dem bereits Erläuterten. Er fokussiert die Finanzkennzahlen auf die Ebene der langfristigen Wertorientierung und damit weg von der kurzfristigen Gewinnorientierung[719]. Dieser Gedanke drückt die ökonomische Nachhaltigkeit aus, deren Oberbegriff eine Leitlinie für die gesamte Abfallwirtschaft ist.

---

[717] Vgl. *Kaplan/Norton* 1997, S. 33.

[718] Vgl. Kapitel 8.4.3.

[719] Siehe dazu auch *Möller/Walker* 2003, S. 491 und *Günther* 1997, S. 7 ff sowie S. 336 ff.

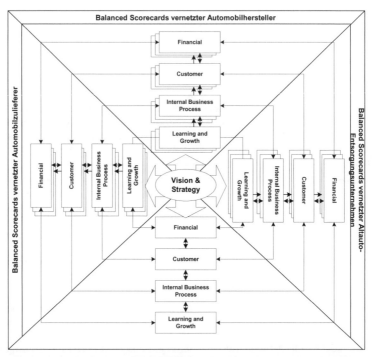

Abbildung 71: Netzwerk-Balanced Scorecard nach Lange[720]

---

[720] Vgl. *Lange/Schaefer/Daldrup* 2001, S. 80.

Der Ansatz von *Figge/Hahn/Schaltegger/Wagener* rückt den Nachhaltigkeitsgedanken unmittelbar in das Zentrum der Betrachtung. Wenngleich der Nachhaltigkeitsbegriff eine sehr umfassende Bedeutung hat[721], so ist doch zumindest die darin enthaltene Umweltschutzabsicht[722] für die Abfallwirtschaft von zentraler Bedeutung. Es kommt hinzu, dass die vielen Gesetze, Erlasse und Verordnungen – mit weiteren ist in der Zukunft zu rechnen[723] – ein schwer antizipierbares Umfeld für Unternehmen schaffen, das es außerordentlich schwierig sein lässt, in diesen ‚legislativen Diskontinuitäten' eine strategische Ausrichtung zu finden. Ein Weg zur Beherrschung des Problems kann darin liegen, die Philosophie des Gesetzgebers zu verstehen und mit der Unternehmensstrategie zu verbinden. Der Begriff der Nachhaltigkeit ist an dieser Stelle ein Schlüsselbegriff.

Die Ansätze zur Thematik der Netzwerke und Kooperationen von *Weber/Bacher/ Gebhardt/Voss* sowie *Jehle/Stüllenberg/Schulze im Hove* und *Lange/Schaefer/Daldrup* sind Modelle für das strategische Controlling in dieser Form der unternehmensübergreifenden Zusammenarbeit. Auch wenn die beiden ersten Modelle sich mit einer besonderen Kooperationsbeziehung – der Supply Chain – auseinandersetzen, so sind die ausgesprochenen Empfehlungen der Autoren für das Controlling auf Netzwerkbeziehungen im Allgemeinen zu transferieren. Das Beispiel von *Lange* et al., aber auch die Ausführungen zum Kapitel 6.1.3 zeigen die Bedeutung für die Abfallwirtschaft auf. Besonders im Rahmen von *Multi Utility-Strategien* werden Kooperationen unumgänglich sein, wie die Vielfalt der abfallwirtschaftlichen Betätigungsfelder offen legt[724].

Auch vor dem Hintergrund der seit dem 01. März 2001 gültigen Abfallablagerungsverordnung, die – mit einer Übergangsfrist bis maximal zum 31. Mai 2005 – vorschreibt, dass nur noch inertisierte Abfälle auf Deponien abgelagert werden dürfen, wird über die Nachfrage bzgl. Behandlungskapazitäten (mechanisch, biologisch, thermisch) mit der Zunahme von Kooperationen zu rechnen sein.

---

[721] Vgl. Kapitel 6.2.

[722] Vgl. Kapitel 8.4.4.4.

[723] Vgl. Kapitel 3.4 und insbesondere 3.4.2.

[724] Vgl. dazu im Besonderen das einleitende Kapitel 2.1, aus dem die vielschichtigen Anforderungen, die aus den unterschiedlichen Abfallarten entstehen, hervorgehen und Kapitel 2.4 und 2.5.

9 Eigener Entwurf einer abfallwirtschaftlich orientierten Balanced Scorecard

In den vorangegangenen Kapiteln ist die Intention verfolgt worden, die Abfallwirtschaft zu beschreiben und strategisch relevante Aspekte dieser Branche herauszuarbeiten. Dabei war eine *globale Sichtweise* notwendig. Die vollständige Aufzählung strategisch relevanter Aspekte ist nur aus der Sicht der einzelnen Unternehmungen möglich. Aufzuzeigen und zu entwickeln ist diese Unternehmensstrategie über den erläuterten Analyseweg mit den beiden großen Analyseblöcken der Branchen- und Unternehmensanalyse.

Diese Arbeit verfolgt nicht den Zweck, eine Strategie und das dazugehörige Controlling für ein Unternehmen der Abfallwirtschaft zu entwickeln, sondern hier geht es um die Branchensicht im Allgemeinen. Aus dem Verständnis des Balanced Scorecard-Konzepts heraus ist eine andere Sichtweise auch gar nicht möglich. *Friedag/Schmidt* greifen diese Problematik auf, indem sie die Frage stellen: *„Gibt es ‚die' Balanced Scorecard*[725]*?"* Ihre Fragestellung präzisieren sie in zwei Richtungen. Das ist zum einen die Frage, ob es eine beispielhafte Balanced Scorecard für Unternehmen einer Branche gibt, die Aspekte enthält, die man in jede Scorecard für ein Unternehmen dieser Branche übernehmen könne. Zum anderen wird – den ersten Diskussionsaspekt präzisierend – die Frage gestellt, ob es für ein Unternehmen ‚die' Scorecard im Sinne einer endgültigen Lösung gibt[726].

Auf die erste Fragestellung entgegnen *Friedag/Schmidt* mit der Einschätzung, dass dieses bis zu einem gewissen Grad durchaus möglich sei, da es immer etwas Allgemeingültiges gibt. Die zweite Fragestellung muss jedoch vor empirisch gewonnenen Erkenntnissen verneint werden. Allgemeine Aussagen können immer nur Orientierungen und Anregungen geben. Sie können hilfreich sein, um in das Modell und die damit verbundenen Möglichkeiten einzudringen. Für die Balanced Scorecard selbst stellen *Friedag/Schmidt* heraus, dass nur die folgenden Kriterien den Anspruch der Allgemeingültigkeit haben:

- *„Die Balanced Scorecard ist mehr als ein Kennzahlen-Tableau.*

- *Die Balanced Scorecard ist eine Methode zur Erarbeitung und unternehmensweiten Kommunikation von Mission, Vision und daraus abgeleiteten Strategien des Unternehmens.*

- *Die Balanced Scorecard soll allen Beteiligten mit Hilfe geeigneter Kennzahlen konkret vermitteln, wie die strategischen Ziele mit der Mission und Vision des Unternehmens zusammenhängen und wie sie praktisch umzusetzen sind. Die Kennzahlen müssen daher so gewählt und dargestellt werden, dass sie verständlich sind und ein hohes kommunikatives Potential verkörpern.*

---

[725] Vgl. *Friedag/Schmidt* 1999, S. 222.

[726] Vgl. *Friedag/Schmidt* 1999, S. 222 f.

- *Die Balanced Scorecard ist in diesem Sinne ein Managementsystem zur strategischen Führung eines Unternehmens mit Kennzahlen. Führung durch Kennzahlen setzt dabei voraus, jede Kennzahl mit SOLL und IST, mit Maßnahmen zur Erreichung des SOLL, mit Verantwortlichkeit für die Maßnahmen und mit Regelungen zur Motivation der Verantwortlichen zu verbinden*"[727].

Die getroffenen Aussagen münden letztendlich in die deutliche These:

„Jede konkrete Balanced Scorecard ist ein Unikat[728]"!

Fast als Mahnung fügen die Autoren hinzu, dass man es vermeiden solle, eine für ein Unternehmen entwickelte Scorecard für ein anderes Unternehmen zu kopieren. Diese Vorgehensweise würde in keinem Fall dem aufgezeigten Prozess zur Entwicklung der Balanced Scorecard entsprechen, da die *kommunikativen Aspekte*, die nicht nur für die Entwicklung, sondern auch für das spätere Leben dieses Ansatzes in der Unternehmung von Bedeutung sind, außen vor blieben. Dieser Ratschlag verweist auf die Bedeutung des Kommunikationsaspekts sowohl *„zwischen zentralen Einheiten und dezentralen Managern, zwischen Controllern und Linienverantwortlichen als auch zwischen Technikern und Kaufleuten*"[729] und der zu schaffenden Vertrauenskultur.

Auch wenn im folgenden Kapitel ein Praxisbeispiel erläutert wird, sollen diese Feststellungen keineswegs konterkariert werden. Das Beispiel dient vielmehr der Verdeutlichung, dass der aufgezeigte Weg der Scorecard-Konzeption und Implementierung auch in der Abfallwirtschaft möglich ist.

Ausgehend von den obenstehenden Ausführungen ist es die Aufgabe dieses Kapitels, allgemeingültige Branchenaspekte in die Perspektiven der Balanced Scorecard zu übersetzen. Dazu zählt im Besonderen der Gedanke der Kooperation und Netzwerkbildung sowie der Gedanke der Nachhaltigkeit[730]. Die klassischen vier Perspektiven der Balanced Scorecard sind in der Literatur hinsichtlich einer möglichen Ausgestaltung mit Kennzahlen mit vielfältigen Beispielen belegt. Im folgenden Kapitel wird aus dieser Fülle eine Auswahl von Messgrößen getroffen bzw. neue geschaffen, deren Aussagen für die Abfallwirtschaft als strategisch bedeutsam identifiziert wurden. Das größere Augenmerk gilt dabei den neuen Sichtweisen, denen jeweils eine eigene Perspektive als Rahmen für eine Balanced Scorecard in der Abfallwirtschaft zugedacht ist[731].

---

[727] Vgl. *Friedag/Schmidt* 1999, S. 223 f.

[728] Vgl. *Friedag/Schmidt* 1999, S. 224.

[729] Vgl. *Weber/Schäffer* 2000, S. 18.

[730] Vgl. Kapitel 6.

[731] Vgl. *Kaplan/Norton* 1997, S. 33.

9.1 Ein Lösungsvorschlag der *ALBA*-Unternehmensgruppe

In der aktuellen Literatur findet man eine Darstellung über die Umsetzung eines Balanced Scorecard-Projektes in einem Unternehmen der Abfallwirtschaft. Es handelt sich um eine Veröffentlichung der *ALBA-Gruppe*, die mit ca. 5.300 Mitarbeitern an über 130 Standorten im In- und Ausland einen Umsatz von über 500 Mio. Euro erwirtschaftet. Zu der Unternehmensgruppe gehören rund 70 Tochterunternehmen.

Die Hauptgeschäftsfelder des Entsorgungsunternehmens liegen im Bereich der Entsorgung von Gewerbe- und Siedlungsabfällen mit eigener Logistik und im Betrieb eigener Sammel-, Sortier- und Aufbereitungsanlagen für Glas, Pappe, Papier, Kunststoffe, Holz, Metalle, Gewerbe- und Baustellenmischabfälle, Elektronikschrott, Bioabfall etc. Zusätzlich ist das Unternehmen in der Abfallberatung und im Abfallmanagement tätig, mit der Intention, Abfälle zu vermeiden oder nicht vermeidbare Abfälle der Verwertung oder Entsorgung zuzuführen[732].

Bis zum Jahr 1996 war das Unternehmen regional organisiert. Alle Gesellschaften waren drei Hauptbereichen zugeordnet. Mahnwesen, Personalabrechnung und Controlling fanden bis zu diesem Zeitpunkt in Zentral-Abteilungen statt. Eine neue dezentrale Organisation, die entwickelt und eingeführt wurde, sah eine Management- und Finanzholding in Verbindung mit drei strategischen Geschäftseinheiten vor. Ziel der neuen Organisation war eine leichtere Führbarkeit der gesamten *ALBA-Gruppe*, die Fähigkeit, Marktentwicklungen schneller zu erkennen und umzusetzen, und des Weiteren die Einführung eines Stoffstrommanagements, um mehr Umsatz bei optimierten Kosten durch die Bündelung von Mengenströmen zu generieren[733].

Seit der Reorganisation gehören zu dem Aufgabengebiet der Holding:

- Strategisches Controlling,
- Finanz- und Investitionsmanagement,
- Erstellung der Bilanzen und Bilanz- und Steuerpolitik,
- Revision,
- Personalmanagement,
- Mergers & Aquisition,
- Public Relations etc.[734].

Die unter der Holding stehenden strategischen Geschäftseinheiten sind in einer weiteren Stufe der Reorganisation in eine Profit-, Service- und Cost-Center-Organisation untergliedert worden. Profit-Center sind die organisatorischen Einheiten, die die eigentlichen marktlichen Leistungen erbringen. Service-Center erbringen Leistungen,

---

[732] Vgl. *Hoffschröer/Möbus* 2001, S. 90.

[733] Vgl. *Hoffschröer/Möbus* 2001, S. 89.

[734] Vgl. *Hoffschröer/Möbus* 2001, S. 90 f.

die grundsätzlich auch marktfähig wären, die aber nur intern abgegeben werden. Letztendlich erbringen Cost-Center interne Leistungen, die nicht am Markt veräußerbar sind[735].

Die strategischen Geschäftseinheiten mit ihrem Tätigkeitsschwerpunkt sind in der nachfolgenden Grafik wiedergegeben (Abb. 72):

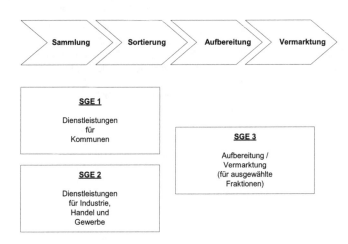

Abbildung 72: Strategische Geschäftseinheiten der ALBA-Gruppe[736]

Die neue Struktur erlaubt es innerhalb der Unternehmensgruppe, die Verantwortung für die zu erbringenden Leistungen eindeutig zuzuweisen. Der Planungsprozess beginnt unterhalb der Geschäftsführerebene auf der Ebene der Center. Damit wurde eine höhere Transparenz geschaffen und außerdem eine komfortable Grundlage gelegt, mit Zielvereinbarungen im Mitarbeiterbereich zu arbeiten. Zudem ist die Aussagefähigkeit von Kennzahlen durch den geschaffenen Detaillierungsgrad signifikant höher[737].

Die Veränderung der Organisationsstruktur machte es in der *ALBA-Unternehmensgruppe* notwendig, das Planungssytem einer Revision zu unterziehen. Die bereits etablierte Planung in Form einer Gewinn- und Verlustrechung sowie der Investitions- und Personalplanung wurde ergänzt um eine Bilanz- und Mittelflussplanung. Zudem wurden Kennzahlen in den Planungsprozess integriert. Diese haben in den Zielvorgaben des Vorstands ihren Ursprung und differieren je nach betrachteter strategischer Geschäftseinheit. Der Kennzahlenkatalog der *ALBA-Gruppe* umfasst ca. 300 verschiedene Kennzahlen. Als Ordnungskriterium wurde das Modell der Ba-

---

[735] Vgl. *Hoffschröer/Möbus* 2001, S. 94 f.

[736] Vgl. *Hoffschröer/Möbus* 2001, S. 93.

[737] Vgl. *Hoffschröer/Möbus* 2001, S. 96.

lanced-Scorecard herangezogen, und zwar in seiner klassischen Ausprägung mit den vier Perspektiven Finanzen, Markt und Kunde, interne Prozesse und Innovation sowie Mitarbeiter. Als Kennzahlenebenen definierte man den Konzern, strategische Geschäftseinheiten, Gesellschaften, Profitcenter, Service Center und Cost Center. In Form von Arbeitsgruppen erfolgte dann die Festlegung der jeweils am Strategieinhalt orientierten relevanten Kennzahlen, die in der Summe – wie erwähnt – ca. 300 Kennzahlen ausmachen[738].

9.1.1 Darstellung der *ALBA*-Balanced Scorecard

Nach genauerer Analyse musste von den Verantwortlichen jedoch festgestellt werden, dass nicht alle Kennzahlen verfügbar waren, zumindest nicht in einer aussagefähigen Qualität. Es wurde im Weiteren der Entschluss getroffen, aus jedem Kennzahlenbereich maximal fünf Kennzahlen herauszuarbeiten, die in der Planung zwischen Holding und Gesellschaft Verwendung finden. Auf diesem Weg entstand in der *ALBA-Gruppe* eine Anzahl verschiedener Scorecards, die die Strategie der jeweiligen Unternehmenseinheit am besten abbilden[739].

Exemplarisch gibt die nachfolgende Tabelle ein Beispiel wieder, aus dem hervorgeht, welche Kennzahlen für die Finanzperspektive zum Einsatz gelangen (Tab. 15).

---

[738] Vgl. *Hoffschröer/Möbus* 2001, S. 98 f.

[739] Vgl. *Hoffschröer/Möbus* 2001, S. 100.

Kennzahlen-ebene	KO	K1	K2	K31	K32	K33
Betroffene Einheit	Konzern	SGE	Gesell-schaft	Profitcen-ter	Service Center	Cost Center
Wachstum	Umsatz kumuliert	Umsatz kumuliert	Umsatz	Umsatz; Marktan-teil; Marktanteil pro Leis-tungsein-heit; Marktpo-tential; Umsatz pro Kunde; Umsatz pro Mitar-beiter		
Ertrag	ROI (Ge-samtkapi-talrendite); Ergebnis vor Steu-ern	Betriebs-ergebnis; Umsatz-rendite; ROI (Ge-samtkapi-talrendite); Ergebnis vor Steu-ern	Betriebs-ergebnis; Umsatz-rendite; ROI (Ge-samtkapi-talrendite); Rohertrag; Ergebnis vor Steu-ern	Betriebs-ergebnis; Umsatz-rendite; ROI (Ge-samtkapi-talrendite); Ertragspo-tential; Rohertrag	Betriebs-ergebnis; Kosten pro Leistungs-einheit	

Liquidtät/ Kapitalbindung	Investitionen; Anteil Erweiterung; Anteil Ersatz; Entschuldungsdauer; Investitionen/AfA;	Investitionen; Anteil Erweiterung; Anteil Ersatz; Kapitalintensität; Investitionen/AfA; Investitionen/Cash-Flow	Investitionen; Anteil Erweiterung; Anteil Ersatz; Entschuldungsdauer; Kapitalintensität; Investitionen/AfA; Investitionen/Cash-Flow; Forderungsumschlag	Investitionen; Anteil Erweiterung; Anteil Ersatz; Kapitalintensität; Investitionen/AfA; Investitionen/Cash-Flow; Forderungsumschlag	Investitionen; Anteil Erweiterung; Anteil Ersatz; Kapitalintensität; Investitionen/AfA; Investitionen/Cash-Flow	
Kapitalausstattung	Eigenkapitalanteil		Eigenkapitalanteil; Anlagendeckung			
Personal	Personalkostenrentabilität	Personalkostenrentabilität	Personalkostenrentabilität	Personalkostenrentabilität; Personalintensität	Personalkostenrentabilität; Personalkosten pro Leistungseinheit	Sonstige Betriebskosten pro Mitarbeiter; Kosten pro Leistungseinheit

Tabelle 15: Finanzperspektive in der Balanced Scorecard der ALBA-Gruppe[740]

---

[740] Vgl. *Hoffschröer/Möbus* 2001, S. 101.

In den verwendeten Balanced Scorecards der einzelnen Unternehmenseinheiten tauchen jeweils nur ausgewählte Kennzahlen aus dem Gesamtkennzahlenkatalog auf.

Nachfolgend ist ein Beispiel aufgeführt, aus dem hervorgeht, wie auf Kennzahlen- und Zielebene eine konkrete Ausgestaltung der Balanced Scorecard für eine Unternehmenseinheit erfolgt ist (Abb. 73).

Finanzperspektive

Wachstum:	
- Umsatz:	111 Mio. DM
- Marktanteil	Erhöhung um 22 %
Ertrag:	
- Gesamtkaptilalrendite	> 11 %
- Ergebnis vor Steuern	x Mio. DM
Liquidität:	
- Anteil Erweiterungsinvestitionen	22 %
- Außenstandsdauer	< 33 Tage
Personal:	
- Personalkostenrentabilität	> 0,33
- Personalintensität	33 %

Markt und Kunde

Markt:	
- Umsatz (neue Dienstleistungen)	30 %
- Menge	+ 22 %
Kunden:	
- Vertriebsintensität	> 5 %
- Anteil aktive Kunden/Gesamtkunden	
- Besuche/Angebote	
- Angebote/Aufträge	

Interne Prozesse

Rentabiltät:	
- Einführung 2-Schichtsystem	für 33 % der Fahrz.
- Anzahl der Schüttungen/Stunde	Erhöhung um 11 %

Innovation und Mitarbeiter

Ergebnis:	
- Umsatz mit neuen Produkten	33 Mio. DM
- Ergebnis mit neuen Produkten	3 Mio. DM
Entwicklungskosten:	
- Projektkosten	11 Mio. DM
Mitarbeiter:	
- Anteil selbstentwickelter Führungskräfte: 3 MA	
- Zielerreichungsgrad je Führungskraft	

Abbildung 73: Beispiel einer Balanced Scorecard bei ALBA[741]

9.1.2 Kritische Würdigung

Eine Bewertung des betriebswirtschaftlichen Konzepts der *ALBA-Gruppe* auf Grund einer Publikation von Firmenvertretern in seriöser Art vorzunehmen, erweist sich als unmöglich. Zu schemenhaft sind die Erläuterungen zur Vorgehensweise bei der Entwicklung eines Balanced Scorecard-Kennzahlensystems. Ebenso undeutlich bleiben die Ausführungen zur Mission und Vision des Unternehmens und damit insgesamt zur gewählten strategischen Ausrichtung.

---

[741] Vgl. *Hoffschröer/Möbus* 2001, S. 103.

Rein deskriptiv kann allerdings herausgestellt werden, dass bei der gewählten Vorgehensweise offensichtlich zunächst einmal das Schaffen eines Kennzahlensystems im Mittelpunkt stand. Da die generierte Kennzahlenmenge insgesamt eine Mächtigkeit von über 300 aufwies, und diese Anzahl keineswegs auf ausschließlich strategische Kennzahlen schließen lässt, wurde im zweiten Schritt die strategisch relevante Schnittmenge ermittelt. Da in der Publikation nicht erläutert ist, auf Grund welcher Prämissen die Auswahl erfolgt, kann auch nicht bewertet werden, ob die entwickelten Scorecards ein geeignetes und effizientes Instrument des strategischen Controllings sein können. Möglicherweise ist dieses sogar der Fall.

Eine weitere Feststellung lässt sich treffen. Bei der *ALBA-Gruppe* werden ausschließlich die vier klassischen Perspektiven der Balanced Scorecard genutzt, um Kennzahlen zu definieren. *Kaplan/Norton* selbst sehen ihren Vorschlag nicht als Zwangsjacke sondern als Schablone zur freien Gestaltung, was u. U. sogar eine fünfte oder vielleicht sogar sechste Perspektive rechtfertigen kann – ggf. auch einmal weniger als vier Perspektiven. Gleichzeitig stellen sie dar, dass diese vier Perspektiven sich für viele Firmen und Branchen als ausreichend herausgestellt haben, da der Bedeutungsinhalt der einzelnen Perspektiven sehr weit zu fassen ist und damit Platz für viele strategische Aspekte lässt[742]. *Weber/Schäffer* führen die Orientierung an den vier Perspektiven auf deren ,*intuitive Eingänglichkeit*' zurück, sehen diese Vorgehensweise jedoch kritisch. Eine zu enge Orientierung am Konzept von *Kaplan/Norton* lässt nach ihrer Auffassung „*kaum eigenständige Lösungen*" erwarten[743].

Blickt man auf die Art der im *ALBA*-Konzept verwendeten Kennzahlen, zumindest soweit sie durch die Publikation kommuniziert sind, dann stellt man ein hohes Maß der Orientierung an Kennzahlen fest, die aus den ERP-Systemen[744] des Unternehmens stammen. Hier geht es schwerpunktmäßig um Kosten und Erlöse, eingesetztes Kapital, sowie um Anzahl und Mengen unterschiedlicher Betrachtungsgegenstände und Relationen aus allen genannten Größen. Diese Ausrichtung der Kennzahlen impliziert eine Sichtweise, die schwerpunktmäßig auf sogenannte ,Hard Facts' abstellt. Möglicherweise entsteht dieser Eindruck durch die Wahl des Beispiels durch die Autoren der Publikation, denn eine strategische Orientierung wird ohne die ,Soft Facts' als Erfolgsfaktor für die Umsetzung nicht auskommen können.

9.2 Implementierungsstand des Balanced Scorecard-Konzepts in der Abfallwirtschaft

Einen aktuellen Überblick zum Umsetzungstand des Balanced Scorecard-Konzepts in der Branche der Abfallwirtschaft vermittelt eine ,*Balanced Scorecard-Martstudie*',

---

[742] Ist in der Strategie des Unternehmens z. B. die Beziehung zu Zulieferern von Bedeutung, dann könnte laut Auffassung von Kaplan/Norton dieser Aspekt in die Standardperspektive ,interne Prozesse' einfließen (*Kaplan/Norton* 1997, S. 33).

[743] Vgl. *Weber/Schäffer* 1998, S. 17 f.

[744] Vgl. Kapitel 10.1.

die im Jahr 2003 durch die *WIBERA Wirtschaftsberatung AG*, einem Unternehmen der Gruppe *PwC Deutsche Revision AG*, durchgeführt wurde.

Im Rahmen eines Fragebogens wandte man sich an 341 Unternehmen, die ausschließlich der kommunalen Abwirtschaft zugehörig sind. Sinn der Aktion war es herauszufinden,

- wie sich die Branche mit der Thematik Strategieentwicklung und -umsetzung auseinandersetzt,
- inwieweit die Balanced Scorecard bereits in der Abfallwirtschaft verbreitet ist,
- wie dieses Instrument umgesetzt wird und
- welche Erfahrungen bei der Einführung gewonnen werden konnten[745].

In die Auswertung der Studie flossen Antworten aus 62 Unternehmen mit ein, was mit einer Rücklaufquote von 18 % einen repräsentativen Überblick über die Handhabung dieses Konzepts in kommunalen Abfallunternehmen erlaubt. Der gewerbliche Teil der Branche wurde nicht berücksichtigt.

Die gewonnenen Erkenntnisse sind außerordentlich bemerkenswert und drastisch, wenngleich mit der kommunalen Fokussierung der Studie nur ein Teil der Branche dargestellt ist. So hat sich herausgestellt, dass der gesamte Themenkomplex ‚Balanced Scorecard' nahezu gar nicht in der *Denkhaltung des Managements* verankert ist. Es verwundert nicht, dass auch keines der antwortenden Unternehmen über eine Balanced Scorecard verfügt. Selbst Kenntnisse darüber sind nur sporadisch vorhanden. Von 62 Unternehmen ist bei 82 % das Konzept gar nicht bekannt oder allenfalls vom ‚Hörensagen' und nur 18 % der Unternehmen kennen das Management-Konzept gut bis sehr gut (Abb. 74).

Von den in die Auswertung eingeflossenen Unternehmen haben sich lediglich zehn Unternehmen mit dem Thema als strategisches Managementsystem beschäftig, wovon ein Unternehmen in Zukunft die *Einführung* beabsichtigt. Bei 8 % der Antwortenden besteht noch Unsicherheit über die weitere Vorgehensweise, während 6 % bereits negativ entschieden hat (Abb. 75).

---

[745] Vgl. *Thieme/Kurtz/Groß* 2004, S. 5.

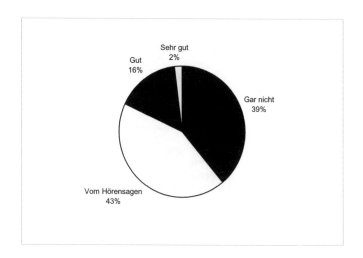

Abbildung 74: Bekanntheitsgrad der Balanced Scorecard[746]

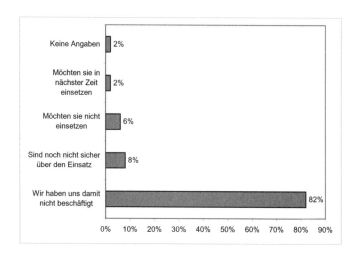

Abbildung 75: Beschäftigung mit der Balanced Scorecard[747]

---

[746] Vgl. *Thieme/Kurtz/Groß* 2004, S. 13.

[747] Vgl. *Thieme/Kurtz/Groß* 2004, S. 13.

Bis auf die Ausnahme von 5 Unternehmen entwickeln alle Unternehmen in definierten Zeitabständen ihre *unternehmensindividuelle Strategie*. Der zeitliche Abstand dieser Strategie-Reviews liegt überwiegend im kurz- bis mittelfristigen Bereich in einer Spanne von ein bis zwei Jahren, während nur ein geringer Anteil (3 %) über die Dauer von fünf Jahren hinaus eine strategische Ausrichtung vornimmt (Abb. 76).

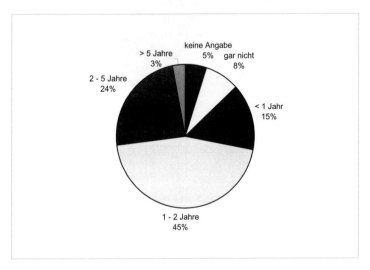

Abbildung 76: Zeiträume der Strategieentwicklung[748]

Die *Kommunikation* der festgelegten Strategie erfolgt bei 94 % der Unternehmen im Rahmen eines persönlichen Gesprächs bzw. bei 63 % der Nennungen durch Mitarbeiterinformationen bzw. über Print- oder elektronische Medien. 2 % der kommunalen Entsorger geben sogar an, gar nicht darüber zu kommunizieren.

74 % der Unternehmen bewerten die Kommunikation als bedeutendsten *Erfolgfaktor* zur Sicherstellung der Strategieumsetzung, gefolgt von der Güte der Steuerung durch das Controlling mit 45 % und der Verknüpfung mit einem Zielvereinbarungssystem mit 32 %. Immerhin noch 18 % der Unternehmen geben an, dass gar keine Institutionen zur Sicherstellung der Strategieerreichungsziele geschaffen sind (Abb. 77).

---

[748] Vgl. *Thieme/Kurtz/Groß* 2004, S. 14.

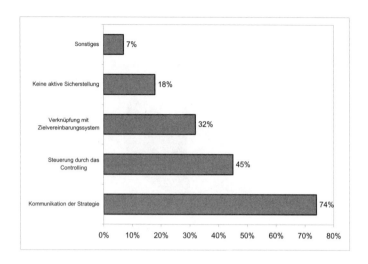

Abbildung 77: Maßnahmen der Strategieumsetzung[749]

Auf die Frage der Kontrolle des Umsetzungserfolgs anworteten – etwas widersprüchlich zu den zuvor gemachten Ausführungen – 39 % der Unternehmen, dass keine *Kontrolle des Umsetzungserfolgs* stattfinde, während der restliche Anteil von 61 % eine Umsetzungskontrolle bejaht. Eine starke Schwankungsbreite konnte auf die Frage festgestellt werden, in welchen Abständen über die Umsetzung der Strategie *Gespräche* stattfinden. Hier reichte das Spektrum der gegebenen Antworten von unterjährigen Abständen bis hin zu jährlichen Betrachtungen (Abb. 78).

Ein weiteres Augenmerk galt den am Strategieumsetzungsprozess beteiligten *Akteuren* in den Unternehmen. Nur 34 % gaben an, dass alle Mitarbeiter mit einbezogen werden, während der größere Teil der Anworten zeigte, dass der Strategieumsetzung als Aufgabe der Geschäftsführung und allenfalls noch der zweiten Führungsebene empfunden wird. Bei 16 % der Unternehmen erfolgt eine Erweiterung bis hin zur dritten Führungsebene. Lediglich 34 % der Antworten gaben zu erkennen, dass ein ganzheitliches und damit alle Mitarbeiter umfassendes Strategieverständnis anzutreffen ist (Abb. 79).

---

[749] Vgl. *Thieme/Kurtz/Groß* 2004, S. 16.

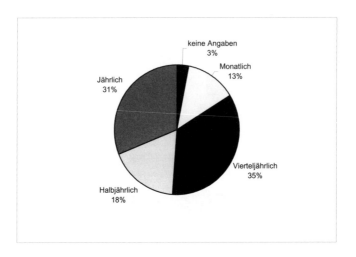

Abbildung 78: Häufigkeit der Gespräche über die Strategieumsetzung[750]

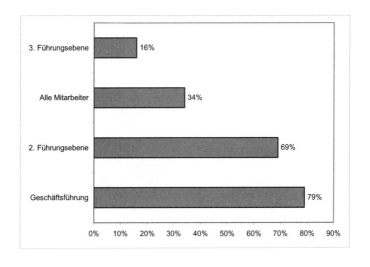

Abbildung 79: Einbindung in den Strategieumsetzungsprozess[751]

---

[750] Vgl. *Thieme/Kurtz/Groß* 2004, S. 18.

[751] Vgl. *Thieme/Kurtz/Groß* 2004, S. 19.

Überwiegend (61 % alle Nennungen), so das Ergebnis der Studie, stehen als ausreichend empfundene *Kapazitäten* für die Entwicklung, Umsetzung und Kontrolle von Strategien zur Verfügung, während bei 31 % der antwortenden Unternehmen im Strategieprozess ein personeller Engpass identifiziert werden konnte (Abb. 80).

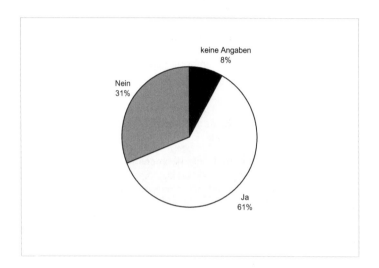

Abbildung 80: Ausreichende Kapazitäten für Entwicklung, Umsetzung und Kontrolle der Strategie[752]

Wie bereits zum Ausdruck gekommen ist, betrachtet die Studie lediglich den kommunalen Anteil der Abfallwirtschaft und erlaubt keine Rückschlüsse über die Ausgestaltung des Strategieprozesses bei den privatwirtschaftlichen Entsorgern.

In diesem analysierten Segment der Branche sind die gewonnenen Erkenntnisse jedoch eindeutiger Natur. Insgesamt ist anzumerken, dass sich die kommunalen Unternehmen durchaus den *Veränderungen des Markts* stellen, was sich in den kurzfristigen Abständen der Strategieentwicklung ausdrückt. Dieser positve Eindruck verliert aber beim Blick auf die *Güte des strategischen Prozesses* an Bedeutung. Nur 40 % der Unternehmen führen eine gezielte *Kontrolle des Umsetzungserfolgs* der mit der strategischen Orientierung verfolgten Ziele durch. Hinzu kommt, dass der strategische Prozess nicht in einer *ganzheitlichen Betrachtung* vollzogen wird. Oft sind es nur bestimmte Hierarchieebenen, die unmittelbar in die Entwicklung, Implementierung und Kontrolle von Strategien einbezogen werden. Gleiche Kritik greift bei der angewendeten *Methodik*. Auch hier ist nicht zu erkennen, dass ein umfassender und systematischer Bezugsrahmen herangezogen wird, wie er sich beispielsweise in dem

---

[752] Vgl. *Thieme/Kurtz/Groß* 2004, S. 19.

Balanced Scorecard-Konzept niederschlägt. Aus der Sicht eines umfassenden Strategieprozesses gelangen daraus nur Bausteine zur Anwendung. So ist es auch nicht verwunderlich, dass die Anwendung der Balanced Scorecard in der Abfallwirtschaft im Vergleich zu anderen Branchen unterrepräsentiert ist. Bereits zuvor durch die *WI-BERA AG* durchgeführte Studien haben gezeigt, dass im Verkehrsbereich 10 %[753], im Versorgungsbereich 7 % der Unternehmen[754] und bei den 200 umsatzstärksten Unternehmen Deutschlands sogar 46 % die Balanced Scorecard einsetzen[755]. So bleibt als Fazit dieser Studie festzuhalten, dass die Möglichkeiten des mit der Balanced Scorecard in Verbindung stehenden Managementkonzepts den Wirtschaftszweig der Abfallwirtschaft noch nicht durchdrungen haben.

9.3 Ein Konzept der Value Based Sustainability Network Balanced Scorecard

Auf der Grundlage der Branchen- und Unternehmensanalyse sind konkrete Balanced Scorecards, die jeweils ein Unikat sind, für die einzelnen Unternehmen zu entwickeln. Aus diesem systemimmanenten Charaktermerkmal der Balanced Scorecard kann es auch nicht die Aufgabe sein, eine Balanced Scorecard für die Abfallwirtschaft zu entwickeln und sie als geeignet für alle Unternehmen dieser Branche zu deklarieren. Die Philosophie des Balanced Scorecard-Konzepts verbietet diese Vorgehensweise.

Aus diesem Grund werden in nachfolgenden Kapiteln strategisch relevante Aspekte, die in den Analysen der Umwelt und der Unternehmen – letztere in globaler Betrachtungsweise – ermittelt wurden und als repräsentativ für die mittelständischen Unternehmen der Abfallwirtschaft angesehen werden, aufgegriffen und es folgen Erläuterungen zu möglichen Gestaltungsoptionen zur Integration dieser Aspekte in das Instrument der Balanced Scorecard. Voraussetzung ist natürlich immer, dass die Aspekte in der gewählten strategischen Ausrichtung der Unternehmen eine erfolgsbedeutende Verankerung haben.

Bei der konkreten Vorgehensweise erfolgen Rückgriffe auf die Ausführungen über alternative Gestaltungsansätze der vorherigen Kapitel. Zum einen werden die dort entwickelten Gedanken auf die konkrete Problemstellung adaptiert, zum anderen erfahren sie allerdings auch Modifikationen und werden gedanklich weitergeführt. Das so entwickelte neue Konzept lässt sich in eine neue Variante des Balanced Scorecard-Modells zusammenfassen. Namensgebend sollen die dominanten Gestaltungsoptionen sein, die durch die Begriffe des Value Based Managements (*Wertorientierung*), Sustainability (*Nachhaltigkeit*) und Network (*Kooperation/Netzwerk*) beschrieben sind. Die ausgesprochenen Empfehlungen werden schließlich in einer Gesamtbetrachtung zu einer Scorecard zusammengeführt. Aus den getroffenen Aussa-

---

[753] Vgl. *WIBERA AG 2002*: Die Balanced Scorecard im Praxistest: BSC-Marktstudie Verkehr.

[754] Vgl. *WIBERA AG 2002*: Die Balanced Scorecard im Praxistest: BSC-Marktstudie Versorger.

[755] Vgl. *PwC Deutsche Revision 2001*: Die Balanced Scorecard im Praxistest: Wie zufrieden sind die Anwender?

gen heraus ist jedoch festzustellen, dass eine solche Scorecard eine idealtypische Form darstellt und nicht den Anspruch auf **die** Balanced Scorecard der Abfallwirtschaft erhebt. Die Zusammenführung der Empfehlungen hat den Charakter eines Modells und ist gewissermaßen die Vereinigung möglicher strategisch relevanter Bausteine zur unternehmensindividuellen Balanced Scorecard.

Die in den Perspektiven der Balanced Scorecard potentiell Verwendung findenden Kennzahlen sind nahezu unerschöpflich[756]. In der Literatur existieren im Bereich des externen und internen Rechnungswesens umfangreiche Sammlungen, die in der Lage sind, eine Fülle an Informationen abzubilden. Eine solche Kennzahlensammlung an dieser Stelle zu reproduzieren wäre nicht zielführend – im übrigen redundant zu bestehenden Publikationen – und würde wahrscheinlich mehr Verwirrung als Klarheit vermitteln.

Trotz der Vorbemerkungen, die zu einer limitierten Auswahl von Kennzahlen für die nachfolgenden Ausführungen überleiten, soll dennoch nicht außer Acht gelassen werden, dass die umfassende Steuerung aller Unternehmensbelange mit einem auf ca. 20 Kennzahlen beschränkten System alleine nicht möglich ist. Hier geht es nur um die strategisch relevanten Top-Kennzahlen. Aus diesem Grund schlagen *Weber/Schäffer* einen Dualismus von ausgewogenen und fokussierten Kennzahlensystemen vor, um das Dilemma der umfassenden Kontrolle zu lösen[757]. Die Begründung dafür setzt am Adressatenkreis der in Kennzahlen festgehaltenen Informationsinhalte an – dem Management. Ausgangspunkt der Überlegungen ist die von *Bleicher* aufgestellt Hypothese, dass das Management die knappeste Ressource im Bündel der Leistungspotentiale einer Unternehmung sei[758]. Entsprechend ist eine Vorgehensweise herauszuarbeiten, wie die Ressource ,*Zeit des Managements*' optimal alloziiert werden kann. Im Zusammenhang mit den Informationsinhalten von Kennzahlensystemen führen die Gedanken von *Simons* weiter, der fordert, die Gestaltung und Verwendung von Steuerungssystemen im Unternehmen – darunter fallen auch Kennzahlensysteme – auf die Maximierung des ,*Return on Management*' abzustellen[759]. Hinter dieser Kennzahl verbirgt sich keine quantitative Größe, sondern vielmehr die intuitive Einschätzung der Manager über die Allokation ihrer Zeit im Sinne des Unternehmens und seiner Zielsetzungen[760]. Hinsichtlich der Steuerungssysteme unterscheidet *Simons* in *diagnostische und interaktive Steuerungssysteme*. Diagnostische Steuerungssysteme sind diejenigen, bei denen Zielvorgaben (*Plan*) und Zielerreichung (*Kontrolle*) miteinander ins Verhältnis gesetzt werden, um daraus ggf. Anpassungen zu generieren. Sie geben dem Unternehmen und seinem Management über Rückkopplungsschleifen Sicherheit, ohne dass sie permanent Aufmerksamkeit erfordern. Das Management wird nach dem Führungsprinzip ,*Management by Exception*' lediglich bei Abweichungen involviert[761]. Interaktive Steuerungssysteme dagegen

---

[756] Zur Charakterisierung von Kennzahlen vgl. Kapitel 8.1.1.

[757] Vgl. *Weber/Schäffer* (1999a), S. 20.

[758] Vgl. *Bleicher* 1986, S. 88.

[759] Vgl. *Schäffer* 1999, S. 4.

[760] Vgl. *Schäffer* 1999, S. 5.

[761] Vgl. *Schäffer* 1999, S. 8.

stehen im Zentrum der Aufmerksamkeit der Organisation und müssen ständig im Bewusstsein des Managements präsent sein. Ihnen wird das Vermögen zugeschrieben, die Organisation zu treiben und Spannung zu generieren. Zeitlich gesehen fordern diese Systeme das Management deutlich mehr. Die Wirkung des Zusammenwirkens von diagnostischen und interaktiven Steuerungssystemen bezeichnet *Simons* als kreatives Spannungsverhältnis von stabilisierenden und expansiven Kräften im Unternehmen[762]. Die daraus abzuleitende Forderung lautet, dass die Unternehmen die damit in Verbindung stehenden Fähigkeiten des single-loop und double-loop learning entwickeln sollen. Das bedeutet, Stabilität mit geringer Allokation der Ressource Management und ein „auf strategische Unsicherheiten fokussiertes Lernen als expansives Element" mit einer hohen Allokation der Ressource Management in diesen letztgenannten Prozess[763].

Als Fazit soll festgehalten werden, dass neben der stark fokussierten Balanced Scorecard weitere Kennzahlen bzw. Kennzahlensysteme mit einem Detailfokus in einem Unternehmen oder einer Organisation vorhanden sein können. Damit wächst der Umfang der im Unternehmen insgesamt eingesetzten Kennzahlen über den Umfang der in der Balanced Scorecard Verwendung findenden Kennzahlen hinaus[764].

Die in nachfolgenden Kapiteln aufgezeigten Vorschläge für strategisch relevante Kennzahlen stellen Optionen dar und sind nicht dogmatisch zu verstehen. Keinesfalls können sie für sich beanspruchen, eine umfassende Sicht der jeweiligen Perspektive zu ermöglichen. Aus den unternehmensindividuellen Besonderheiten heraus sind die Perspektiven vollständig aufzustellen, wobei die unterbreiteten Vorschläge Verwendung finden können.

9.3.1 Gestaltungsoption 1: Value Based Management

Der Gedanke der *Wertorientierung* (Value Based Management) ist sowohl in der betriebswirtschaftlichen Literatur und in der wissenschaftlichen Forschung als auch in den Umsetzungsbemühungen der Praxis nicht neu. Die wohl am meisten beachtete Veröffentlichung zu diesem Thema stammt von *Rappaport* und erschien im Jahr

---

[762] Abweichend zu *Kaplan/Norton* sehen *Simons* als auch *Weber/Schäffer* die Balanced Scorecard als diagnostisches System. Ein Beispiel für ein interaktives System ist laut *Weber/Schäffer* das Konzept der ‚Selektiven Kennzahlen', mit dem funktions- oder prozessorientiert in wenigen Kennzahlen eine Detailbetrachtung und –steuerung strategierelevanter Unternehmensbereiche durchgeführt werden kann. Als Beispiel kann das von *Weber* et al. entwickelte Kennzahlensystem zur Logistik angeführt werden. Vgl. dazu *Weber/Schäffer* (1999a), S. 8 ff. Die Darstellung der unterschiedlichen Bewertung und Zuordnung der Balanced Scorecard zu diesen Systemen erfolgt an dieser Stelle ausschließlich deskriptiv. Für die weitere Argumentation soll jedoch herausgestellt werden, dass neben der Balanced Scorecard im Unternehmen weitere Kennzahlen bzw. Kennzahlensysteme zur umfassenden Steuerung existieren können. Diese Aussage stützt aus einer anderen Perspektive (Ressource der Managementzeit) die starke Fokussierung der Balanced Scorecard, die sich in der limitierten Anzahl von Kennzahlen ausdrückt.

[763] Vgl. *Weber/Schäffer* (1999b); S. 5.

[764] Diese These wird empirisch durch das geschilderte Beispiel der *ALBA-Unternehmensgruppe* gestützt.

1986[765]. Diese Veröffentlichung stellt die Interessen der Anteilseigner eines Unternehmens in den Mittelpunkt der unternehmerischen Zielsetzungen[766]. Nachfolgend haben Unternehmensberatungen diese Sichtweise aufgegriffen, und es folgte der Versuch, über geeignete wertorientierte Kennzahlen, den Shareholder Value oder seine Veränderung zu messen. Aus diesen Bemühungen heraus entwickelte die Unternehmensberatung *Stern Stewart & Co.* den Ansatz des Economic Value Added (EVA)[767] und die *Boston Consulting Group* das Modell des Cash Value Added (CVA)[768].

Aus diesen Vorbemerkungen heraus ist ersichtlich, dass die Maximierung des Marktwertes des Eigenkapitals das zentrale Bemühen der wertorientierten Unternehmensführung ist[769]. Die Gründe dafür sind auf mehreren Ebenen zu sehen. Es ist festzustellen, dass die rückläufigen Aktienkurse und die Globalisierung der Kapitalmärkte zu einem Wettbewerb um die Gunst der Investoren geführt hat. Im Weiteren können unternehmensinterne Gründe angeführt werden, denn bei der Verwendung des Kapitals für Investitionen sind Rendite- als auch Risikoaspekte in angemessener Weise zu berücksichtigen. Der Wert des Eigenkapitals bedient in gleicher Weise beide Anforderungen. Zum einen erleichtert er den Zugang zu externen Kapitalquellen und zum anderen ist er in der Lage, die Renditeansprüche der Eigenkapitalgeber zu senken[770].

Die von *Reichmann* zu Recht geforderte Orientierung am Unternehmenswert kann aber durch das alleinige Einführen einer oder mehrer geeigneter Kennzahlen nicht erfolgen. *Weber/Bramsemann/Heineke/Hirsch* stellen begründet heraus, dass weitere Veränderungen notwendig sind. Sie fordern über die Festlegung von Kennzahlen darüber hinaus:

- *„Eine langfristige Ausrichtung der Unternehmenssteuerung,*

- *die Einbindung aller Mitarbeiter in die Schaffung von Wert für das Unternehmen und*

- *die Berücksichtigung nicht-finanzieller Kennzahlen [...]"*[771].

Gerade in der letzten Forderung drückt sich die Verbindung des Balanced Scorecard-Konzepts zum Gedanken der Wertorientierung aus[772].

---

[765] Vgl. dazu ausführlich *Rappaport* 1986, ‚Creating Sharholder Value'.

[766] Vgl. *Weber/Bramsemann/Heineke/Hirsch* (2002a), S. 7 und *Karlowitsch* 2002, S. 183.

[767] Vgl. dazu ausführlich *Stewart* 1999, ‚The quest for value'.

[768] Vgl. *Weber/Bramsemann/Heineke/Hirsch* (2002a), S. 7 und *Stelter* 1999, S. 233 f sowie *Horváth* 2001, S. 67.

[769] Vgl. *Weber* 2002, S. 442.

[770] Vgl. *Weber* 2002, S. 441.

[771] Vgl. *Weber/Bramsemann/Heineke/Hirsch* (2002a), S. 8.

[772] Vgl. *Preiß/Duennemann* 2003, S. 30.

Nach Auffassung dieser Autoren sind die Charakteristika der Wertorientierung von Unternehmen in drei wesentlichen Merkmalen beschrieben. Das ist zuerst einmal die Berücksichtigung des Unternehmenswertes an sich. Es ist die Aufgabe des Managements, durch Wahrnehmung seiner Steuerungsaufgaben diese Größe zu steigern, durch die Maximierung des Wertes des Eigenkapitals. Als zweites müssen die Kapitalkosten Berücksichtigung finden. Dieses geschieht durch Einbezug der Kosten für die Nutzung von fremdem sowie eigenem Kapital bei allen unternehmerischen Überlegungen. Die dritte Komponente der umfassenden Wertorientierung sehen die Autoren in der Berücksichtigung der langfristigen Unternehmensausrichtung. Daraus abzuleiten ist, dass die kurzfristige Erfolgsmaximierung (‚*quick wins*‘) zu Gunsten einer langfristigen Unternehmensbetrachtung weichen muss[773]. Dieser Sachverhalt verdeutlicht die ökonomische Nachhaltigkeit.

Es stellt sich die Frage nach der konkreten Umsetzung. *Weber* et al. verfügen diesbezüglich über umfangreiche empirische Erfahrungen, die in Form von Praxisprojekten gewonnen werden konnten. Als Resümee halten sie in den existierenden Publikationen fest, dass drei Typen des Implementierungsstands gegenwärtig zu identifizieren sind:

Die ‚*Analysten-Lösung*‘ fokussiert sich auf die Kommunikation mit dem Kapitalmarkt und gilt damit als einfachste Form der wertorientierten Unternehmenssteuerung. Zum Einsatz gelangen wertorientierte Kennzahlen, wie z. B. ‚EVA‘, die an externe Betrachter kommuniziert werden. Kenntnisse über Inhalt und Ermittlungsweiser der Kennzahlen sind im Rechnungswesen des Unternehmens bekannt, nachgeordneten Hierarchieebenen allerdings oftmals nicht. Die Wertorientierung dieses Implementierungsstands hat keinen Bezug zur inneren Steuerung.

Der Stand ‚*Engagierter Beginn*‘ stellt eine Erweiterung der ersten Betrachtung dar. Neben der Kommunikation mit dem Kapitalmarkt erfolgt hier bereits eine Verzahnung mit der internen Steuerung. Dieses geschieht, indem wertorientierte Kennzahlen beplant werden und zur Steuerung von Unternehmenseinheiten dienen. Im Regelfall sind die festgelegten Ziele mit dem Zielvereinbarungs- und Anreizsystem des Unternehmens verbunden.

Die höchste Entwicklungsstufe ist der ‚*Professionelle Standard*‘. Hier umfasst die Wertorientierung alle Hierarchiestufen des Unternehmens und ist auch durchgängig mit dem Anreizsystem der Unternehmung verknüpft. Im Weiteren werden die wertschaffenden Faktoren (Werttreiber) in die Betrachtung mit einbezogen, denen zu Eigen ist, nicht nur aus der finanziellen Sphäre zu stammen. Werttreiber und Kennzahlen zusammen bilden das Geschäftsmodell der Unternehmung aus der Wertschöpfungsperspektive ab (Abb. 81)[774].

---

[773] Vgl. *Weber/Bramsemann/Heineke/Hirsch* (2002a), S. 8.

[774] Vgl. *Weber/Bramsemann/Heineke/Hirsch* (2002a), S. 9.

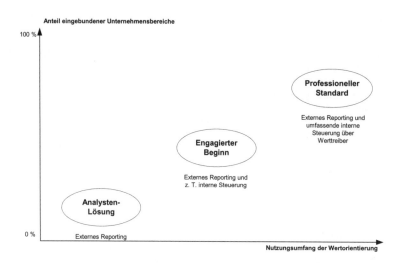

Abbildung 81: Implementierungsstand der Wertorientierung[775]

Die Frage nach der anzustrebenden Ausrichtung ist vor dem Hintergrund des Balanced Scorecard-Ansatzes lediglich rhetorischer Natur. Zu bedeutend ist die Forderung nach der internen Steuerung im Konzept der Wertorientierung.

Weber et al. sehen als wertorientierte Spitzenkennzahlen grundsätzlich die Kennzahlen ,*Discounted Cash Flow*' (DCF), ,*Economic Value Added*' (EVA), ,*Cash Flow Return on Investment*' (CFROI) und ,*Cash Value Added*' (CVA) als geeignet an[776]. Der Ermittlung der Kennzahlen liegen unterschiedliche Konzepte zu Grunde, die nachfolgend skizziert werden sollen. Für jede Größe und deren Berechnungsschema existiert mittlerweile eine Vielzahl von Veröffentlichungen.

9.3.1.1 Discounted Cash Flow (DCF)

Die Berechungsverfahren, die den Discounted Cash Flow zum Ergebnis haben, sind im Rahmen von Unternehmensbewertungen international die am meisten verbreiteten Verfahren[777]. Die größte Anzahl der Shareholder-Value-Konzepte beruht auf die-

---

[775] Vgl. *Weber/Bramsemann/Heineke/Hirsch* (2002a), S. 10.

[776] Vgl. *Weber* 2002, S. 191 ff.

[777] Vgl. *Ernst/Schneider/Thielen* 2003, S. 9.

ser Rechenlogik[778]. Auch auf internationaler Ebene hat sich diese Methode als Standard herausgebildet[779].

Die Berechung des DCF kann sich auf das gesamte Unternehmen beziehen oder nur einen Teilbereich – z. B. eine strategische Geschäftseinheit – abbilden. Inhaltlich knüpfen diese Modelle an die Zahlungen an, die ein Unternehmen oder ein Teilbereich sowohl empfangen als auch leisten werden. In Analogie zu den Investitionsrechenverfahren werden bei der Ermittlung des Unternehmenswertes die in der Zukunft zu erwartenden Cash Flows auf den Zeitpunkt der Bewertung abgezinst. Zukünftige Cash Flows repräsentieren den Nutzen, den das Unternehmen für die Kapitalgeber generiert. Keine Beachtung dagegen finden nicht-finanzielle Nutzenkomponenten wie z. B. Prestige, Macht, emotionale Bindung etc. Setzt man die zukünftigen Cash Flows mit einer möglichen Rendite einer alternativen Kapitalverwendung – sie ist im Diskontierungszinssatz ausgedrückt – ins Verhältnis, so lässt sich dadurch der Wert des Unternehmens ermitteln.

Bei der Auswahl des Diskontierungszinssatzes erfolgt ein Rückgriff auf kapitalmarkttheoretische Modelle. Im Regelfall handelt es sich dabei um das ,*Capital Asset Pricing Modell*' (CAPM)[780]. Das CAPM geht von der Annahme aus, dass die Eigenkapitalkosten sich aus der Rendite risikofreier Wertpapiere zuzüglich einer Risikoprämie berechnen. Die Risikoprämie wiederum ist ein Produkt aus der *Marktrisikoprämie* (MRP)[781] und einem unternehmensspezifischen *Beta-Faktor*[782].

In der Praxis wird das Marktrisiko häufig mit einem Wert zwischen 5 % und 6 % angesetzt. Seine Ermittlung geht auf ein kapitalmarkttheoretisches Modell zurück, bei dem die Annahme unterstellt wird, jeder Anleger von Kapital habe die Möglichkeit in ein perfekt diversifiziertes Marktportfolio zu investieren, in das alle am Markt gehandelten Finanztitel eingehen. In dem Portfolio drückt sich die bestmögliche Rendite-Risiko-Kombination aus, in der die unsystematischen Risiken der Einzeltitel durch Diversifikation eliminiert sind. Die verbleibenden Risiken des Marktes drücken sich kumuliert im Marktrisiko aus, für das der Anleger eine Prämie einfordern wird.[783]

Im Beta-Faktor drückt sich eine *unternehmensspezifische Risikoprämie* aus, die wiederum aus dem CAPM herzuleiten ist. Der Beta-Faktor steht für das Risiko der Rendite eines Wertpapiers im Vergleich zur Marktrendite[784]. Ein Beta-Faktor von 1 bedeutet beispielsweise, dass sich die Einzelrendite einer bestimmten Anlage proportional zur Rendite des Marktportfolios verhält. Ist der Beta-Faktor größer als 1, dann reagiert das Anlagepapier überproportional auf Veränderungen der Marktrendite. Eine Steigerung (Verringerung) der Marktrendite um z. B. 10 % ergibt bei einem Beta-Faktor von bspw. 1,5, dass die Rendite des Wertpapiers im selben Zeitraum um

---

[778] Vgl. *Weber* 2002, S. 191.

[779] Vgl. *Dewner* 2000, S. 3467.

[780] Zum CAPM vergleiche ausführlich *Brealy/Meyers* 1984.

[781] Zur Ermittlung der Marktrisikoprämie siehe *Ernst/Schneider/Thielen* 2003, Kapitel 3.3.3.2.2.1.

[782] Zur Ermittlung des Beta-Faktors siehe *Ernst/Schneider/Thielen* 2003, Kapitel 3.3.3.2.2.2.

[783] Vgl. *Ernst/Schneider/Thielen* 2003, S. 55 ff.

[784] Vgl. *Ziegenbein* 2002, S. 268 ff.

15 % steigt (sinkt). Analog dazu bedeutet ein Beta-Faktor kleiner als 1, dass die Einzelrendite einer Kapitalanlage unterproportional auf Veränderungen der Marktrendite reagiert. Risikofreie Anlageformen haben einen Beta-Faktor von 0.

Führt man die beiden Risikobetrachtungen zusammen, dann errechnet sich die individuelle Risikoprämie als Produkt aus Beta-Faktor und Marktrisikoprämie.

Die vorstehenden Ausführungen über den Beta-Faktor beziehen sich auf Wertpapiere, lassen sich jedoch ohne Mühe auf Unternehmen übertragen. Bei dieser Sicht ist der Beta-Faktor in zwei Komponenten aufzuteilen. Das ist zum einen der Risikoanteil, der durch die Ausübung der Geschäfte entsteht (*Operating Beta*). Zum anderen ist es der Risikoanteil, der auf Grund der Kapitalstruktur entsteht (*Financial Beta*). Letzterer steigt mit der Höhe des im Unternehmen befindlichen Fremdkapitalanteils (Verschuldungsgrad)[785].

Zur Bestimmung des Wertes des Eigenkapitals wird in zwei Methoden unterschieden. Das ist die als solche bezeichnete ‚*Eigenkapitalmethode'* (Equity-Approach) und die ‚*Gesamtkapitalmethode'* (Entity-Approach). Die Eigenkapitalmethode betrachtet die Rückflüsse an Kapital an die Eigenkapitalgeber über erzielte Renditen während der Gesamtkapitalansatz die Rückflüsse an Eigen- und Fremdkapitalgeber berücksichtigt. Hier muss dann noch der Wert des Fremdkapitals abgezogen werden, um zum Wert des Eigenkapitals zu gelangen. Bei beiden Betrachtungen erfolgt die Diskontierung der Zahlungsströme auf den Betrachtungszeitpunkt[786]. Sofern die getroffenen Annahmen über das Finanzierungsverhalten in beiden Modellen identisch getroffen werden, führen sowohl Equity- als auch Entity-Approach zum selben Ergebnis[787].

Zum Abschätzen der Zahlungsströme ist ein zweistufiges Vorgehen zweckmäßig. Dabei plant man im ersten Schritt die Rückflüsse der nächsten Perioden. Für die weiteren Perioden unterstellt man einen normierten Zahlungsstrom, der den Charakter einer ewigen Rente besitzt.

Über den skizzierten Weg lässt sich der Shareholder-Value eines Unternehmens oder einer strategischen Geschäfteinheit ermitteln. Eventuell auftretende Wertsteigerungen durch neue Produkte, Dienstleistungen oder neue strategische Ausrichtungen werden in einem weiteren Parallel-Modell gerechnet und dem zu Grunde liegenden Basisszenario gegenübergestellt. Auf diesem Weg lässt sich die durch Maßnahmen erzielbare Wertsteigerung ermitteln[788].

---

[785] Vgl. *Ernst/Schneider/Thielen* 2003, S. 57 ff.

[786] Vgl. *Weber* 2002, S. 192.

[787] Vgl. *Ernst/Schneider/Thielen* 2003, S. 10 und *Hachmeister* 1995, S. 120 ff.

[788] Vgl. *Weber* 2002, S. 193 f.

9.3.1.2 Economic Value Added (EVA)

Das Modell des Economic Value Added ermittelt die Differenz zwischen der Gesamt-kapitalrendite und dem Gesamtkapitalkostensatz (= *Spread*)[789]. Die Gesamtkapital-rendite ist das Verhältnis des operativen Ergebnisses vor Zinssaldo und nach Steu-ern zu dem mit einem ‚*economic book value*' bewertetem Kapital. Verkürzt ausge-drückt ist die Größe im Nenner die Summe der Buchwerte des Sachanlagevermö-gens und des Umlaufvermögens, abzüglich der unverzinslichen Verbindlichkeiten[790]. Die Ermittlung des Gesamtkapitalkostensatzes (WACC)[791] folgt bspw. einer Logik, wie sie im vorherigen Kapitel bereits beschreiben ist (CAPM). Multipliziert man den für eine Periode festgelegten Spread mit dem eingesetzten Kapital, so errechnet sich der EVA. Ist die errechnete Größe positiv, dann bedeutet das, dass die Erwartungen von Eigen- und Fremdkapitalgebern übererfüllt sind und damit ein Übergewinn aus der Sicht der Eigenkapitalgeber entstanden ist[792].

Zur Errechnung des Shareholder-Value mit Hilfe der Kennzahl EVA ist eine Modifika-tion des DCF-Modells notwendig. Der Grund dafür liegt darin, dass EVA eine Größe nach Abschreibungen und Kapitalkosten darstellt. Bezeichnet man IK_0 als das inves-tierte Kapital und FK_0 als das Fremdkapital zum Betrachtungszeitpunkt, dann errech-net sich der Shareholder-Value nach folgender Formel[793]:

$$Shareholder Value = IK_0 + \sum_{t=1}^{\infty} \frac{EVA_t}{(1+WACC)^t} - FK_0$$

9.3.1.3 Cash Flow Return on Investment (CFROI)

Einer anderen als der bisher beschriebenen Logik folgt die Ermittlung des Cash Flow Return on Investment[794]. In diesem Modell finden sich die Gedanken aus der Investi-tionsrechnung – konkret das Modell des ‚Internen Zinsfußes' – wieder. So ist der CFROI als ein interner Zinsfuß zu verstehen, der den Return des im Unternehmen oder einer Unternehmenseinheit investierten Kapitals beschreibt[795].

---

[789] Vgl. *Stern/Shiely/Ross* 2002, S. 27, *Doerr/Fiedler/Hoke* 2003, S. 285 und *Günther* 1997, S. 209 ff.

[790] Vgl. *Dewner* 2000, S. 3468 und *Preißner* 2001, S. 192 und *Horváth und Partners* 2003, S. 207 ff sowie Horváth 2001, S. 517 ff.

[791] Vgl. *Coenenberg* 2000, S. 919.

[792] Vgl. *Ziegenbein* 2002, S. 272 ff.

[793] Vgl. *Weber* 2002, S. 194 f.

[794] Vgl. zum Berechnungsschema ausführlich *Coenenberg* 2000, S. 1022 ff.

[795] Vgl. *Dewner* 2000, S. 3469 und *Preißner* 2001, S. 193.

Zur Berechnung ist notwendig ein sogenanntes *Cash Flow-Profil* aufzustellen, bei dem

- als Brutto-Investment (Summe der Aktiva zu Buchwerten [unter Inflationsanpassung der historischen Anschaffungskosten], zuzüglich der kumulierten Abschreibungen, abzüglich der unverzinslichen Verbindlichkeiten, zuzüglich der kapitalisierten Mietaufwendungen) eine fiktive Anfangsauszahlung,

- konstante Brutto-Cash Flows (Jahresüberschuss nach Steuern, zuzüglich Abschreibungen, zuzüglich Zins- und Mietaufwand, bereinigt um außerordentliche und aperiodische Aufwendungen und Erträge) als fiktive jährliche Einzahlungen und

- nicht-abschreibbare Aktiva (Finanzanlagevermögen, zuzüglich des um die unverzinslichen Verbindlichkeiten bereinigten Umlaufvermögens und Grund und Boden) als fiktive zusätzliche Einzahlungen am Ende der Nutzungsdauer

festgelegt werden[796]. Die Anzahl der anzusetzenden Brutto-Cash Flows ergibt sich aus der wirtschaftlichen Nutzungsdauer des Sachanlagevermögens.

Der CFROI hat den Charakter einer Renditekennzahl[797]. Mit ihrer Hilfe ist es möglich, eine Performance-Messung durchzuführen und die Optimierung der Ressourcen-Allokation zu steuern. Durch den Vergleich des CFROI mit dem Gesamtkapitalkostensatz (WACC) wird deutlich, ob die Renditeerwartungen der Eigen- und Fremdkapitalgeber bezüglich des insgesamt eingesetzten Kapitals erfüllt werden konnten[798].

9.3.1.4 Cash Value Added (CVA)

Der Cash Value Added ist die Überleitung des CFROI (diese Kennzahl selbst berücksichtigt keine Gewinngrößen und ist entsprechend wenig geeignet für die richtige Auswahl wertsteigernder Strategien) in eine *Übergewinngröße*. Er errechnet sich aus der Multiplikation des eingesetzten Kapitals und der Differenz aus dem CFROI und dem gewichteten Gesamtkapitalkostensatz[799]:

$$CVA_t = (CFROI_t - WACC_t) \cdot IK_t$$

---

[796] Vgl. *Weber* 2002, S. 195 f.

[797] Vgl. *Ziegenbein* 2002, S. 270 f.

[798] Vgl. *Weber* 2002, S. 197 f.

[799] Vgl. *Günther* 1997, S. 209 ff und *Coenenberg* 2000, S. 1024, sowie Horváth 2001, S. 521.

Ähnlich wie bei EVA zeigt auch diese Kennzahl, ob die Renditeforderungen von Eigen- und Fremdkapitalgebern erfüllt werden konnten. Zudem kann sie als Steuerungsgröße verwendet werden, denn sie zeigt bspw. auf, dass Entscheidungen mit einer Rendite unter dem ermittelten Wert des CFROI insgesamt dennoch einen positiven Beitrag zum Unternehmenserfolg leisten, sofern die Rendite über dem WACC liegt.

Nutzt man den Cash Value Added zur Ermittlung des Shareholder-Value, so findet man in der Literatur folgende Empfehlung zur Berechnung:

$$Shareholder-Value = IK_0 + \sum_{t=1}^{\infty} \frac{CVA_t}{(1+WACC)^t} - FK_0$$

Der über diesen Weg ermittelte Shareholder-Value muss nicht zwangsweise mit der Berechnung nach der DCF- oder EVA-Methode übereinstimmen[800]. Mögliche Abweichungen resultieren aus unterschiedlichen Grundannahmen der Modelle.

9.3.1.5 Kritische Würdigung der Auswahloptionen

Der Blick auf die Berechnungsschemata vor dem Hintergrund der mittelständisch geprägten Branche der Abfallwirtschaft könnte schnell die Kritik aufkommen lassen, dass diese Verfahren zu aufwendig und zu kompliziert seien. Hinzu mag die Beanstandung kommen, dass auch die dargestellten Kennzahlen periodisch zu ermitteln und über die festzulegenden Planungsparameter der Gefahr der Manipulierbarkeit ausgesetzt sind, insbesondere wenn die zu ermittelnden Ergebnisgrößen im Zusammenhang mit Vergütungsbestandteilen stehen. *Weber* et al. konstatieren, dass jede wertorientierte Kennzahl nicht frei von Opportunismusgefahr ist, stellen aber gleichzeitig fest, dass diese Aussage für alle zukunftsbezogenen Größen Gültigkeit habe[801].

Nach eigener Auffassung kann darin aber kein Grund zur Abkehr von diesen Modellen gesehen werden. Als kompliziert erweisen sich zunächst einmal alle neuen Modelle. Über gesammelte Erfahrungen und den damit verbundenen Übungsgrad werden auch solche Berechnungsschemata sich sehr schnell als beherrschbar herausstellen[802]. Zum zweiten Kritikpunkt sei angemerkt, dass bei einer fehlenden Offenheit im Management – hier ausgedrückt im Willen der Manipulation – das Modell der Balanced Scorecard an sich zum Scheitern verurteilt ist. Falsche Annahmen werden darüber hinaus – spätestens in Folgeperioden – als solche zu erkennen sein. Vergü-

---

[800] Vgl. *Weber* 2002, S. 198.

[801] Vgl. *Weber/Bramsemann/Heineke/Hirsch* (2002a), S. 31.

[802] Nach *Horváth* und *Gleich* ist empirisch nachweisbar, dass insbesondere die Kennzahl ‚EVA' sich bereits im Mittelstand manifestiert hat. Vgl. dazu *Horváth und Partners* 2003, S. 207.

tungssysteme sollten vor Einführung des Value Based Management bezüglich der Verknüpfung von Ergebnissen und Incentivierung der Führungskräfte eine kritische Überarbeitung erfahren[803].

Für das Verständnis einer nachfolgend auszusprechenden Empfehlung soll folgender Gedankengang skizziert werden. *Weber* schreibt – zumindest teilweise – jeder Kennzahl sowie jedem Kennzahlensystem die Möglichkeit einer instrumentellen, konzeptionellen und symbolischen Nutzung zu[804]. Kennzahlen können unmittelbar als Grundlage für Entscheidungen genutzt werden und lösen in diesem Fall Handlungen aus. Diese Eigenschaft von Kennzahlen bezeichnen *Weber/Schäffer* als instrumentell. Fördern Kennzahlen das allgemeine Verständnis der geschäftlichen Aktivitäten, führen aber nicht direkt zu Entscheidungen, dann beschreibt das die konzeptionelle Nutzung von Kennzahlen. Ihnen kommt die Aufgabe zu, die Denkprozesse und Haltungen der Akteure zu beeinflussen. Schließlich sprechen die Autoren von einer symbolischen Nutzung, wenn die Entscheidungen bereits getroffen sind und die Kennzahlen zur Durchsetzung dieser Entscheidungen und zur Beeinflussung andere Mitarbeiter des Unternehmens Verwendung finden[805].

Wendet man diese Logik als Bewertungsschema auf die zuvor dargestellten Kennzahlen an, dann lassen sich folgende Aussagen treffen:

Hinsichtlich der instrumentellen Nutzung kann festgestellt werden, dass der DCF über die Berücksichtigung von Kapitaleinsatz, eine aus dem Kapitalmarkt abgeleitete Verzinsung, die die Renditeerwartungen von Eigen- und Fremdkapitalgebern abbildet, sowie über den Einbezug zukünftiger Perioden über antizipierte Cash Flows gut in der Lage ist, für eine wertorientierte Verwendung des eingesetzten Kapitals Sorge zu tragen. Schwachstellen treten allerdings bei der Verwendung als periodische Steuerungsgröße auf, denn eine Beurteilung der stattgefundenen Leistungen von Mitarbeitern ist nicht unmittelbar möglich. Rechenmodelle, die diese mangelnde Operationalisierbarkeit über Hilfsgrößen, wie z. B. den Free Cash Flow, der periodisch relativ einfach zu ermitteln ist, zu umgehen versuchen, erweisen sich ebenfalls als unzureichend, da hier wiederum keine Berücksichtigung der Kapitalkosten stattfindet[806]. Auch beim EVA wird die Forderungen der wertmaximierenden Kapitalallokation berücksichtigt. Im Gegensatz zum DCF ist diese Größe jedoch für die periodische Verwendung geeignet, denn sie zeigt die Auswirkungen der Handlungen der Akteure hinsichtlich der generierten Werte an. Der CVA setzt zur Berechnung zunächst den CFROI an, was aber nicht ohne Probleme vonstatten geht. Ebenfalls geht über die Prämisse, freigesetzte Mittel wieder zum internen Zinsfuß anzulegen, eine Verfälschung in die Aussage der Kennzahl ein. Grundsätzlich ist der CVA allerdings als periodische Größe als geeignet anzusehen[807].

Bezüglich der konzeptionellen Nutzung lässt sich sagen, dass der DCF als sehr geeignet anzusehen ist, da er sowohl die Kapitalkosten als auch die Zukunftsorientiert-

---

[803] Vgl. dazu *Weber/Bramsemann/Heineke/Hirsch* (2002b), S. 46 ff.

[804] Vgl. *Weber* 2002, S. 211.

[805] Vgl. *Weber/Schäffer* (1999a), S. 17.

[806] Vgl. *Baum/Coenenberg/Günther* 2004, S. 267 f.

[807] Vgl. *Weber* 2002, S. 445 f.

heit in seiner Betrachtung vereint. Darüber hinaus ist das Rechenschema weniger kompliziert als bei den anderen Verfahren, was für eine größere Verständlichkeit sorgt. Allerdings muss auch hier wieder die Umsetzung in periodische Größen als Nachteil angeführt werden, was aber gerade im Ansatz der Balanced Scorecard von großer Bedeutung ist. Der EVA eignet sich ebenfalls zur Vermittlung der Bedeutung von Kapitalkosten und kann zudem periodisch ermittelt werden. Dies führt aber auch dazu, dass der EVA oftmals auch nur als periodische Größe und nicht als perioden-übergreifende, langfristige Größe betrachtet wird. Die Eignung des CVA als periodi-sche Zielgröße wurde bereits herausgestellt. Das Verständnis der Aussagekraft die-ser Größe ist ebenfalls leicht vermittelbar, wenngleich die Ermittlung der Größe durchaus als aufwendig und kompliziert beschrieben werden muss[808].

Zur symbolischen Nutzung einer Kennzahl – so *Weber* – ist es notwendig, dass die-se Kennzahl auch in gewissem Umfang manipuliert werden kann, bzw. sich in meh-reren Kontexten argumentativ anwenden lässt. Sowohl beim DCF, EVA als auch CVA ist eine Manipulierbarkeit nicht auszuschließen. Nach Auffassung *Webers* ist diese aber nicht verfahrensimmanent begründet, sondern geht eher auf den Um-stand zurück, dass Prognosen der Zukunft tendenziell am Ende der beplanten Perio-den geschönt werden ('*Hockey-Stick-Effects*'). Verwendet man hilfsweise bei der DCF-Methode den Free Cash Flow zur Ermittlung einer periodischen Größe, dann ist diese Größe an sich nur schwer zu manipulieren, da Zahlungsströme keinen bilan-ziellen Wahlrechten unterliegen. Beim EVA-Konzept fließen allerdings buchhalteri-sche Größen in die Berechnung mit ein, so dass auch entsprechende Wahlrechte hinsichtlich der Bewertung und des Ansatzes dieser Größen gegeben sind. Bilanzpo-litische Einflüsse können auch beim CVA-Konzept ermittelt werden. Sowohl für den CFROI und den CVA werden Kapitalgrößen angesetzt, die aus buchhalterischen Größen zu ermitteln sind[809].

Die Ausführungen sind in Abb. 82 noch einmal zusammengefasst.

Weber selbst kommt zu dem Ergebnis, dass es keine eindeutige Dominanz eines einzelnen Konzepts gibt. Er empfiehlt die Auswahl am konkreten Einsatzzweck fest-zumachen[810]. Aus der Sicht des Einsatzes in einer Balanced Scorecard, die *Kap-lan/Norton* als interaktives Steuerungsinstrument verstehen, ist der Frage nach der instrumentellen Nutzung eine besondere Aufmerksamkeit zu widmen. Hier greift eine bedeutende Kritik am DCF-Verfahren, da die Periodisierung des DCF nicht auf direk-tem Weg möglich ist, eine periodische Steuerung allerdings im Sinne des Balanced Scorecard-Ansatzes zu fordern ist. Aus diesem Grund soll der DCF als wertorientier-te Spitzenkennzahl nicht weiter verfolgt werden. Für eine wertorientierte Balanced Scorecard kommen demnach die Kennzahlen EVA und auch CVA für die inhaltliche Ausgestaltung der Finanzperspektive in Betracht.

---

[808] Vgl. *Weber* 2002, S. 446 f.

[809] Vgl. *Weber* 2002, S. 447 ff.

[810] Vgl. *Weber* 2002, S. 449.

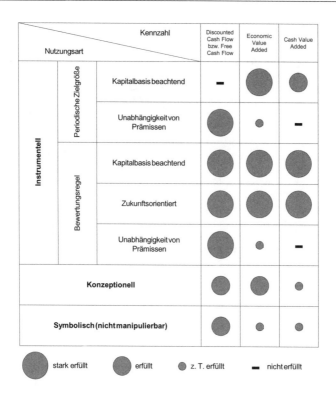

Nutzungsart		Kennzahl	Discounted Cash Flow bzw. Free Cash Flow	Economic Value Added	Cash Value Added
Instrumentell	Periodische Zielgröße	Kapitalbasis beachtend	▬	●	●
		Unabhängigkeit von Prämissen	●	●	▬
	Bewertungsregel	Kapitalbasis beachtend	●	●	●
		Zukunftsorientiert	●	●	●
		Unabhängigkeit von Prämissen	●	●	▬
Konzeptionell			●	●	●
Symbolisch (nicht manipulierbar)			●	●	●

● stark erfüllt   ● erfüllt   ● z. T. erfüllt   ▬ nicht erfüllt

Abbildung 82: Stärken und Schwächen wertorientierter Kennzahlenkonzepte[811]

9.3.2 Gestaltungsoption 2: Risikomanagement

Die in den vorherigen Kapiteln beschriebenen alternativen Gestaltungsansätze des Balanced Scorecard-Konzepts von *Weber/Weißenberger/Liekweg* sowie *Reichmann* fußen beide auf einer vergleichbaren Forderung. Sie besteht in der Integration der Chancen- und Risikenbetrachtung unter der Hülle des Balanced Scorecard-Ansatzes. Fokussiert man die Betrachtung auf den Risikoaspekt, so haben die Ausführungen zum KonTraG[812] die Bedeutung des Risikomanagements für Unternehmen im Allgemeinen und damit auch für abfallwirtschaftliche Unternehmen aufgezeigt. Auch vor der Kulisse der Anforderungen, die auf Grund der Eigenkapitelver-

---

[811] Vgl. *Weber/Bramsemann/Heineke/Hirsch* (2002a), S. 32.

[812] Vgl. dazu Kapitel 8.4.3.

ordnungen ‚Basel I' und ‚Basel II' den Unternehmen auferlegt werden[813], ist ein effizientes Risikomanagement absolut begründet.

Die starke Betonung des Aspekts der Chancen ist das zweite erweiternde Kriterium der Modelle von *Weber* et al. und *Reichmann*. In der kritischen Würdigung schließt sich an dieser Stelle jedoch die Frage an, ob diese explizite Erwähnung notwendig ist. Betrachtet man den Strategieprozess an sich[814], so wird deutlich, dass der Prozess die Bewertung der Chancen und Risiken – neben den Stärken und Schwächen – vornimmt und, sofern Einschätzungen und Bewertungen falsifiziert werden müssen, eine Revision der Annahmen und daraus folgend einen erneuten strategischen Prozess in Gang setzt. Versteht man Strategie konsequent als Prozess, so erweist es sich als unnötig, einen zusätzlichen Controlling-Fokus auf die Chancen zu richten. Auf Grundlage der Chancen – unter Vermeidung der Risiken – entsteht die Strategie erst und erfährt im Falle der Revision eine Fortschreibung bzw. Veränderung. Dieser Gedanke ist auch im Modell der Balanced Scorecard systemimmanent[815]. Aus diesem Grund heraus finden die Überlegungen von *Weber* et al. sowie *Reichmann* in der von ihnen formulierten Tragweite in der eigenen Konzeption keine weitere Beachtung. Argumentativ stützend ist noch ein weiterer Punkt hinzuzufügen: Der Gedanke der Risikobetrachtung ist auch im Zusammenhang der Balanced Scorecard-Thematik nicht neu, da er bereits bei *Kaplan/Norton* erwähnt wird[816]. Sie stellen heraus, dass ein effektives Finanzmanagement sowohl die Generierung von Gewinnen als auch die Betrachtung der damit in Verbindung stehenden Risiken umfassen muss. Ihre Forderung lautet, dass eine Balance zwischen Kapitalrückflüssen, der Kontrolle und dem Management von Risiken stattzufinden habe. Aus diesem Grund integrieren viele Unternehmen eine Risikodimension in die finanzwirtschaftliche Perspektive, die im Zusammenhang mit der gewählten strategischen Ausrichtung steht. Dieses geschieht z. B. durch Diversifizierung der Einnahmenquellen, die marktliche Bearbeitung zusätzlicher Geschäftsfelder oder auch Regionen und dergleichen mehr[817].

Reichmann selbst konstatiert, dass neben einer Balanced Chance and Risk Card parallel ein Risikomanagementsystem zu führen sei, da es Risiken gäbe, die nicht im Zusammenhang mit den festgelegten Erfolgsfaktoren stehen. Der von *Weber* et al. beschriebene Prozess des RTR kann als Ausgestaltung eines Risikomanagementsystems aufgefasst werden. Die Ausführungen zum Gesetz zur Kontrolle und Transparenz im Unternehmen (KonTraG) haben gezeigt, dass es keine einheitliche und normierte Empfehlung zur Ausgestaltung des unternehmensindividuellen Risiko-Controllings gibt. Hier sind Parameter wie z. B. die Branche oder die Größe und Struktur der Unternehmung von Bedeutung. Als Fazit daraus soll an dieser Stelle festgehalten werden, dass ein separates Risikomanagement auf jeden Fall im ‚Portfolio der betriebswirtschaftlichen Instrumente der Unternehmung' verbleiben soll und nicht in den Rahmen eines Balanced Scorecard-Ansatzes integriert werden soll. Die

---

[813] Vgl. dazu Kapitel 5.3.

[814] Vgl. dazu Kapitel 7.

[815] Zu diesem Ergebnis gelangen auch *Wehrmann/Schöneis* 2004, S. 92.

[816] Vgl. *Kaplan/Norton* 1997, S. 49 und S. 59.

[817] Vgl. *Kaplan/Norton* 1997, S. 49.

von *Weber* et al. und *Reichmann* geforderte engere Verzahnung der betriebswirtschaftlichen Instrumente ist allerdings zu befürworten und sollte dadurch geschehen, dass eine u. a. auch von *Weber* et al. geforderte Aggregation der Risiken (im Risk Tracking Sheet) – die Chancen werden ja bereits im strategischen Prozess bewertet und beobachtet – in die Balanced Scorecard aufgenommen wird. Die Aggregation kann auf Unternehmensebene oder, noch aussagefähiger, auf Ebene der strategischen Geschäftseinheiten stattfinden.

Eine Kennzahl der Finanzperspektive, die diese Eigenschaften in sich vereint, könnte zum Beispiel lauten:

$$Risikokennzahl\ 1 = \sum der\ absoluten\ Risiken\ in\ strategischer\ Geschäftseinheit$$

Berücksichtigt man zudem noch die (subjektive) Eintrittswahrscheinlichkeit, dann werden die im Risikomanagement der Unternehmen abgebildeten Einzelrisiken der strategischen Geschäftseinheiten gewichtet. Im Faktor der Gewichtung drückt sich die Wahrscheinlichkeit aus, mit der – trotz Erkennen des Risikos und Ergreifen von Gegensteuerungsmaßnahmen – das Risiko zum Ereignisfall wird:

$$Risikokennzahl\ 2 = \sum der\ gewichteten\ Risiken\ in\ strategischer\ Geschäftseinheit$$

9.3.3 Gestaltungsoption 3: Kooperationsperspektive

In den Kapiteln 8.4.5.1 bis 8.4.5.3 sind Gestaltungsansätze des Balanced Scorecard-Konzepts aufgezeigt worden, die geeignet sind, Controllingunterstützung in Unternehmensnetzwerken zu leisten. Die zu Grunde liegenden Prämissen der Konzepte weisen in einigen Punkten Übereinstimmung auf, in anderen variieren die getroffenen Annahmen der Modellbildung.

Weber et al. und *Lange* et al. räumen ein, dass die Gefahr des opportunistischen Verhaltens in Netzwerken permanent vorhanden ist, während *Jehle* et al. auf empirische Befunde verweisen, die eine klare und partnerschaftliche Orientierung erkennen lassen. Auch wenn *Jehle* et al. die Relevanz der angesprochenen Thematik als nicht so entscheidend einstufen, wie sie z. B. in der soziologischen Literatur herausgestellt wird[818], so lautet aber dennoch ihre Empfehlung, in einer Perspektive der Balanced Scorecard die entstehende Wirkung der Kooperation abzubilden und dadurch mögliche Negativ-Effekte zu minimieren, um eine Balance des Spannungsfelds zwischen Eigenständigkeit und Abhängigkeit herzustellen. Damit die ,Ausbeutungsthese' abgeschwächt wird, empfehlen die Autoren entsprechende Controlling-Instrumente, die dem strategischen Controlling entstammen, anzuwenden.

---

[818] Vgl. Kapitel 8.4.5.2.

Alle drei Gestaltungsansätze betonen die *Offenheit und Transparenz*, die untereinander von Nöten ist, um eine Leistungssteigerung bei gleichzeitiger Kostensenkung über die gesamte Wertschöpfungskette zu generieren. *Lange* et al. betonen, dass eine Netzwerk-Balanced Scorecard das Potential hat, die Aufmerksamkeit der Kooperationspartner auf die kritischen Erfolgsfaktoren zu lenken und über diesen Weg Transparenz zu erzielen und *Informationsasymmetrien* zu beseitigen[819]. Genau in der freiwilligen Offenheit aber ist laut *Weber* et al. der neuralgische Punkt zu sehen, denn jede gegebene und empfangene Information kann aus der Sicht der Partnerunternehmen als Chance oder Risiko bewertet werden[820]. Die Bereitschaft der Informationsweitergabe beruht auf dem komplexen Phänomen der Vertrauensbereitschaft, die u. a. eine Funktion von ex post vorhandenen Informationen und gewonnenen Erfahrungen ist. *Weber* et al. schlagen vor, Vertrauen in einem Verfahren der Selbstbeobachtung und -bewertung aus der Perspektive der Partnerunternehmen zu messen. Nach eigener Auffassung ist die Operationalisierbarkeit eines solchen Beziehungscontrollings in den beiden vorgeschlagenen Balanced Scorecard-Perspektiven ‚Koopertionsqualität' und ‚Kooperationsintensität' nur schwierig umzusetzen, da das Verfahren durch eine starke Subjektivität geprägt ist. Pragmatischer und zielführender erscheint die Ansicht von *Jehle* et al., die vorschlagen, in einer Kooperationsperspektive die Wirkung der Kooperation abzubilden. Diese Sichtweise soll im eigenen Konzept der Balanced Scorecard übernommen werden. In Ergänzung zu *Jehle* et al. sollen jedoch zusätzlich die Aspekte Macht und Ausbeutung stärker betont in das zu entwickelnde Modell eingehen. Auch wenn die Autoren auf nachweislich funktionierende offene Kooperationsbeziehungen in der Praxis verweisen, ist die Gefahr des Missbrauchs generell nicht auszuschließen. Da abfallwirtschaftliche Kooperationen auf Grund der Langfristigkeit der Entsorgungsaufträge in der Regel eine lange Wirkung haben, ist diesem latenten Gefährdungspotential eine besondere Aufmerksamkeit zu widmen.

Nachfolgend sollen zwei in der betriebswirtschaftlichen Diskussion sehr aktuelle Konzepte in kurzen Zügen skizziert werden, die für den im Anschluss dargestellten eigenen Vorschlag die gedankliche Grundlage bilden. Es handelt sich um die ‚*Prinzipal-Agent-Modelle*' und die ‚*Transaktionskostenökonomik*'.

9.3.3.1 Prinzipal-Agent-Modelle

Von einer Prinzipal-Agent-Beziehung ist dann zu sprechen, wenn ein Auftraggeber (*Prinzipal*) und ein Auftragnehmer (*Agent*) vereinbaren, dass der Agent für den Prinzipal oder in dessen Auftrag Aufgaben übernimmt. Prinzipal-Agent-Probleme treten im Regelfall dann auf, wenn zwischen Prinzipal und Agent Informationsasymmetrien vorherrschen. Diese Art von Problemen wird in der sogenannten Agency-Theorie in Form mathematischer Modelle beschrieben und analysiert[821].

---

[819] Vgl. Kapitel 8.4.5.3.

[820] Vgl. Kapitel 8.4.5.1.

[821] Vgl. *Erlei* 2000, S. 2478.

Es ist zwischen drei Typen asymmetrischer Informationen zu unterscheiden. Ist der Prinzipal nicht in der Lage, die Handlungen des Agenten zu beobachten, dann liegt ein Agent-Modell mit versteckter Handlung (*hidden action*) vor. Ist dagegen dem Prinzipal im Gegensatz zu dem Agenten der Umweltzustand, auf Grund dessen der Agent seine Handlung festlegt, nicht bekannt, dann handelt es sich um ein Modell der versteckten Information (*hidden information*). Hier treten die Informationsasymmetrien ex post auf, d. h., es wird unterstellt, dass es einen Zeitpunkt gibt (Vertragsabschluss), zu dem sowohl Prinzipal als auch Agent über die gleichen Informationen verfügen. Liegt die Informationsasymmetrie bereits bei Vertragsschluss vor, so spricht man in diesem Zusammenhang von versteckten Charakteristika (*hidden characteristics*). In diesem Fall sind dem Agenten z. B. Informationen über seine Leistungsfähigkeit, Leistungswilligkeit oder die Produkt- oder Prozessqualität bereits verfügbar[822].

Die Entscheidungssituation des Prinzipals zielt darauf ab, den Wert des maximal erreichbaren Nettogewinns zu maximieren. Dieser errechnet sich als Differenz aus dem Bruttogewinn und der Entlohnung des Agenten. Der Prinzipal hat dabei zu berücksichtigen, dass es sich für Agenten nur lohnen wird, ein Vertragsverhältnis einzugehen, wenn er einen Nutzen daraus erwartet, der mindestens so groß sein muss, wie derjenige aus alternativen Möglichkeiten des Agenten (= Einhalten der Partizipationsbedingung). Im Weiteren ist davon auszugehen, dass der Agent grundsätzlich in der Erfüllung seiner Aufgabe eine Last sieht, die in Verbindung mit der Einbuße seiner Lebensqualität steht. Eine Erhöhung des Engagements eines rational nutzenmaximierenden Agenten ist nur dann realistisch, wenn die sich dadurch ergebende Verschlechterung der Lebensqualität durch die Erhöhung seines Einkommens kompensiert wird. So erhöhen Leistungsprämien im Regelfall das Engagement des Agenten (= *Anreizkompatibilitätsbedingung*)[823].

Die Lösung des Modells ist aus der Sicht des Prinzipals in einem optimalen Anreizvertrag zu sehen, der durch drei Faktoren beeinflusst wird. Alle folgenden Annahmen des Modells gehen davon aus, dass der Agent sich stets *risikoavers* verhalten wird.

Unterliegt die Höhe des Einkommens großen zufallsbedingten Schwankungen, dann ist eine hohe Anreizintensität gleichzeitig auch mit hohen Risikokosten verbunden, so dass der Agent in der Erwartung eines leistungsunabhängigen und sicheren Lohnanteils steht. Auch der Zufall spielt eine bedeutende Rolle. Je mehr die nicht vom Agenten beeinflussbaren Zufallsfaktoren den Bruttogewinn bestimmen, desto höher sind die Risikokosten des Agenten, für die er eine Kompensation erwartet und desto geringer – so das Bestreben des Prinzipals – wird die Anreizintensität der Entlohung sein. Der dritte Faktor der Anreizintensität ist die Reagibilität des Agenten auf Anreize. Sie hängt vom Grad der Veränderung des ‚Arbeitsleids' (Erhöhung) bzw. ‚Wohlbefindens' (Verringerung) in Abhängigkeit von der Änderung seines Engagements ab. Variiert sie nur marginal, dann reagiert der Agent auf Anreize sehr stark und umgekehrt. Das führt zu dem Schluss, dass aus der Sicht des Prinzipals Anreize umso mehr intensiviert werden, je mehr der Agent auf Anreize reagiert. Sofern neben dem Bruttogewinn weitere Indikatoren des Engagements des Agenten existieren, so kön-

---

[822] Vgl. *Erlei/Schmidt-Mohr* 2000, S. 2481.

[823] Vgl. *Erlei* 2000, S. 2478 f.

nen diese im Rahmen der Anreizintensität Verwendung finden. Im Sinne eines Optimums ist zu fordern, dass zur Gestaltung eines Anreizvertrages alle informativen Indikatoren, die den Einsatz des Agenten bestimmen, zu nutzen sind (= *sufficent statistic result*)[824].

Die geschilderten Ausführungen beschreiben das Grundmodell der Prinzipal-Agent-Modelle. Ihm ist zu Eigen, dass aus der Sicht des Agenten nur eine Aufgabe bewertet wird. Die Erweiterung des Modells sieht vor, dass der Agent nun mehr als eine Aufgabe zu erfüllen hat, was erheblichen Einfluss auf die Anreizgestaltung hat. Neben den Bedingungen der Partizipation und Anreizkompatibilität tritt im Weiteren das Prinzip der übereinstimmenden Entlohnung (= *equal compensation principle*) als Lenkungsprinzip hinzu. Dieses besagt, dass die Anreizintensität für alle Aufgaben gleich hoch sein muss, um zu vermeiden, dass der Agent sich nur einer oder wenigen Aufgaben widmet und andere vernachlässigt. Damit einher wird das Bestreben des Prinzipals gehen, nach Möglichkeit die Anreizintensität insgesamt zu senken[825].

Neben diesen beiden Modellen existieren weitere in der Prinzipal-Agent-Theorie, die u. a. den Zeitfaktor berücksichtigen, indem sie langfristige Prinzipal-Agent-Beziehungen betrachten (*dynamische Prinzipal-Agent-Theorie*), oder das Modell auf mehrere Agenten erweitern. Da es an dieser Stelle nur um den grundsätzlichen Gedankengang dieser Theorie geht, sollen diese Modellvarianten keine weitere Vertiefung erfahren.

9.3.3.2 Transaktionskostenökonomik

Aufgabe der Transaktionskostenökonomik ist die Ermittlung der Effizienz unterschiedlicher institutioneller Arrangements, in denen wirtschaftliche Transaktionen abgewickelt werden[826].

Kennzeichen von *Transaktionen* ist, dass Güter oder Dienstleistungen über technologisch separierbare Schnittstellen zur Ausführung gelangen, wobei an diesen Schnittstellen Reibungsverluste[827] bzw. Betriebskosten des ökonomischen Systems entstehen können, die als Transaktionskosten bezeichnet werden. Vor Vertragsschluss fallen Kosten z. B. für die Verhandlung und die Informationsbeschaffung an. Nach Vertragsschluss kommen weitere Kosten für z. B. die Kontrolle der Vertragsbeziehungen und die Anpassung an sich ändernde Parameter etc. hinzu. Da diese Kosten grundsätzlich nicht ganz vermeidbar sind, bewertet die Transaktionskostenökonomik die Effizienz der möglichen Alternativen und zeigt dadurch den Weg zum Kostenoptimum auf[828].

---

[824] Vgl. *Erlei* 2000, S. 2479.

[825] Vgl. *Erlei* 2000, S. 2480.

[826] Vgl. *Bonus/Maselli* 2000, S. 3074.

[827] Vgl. dazu ausführlich *Williamson, O. E.*: Die ökonomischen Institutionen des Kapitalismus; Tübingen 1990.

[828] Vgl. *Bonus/Maselli* 2000, S. 3075.

Wesentlicher Bestandteil des Modells sind Annahmen, die über die beteiligten Akteure getroffen werden. Das ist zunächst einmal die Annahme über die *begrenzte Rationalität*. Sie besagt, dass Individuen nur begrenzt rational handeln auf Grund von Restriktionen, die in den Grenzen der intellektuellen Kapazität bestehen, und weil Informationen nicht ohne Einschränkungen verfügbar sind. Im Weiteren ist zu berücksichtigen, dass die Akteure ein subjektives Bild über die Welt haben, das mitunter erheblich von der realen Welt differieren kann. Auch ist festzustellen, dass Informationen in Überfülle vorhanden sein können, was sich erschwerend auf die Auswahl der relevanten Informationen auswirkt. Zuletzt ist die Komplexität der Welt mit einzubeziehen. Sie kann von den Akteuren nur in Ansätzen erfasst werden, was bedeutet, dass Entscheidungen auf der Grundlage unvollständiger Informationen und unter Unsicherheit getroffen werden. Korrespondierend zu dieser Aussage sind auch Verträge, die geschlossen werden, unvollständig, da sie nicht jede notwendige Regelung im Vorhinein antizipieren können[829].

Als zweite wesentliche Annahme ist das *opportunistisch geprägte Verhalten* der Akteure anzusprechen. Hier wird unterstellt, dass das Verfolgen von Eigeninteressen mit allen Methoden der Durchsetzbarkeit – die Theorie berücksichtigt sogar Verhaltensformen, die von fehlendem Anstand über Arglist bis hin zu illegitimen und illegalen Methoden gehen – das Verhalten dominieren können. Diese Verhaltensformen müssen nicht zwangsweise eintreten, sind aber auf jeden Fall als Bestandteil der Analyse des Transaktionskostenansatzes einzubeziehen[830].

Eine besondere Aufmerksamkeit in der Transaktionskostenökonomik gilt den sogenannten *spezifischen Investitionen*. Die Spezifität ist dadurch begründet, dass das durch Investitionen gebundene Kapital nur erwirtschaftet werden kann, wenn die geplanten Transaktionen – für deren Ausführung die Investitionen getätigt wurden – auch durchgeführt werden. Man spricht in diesem Zusammenhang auch von der Quasirente des spezifischen Kapitals. In diesem Betrag drückt sich die Abhängigkeit vom Wohlverhalten des Partners aus. Wegen der Möglichkeit des opportunistischen Verhaltens und der begrenzten Rationalität ist dieses Risiko latent vorhanden und sollte durch geeignete institutionelle Maßnahmen minimiert werden[831]. Dazu zählen z. B. langfristige Verträge, Schlichtungsvereinbarungen oder glaubhafte Zusicherungen. Bleibt das Risiko trotzdem noch sehr hoch, dann kann die vertikale Eingliederung der Transaktionen in die eigene Unternehmenshierarchie Abhilfe schaffen. Man spricht in diesem Zusammenhang auch von der vertikalen Integration. Eine weitere Steigerung der Absicherung ergibt sich durch die Vereinigung marktlicher und hierarchischer Koordinationsformen. Gemeint sind *hybride Organisationsformen*, bei denen man versucht, eine institutionelle Absicherung bei einem hohen Ausmaß der Unsicherheit vorzunehmen, indem die restlichen Faktoren selbständig bei den Partnern verbleiben. Hierdurch bleiben diese dann den marktlichen Mechanismen unterworfen[832].

---

[829] Vgl. *Bonus/Maselli* 2000, S. 3075.

[830] Vgl. *Bonus/Maselli* 2000, S. 3075 f.

[831] Vgl. *Bonus/Maselli* 2000, S. 3076.

[832] Vgl. *Bonus/Maselli* 2000, S. 3076.

9.3.3.3 Adaption aus der Prinzipal-Agent-Theorie und der Transaktionskosten-ökonomik an die Kooperationsperspektive

Die Erkenntnisse der Prinzipal-Agent-Theorie und der Transaktionskostenökonomik lassen sich im Sinne des Controllings bei Risiken aus opportunistischem Verhalten durchaus anwenden und in das Balanced Scorecard-Konzept transferieren. Verkürzt ausgedrückt, geht es um die Vermeidung des Machtmissbrauchs zur Durchsetzung eigener Interessen, asymmetrischer Informationsverteilung und dergleichen. Die Dimension des damit in Verbindung stehenden Bedrohungspotentials wird durch die Definition des Machtbegriffs von *Max Weber* besonders deutlich:

„Macht bedeutet jede Chance, innerhalb einer sozialen Beziehung den eigenen Willen auch gegen Widerstreben durchzusetzen, gleichviel worauf diese Chance beruht"[833].

In der Betriebswirtschaftslehre ist dieses Themenumfeld noch weitgehend unerforscht. Empirische Untersuchungen existieren nur in geringer Zahl und sind auch vorwiegend dem Marketingbereich zuzuordnen[834]. Auch muss festgestellt werden, dass die stattgefundenen Analysen schwerpunktmäßig die Machtverteilung in Unternehmungen zum Inhalt haben und weniger überbetriebliche Kooperationen bzw. Unternehmensnetzwerke berücksichtigen.

Erste Ansätze zur Übertragung der Gedanken auf eine organisationsübergreifende Zusammenarbeit können die oben geschilderten Theorien vermitteln. Der Prinzipal-Agent-Ansatz betont das Phänomen der Informationsasymmetrie in den erläuterten Ausprägungen ‚hidden action', ‚hidden information', und ‚hidden characteristics'. Bleiben in der überbetrieblichen Zusammenarbeit Informationen dem Prinzipal bis zum Auftragende unbekannt, dann ist für ihn zumindest von Bedeutung, ob die wirtschaftlichen Parameter, die zum Vertragsschluss geführt haben, eingehalten sind. An dieser Stelle ist dann zwar keine Aussage darüber zu treffen, ob die verrichteten Transaktionen in der Summe zu einem größeren Erfolg hätten führen können, jedoch sind die Erwartungen der Partner an die Kooperation in diesem konkreten Fall erfüllt worden. Eine Kennzahl, die diesen Umstand berücksichtigt, könnte, auf einen Kooperationsauftrag bezogen, lauten:

$$Ergebniseffizienz = \frac{erzieltes\ Nettoergebnis}{geplantes\ Nettoergebnis}$$

In diesem Wert drückt sich die Güte der Planerreichung für einen Auftrag aus. Die kumulierte Betrachtung über alle kooperativ abgewickelten Aufträge ist ein Maßstab für die Verlässlichkeit und für die Güte der Kooperation. Durch den Einbezug des Nettoergebnisses ist sichergestellt, dass alle kostenrelevanten Faktoren Berücksichtigung finden.

---

[833] Vgl. *Weber* 1980, S. 28.

[834] Vgl. *Homburg/Krohmer/Workmann* 2000, S. 78.

Der oben dargestellte Fall beinhaltet, dass möglicherweise Informationen verfügbar gewesen wären, diese aber dem Prinzipal bis zum Ende des Auftrags nicht bekannt werden. Grundsätzlich ist hier anzumerken, dass in einer Netzwerkbeziehung die Rolle von Prinzipal und Agent von Auftrag zu Auftrag unter den Partnern rollieren kann. Gelangt der Prinzipal jedoch über das Vorhandensein möglicherweise relevanter Informationen, die dem Agenten vorliegen, vor oder während des Auftrags in Kenntnis, dann ist von Interesse, mit welchem Aufwand durch zusätzliche Transaktionen, die Informationsbeschaffung bzw. die Kompensation von eingetreten Störungen einher geht. Hilfe leistet hier die Prozesskostenrechnung, mit deren Hilfe eine monetäre Bewertung von Transaktionen möglich ist[835]. Verdichtet man diese Aussagen in Form einer Kennzahl, so lautet ein Vorschlag:

$$Verluste \; durch \; Informationsasymmetrie = \sum \frac{Prozesskosten, \, verursacht \; durch}{den \; Kooperationspartner}$$

Die Frage, was nun durch den Partner – z. B. durch verfügbare aber nicht weitergegebene Informationen – verursacht ist, wird sicherlich kontrovers diskutiert werden. So baut diese Kennzahl auf einer kritisch offenen und auf Verbesserung abzielenden Kommunikationskultur auf, wenn sie zur Steuerung der Kooperation und nicht nur zur Dokumentation auf einer Partnerseite Verwendung finden soll.

Gelingt die Einführung der Kennzahl ‚Verluste durch Informationsasymmetrie' innerhalb der Kooperation, dann lässt diese Kennzahl sich zusätzlich zur Anreizgestaltung zwischen den Kooperationspartnern einsetzen. Dieses kann beispielsweise geschehen, indem die Partner vereinbaren, einen Anteil des erzielten Gewinns – sieht man die Gefahr der Manipulation im Gewinnausweis, kann auch der durch das Netzwerk generierte Umsatz der Partner als Bezugsgröße fungieren – der kooperativ abgewickelten Aufträge zunächst einmal in einen *Fond* einzuzahlen und nicht zur Ausschüttung zu beanspruchen. Der Fond erfährt während des Geschäftsjahres eine Verzinsung[836]. Die eingezahlten Anteile und die Zinsen werden erst zum Ende einer festgelegten Periode ausgeschüttet, allerdings auch nur im Verhältnis der Relation aus den gegenseitig entstanden Kosten der Informationsasymmetrie.

Ein Beispiel verdeutlicht die Vorgehensweise: Verursacht der Kooperationspartner A beim Kooperationspartner B zusätzliche und nicht geplante Kosten in Höhe von 15.000 Euro und umgekehrt einen Betrag von 20.000 Euro, und der Gewinn aus Aufträgen, die kooperativ bearbeitet wurden, beträgt bei A 180.000 Euro und bei B 400.000 Euro bei einer Ansparquote des Fonds von 10 %, dann lautet ein Vorschlag für das Rechenschema folgendermaßen (Tab. 16):

---

[835] Zur Prozesskostenrechnung vgl. ausführlich u. a. *Coenenberg* 1997, S. 220 ff und *Schweizer/Küpper* 1995, S. 321 ff.

[836] Sofern das Unternehmen die Liquidität selber benötigt, durch das Unternehmen selber oder durch externe Anlageformen, wie z. B. Termingeld.

		Partner A	Partner B
A	Durch den Partner verursachte Verluste	20.000 €	15.000 €
B	Kooperationsgewinn	180.000 €	400.000 €
C = b * 10 %	Fondanteil 10 %	18.000 €	40.000 €
D	Zinsgewinn des Fonds (geschätzt)	500 €	1.100 €
E = c + d	Fond am Periodenende	18.500 €	41.100 €
f(A) = a(B)/a(A) bzw. f(B) = a(A)/a(B)	Relation der Verluste	< 1	1,33
g(A) = f(A) * e(A) bzw. g(B) = 1 * e(B)	Ausschüttung des Fondanteils	18.500 €	30.825 €
H = e − g	Rückbehalt im Fond	0 €	10.275 €
I = Summe Zeile h	Summe Fond nach Ausschüttung	10.275 €	

Tabelle 16: Anreizmodell zur Kooperationsperspektive[837]

Zu obenstehendem Modell ist anzumerken, dass der Fond immer dann aus der Sicht eines Partners zur Ausschüttung gelangt, wenn die eigene Relation der Verluste kleiner als 1 ist. Kritisch kann zu diesem Modell angemerkt werden, dass keine Gewichtung über die Anzahl der insgesamt stattfindenden Transaktionen auf einer Partnerseite erfolgt. Wäre diese im dargestellten Beispiel bei Unternehmen A deutlich höher als bei B, dann käme das Rechenschema zu einer falschen Sanktionierung. In diesem Fall wäre ein Gewichtungsfaktor, der die Schiefverteilung der Transaktionen mit berücksichtigt, in das Modell zu integrieren.

Der verbleibende Anteil des Fonds nach Ausschüttung sollte der Kooperation bzw. dem Netzwerk zur Verfügung stehen. Hier sind Maßnahmen zu vereinbaren, die als Investition in die Kooperation gesehen werden können. Gemeint sind z. B. Schulungsmaßnahmen für die Mitarbeiter oder auch Investitionen in die Kommunikationsinfrastruktur (Aufbau einer gemeinsam zu nutzenden Datenbank, Einrichten eines Intranet etc.).

Der Begriff der spezifischen Investitionen erweist sich im Weiteren als zielführend für die Ausgestaltung der Kooperationsperspektive. Wie dargestellt, geht von der Abhängigkeit des Kapitalrückflusses vom Kooperationspartner ein Gefährdungspotential aus. Dieses lässt sich als Risikokennzahl in die Kooperationsperspektive einpflegen. Das gebundene Kapital verringert sich, wenn man unterstellt, dass der aus der Kooperationsbeziehung generierte Cash Flow, der verkürzt dargestellt aus dem erzielten Gewinn und den Abschreibungen besteht, ausschließlich als Rückführung des Investment betrachtet wird. Periodengenau kann mit Hilfe der Cash Flow-Betrachtung ermittelt werden, inwieweit die Kapitalbindung, ausgedrückt durch An-

---

[837] Eigene Darstellung.

schaffungs- (AK) oder Herstellungskosten (HK), und damit auch das Risiko minimiert werden kann. Der Vorschlag für eine geeignete Kennzahl lautet:

$$Absolutes\ Risiko\ aus\ spezifischem\ Investment = AK\ oder\ HK - \sum Cash\ Flows$$
$$vergangener\ Perioden, in\ denen\ das\ Investment\ bereits\ genutzt\ wurde$$

9.3.3.4 Weitere Gestaltungsoptionen für die Kooperationsperspektive

Bereits seit dem Jahr 1993 – durch Verabschieden der Technischen Anleitung Siedlungsabfall (TASI) – ist bekannt, dass ab dem Stichtag 01. Juni 2005 keine unbehandelten Abfälle in der Bundesrepublik Deutschland mehr deponiert werden dürfen. Trotz des langen Vorlaufs hat die Abfallwirtschaft die Zeit nicht genutzt, in ausreichendem Maße Verbrennungs- oder Behandlungskapazitäten zu schaffen, damit das anfallende Müllaufkommen einer geordneten Entsorgung zugeführt werden kann. Bereits heute ist auf Grund der langen Dauer solcher Investitionsprojekte (Planung, Genehmigung, Finanzierung und Bau) unumstößlich klar, dass ab diesem Datum von Entsorgungssicherheit im Sinne der Gesetzgebung nicht mehr die Rede sein kann[838].

Die nachfolgende Tabelle 17 gibt eine Prognose des Abfallaufkommens des Jahres 2005 und der bis dahin vorhandenen Behandlungskapazitäten wieder.

Bis zur Jahresmitte fehlt es nach dieser Prognose bundesweit an ca. 5 Millionen Tonnen Behandlungskapazität[839]. Auch wenn in der Abfallwirtschaft die Hoffnung keimt, dass die Gesetzgebung in Form eines zeitlichen Aufschubes oder diverser zusätzlicher Übergangsregelungen dieses Gesetz noch einmal aufweicht, dann ist zumindest auf Grund der Erfahrungen auf Landes-, Bundes- und auch EU-Ebene die Wahrscheinlichkeit dafür als gering einzustufen. Um diesen Kapazitätsengpass auszugleichen, wären Investitionen in Höhe von 2,5 bis 3 Milliarden Euro notwendig[840]. Gleichzeitig weisen die Statistiken über das Abfallaufkommen rückläufige Mengen für die nächsten Jahre aus, so dass der Return on Investment mit Unsicherheiten behaftet ist.

---

[838] Vgl. *Simon* 2003, S. 27.

[839] Es existieren darüber hinaus andere Prognosen, die von einer deutlich höheren fehlenden Kapazität von insgesamt bis zu 18 Millionen Tonnen ausgehen. Das entspräche in etwa einem Investitionsbedarf von 60 Müllverbrennungsanlagen oder 300 Anlagen zur mechanisch-biologischen Restabfallbehandlung durchschnittlicher Größe. Vgl. dazu ausführlich *Bilitewski* 2000, S. 17 ff.

[840] Vgl. URL:http://www.prognos.de/cgi-bind/cms/start/news/D/show/press/1049877997 vom 17.09.2003.

	Prognose Restabfall-aufkommen 2005	Voraus-sichtliche MVA-Kapazität	Voraus-sichtliche MBA-Kapazität	Defizit(-)/ Über-schuss(+) an Vorbe-handlungs-kapazitäten	Defizit bezogen auf Progno-se Restab-fall-auf-kommen 2005
	t	t/a	t/a	t	%
Baden-Württemberg	1.891.000	1.405.000	250.000	-236.000	12
Bayern	2.553.000	3.094.000	140.000	681.000	-
Berlin	1.227.000	520.000	0	-707.000	58
Brandenburg	1.026.000	0	155.000	-871.000	85
Bremen	285.000	690.000	0	405.000	-
Hamburg	731.000	820.000	0	89.000	-
Hessen	1.766.000	995.000	160.000	-611.000	35
Mecklenburg-Vorpommern	660.000	215.000	50.000	-395.000	60
Niedersachsen	2.253.000	730.000	800.000	-723.000	32
Nordrhein-Westfalen	5.894.000	5.270.000	440.000	-184.000	3
Rheinland-Pfalz	941.000	495.000	260.000	-186.000	20
Saarland	338.000	330.000	0	-8.000	2
Sachsen	1.468.000	365.000	100.000	-1.003.000	68
Sachsen-Anhalt	1.076.000	600.000	0	-476.000	44
Schleswig-Holstein	849.000	666.000	100.000	-83.000	-
Thüringen	868.000	120.000	115.000	-633.000	73
Gesamt	23.826.000	16.315.000	2.570.000	-4.941.000	21

Tabelle 17: Prognose des Restabfallaufkommens und der Vorbehandlungskapazitäten in 2005[841]

Zur Verdeutlichung der vorhandenen Kapazitäten mögen nachfolgenden Grafiken und Tabellen dienen (Abb. 83 und 84, Tab. 18 und 19):

---

[841] Korrigiert übernommen von *Kutzschbauch/Donner* 2003, S. 415.

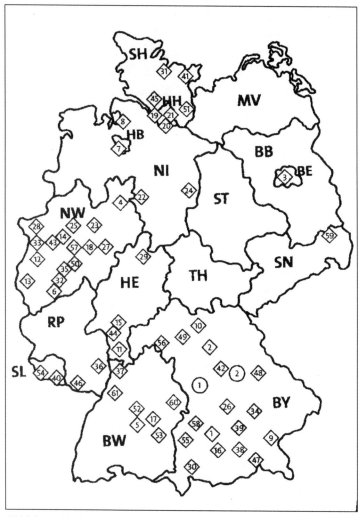

Abbildung 83: Standorte der thermischen Behandlungsanlagen für Rest-Siedlungsabfälle in Deutschland [842]

---

[842] Vgl. *Umweltbundesamt* 2000, S. 78 (Stand der Grafik: Oktober 1999)

Nr. in Grafik	Anlagenart und Standort
1	Abfallverwertungsanlage Augsburg (*Anlage im Bau*)
2	Müllheizkraftwerk Bamberg (*Anlage im Bau*)
3	Abfallbeseitigungswerk Nord (Berlin-Ruhleben)
4	Müllverbrennungsanlage Bielefeld-Herford
5	Restmüllheizkraftwerk Böblingen
6	Müllverwertungsanlage Bonn
7	Müllverbrennungsanlage Bremen
8	Müllheizkraftwerk Bremerhaven
9	Müllheizkraftwerk Burgkirchen
10	Müllheizkraftwerk Coburg
11	Müllheizkraftwerk Darmstadt
12	Müllverbrennungsanlage Düsseldorf
13	Müllverbrennungsanlage Weisweiler (Eschweiler)
14	Müllheizkraftwerk Karnap (Essen)
15	Abfallverbrennungsanlage Nordweststadt (Frankfurt am Main)
16	Müllheizkraftwerk Geiselbullach
17	Müllheizkraftwerk Göppingen
18	Müllverbrennungsanlage Hagen
19	Müllverwertungsanlage Borsigstraße (Hamburg)
20	Müllverwertung Rügenberger Damm (Hamburg)
21	Müllverbrennungsanlage Stellinger Moor (Hamburg)
22	Müllverbrennungsanlage Hameln
23	Müllverbrennungsanlage Hamm
24	Abfallverbrennungsanlage beim Kraftwerk Buschhaus (Helmstedt)
25	Rückstoffrückgewinnungszentrum Ruhr (Herten)
26	Müllverwertungsanlage Ingolstadt
27	Müllheizkraftwerk Iserlohn
28	Abfallentsorgungszentrum Kreis Wesel (Kamp-Lintfort)

29	Müllheizkraftwerk Kassel
30	Müllheizkraftwerk Kempten
31	Müllheizkraftwerk Kiel
32	Restmüllverbrennungsanlage Köln
33	Müll- und Klärschlammverbrennungsanlage Krefeld
34	Müllverbrennungsanlage Landshut
35	Müllheizkraftwerk Leverkusen
36	Müllverbrennungsanlage Ludwigshafen
37	Müllheizkraftwerk Mannheim-Nord
38	Kraftwerk München-Nord
39	Müllverbrennungsanlage Neufahrn (Freising)
40	Abfallheizkraftwerk Neunkirchen
41	Müllverbrennungsanlage Neustadt
42	Müllverbrennungsanlage Nürnberg
43	Müllverbrennungsanlage Oberhausen
44	Müllheizkraftwerk Offenbach
45	Abfallwirtschaftszentrum Tornesch (Pinneberg)
46	Müllverbrennungsanlage Pirmasens
47	Müllheizkraftwerk Rosenheim
48	Müllkraftwerk Schwandorf
49	Gemeinschaftskraftwerk Schweinfurt
50	Müllverbrennungsanlage Solingen
51	Müllverbrennungsanlage Stapelfeld
52	Restmüllheizkraftwerk Stuttgart-Münster
53	Abfallverwertungsanlage Ulm-Donautal
54	Abfallverwertungsanlage Velsen
55	Müllkraftwerk Weißenhorn
56	Müllheizkraftwerk Würzburg
57	Müllverbrennungsanlage Wuppertal

58	Müllverschwelungsanlage Burgau (Pyrolyseanlage)
59	Sekundärrohstoff-Verwertungszentrum　Schwarze　Pumpe (Spreewitz) (Vergasungsanlage)
60	Pyrolyseanlage Aahlen (*Inbetriebnahmenphase*)
61	Thermoselectanlage Karlsruhe (*Inbetriebnahmephase*)

Tabelle 18: Anlagenarten und Standorte der thermischen Behandlungsanlagen in Deutschland[843]

Berücksichtigt man die zuvor getroffenen Aussagen, dann erweist sich der Weg in die kooperative Zusammenarbeit als mögliche erfolgreiche strategische Ausrichtung. Wie die Tabelle offen legt, existieren noch Anlagen, die zurzeit nicht ausgelastet sind und auch im Jahr 2005 durch das Abfallaufkommen des regionalen Umfelds nicht sein werden. Da Abfallunternehmen auf Grund der eher langfristigen Verträge eine relativ verlässliche Plangrundlage besitzen, kann für sie die Thematik der Kooperation in der strategischen Ausrichtung die Lösung bedeuten.

Folgende Kennzahlen können deshalb unterstützend im Balanced Scorecard-Konzept Verwendung finden:

$$Entsorgungssicherheit = \frac{eigene\ Mengen\ (vorhanden + geplant)}{verfügbare\ Kapazität\ (eigen + fremd)}$$

$$Anlagenauslastung = \frac{verfügbare\ Mengen\ (eigen + fremd)}{Anlagenkapazität\ (eigen)}$$

Die zuletzt genannte Kennzahl ist aus der Sicht eines Anlagenbetreibers aufgestellt.

---

[843] Vgl. *Umweltbundesamt* 2000 (Begleit-CD zu ‚Daten zur Umwelt: Der Zustand der Umwelt in Deutschland 2000.)

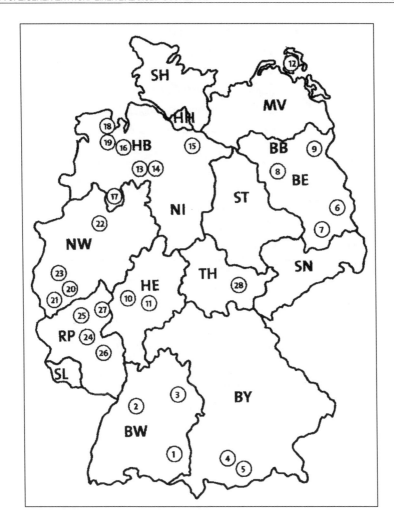

Abbildung 84: Standorte der mechanisch-biologischen Behandlungsanlagen (MBA) für Rest-Siedlungsabfälle in Deutschland[844]

---

[844] Vgl. *Umweltbundesamt* 2001, S. 80.

Nr. in Grafik	Anlagenart und Standort
1	MBA Biberach
2	MBA Walddorf
3	Deponie Hasenbühl (Schwäbisch-Hall)
4	EZ Erbenschwang (Schongau)
5	EZ Quarzbichl (Wolfratshausen)
6	Deponie Cottbus-Saspow (Cottbus)
7	MBA Lichterfeld
8	Deponie Nauen-Schwanebeck
9	Deponie Pinnow
10	Trockenstabilisatanlage Aßlar
11	MBA Eschell
12	Samtens (Rügen)
13	EZ Bassum (Diepholz)
14	Deponie Krähe (Nienburg)
15	ZD/MBA Lüneburg
16	Deponie Osternburg (Oldenburg)
17	ZD Piesberg (Osnabrück)
18	ZD/MBA Wiefels (Wittmund)
19	Deponie Wilhelmshaven Nord
20	Haus Forst (Kerpen)
21	MBRA Horm (Düren)
22	Stadt Münster
23	Neuss-Grefrath (Neuss)
24	MBRV Kirchberg

25	MBA Linkenbach
26	Deponie Meisenheim
27	MBS Rennerod
28	MBA Pößneck

Tabelle 19: Anlagenart und Standort der thermischen Behandlungsanlagen in Deutschland[845]

9.3.4 Gestaltungsoption 4: Nachhaltigkeitsperspektive

Der Vorschlag von *Figge/Hahn/Schaltegger/Wagner*, Strategieaspekte, die in Verbindung mit dem Themenfeld der Nachhaltigkeit stehen, in das Balanced Scorecard-Modell zu integrieren, ist optional aufgebaut und enthält drei Varianten[846]. Für die eigenen Betrachtungen soll die Variante 2 aufgegriffen werden, bei der eine zusätzliche Perspektive *‚Sustainability'* (Nachhaltigkeit) zu den Standardperspektiven der Balanced Scorecard geschaffen wird[847]. Zur Angabe von Gründen dafür können die Autoren zitiert werden, die zu dieser Variante anmerken, dass eine eigene Perspektive notwendig ist, wenn Umwelt- und Sozialaspekte nicht über das marktliche Umfeld wirken. Sie fügen im Weiteren hinzu, dass dieses Phänomen häufig in umweltsensiblen Branchen vorzufinden ist, die durch einen starken gesetzgeberischen Druck gekennzeichnet sind. Diese Beschreibung ist für die Abfallwirtschaft zutreffend[848].

Eine eigene Scorecard zum Thema der Nachhaltigkeit zu konzipieren (Variante 3 nach *Figge* et al.), wäre grundsätzlich auch möglich, soll jedoch an dieser Stelle nicht erfolgen. Es geht bei der im Rahmen dieser Arbeit konzipierten Lösung in erster Linie um die Integration ausgewählter Umweltaspekte in die gesamte Unternehmensstrategie und nicht um die Entwicklung einer eigenständigen Umweltstrategie. Im Weiteren soll festgelegt werden, den Begriff der Nachhaltigkeit im Folgenden nur im Sinne des Umweltgedankens zu verwenden und nicht hinsichtlich der ebenfalls damit in Verbindung stehenden sozialen Komponenten[849]. Im konkreten Fall kann letztere Sichtweise allerdings auch eine hohe Bedeutung für abfallwirtschaftliche Unternehmen haben.

Die Integration der Nachhaltigkeit in die strategische Ausrichtung ist die Anpassung der Unternehmung an die Fülle von Erlassen und Gesetzen durch Antizipation der legislativen Intention. Wenngleich Einzelregelungen nicht vorher bestimmbar sind, so

---

[845] Vgl. *Umweltbundesamt* 2000 (Begleit-CD zu ‚Daten zur Umwelt: Der Zustand der Umwelt in Deutschland 2000).

[846] Vgl. Kapitel 8.4.4.

[847] Vgl. Kapitel 8.4.4.2.

[848] Vgl. Kapitel 3.4.

[849] Vgl. Kapitel 8.4.4.4.

kann dennoch erreicht werden, dass die Philosophie, auf der die Gesetzgebung beruht, zu der Unternehmensphilosophie nicht im krassen Widerspruch steht.

Anhand eines Beispiels der Entsorgung soll nachfolgend ein Kennzahlentyp eingeführt werden, der im Zusammenhang mit in Gesetzen immer wieder auftauchenden Quoten, z. B. für Behandlung und Verwertung, von Bedeutung ist. Das gewählte Beispiel beschäftigt sich mit der Elektronik-Altgeräte-Entsorgung, ist aber in Analogie auch auf andere Abfallarten anwendbar.

Am 07. Juni 2001 haben sich die EU-Umweltminister auf zwei bedeutsame Gesetze geeinigt, die die Regelungen zum Elektronikschrott festschreiben. Es handelt sich um die ‚Richtlinie über Elektro- und Elektronikaltgeräte' und die ‚Richtlinie zur Beschränkung bestimmter gefährlicher Stoffe in elektrischen und elektronischen Geräten'[850]. Nach intensiven und sehr kontrovers geführten Verhandlungen, die ihren Ursprung bereits auf nationaler Ebene haben, sehen die verabschiedeten Gesetzesnormen die folgenden Regelungen vor, die auf Grund ihrer Bedeutung im vollständigen Wortlaut wiedergegeben werden:

- *„Die Richtlinie umfasst das gesamte Sortiment elektrischer und elektronischer Altgeräte. Unter anderem sind dies Computer, Telekommunikations- und Haushaltsgeräte, Unterhaltungselektronik, medizinische Geräte und Elektrowerkzeug.*

- *Innerhalb von 30 Monaten nach In-Kraft-Treten der Richtlinie müssen Sammelsysteme errichtet werden, die es Endverbrauchern und Händlern ermöglichen, Elektro- und Elektronikaltgeräte unentgeltlich zurückzugeben.*

- *Bei Lieferung eines neuen Produkts müssen Händler Elektroaltgeräte gleichen Typs und gleicher Funktion auf der Basis ‚eins zu eins' zurücknehmen. Die Händler können auch alternative Arrangements treffen.*

- *Innerhalb von fünf Jahren nach In-Kraft-Treten der Richtlinie können die Mitgliedstaaten alternative unentgeltliche Rücknahmesysteme einrichten oder deren Einrichtung ermöglichen. In beiden Fällen muss jedoch gewährleistet sein, dass die Rücknahme der Elektro- und Elektronikaltgeräte für den Endverbraucher nicht erschwert wird. Die Mitgliedstaaten können den Herstellern gestatten, individuelle und/oder kollektive Rücknahmesysteme zu errichten und zu betreiben.*

- *Bei Elektro- und Elektronikaltgeräten aus privaten Haushalten gilt: Die Mitgliedstaaten müssen dafür sorgen, dass im Durchschnitt pro Jahr und Bürger mindestens vier Kilogramm getrennt erfasst werden. Diese Mindestquote muss innerhalb von 36 Monaten nach In-Kraft-Treten der Richtlinie erreicht werden.*

- *Für Verwertung, Wiederverwendung und Recycling werden ebenfalls Quoten festgelegt. Im Sinne der Richtlinie bezeichnet Recycling eine stoffliche Verwertung durch Wiederaufbereitung für den ursprünglichen Zweck oder für andere Zwecke unter ausdrücklichem Ausschluss der energetischen Verwer-*

---

[850] Zum Wortlaut vgl. URL:http://www.europa.eu.int vom 16.04.2002.

tung. Die Quoten variieren nach den verschiedenen Kategorien der Elektro- und Elektronikaltgeräte:

- *Haushaltsgroßgeräte: die Verwertungsquote ist auf mindestens 80 Prozent des durchschnittlichen Gewichts je Gerät anzuheben, die Quote für Wiederverwendung und Recycling auf mindestens 75 Gewichtsprozent.*

- *IT- und Telekommunikationsgeräte, Unterhaltungselektronik: Die Verwertungsquote steigt auf mindestens 75 Gewichtsprozent, die Quote für Wiederverwendung und Recycling auf mindestens 65 Gewichtsprozent.*

- *Haushaltskleingeräte, Beleuchtungskörper, elektrische und elektronische Werkzeuge (mit Ausnahme ortsfester industrieller Großwerkzeuge), Spielzeug, Sport- und Freizeitgeräte, Überwachungs- und Kontrollinstrumente sowie automatische Ausgabegeräte: Die Verwertungsquote beträgt mindestens 70 Gewichtsprozent, die Quote für Wiederverwendung und Recycling mindestens 50 Gewichtsprozent.*

- *Medizinische Geräte (mit Ausnahme implantierter und infizierter Produkte): Die EU-Kommission unterbreitet innerhalb von fünf Jahren nach In-Kraft-Treten der Richtlinie Vorschläge.*

- *Diese Quoten müssen innerhalb von 46 Monaten nach In-Kraft-Treten der Richtlinie erfüllt werden.*

- *Für Griechenland und Irland werden die Fristen, innerhalb derer sowohl die Sammel- als auch die Verwertungs-, Wiederverwendungs- und Recyclingsysteme zu erreichen sind, um 2 Jahre verlängert. Der Grund: Der Mangel an einer flächendeckenden Recycling-Struktur, die geographische Lage dieser Länder (viele Inseln), die geringe Bevölkerungsdichte und der niedrige Verbrauch von elektrischen und elektronischen Geräten.*

- *Die Hersteller tragen die Kosten für das Sammeln, Behandeln, Verwerten sowie für die umweltverträgliche Beseitigung der Elektro- und Elektronikaltgeräte. Die Finanzierung erfolgt durch kollektive und/oder individuelle Systeme.*

- *Bei Geräten, die bereits vor In-Kraft-Treten der Richtlinie in den Markt gelangten, erfolgt die Finanzierung durch eines oder mehrere Systeme, zu denen alle Hersteller, die zum Zeitpunkt des Anfalls der jeweiligen Kosten auf dem Markt sind, anteilmäßig beitragen.*

- *Die Finanzierungssysteme müssen innerhalb von 30 Monaten nach In-Kraft-Treten der Richtlinie aufgebaut werden. Eine Ausnahme für die Finanzierungsanforderungen gilt für eine Übergangszeit von fünf Jahren nach In-Kraft-Treten der Richtlinie für kleine, unabhängige Hersteller, die mit weniger als 10 Angestellten unter einem eigenen Markennamen elektrische und elektronische Geräte produzieren"[851].*

---

[851] Vgl. Der Grüne Punkt – Duales System Deutschland Aktiengesellschaft 2002, S. 21 ff.

Die zweite genannte Richtlinie bezieht sich auf *Konstruktionsmerkmale* von Elektro- und Elektronikgeräten. Darin ist festgelegt, dass Geräte, die ab dem 01. Januar 2007 auf den Markt kommen, in den verarbeiteten Materialen kein Blei, Quecksilber, Cadmium, sechswertiges Chrom, polybromierte Biphenyle (PBB) und polybromierte Diphenylether (PBDE) mehr enthalten dürfen[852].

Auch hier muss festgehalten werden, dass der letzte Stand des Gesetzes ganz gewiss noch nicht erreicht ist. Die Forderungen nach Anhebung der genannten Quoten werden laufend auf nationaler sowie europäischer Ebene diskutiert und sich vermutlich noch weiter verschärfen.

Beide Gesetze treffen zunächst einmal nach dem *Verursachungsprinzip* die Hersteller von Elektrogeräten. Allein in der Bundesrepublik Deutschland sind aktuell ca. 900 Millionen elektrische und elektronische Geräte, davon alleine 40 Millionen Farbfernseher, im Umlauf[853].

Über die Summe der unterschiedlichen Gerätegruppen fallen dabei jährlich ca. 2,1 Millionen Tonnen Elektronikschrott an, die sich folgendermaßen aufteilen (Tab. 20):

	1992	1998	2000
Konsumgeräte, davon	628	1.267	1.480
- Hausgeräte und elektronisches Werkzeug	389	823	968
- Unterhaltungselektronik	239	444	512
Informations- und Kommunikationstechnik, davon	258	260	261
- Büromaschinen	72	66	64
- Informationstechnik	71	103	114
- Kommunikationstechnik	115	91	83
Industrieelektronik	266	305	318
Medizintechnik	12	15	16
Labortechnik	24	24	24
Summe	1.188	1.871	2.099

Tabelle 20: Aufkommen von Elektroaltgeräten in 1.000 Tonnen[854]

---

[852] Vgl. *Der Grüne Punkt – Duales System Deutschland Aktiengesellschaft* 2002, S. 23.

[853] Vgl. *Der Grüne Punkt – Duales System Deutschland Aktiengesellschaft* 2002, S. 23.

[854] Vgl. *Umweltbundesamt* 2000, S. 69.

Es ist davon auszugehen, dass die Menge in der Bundesrepublik Deutschland in den nächsten 10 Jahren um weitere 5 bis 10 Prozent anwachsen wird. Analysiert man die Zahlen des Jahres 2000, dann ist festzustellen, dass zwei Drittel aus Privathaushalten und ein Drittel aus dem gewerblichen Sektor stammen[855].

Bundesweit sind ca. 500 Unternehmen mit der Aufarbeitung von Elektro- und Elektronikschrott beauftragt[856]. Die stattfindende Verwertung vollzieht sich in drei Schritten. Zunächst erfolgt die manuelle Zerlegung, bei der neben Schadstoffen auch die großen Transformatoren, Lüfter, Eisenrahmen und dergleichen zerlegt werden. Danach schließt sich die Schadstoffentfrachtung an, bei der Nasskondensatoren, Nickel-Cadmium-Akkus, Lithiumbatterien, Quecksilber-Schalter und Flüssigkristallanzeigen demontiert und einer besonderen Entsorgung zugeführt werden. Der dritte Schritt ist die Kaltvermahlung und Separierung. Dabei wird das elektronische Innenleben in einem Shredder- und Mahlprozess auf sandkorngroße Produkte zerkleinert und anschließend über unterschiedliche Trennverfahren (Magnete, Hochleistungssichter, Siebe etc.) in die Fraktionen Metall und Kunststoff getrennt[857].

Für Unternehmen der Recyclingwirtschaft ist es von Bedeutung, die gesetzlich bestehenden und zukünftig zu erwartenden Quoten zu erreichen. Insbesondere sich verschärfende Quoten fordern einen nicht unwesentlichen Anpassungsaufwand bei diesen Unternehmen. Kompromisse sind allenfalls in Übergangsfristen tolerierbar, erfahren danach allerdings Sanktionierungen. Aus diesem Grund sollten die Ist-Werte der erzielten Quoten periodengenau ermittelt werden, damit Gesetzeskonformität nachgewiesen und – vor Inkrafttreten neuerer und strengerer Quoten – ein möglicher Investitionsbedarf in Abläufe, Prozesse und Anlagentechnologie etc. aufgezeigt wird.

Ein Vorschlag einer aussagefähigen Kennzahl lautet somit:

$$Ist-Verwertungsquote\ Fraktion\ x = \frac{Verwertete\ Menge\ Fraktion\ x}{Erfasste\ Ist-Menge\ Fraktion\ x}$$

Ein Indikator für bereits notwendige oder zukünftig werdende Investitionen ist die folgende Kennzahl:

$$Investitionsindikator = \frac{Soll-Verwertungsquote\ Fraktion\ x}{Ist-Verwertungsquote\ Fraktion\ x}$$

Sobald ein Wert nahe 1 ausgewiesen wird, zeigt das, dass das Unternehmen hinsichtlich der Verwertungsqualität am gesetzlichen Grenzwert angekommen ist. Liegt

---

[855] Vgl. *Der Grüne Punkt – Duales System Deutschland Aktiengesellschaft* 2002, S. 23.

[856] Vgl. URL:http//:www.umweltbundesamt.de./uba-info-daten/daten/elektronikschrott.htm vom 20.02. 1999.

[857] Vgl. *Der Grüne Punkt – Duales System Deutschland Aktiengesellschaft* 2002, S. 24.

der Wert bereits dauerhaft über 1, kann der Nachhaltigkeitsverpflichtung bereits nicht mehr nachgekommen werden.

Das dargestellte Beispiel ist vor dem Hintergrund der jeweils gültigen Rechtsnormen auf andere Abfallarten analog zu übertragen.

9.3.5 Gestaltungsoption 5: Controlling-Prozess

Die letzte Gestaltungsoption hat den durch das Balanced Scorecard-Konzept implementierten Kommunikationsprozess unmittelbar zum Gegenstand, der unverzichtbarer Bestandteil für den Erfolg dieses Management-Konzepts ist[858]. Korrekterweise ist anzumerken, dass es sich bei dieser Betrachtung nicht um eine originär mit der Abfallwirtschaft in Verbindung stehende Aufgabenstellung handelt, sondern eher um eine aus mittelständischer Sicht formulierte Option. Damit ist der Brückenschlag zur Abfallwirtschaft, aber auch zu anderen überwiegend mittelständisch orientierten Branchen hergestellt.

In den Ausführungen zur Unternehmensanalyse[859] konnte herausgestellt werden, dass oftmals in mittelständischen Unternehmen Strukturen anzutreffen sind, die sich konfliktär zu den notwendigen Prämissen des Balanced Scorecard-Konzepts verhalten. Die Analyse nennt insbesondere

- die zentrale Machtposition des Unternehmers,
- einen weniger partizipativen Führungsstil,
- den verhaltenen Umgang mit neuen betriebswirtschaftlichen Instrumenten,
- die tendenziell überwiegende Vergangenheits- statt Zukunftsorientierung,
- das Bevorzugen von Hard Facts gegenüber Soft Facts und
- eine unzureichende Controlling-Kultur an sich.

Jeder genannte Punkt muss als Konfliktpotential des Balanced Scorecard-Ansatzes gesehen werden, da er in der Lage ist, den Kommunikationsprozess zum Stillstand zu bringen, was der Philosophie ihre Lebensgrundlage entzieht. Zurück bliebe lediglich ein Kennzahlensystem, aber keinesfalls ein Management-Tool, das eine Lernende Organisation begründet. Aus der Sichtweise heraus erfolgt an dieser Stelle die Empfehlung, die mit der Einführung des Balanced Scorecard-Konzepts geforderte Offenheit und Kommunikationsbereitschaft zu einem Fokus des Controllings zu erheben. Zweckmäßig wäre es, diese Betrachtung in der Perspektive ,Interne Prozes-

---

[858] Vgl. dazu auch *Morganski* 2001, S. 230 ff.

[859] Vgl. Kapitel 5.2.

se' durchzuführen. Die Balanced Scorecard in dieser Ausgestaltung ist damit in der Lage, eine Form des *Selbst-Controllings'* bezüglich des fortlaufenden strategischen Prozesses auszuführen.

Kommunikation messbar zu machen, ist in der Wissenschaft ein Forschungsfeld, dass noch relativ am Anfang steht. Bislang unbeantwortet, da kein geeignetes Instrumentarium zu Verfügung steht, ist die Frage nach den Aufwendungen, die Kommunikation verursacht. Weder aus der Betriebswirtschaftslehre noch aus den Kommunikationswissenschaften sind bisher geeignete Forschungen oder gar Lösungen veröffentlicht worden[860]. Dabei ist evident, dass Kommunikation Werte schafft, die z. B. beim Kauf oder Verkauf eines Unternehmens im Rahmen der üblicherweise stattfindenden *Due Diligence* als immaterieller Vermögenswert zum Ansatz gelangen können[861], während das HGB den Ansatz dieser Werte im Rahmen der Bilanzierung untersagt[862]. Kommunikation leistet einen strategischen Beitrag auf der finanziellen Ebene der Unternehmung, was sich in Größen wie z. B. dem Return on Investment oder auch dem Economic Value Added ausdrückt. Problematisch ist jedoch die Tatsache, dass in diese Größen eine Anzahl von Parametern eingeht (z. B. Reputation der Unternehmung, Qualifikation der Mitarbeiter, Qualität der Kundenbeziehung, Kundenbindung etc.) und dadurch die Separierung eines einzelnen Ergebnisbeitrages nicht möglich ist.

Eine erste Orientierung, Kommunikation trotz aller Schwierigkeiten messbar zu machen, kann in der Betrachtung der Wirk- und Wertebenen bestehen. *Pfannenberg* unterscheidet drei solcher Ebenen, die folgenden Inhalt haben:

- Output-Ebene:
  Misst die operativen Aktivitäten im Verhältnis zu den anfallenden Kosten (z. B. Versand von Medien der Anzahl x in Periode y).

- Outcome-Ebene:
  Misst Meinungen, Einstellungen oder Verhalten der Beteiligten.

- Outflow-Ebene:
  Misst den strategischen Beitrag der Kommunikation auf der finanziellen Ebene (z. B. EVA)[863].

Die Outflow-Ebene ist instrumentell durch die wertorientierte Balanced Scorecard selbst abgedeckt, auch wenn die Separierbarkeit der Einzelergebniskomponenten nicht eindeutig möglich ist. Aus diesem Grund sollen sich die folgenden Betrachtungen auf die ersten beiden Ebenen fokussieren.

---

[860] Vgl. *Piwinger* 2003, ohne Seitenangabe.

[861] Vgl. *Pfannenberg* 2003, ohne Seitenangabe.

[862] Vgl. § 348 HGB: „Für immaterielle Vermögensgegenstände des Anlagevermögens, die nicht entgeltlich erworben wurden, darf ein Aktivposten nicht angesetzt werden."

[863] Vgl. *Pfannenberg* 2003, ohne Seitenangabe.

Im Rahmen des strategischen Prozesses, der Einführung und Kommunikation einer Strategie, dem systemimmanenten Prozess der Revision – ausgedrückt durch das single- und double-loop-learning – finden zahlreiche institutionalisierte Kommunikationsprozesse in Form von Sitzungen, Besprechungen etc. statt. Einen Weg, dieses messbar zu machen, ist die Einführung und Nutzung einer Intranet-Lösung der Organisation, in der neben dem Balanced Scorecard-Konzept beispielsweise folgende Kennzahlen der Kommunikation abgebildet werden können:

$$Anzahl\ Teilnehmer\ in\ Besprechungen = \sum aller\ Teilnehmer\ offizieller\ Besprechungen$$

$$Anzahl\ stattgefundener\ Besprechungen = \sum aller\ offizieller\ Besprechungen$$

$$Protokollquotient = \frac{\sum verfasster\ und\ verteilter\ \text{Pr}otokolle}{\sum aller\ offizieller\ Besprechungen}$$

$$Maßnahmenerfüllung = \frac{\sum umgesetzter\ Maßnahmen}{\sum beschlossener\ Maßnahmen}$$

Die Anzahl der stattgefundenen Besprechungen und der teilnehmenden Personen ist ein Indikator für die Vitalität und die Durchdringung der Organisation des Balanced Scorecard-Konzepts. Über die Güte ist damit aber noch keine Aussage getroffen. Die Güte einer Besprechung steigt mit der Dokumentation von Inhalten, beschlossenen Maßnahmen und Verantwortlichkeiten. Aus diesem Grund sind Protokollierungen ein unverzichtbarer Bestandteil effizienter Besprechungen[864]. Letztendlich gilt es zu bewerten, ob gemeinsam beschlossene Maßnahmen zu Handlungsanweisungen werden, oder ob sie als reine Absichtserklärungen verkümmern. Die zuletzt genannte Kennzahl gibt darüber Aufschluss.

Die Outcome-Ebene erfasst subjektive Bewertungen und individuelles Verhalten der in den Prozess involvierten Personen. Hier ist vorstellbar, dass die Mitarbeiter pro Periode einen standardisierten und vor allem kurzen Fragebogen über ihre Einstellung und ihre Bewertung der Güte und Qualität des Balanced Scorecard-Prozesses und somit auch der stattfindenden Kommunikation beantworten. Die Antworten sollten per Skala (z. B. von ‚Trifft vollständig zu' bis ‚Trifft gar nicht zu') vorgegeben werden, was zum einen die Beantwortung und zum anderen die Auswertung vereinfacht. Auf diesem Weg lässt sich der gesamte Fragebogen in einen ‚Vitalitätsindex' umrechnen und verdichten, der Rückschlüsse über die Akzeptanz des Ansatzes und die erreichte Prozesskontinuität erlaubt.

$$Vitalitätsindex = ermittelte\ Mitarbeiterzufriedenheit\ bezüglich\ Konzept\ und\ Umsetzung$$

---

[864] Vgl. *Wogersien* 2000, S. 418.

9.3.6 Das Gesamtkonzept

Fasst man die Ausführungen der vorherigen Kapitel zusammen, dann sind Gestaltungsoptionen zu den Perspektiven Finanzen, Lernen und Entwicklung, Nachhaltigkeit und Kooperation/Netzwerk angesprochen worden. Deutlich soll an dieser Stelle noch einmal wiederholt werden, dass es sich um Optionen handelt, die in der unternehmensindividuellen Ausgestaltung frei von jeglichem Dogmatismus sind.

Zu den Perspektiven Kunde sowie interne Geschäftsprozesse sind keine Optionen formuliert worden. In den beiden Perspektiven drücken sich die individuellsten Unternehmensparameter aus. Jedes Unternehmen hat eigene Märkte und Kunden mit Besonderheiten, die nicht den Status der Allgemeingültigkeit besitzen, mitunter sogar ein Unikat sind. Gleiches gilt für die internen Prozesse, bei denen die Forderung lautet, zukünftige Prozesse einzubeziehen, in denen Prozessexzellenz zur Erreichung der finanziellen Ziele angestrebt werden soll. Diese Betrachtung bezieht natürlich auch vorhandene Prozesse sowie deren Bewertung hinsichtlich Qualität, Effizienz und ihrer Eignung für das Erreichen zukünftiger Ziele mit ein[865]. Aus diesen genannten Gründen soll auf eine Sammlung von Kennzahlen, die möglicherweise in Frage kämen, verzichtet werden. Hinzu kommt ein methodischer Grund: Vorhandene Kennzahlenübersichten *verführen wie Warenauslagen im Kaufhaus*. Erst später wird die Fehlinvestition eingestanden. Das Balanced Scorecard-Konzept fordert aber sehr stringent im ersten Schritt die Festlegung von Vision und Strategie und im zweiten Schritt die im Dialog mit den Organisationsmitgliedern stattgefundene Auswahl geeigneter Kennzahlen zum Beschreiben der Strategie und für das Controlling der Zielerreichung. Aus genau diesem Grund ist es auch nicht sinnvoll, die anderen Perspektiven mit weiteren Kennzahlen zu versehen.

Die in den vorherigen Kapiteln hergeleiteten Gestaltungsoptionen sollen jedoch in den dazugehörigen Perspektiven weiter erläutert werden. Nach eigener Auffassung ist dieser Weg sinnvoll, da jede Erwähnung findende Kennzahl oder die Erweiterung der Perspektiven auf mögliche strategische Belange der Abfallwirtschaft ganz bewusst den *Trampelpfad* der in der Praxis vorzufindenden Balanced Scorecards-Lösungen verlässt und neue Aspekte vermittelt. Betrachtet man Praxis-Lösungen, dann ist des Öfteren die Ähnlichkeit der geschaffenen Scorecards durchaus bemerkenswert, lässt aber berechtigt Zweifel aufkommen, ob die strategischen Ausrichtungen von Unternehmen – sogar aus unterschiedlichen Branchen – auch wirklich übereinstimmend sind, oder ob bei unterschiedlichen Strategien dasselbe betriebswirtschaftliche Instrumentarium geeignet ist. Die beschriebenen alternativen Gestaltungsansätze des Kapitels 8.4 untermauern den Bedarf an neuen Gestaltungsformen.

Die nun folgenden Ausführungen haben hypothetischen Charakter. Betrachtet wird ein *imaginäres Unternehmen der Abfallwirtschaft*, das in seiner strategischen Ausrichtung die Thematik der Kooperation verankert hat und das sich mit der Forderung der Nachhaltigkeit – bezogen auf Umweltaspekte in der Branche – auseinandersetzt. Das Unternehmen verfolgt zudem eine langfristige wirtschaftliche Sicht, was sich im

---

[865] Zum Begriff der Prozessqualität vgl. u. a. *Wiesehahn* 2001, S. 62 und *Kromschröder* 1993, S. 9.

Begriff der Wertorientierung ausdrückt. Weitere Annahmen sollen nicht in das Modell eingehen.

Die gewählten Parameter führen zu folgender Modellbildung einer Balanced Scorecard (Abb. 85):

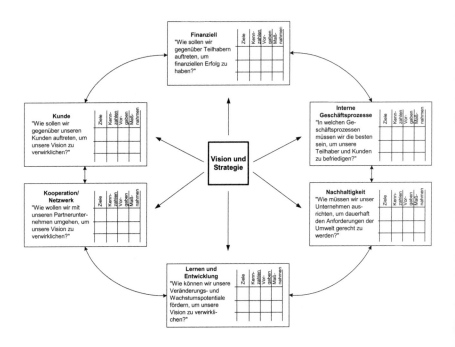

Abbildung 85: Eigenes Konzept der Sustainability Network Balanced Scorecard

Die Erweiterung zur Wertorientierung – und damit auch zur *Value Based Sustainability Network Balanced Scorecard* – erfolgt durch das Einführen einer wertorientierten Top-Kennzahl in der Finanzperspektive. Optional stehen die Kennzahlen Economic Value Added (EVA) oder Cash Value Added (CVA) zur Verfügung[866].

Kaplan/Norton empfehlen die Ausgestaltung einer Perspektive in vier Dimensionen durchzuführen. Diese beziehen sich auf die Merkmalsausprägungen Ziele, Kennzahlen, Vorgaben und Maßnahmen. Wendet man dieses Gestaltungsraster auf die Perspektiven an, zu denen Gestaltungsoptionen ausgesprochen wurden, dann ergibt sich das in den folgenden Kapiteln gezeichnete Bild.

---

[866] Vgl. Kapitel 9.2.1.5.

9.3.6.1 Auszug aus der Finanzperspektive

Ziele	Kennzahlen	Vorgaben	Maßnahmen
Das Unternehmen soll langfristig erfolgreich in der Branche der Abfallwirtschaft agieren und durch wirtschaftlichen Erfolg dafür Sorge tragen, dass das eingesetzte Kapital eine über dem Durchschnitt des Kapitalmarktes liegende Verzinsung erfährt.	• EVA oder • CVA	• Unternehmenswertzuwachs von x % p. a.	• Eingehen geeigneter Kooperationen um als Multi Utility-Dienstleister aufzutreten • Sicherstellen der Entsorgungssicherheit durch Investitionen in Verfahren, Prozesse, Qualifikationen und Anlagen • Gesetzeskonformes Verhalten • usw.
Risiken, die in der Entwicklung des Unternehmensumfeldes aber auch des Unternehmens selbst liegen, werden fortlaufend erfasst und notwendige Präventionen ergriffen.	• Risikokennzahl	• Da der Wert von nicht beeinflussbaren Faktoren abhängt, nicht planbar. Sinnvoll erscheint, einen kritischen Wert festzulegen, der einen Schwellenwert der existentiellen Bedrohung darstellt. Er liegt z. B. in der Höhe des geplanten Gewinns zzgl. Gewinnrücklagen vergangener Perioden.	• individuell je Einzelrisiko

Tabelle 21: Ausschnitt der Finanzperspektive

9.3.6.2 Auszug aus der Kooperationsperspektive

Ziele	Kennzahlen	Vorgaben	Maßnahmen
Durch langfristige Kooperationen wollen wir für unsere Abfallmengen geeignete Entsorgungs- bzw. Behandlungskapazitäten zur Verfügung stellen. oder:	▪ Ergebniseffizienz	> 1	▪ Aufbau einer Kooperationsinfrastruktur ▪ Kostenoptimierung durch Nutzung von Synergien
Durch langfristige Kooperationen wollen wir unsere vorhandenen Entsorgungs- bzw. Behandlungskapazitäten langfristig auslasten.	▪ Verluste durch Informationsasymmetrie	< x % vom Kooperationsergebnis	▪ Periodische gemeinsame Bewertung der Kooperationsqualität ▪ Nutzung gemeinsamer Datenquellen (Intranet, Datenbanken etc.)
	▪ Absolutes Risiko aus spezifischem Investment	< geplanter Jahresüberschuss	▪ Schließen von Kooperationsverträgen über die Dauer der Abschreibung ▪ Alternative Kooperationspartner ,pflegen'
	▪ Entsorgungssicherheit	1	▪ Mengen akquirieren ▪ Kapazitäten akquirieren ▪ In Kapazitätserweiterung investieren
	▪ Anlagenauslastung	1	▪ Mengen akquirieren ▪ Kapazitäten akquirieren ▪ In Kapazitätserweiterung investieren

Tabelle 22: Ausschnitt der Kooperationspektive

9.3.6.3 Auszug aus der Nachhaltigkeitsperspektive

Ziele	Kennzahlen	Vorgaben	Maßnahmen
Durch das Beherrschen geeigneter Verfahren wollen wir gesetzeskonform und ressourcenschonend abfallwirtschaftliche Aufgabenstellungen erfüllen.	• Ist-Verwertungsquote für Fraktion x	> x % (abhängig von Abfallart)	• Optimierung der Verfahren zur Erzielung einer höheren Ausbeute (Prozesse, Qualifikation, Anlagen)
	• Investitionsindikator	> 1	• Optimierung der Verfahren zur Erzielung einer höheren Ausbeute (Prozesse, Qualifikation, Anlagen)

Tabelle 23: Ausschnitt der Nachhaltigkeitsperspektive

9.3.6.4 Auszug aus der Prozessperspektive

Ziele	Kennzahlen	Vorgaben	Maßnahmen
Ein offener und konstruktiv kritischer Umgang miteinander soll charakteristisch für strategische Prozesse in unserer Organisation sein. Auf diesem Weg soll gleichzeitig sichergestellt sein, dass alle Mitarbeiter in diese Prozesse einbezogen werden.	• Anzahl stattgefundener Besprechungen	Anzahl x pro Periode	• Einführung fester Besprechungstermine • Anwesenheitspflicht
	• Anzahl Teilnehmer in Besprechungen	Mitarbeiteranteil von x % an den Leitungsebenen 1 bis y	• Einführung fester Besprechungstermine • Anwesenheitspflicht
	• Protokollquotient	1	• Festlegen eines formalen Protokollstandards
	• Maßnahmenerfüllung	1	• Verantwortung und Kompetenzen zuordnen

	▪ Vitalitätsindex	Eine Indexbewertung, die einen hohen bis sehr hohen Grad der Vitalität ausdrückt	▪ Einzelgespräche mit Mitarbeitern führen ▪ Über Umsetzungsstand informieren in Hauszeitschrift, Intranet etc. ▪ Multiplikatoren schaffen (z. B. Betriebsrat etc.) ▪ Verbindung mit Anreizsystem herstellen (z. B. über Zielvereinbarungen)

Tabelle 24: Ausschnitt der Prozessperspektive

9.3.6.5 Ursache-Wirkungsketten der ausgewählten Gestaltungsoptionen

Die von *Kaplan/Norton* dargestellte Hierarchisierung der Balanced Scorecard mit der Finanzperspektive als Ebene der höchsten Zielhierarchie[867] ist auch Bestandteil des vorgestellten eigenen Konzepts. Die Frage nach der eindeutigen hierarchischen Einordnung der neu hinzugekommenen Perspektiven *,Kooperation'* und *,Nachhaltigkeit'* lässt sich nur im Einzelfall am konkreten Unternehmen und unter Bewertung aller formulierten Zielsetzungen beantworten. Zum Aufzeigen der in den dargestellten Kennzahlenoptionen enthaltenen Ursache-Wirkungsketten soll an dieser Stelle die Annahme getroffen werden, dass die Lern- und Entwicklungsebene und die Nachhaltigkeit eine Basisebene im Modell bilden und die Kooperationsperspektive derselben Wirkebene wie die Kundenperspektive zuzuordnen ist. Stellt man die Wirkzusammenhänge in grafischer Form dar, dann ergibt sich das in Abbildung 86 dargestellte Schaubild.

Die in den Ebenen angeordneten Kennzahlen weisen im Regelfall nicht ein starres und damit lineares Wirkpotential auf, wie es sich vielleicht aus der Grafik interpretieren ließe. In Wirklichkeit ist ihr Potential mehrdimensional, wodurch die verschiedenen Perspektiven miteinander in Verbindung treten und miteinander ,kommunizieren' (Abb. 87).

---

[867] Vgl. *Kaplan/Norton* 1997, S. 29.

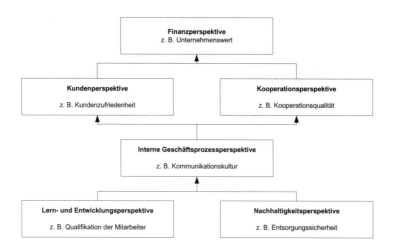

Abbildung 86: Ursache-Wirkungsketten in der Value Based Sustainability Network Balanced Scorecard[868]

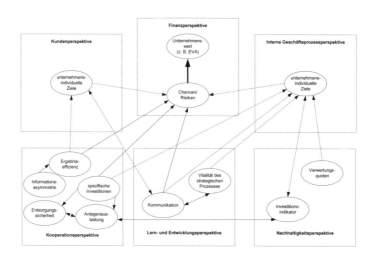

Abbildung 87: Wirkzusammenhänge der Gestaltungsoptionen[869]

---

[868] Erweiterte Darstellung in Anlehnung an *Norton/Kaplan* 1997, S. 29.

[869] Eigene Darstellung.

Die Darstellung kann nicht den Anspruch der Vollständigkeit erheben. Wie in den Ausführungen zur Systemtheorie dargestellt wurde[870], ist das Abbild der Wirklichkeit noch viel komplexer. Deutlich wird dennoch, dass die in allen Gestaltungsoptionen aufgezeigten Sachverhalte sowohl Chancen als auch Risiken bergen, die sich monetär ausgedrückt letztendlich im Wert der Unternehmung widerspiegeln.

---

[870] Vgl. Kapitel 8.2.7.

10 DV-Unterstützung der Balanced Scorecard

Die in den Unternehmen im Einsatz befindlichen betriebswirtschaftlich administrativen Software-Lösungen sind, wie in vielen Branchen, auch in der Abfallwirtschaft vielschichtig. Das Spektrum reicht von selbst erstellter Software bis hin zu hoch komplexen integrierten Standard-Programmen, wie z. B. das Programm ‚SAP R/3' und Kombinationen daraus. Aus diesem Grund soll an dieser Stelle auch nicht die Fokussierung auf eine Variante vorgenommen werden, sondern vielmehr die grundsätzlichen Möglichkeiten dargestellt werden, wie das Balanced Scorecard-Kennzahlenkonzept mittels Softwaretechnologie unterstützt werden kann[871].

Der Vollständigkeit halber soll an dieser Stelle erwähnt werden, dass es mittlerweile eine Anzahl von Software-Anbietern gibt, die Programme speziell für die Balanced-Scorecard vertreiben. Standardmäßig besitzen diese Programme Schnittstellen zu den gängigen operativen Systemen. Auf eine Darstellung dieser Balanced Scorecard-Programme soll verzichtet werden, stattdessen gilt das Augenmerk der grundsätzlichen Systematik und Funktionalität betriebswirtschaftlicher Reportingsysteme. Der Grund dafür liegt darin, dass die große Dynamik des Marktes für betriebswirtschaftliche DV-Applikationen dafür verantwortlich ist, dass Übersichten der zurzeit verfügbaren Systeme innerhalb nur weniger Wochen veraltet sind[872].

10.1 Abgrenzung von operativen Systemen und Reportgeneratoren

Die in den Unternehmen und Organisationen eingesetzten betriebswirtschaftlich administrativen Systeme – auch als *operative Systeme* bezeichnet – stellen Funktionen zur Verfügung, die die geschäftlichen Transaktionen unterstützen. Zu diesen Transaktionen gehören neben anderen z. B. das Anlegen von Aufträgen, die Kosten- und Leistungserfassung, Rechnungslegung, Lagerwirtschaft, Personalverwaltung, Lohn-, Finanz- und Anlagenbuchhaltung etc. Diese Systeme gehören im Allgemeinen betriebswirtschaftlichen beziehungsweise IT-Sprachgebrauch zu den sogenannten *Enterprise-Ressource-Planning-Systemen*[873]. Kennzeichen dieser Systeme ist, dass sie alle Funktionsbereiche der betriebswirtschaftlichen Wertschöpfungskette abdecken. Dieses geschieht, indem ihre Funktionen auf einzelnen Transaktionen – z. B. Aufträge, Buchungssätze etc. – beruhen, weswegen diese Systeme auch als *OnLine-Transaction-Systeme*[874] bezeichnet werden. Wegen ihrer Ausrichtung auf einzelne Transaktionen, sind sie für den Einsatz in komplexen betriebswirtschaftlichen Entscheidungen wenig geeignet. Deswegen gelangt eine zweite Software-Kategorie zum Einsatz, nämlich die der entscheidungsunterstützenden Systeme (*Decision-*

---

[871] Zur Konzeption von Führungsinformationssystemen siehe auch *Mayer* 1999, S. 61 ff und *Struckmeier* 1997, S. 21 ff.

[872] Vgl. *Horváth & Partner* 2001, S. 373.

[873] Nachfolgend ERP-Systeme genannt.

[874] Nachfolgend OLTP-Systeme genannt.

Support-Systeme[875]), deren Funktionalität und Datenmodell ausdrücklich für den Einsatz der Analyse größerer Datenmengen[876] konzipiert ist. Im Regelfall werden die zu analysierenden Daten aus den OLTP-Systemen entnommen. Über eine eigene betriebswirtschaftliche Funktionalität verfügen DS-Systeme selbst nicht[877].

10.2 Traditionelle Berichtsgeneratoren

Programme, die Abfragen und Auswertungen in Form von standardisierten Berichten zur Verfügung stellen, werden als *Business-Application-Programme* bezeichnet. Eine neuere Generation dieser Programme ermöglicht es dem Benutzer, durch Abfrage-werkzeuge und Editoren vordefinierte Berichte zu ergänzen und zu modifizieren oder sogenannte Ad-hoc-Abfragen durchzuführen. Dazu ist es notwendig, das Wissen über das zu Grunde liegende Datenmodell und die Programmsyntax der Software zu besitzen. Einschränkend muss an dieser Stelle jedoch angemerkt werden, dass trotz der genannten Eingriffsmöglichkeiten keine Berichtsvariantenvielfalt entsteht. Daraus ist ersichtlich, dass traditionelle Berichtsgeneratoren statisch sind und ihren Abfragen lediglich die Modifikation weniger Parameter wie z. B. Auswertungszeitraum, Ge-schäftseinheit etc. zulassen. Das hat zur Folge, dass entscheidungsorientierte Abfra-gen, die oft einmaligen Charakter haben und damit dynamisch sind, nicht berücksich-tigt werden können[878].

In einer Übersicht dargestellt[879], haben traditionelle Berichtsgeneratoren folgende Wesensmerkmale:

- Die Abfrage- und Auswertungssyntax ist fest definiert und im Anwendungs-programm hinterlegt. Dem Benutzer stehen wenige Möglichkeiten zur Para-metrisierung der Abfragen zur Verfügung. Sie beschränken sich auf Parame-ter wie z. B. die Periode oder die Geschäftseinheit.

- Die Berichte decken die Standardreports und damit die planbaren Berichte ab, die in definierten Zyklen – in der Regel monats- oder quartalsweise – von Be-deutung sind.

- Die auf diesem Weg erstellten Berichte lösen nicht selten Abweichungsberich-te aus. Bei unerwarteten Entwicklungen werden Abweichungsanalysen not-wendig, die separat – auch mit anderen DV-Systemen – zu erstellen sind, o-der durch Weiterprogrammierung der Berichtssoftware erst möglich werden.

- Traditionelle Berichtsgeneratoren enthalten häufig Grafik-Tools, die in der La-ge sind, die generierten Standardberichte zu visualisieren.

---

[875] Nachfolgend DS-Systeme genannt.

[876] Vgl. *Scheer* 1998, S. 674.

[877] Vgl. *Mehrwald* 2003, S. 1 f.

[878] Vgl. *Rödler/Rödler/Müller* 2003, S. 112.

[879] Vgl. *Rödler/Rödler/Müller* 2003, S. 113.

10.3 Entscheidungsorientierte Berichtsgeneratoren

Im Gegensatz zu den starren Berichtsgeneratoren erlauben die entscheidungsorientierten dem Benutzer, die Analyse über einen Top-Down-Ansatz von der globalen Sicht auf die granulare Ebene herunterzubrechen. Die Sicht auf das gesamte Unternehmen ist genau so wie die Sicht auf Kostenstellen, Kostenträger etc. möglich. Voraussetzung dafür ist eine besondere Form der Datenhaltung. Diese werden in sogenannten Datenwürfeln (*Cubes*) gehalten, in denen im Weiteren die für mögliche Ad-hoc-Abfragen relevanten Dimensionen, wie z. B. Organisationsebenen, Produktionsstufen etc., hinterlegt sind. Man spricht bei dieser Vorgehensweise von der sogenannten OLAP-Datenanalyse[880].

Das Besondere der Information-Cubes ist, dass sie neben den betriebswirtschaftlichen Inhalten (z. B. Kennzahlen) eine umfangreiche Ausprägung an Dimensionen haben kann. Insofern ist der Begriff des bildlich vorgestellten dreidimensionalen Würfelns eigentlich irreführend, da ein Information-Cube keinesfalls auf drei Dimensionen beschränkt ist (*multidimensionale OLAP-Würfel*[881]).

Damit ergeben sich folgende Vorteile der entscheidungsorientierten Berichtsgeneratoren[882]:

- Dem Benutzer steht die *Drill-Down* bzw. *Roll-Up-Technik* zur Verfügung, mittels derer er Daten einer Dimension detaillieren oder verdichten kann.

- Zusätzlich steht die *Slice-Technik* zur Verfügung. Sie erlaubt, die Analyse auf eine Dimension zu beschränken (z. B. Region etc.). Ein Slice kann bildlich als eine Art Zylindermenge aus dem gesamten Datenbestand beschrieben werden[883].

- Zusätzlich steht die *Dice-Technik* zur Verfügung. Sie erlaubt das Austauschen von Dimensionen in der Darstellung der betriebswirtschaftlichen Inhalte. Das bedeutet, dass z. B. konzernweite Umsatzreihen in die Betrachtung von Regionen überführt werden können. Bildlich kann man sich das vorstellen, indem aus dem gesamten Datenwürfel ein kleinerer Datenwürfel heraus parzelliert wird[884].

- Zusätzlich steht die *Drill-Through-Technik* zur Verfügung. Sie erlaubt das detaillieren der Daten auf granularer Ebene, z. B. ein Umsatz einer Produktgruppe innerhalb einer bestimmten Periode und Region, der durch einen bestimmten Vertriebsmitarbeiter akquiriert wurde.

- So wie im starren Berichtsgenerator stehen auch hier Grafik-Tools für die Visualisierung zur Verfügung.

---

[880] OLAP steht für OnLine Analytical Processing.

[881] Vgl. *Rödler/Rödler/Müller* 2003, S. 114.

[882] Vgl. *Rödler/Rödler/Müller* 2003, S. 115.

[883] Vgl. *Rödler/Rödler/Müller* 2003, S. 131.

[884] Vgl. *Rödler/Rödler/Müller* 2003, S. 131.

10.4 Führungs- und Informationssysteme

Der Informationstechnologie kommt eine bedeutende Aufgabe im Rahmen von Informationssystemen zur Versorgung eines Führungssystems zu[885]. Diese Bedeutung leitet sich aus ihre Fähigkeit ab, große Datenmengen schnell und effizient zu verarbeiten. Allgemein bezeichnet man computergestützte Informationssysteme, die der Versorgung eines Führungssystems mit Informationen zur Steuerung eines Unternehmens dienen, als *Führungsinformationssysteme* (FIS)[886].

Führungsinformationssysteme bauen auf Administrations- und Dispositionssystemen auf, in denen die Abwicklung der operativen Geschäftsprozesse statt findet[887]. *Gabriel/Gluchowski* charakterisieren die historische Entwicklung von Informationssystemen in

- Sequenz-Managementinformationssysteme (MIS),
- Entscheidungsunterstützungsinformationssysteme (EUS),
- Executive Infomation Systems (EIS) und, um die aktuellen Entwicklungen zu aufzugreifen, in Konzepte, die durch die Begriffe
  - Data Warehouse (DWH) und
  - Online Analytical Processing (OLAP).

in der Literatur beschrieben sind[888].

Mit dem MIS-Konzept waren die ersten Bemühungen verbunden, auf den gesamten Datenbestand zuzugreifen und diesen in geeigneter Form, dem Management zugänglich zu machen. Dieser Ansatz wird auch als ,*Total Systems Approach*' bezeichnet. Gleichzeitig wurde verfolgt, dass diese Systeme in der Lage sein sollten, eine automatische Rückkopplung in die Ausführungssysteme zu ermöglichen. Da die Ursprünge dieses Ansatzes bereits in den fünfziger und sechziger Jahren liegen und der Datenbestand auch zu dieser Zeit außerordentlich umfangreich war, stand man allerdings sehr schnell vor den Grenzen der Leistungsfähigkeit der verfügbaren DV-Technologien[889]. Die Literatur bewertet diesen Ansatz heute mit dem Attribut ,naiv'[890].

Eine Neuorientierung findet man in den so genannten Entscheidungsunterstützungsinformationssystemen. Ihre Intention bestand in der effektiven Unterstützung von Prozessen der Planung und der Entscheidung, um das Urteilsvermögen und dadurch

---

[885] Vgl. *Gabriel/Gluchowski* 1997a, S. 308 und *Wall* 2003, S. 405 und *Joos-Sachse* 2001, S. 302.

[886] Vgl. *Wiese* 2001, S. 149.

[887] Vgl. *Becker* 1999, S. 550.

[888] Vgl. *Gabriel/Gluchowski* 1997b, S. 422 ff.

[889] Vgl. Vgl. *Gabriel/Gluchowski* 1997b, S. 423.

[890] Vgl. *Holten* 1998, S. 29

auch die Qualität der Entscheidungen des Managements zu verbessern[891]. Bestandteil dieser Systeme waren Modelle und Methoden, die darauf abzielten, in schlecht strukturierten Entscheidungsprozessen bei der Problemlösung zu unterstützen. Je nach betrachteten Problemfeldern unterteilt man die Systeme in Prognose-, Optimierungs-, Simulations- oder Expertensysteme[892].

Rockart/Treacy prägten zu Beginn der achtziger Jahre den Begriff des Executive Information System, der die Philosophie des MIS-Ansatzes wieder aufgriff. Executive Information Systems sind durch folgende Elemente gekennzeichnet:

- Es wird das Ziel verfolgt, das Top-Management mit Informationen zur Unterstützung der Führungsprozesse zu versorgen.

- Technologisch kommt ein sogenannter Datenkubus zum Einsatz. Es handelt sich dabei um eine mehrdimensional strukturierte Datenbasis, deren Struktur in die Dimensionen Zeit (Vergangenheit, Gegenwart und Zukunft), Unternehmens- und Produktstrukturen und betriebswirtschaftliche Größenkategorien (finanziell/nicht-finanziell, extern/intern) aufgegliedert ist.

- Es erfolgt in diesen Systemen eine Fokussierung auf Kernkenngrößen, die zur Steuerung des Unternehmens Verwendung finden. Dadurch wird die Informationsvielfalt reduziert.

- In die Systeme werden Kommunikationselemente (z. B. E-Mail etc.) integriert[893].

Gegenwärtig werden Führungsinformationssysteme im Zusammenhang mit den Begriffen ‚*Data Warehouse*' und ‚*OLAP*' genannt.

Inmon prägte den Begriff des Data Warehouse im Zusammenhang mit DV-Systemen und versteht ihn in folgender Weise:

„*A Data Warehouse is a subject-oriented, integrated, non-volatile, and time variant collection of data in support of managers decisions*"[894].

Dahinter steht der konzeptionelle Ansatz der Vereinheitlichung von Datenbasen von heterogenen Informationssystemen in eine separate – von den übrigen Systemen losgelöste – Datenbank mit dem Ziel, anwendungs- und themenübergreifende Informationsbedürfnisse zu befriedigen.

Die Themenorientierung entsteht durch die Fokussierung der Manager auf spezifische, aggregierte Sichten auf Geschäftsprozesse oder die Organisationsstruktur der Unternehmung. Beispiele für die Orientierung sind die Dimensionen wie Kunden,

---

[891] Vgl. *Gabriel/Gluchowski* 1997b, S. 424.

[892] Vgl. *Gabriel/Gluchowski* 1997b, S. 429.

[893] Vgl. *Wiese* 2001, S. 151 f.

[894] Vgl. *Inmon* 1996, S. 33.

Produkte, Regionen, Profit Center sowie deren Aggregationsebenen und Bezugsobjekttypen[895].

Die Integration der Daten erfolgt sowohl aus unterschiedlichen operativen Informationssystemen als auch externen Datenquellen. Dafür ist es notwendig auf Grund der Heterogenität der Systeme Vereinheitlichungen hinsichtlich Namensgebung, Attributen, Kodierungen etc. vorzunehmen.

Zeitvarianz bedeutet, dass die Daten eines Data Warehouse den Stand des Unternehmensprozesses zu unterschiedlichen Zeitpunkten repräsentieren. Jeder Zeitpunkt ist eine Momentaufnahme des Unternehmens, der gesamte Datenbestand ist eine Sequenz bestehend aus Momentaufnahmen.

Unter dem Aspekt der Beständigkeit werden Daten aus den Vorsystemen nur einmalig in die Datenbank des DWH geschrieben und erfahren dann keine Veränderung mehr. Datenzugriffe erfolgen ab diesem Moment nur noch lesend über Strukturen, die im DWH angelegt sind[896].

Das Konzept des Online Analytical Processsing (OLAP) wurde 1993 von *Codd/Codd/Salley* geprägt und beschreibt einen besonderen Typ von Verarbeitungsvorgängen, der insbesondere bei der Auswertung der Datenbasis eines Data Warehouse-Systems Anwendung findet. *Gluchowski/Gabriel/Chamoni* beschreiben OLAP als eine *„Softwaretechnologie, die es betrieblichen Analysten, Managern ermöglicht bzw. erleichtert, Einsicht in relevante Daten zu erhalten. Eine breite Palette angebotener Sichten auf die vorhandenen Informationen, die aus den Basisdatenbeständen per Transformation gewonnen und mit externen Informationen angereichert werden, ist mittels schneller, konsistenter und interaktiver Zugriffe direkt nutzbar. Als charakteristisch für die OLAP-Funktionalität gelten dynamische, multidimensionale Analysen auf konsolidierten Datenbeständen"*[897]. Dieses geschieht über Verfahren wie z. B. Slicing, Drill-Down, Roll-Up etc.[898].

Um die Stellung einer Balanced Scorecard im Bereich der Führungs- und Informationssysteme zu verstehen, verfolgt Wiese eine aufschlussreiche Argumentation. Er überträgt die von *Riebel* im Rahmen der Relativen Einzelkosten- und Deckungsbeitragsrechnung geprägten Begriffe der Grund- und Auswertungsrechnung[899] auf die DV-Systeme. Die Grundrechnung hat die Aufgabe des zweckneutralen Datenspeichers, der für unterschiedlichste Zwecke mittels Auswertungsrechnung analysiert werden kann. In diesem neutralen Datenspeicher der Grundrechnung sind Geld- und Mengengrößen – differenziert nach betriebswirtschaftlich bedeutsamen Kriterien – festgehalten. Demnach ist die bedeutende Aufgabe der Grundrechnung die Bereitstellung von Daten. Unter Auswertungsrechnungen versteht man entsprechend diejenigen Rechenoperationen, die die Grundrechnung hinsichtlich eines bestimmten

---

[895] Vgl. *Wiese* 2001, S. 153.

[896] Vgl. *Wiese* 2001, S. 153.

[897] Vgl. *Gluchowski/Gabriel/Chamoni* 1997, S. 282.

[898] Vgl. Kapitel 10.3.

[899] *Riebel* greift in seinen Ausführungen die Überlegungen von *Schmalenbach* und *Goetz* aus den Jahren 1948/49 auf und führt sie in das Modell der Grund- und Auswertungsrechnungen.

Rechnungszwecks und Rechnungsziels auswerten. Die Balanced Scorecard gehört nach dieser Betrachtungsweise zu den Instrumenten der Auswertungsrechnung übergeordneter Ebene. Sie ist eine Gesamtkonzeption eines organisationsweiten Informationssystems zur Versorgung des Führungssystems[900].

Den vollständigen Zusammenhang der gewählten Begriffe gibt die nachfolgende Grafik wieder (Abb. 88):

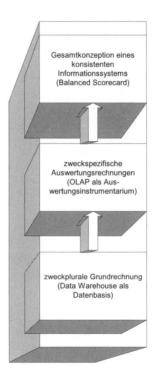

Abbildung 88: Einordnung des Balanced Scorecard-Konzepts in die Informationsinfrastruktur[901]

---

[900] Vgl. *Wiese* 2001, S. 157 ff.

[901] In Anlehnung an *Wiese* 2001, S. 159.

11 Grenzen des Konzepts und weiterer Ausblick

Die vorherigen Kapitel haben die Fragestellung verfolgt, in welcher Form das Konzept der Balanced Scorecard auf die Abfallwirtschaft transformierbar ist. Die bereits erfolgte Einführung in vielen unterschiedlichen Branchen – zahlreiche Publikationen berichten darüber – ließ bereits im Vorfeld keinen Zweifel daran, dass das Konzept grundsätzlich für die Abfallwirtschaft, auch mit ihrer überwiegenden mittelständischen Prägung, geeignet ist.

Das Konzept erscheint auf den ersten Blick in der Bewertung sogar relativ einfach. Ebenso einfach erscheint das Ergebnis, besteht es doch aus einer überschaubaren Anzahl von Kennzahlen, die zudem sachlogisch, und damit jedem unmittelbar zugänglich, miteinander verbunden sind. Hierin ist allerdings die Gefahr zu sehen, die eine erfolgreiche Einführung zum Scheitern bringen kann. Der Anspruch des Konzepts ist auf anderer Ebene zu sehen.

Die Balanced Scorecard ist nach eigener Auffassung mit einem ‚*Spielfeld*' zu vergleichen. Dieses kann eben und damit gut bespielbar sein, es kann aber auch Unebenheiten geben, die im Anschluss an stattgefundene Partien korrigiert werden müssen. Über die Qualität der Spieler, ihre Einstellung zum Spiel und des Spieles selbst ist an dieser Stelle jedoch noch nichts gesagt, was aber den wesentlichen Aspekt dieser Metapher ausmacht. So merken *Jehle* et al. völlig zu Recht an, dass das Scheitern von Balanced Scorecard-Projekten oftmals auf eine mangelnde Strategieorientierung oder unzureichende Kommunizierung der Strategie zurück zu führen ist[902].

Frappierend ist die Ähnlichkeit, die sich in entwickelten Balanced Scorecard-Lösungen widerspiegelt. Dieses ist umso erstaunlicher, zumal die Unternehmen unterschiedlichen Branchen zugehörig sind und ganz gewiss auch interne Besonderheiten aufweisen, die ihre Individualität begründen. An dieser Stelle soll ein weiteres Ausrufezeichen gesetzt werden. Nur durch das Aufeinandertreffen mehrerer – eigentlich unwahrscheinlicher – Umstände, werden zwei Unternehmen hoch effizient mit ein und derselben Balanced Scorecard zu steuern sein. Damit sollen Ähnlichkeiten nicht gänzlich ausgeschlossen werden. Es ist jedoch auf die Gefahr des unreflektierten Kopierens hinzuweisen. Auch wenn an dieser Stelle der leider phrasenhaft immer wieder verwendete Ausspruch „*Der Prozess ist wichtiger als das Ergebnis*" zitiert wird[903], dann beschreibt diese Feststellung jedoch den Kern der Dinge. Es geht um das Denken und Agieren in Prozessen, die sich selbst in Frage stellen, eine Erneuerungskraft besitzen und dadurch zu einem Kontinuum auf dem Weg zum Optimum werden. Die erfolgreiche Einführung einer Balanced Scorecard als Managementsystem beginnt in der Konzeptphase. Bereits hier geht es um die im Dialog zu erarbeitende strategische Ausrichtung und um die gemeinsame Festlegung beschreibender Größen in Form von Kennzahlen, eines ordnenden Rahmens in Form festzulegender Perspektiven und der Wahl der geeigneten Maßnahmen als Weg zur Zielerreichung. Aus diesem Grund ist in der Analyse mittelständischer abfallwirt-

---

[902] Vgl. Kapitel 8.4.5.2.

[903] Vgl. *Wunder* 2001, S. 138.

schaftlich geprägter Unternehmen im Besonderen auf die Mittelstandsproblematik aufmerksam gemacht worden.

Die Balanced Scorecard der Abfallwirtschaft gibt es nicht[904]. Aus diesem Grund wäre es irreführend gewesen, unter Zuhilfenahme diverser Annahmen ein vollständiges Scorecard-Konzept zu entwickeln. Wie auch bereits in den Ausführungen der alternativen Gestaltungsansätze deutlich geworden ist, muss eine Vorgehensweise als zielführender bewertet werden, die konkrete strategische Aspekte als Möglichkeit zur Gestaltung herausgreift, und für diese Optionen einen Gestaltungsrahmen schafft. Auf diesem Weg ist dem eklektischen Ansatz folgend in Form einer Synthese und Erweiterung das Modell der ‚*Value Based Sustainability Network Balanced Scorecard*' entstanden. Bereits in der ausgeprägten Wortaneinanderreihung zeigt sich, dass es sich um eine Komponentenbetrachtung handelt, die in der konkreten Anwendung einer kritischen Reflexion und Auswahl bedarf. Bei der beispielhaften Ausgestaltung – die bewusst nicht den Anspruch der Vollständigkeit erhebt – wurde die Anforderung, die im ‚*Verlassen betriebswirtschaftlicher Trampelpfade*' formuliert ist, besonders hoch bewertet. Das hat dazu geführt, dass Kennzahlen Verwendung finden, die zum überwiegenden Teil Neuschöpfungen sind und in dieser Form in der in Fülle vorhandenen Literatur über die Balanced Scorecard bisher nicht auftauchen. Mit diesen Zahlen, aber auch mit den anderen Kennzahlensammlungen der Literatur, muss sich das Management der Abfallwirtschaft auseinandersetzen, bevor Festlegungen für die eigene Unternehmung getroffen werden. Bei dieser Vorgehensweise wird man feststellen, dass es aus dem konkreten Unternehmensumfeld weitere strategisch relevante Aspekte gibt, die in dieser Arbeit keine Erwähnung finden – auch nicht finden können – und dass man sich in Teilen, vielleicht aber auch ganz, anderer Kennzahlen bedienen muss, um zu einem unternehmensindividuellen Managementsystem für die Abfallwirtschaft zu gelangen. Erst wenn man an dieser Stelle angekommen ist, versteht man die fast mit Leichtigkeit – aber auch Beharrlichkeit – vermittelte Botschaft der Autoren *Robert Kaplan* und *David Norton*:

„Auf diese Weise wird die Balanced Scorecard zur Grundlage für das Management der Unternehmung im Informationszeitalter"[905].

---

[904] Vgl. Kapitel 9.

[905] Vgl. *Kaplan/Norton* 1997, S. 19.

Anhang

Produktionsbereich und Konsum der privaten Haushalte im Inland	1991	1992	1993	1994	1995
Land- und Forstwirtschaft, Fischerei und Fischzucht	86	87	86	88	77
Bergbau und Gewinnung von Steinen und Erden	1566	1589	1589	1600	1626
Ernährungsgewerbe und Tabakverarbeitung	13645	13415	13346	13241	13320
Textil- und Bekleidungsgewerbe	520	521	526	533	535
Ledergewerbe	132	133	132	130	129
Holzgewerbe (ohne Herstellung von Möbeln)	6025	6098	6032	5960	5885
Papier-, Verlags- und Druckgewerbe	5217	5281	5223	5162	5096
Kokerei, Mineralölverarbeitung, Herstellung und Verarbeitung von Spalt- u. Brutstoffen	353	353	353	353	353
Chemische Industrie	6188	6184	6184	6186	6184
Herstellung von Gummi und Kunststoffwaren	927	927	927	927	927
Glasgewerbe, Keramik, Verarbeitung von Steine und Erden	3024	3022	3022	3023	3022
Metallerzeugung. und –bearbeitung, Herstellung von Metallerzeugnissen	18009	17997	17996	18003	17997
Maschinenbau	2352	2343	2350	2379	2381
Herstellung von Büromaschinen, Datenverarbeitungsgeräten und –einrichtungen; Elektrotechnik, Feinmechanik und Optik	1459	1454	1457	1476	1477
Fahrzeugbau	2556	2554	2558	2561	2559
Herstellung von Möbeln, Schmuck, Musikinstrumenten, Sport-geräten, Spielwaren und sonstigen Erzeugnissen; Recycling	982	974	984	1003	966
Energie- und Wasserversorgung	24479	25173	24479	21701	21137
Baugewerbe	3263	3220	3263	3619	3378
Handel; Reparatur von Kfz und Gebrauchsgütern	13707	8229	7962	6971	4873
Gastgewerbe	2593	1628	1613	1387	925

Verkehr und Nachrichtenübermittlung	8451	5206	5121	4439	3052
Kredit- u. Versicherungsgewerbe	6777	4217	4343	3780	2553
Grundstücks- und Wohnungswesen, Vermietung beweglicher Sachen, Erbringung von Dienstleistungen für Unternehmen	20643	13450	14064	12291	8807
Öffentliche Verwaltung, Verteidigung, Sozialversicherung	12484	8035	7889	6916	4866
Erziehung und Unterricht	3733	2395	2405	2070	1452
Gesundheits-, Veterinär- u. Sozialwesen	6020	3938	3931	3535	2544
Erbring. sonst. öffentlicher und persönlicher Dienstleistungen	5151	3268	3311	2887	2020
Alle Produktionsbereiche zusammen	170341	141691	141145	132220	118142
Konsum der privaten Haushalte im Inland	27559	27906	28320	28684	28873
Alle Produktionsbereiche und Konsum der privaten Haushalte im Inland.	197900	169596	169465	160903	147016

Tabelle 25: Abfallaufkommen insgesamt (ohne bauschuttähnlicher Massenabfälle) nach Produktionsbereichen in 1000 t[906]

---

[906] Vgl. *Statistisches Bundesamt*, Fachserie 19 R 5, 2001, Teil 7, ohne Seitenangabe, Kapitel 7.5.2.

Produktionsbereich und Konsum der privaten Haushalte im Inland	1991	1992	1993	1994	1995
Land- und Forstwirtschaft, Fischerei und Fischzucht	0	0	0	0	0
Bergbau und Gewinnung von Steinen und Erden	1388	1409	1409	1419	1442
Ernährungsgewerbe und Tabakverarbeitung	13392	13166	13098	12995	13073
Textil- und Bekleidungsgewerbe	437	438	441	447	449
Ledergewerbe	107	109	108	106	105
Holzgewerbe (ohne Herstellung von Möbeln)	5981	6053	5988	5917	5842
Papier-, Verlags- und Druckgewerbe	4227	4278	4232	4182	4129
Kokerei, Mineralölverarbeitung, Herstellung und Verarbeitung von Spalt- u. Brutstoffen	91	91	91	91	91
Chemische Industrie	3479	3477	3477	3478	3477
Herstellung von Gummi und Kunststoffwaren	846	846	846	846	846
Glasgewerbe, Keramik, Verarbeitung von Steine und Erden	2854	2853	2853	2854	2853
Metallerzeugung. und –bearbeitung, Herstellung von Metallerzeugnissen	15885	15876	15875	15881	15875
Maschinenbau	1848	1841	1846	1869	1871
Herstellung von Büromaschinen, Datenverarbeitungsgeräten und –einrichtungen; Elektrotechnik, Feinmechanik und Optik	1204	1199	1203	1218	1219
Fahrzeugbau	2132	2130	2134	2136	2134
Herstellung von Möbeln, Schmuck, Musikinstrumenten, Sport-geräten, Spielwaren und sonstigen Erzeugnissen; Recycling	883	876	885	902	869
Energie- und Wasserversorgung	23399	24062	23399	20744	20205
Baugewerbe	2645	2610	2645	2933	2738
Handel; Reparatur von Kfz und Gebrauchsgütern	0	0	0	0	0
Gastgewerbe	0	0	0	0	0

Verkehr und Nachrichtenübermittlung	0	0	0	0	0
Kredit- u. Versicherungsgewerbe	0	0	0	0	0
Grundstücks- und Wohnungswesen, Vermietung beweglicher Sachen, Erbringung von Dienstleistungen für Unternehmen	0	0	0	0	0
Öffentliche Verwaltung, Verteidigung, Sozialversicherung	0	0	0	0	0
Erziehung und Unterricht	0	0	0	0	0
Gesundheits-, Veterinär- u. Sozialwesen	0	0	0	0	0
Erbring. sonst. öffentlicher und persönlicher Dienstleistungen	0	0	0	0	0
Alle Produktionsbereiche zusammen	80799	81315	80528	78017	77218
Konsum der privaten Haushalte im Inland	0	0	0	0	0
Alle Produktionsbereiche und Konsum der privaten Haushalte im Inland.	80799	81315	80528	78017	77218

Tabelle 26: Nicht besonders überwachungsbedürftiger Abfall nach Produktionsbereichen in 1000 t[907]

---

[907] Vgl. *Statistisches Bundesamt*, Fachserie 19 R 5, 2001, Teil 7, ohne Seitenangabe, Kapitel 7.5.3.

Produktionsbereich und Konsum der privaten Haushalte im Inland	1991	1992	1993	1994	1995
Land- und Forstwirtschaft, Fischerei und Fischzucht	0	0	0	0	0
Bergbau und Gewinnung von Steinen und Erden	177	180	180	181	184
Ernährungsgewerbe und Tabakverarbeitung	253	249	248	246	247
Textil- und Bekleidungsgewerbe	83	84	84	85	86
Ledergewerbe	24	25	24	24	24
Holzgewerbe (ohne Herstellung von Möbeln)	44	44	44	43	43
Papier-, Verlags- und Druckgewerbe	991	1003	992	980	968
Kokerei, Mineralölverarbeitung, Herstellung und Verarbeitung von Spalt- u. Brutstoffen	262	262	262	262	262
Chemische Industrie	2709	2708	2707	2708	2707
Herstellung von Gummi und Kunststoffwaren	81	81	81	81	81
Glasgewerbe, Keramik, Verarbeitung von Steine und Erden	169	169	169	169	169
Metallerzeugung. und -bearbeitung, Herstellung von Metallerzeugnissen	2123	2122	2122	2122	2122
Maschinenbau	504	502	503	510	510
Herstellung von Büromaschinen, Datenverarbeitungsgeräten und -einrichtungen; Elektrotechnik, Feinmechanik und Optik	255	254	255	258	258
Fahrzeugbau	424	424	425	425	425
Herstellung von Möbeln, Schmuck, Musikinstrumenten, Sport-geräten, Spielwaren und sonstigen Erzeugnissen; Recycling	99	98	99	101	97
Energie- und Wasserversorgung	1080	1111	1080	957	933
Baugewerbe	618	610	618	686	640
Handel; Reparatur von Kfz und Gebrauchsgütern	0	0	0	0	0
Gastgewerbe	0	0	0	0	0

Verkehr und Nachrichtenübermittlung	0	0	0	0	0
Kredit- u. Versicherungsgewerbe	0	0	0	0	0
Grundstücks- und Wohnungswesen, Vermietung beweglicher Sachen, Erbringung von Dienstleistungen für Unternehmen	0	0	0	0	0
Öffentliche Verwaltung, Verteidigung, Sozialversicherung	0	0	0	0	0
Erziehung und Unterricht	0	0	0	0	0
Gesundheits-, Veterinär- u. Sozialwesen	0	0	0	0	0
Erbring. sonst. Öffentlicher und persönlicher Dienstleistungen	0	0	0	0	0
Alle Produktionsbereiche zusammen	9897	9924	9892	9839	9755
Konsum der privaten Haushalte im Inland	0	0	0	0	0
Alle Produktionsbereiche und Konsum der privaten Haushalte im Inland.	9897	9924	9892	9839	9755

Tabelle 27: Besonders überwachungsbedürftiger Abfall nach Produktionsbereichen in 1000 t[908]

---

908 Vgl. *Statistisches Bundesamt*, Fachserie 19 R 5, 2001, Teil 7, ohne Seitenangabe, Kapitel 7.5.4.

Literaturverzeichnis

Alwast, H: Branchenreport Entsorgungswirtschaft 2003; Zukunft der Abfallwirtschaft; Ausgangslage, Prognosen, Szenarien und Marktentwicklungen 2006/2112; Berlin, Köln 2003.

Andreas, C.-M.: Begriffsbestimmungen im Wandel der Zeit; in: Bundesverband der Deutschen Entsorgungswirtschaft e. V. (Hrsg.): 1961 - 2001. 40 Jahre BDE. Von der Stadthygiene zur Kreislaufwirtschaft. Eine Zeitreise mit der Entsorgungswirtschaft; S. 14 – 21, Köln 2001.

Arnold, U.: Beschaffungsmanagement, Stuttgart 1995.

Bank, M.: Basiswissen Umwelttechnik: Wasser, Luft, Abfall, Lärm, Umweltrecht; 4. Auflage; Würzburg 2000.

Baum, H.-G.; Coenenberg, A. G.; Günther, T.: Strategisches Controlling; 3. Auflage; Stuttgart 2004.

Baus, J.: Controlling; 1. Auflage; Berlin 1996.

Becker, J.: Informationsmanagement; in: Corsten, H.; Reiß, M. (Hrsg.): Betriebswirtschaftslehre; 3. Auflage; S. 537 – 628; München 1999.

Becker, B.; Müller, S.: Implikationen der Rating-gestützten Kreditvergabe für mittelständische Unternehmen. Ausweichstrategien und Chancen; in: Controlling; 15. Jg. (2003); Heft 10; S. 533 – 542.

Beckmann, M.: Rechtsprobleme der Gewerbeabfallverordnung; in: Gallenkemper, B.; Bidlingmaier, W.; Doedens, H.; Stegmann, R. (Hrsg.): 8. Münsteraner Abfalltage (Tagungsband); Band 6; 1. Auflage; S. 388 – 393; Münster 2003.

Beuth, K.-P.: Entwicklung der Stadthygiene bis zum Beginn der Industriealisierung. Mechanisierung der Städtereinigung, in: Bundesverband der Deutschen Entsorgungswirtschaft e. V. (Hrsg.): 1961 - 2001 - 40 Jahre BDE. Von der Stadthygiene zur Kreislaufwirtschaft. Eine Zeitreise mit der Entsorgungswirtschaft; S. 22 - 47, Köln 2001.

Bilitewski, B.: Stand und Prognosen der Entsorgungssituation für Siedlungsabfälle in Deutschland; in: TA-Datenbank-Nachrichten; 9. Jg. (2000), Nr. 1; S. 17 – 24.

Bilitewski, B.; Härdtle, G.; Marek, K.: Abfallwirtschaft: Eine Einführung; Berlin, Heidelberg 1994.

Bilitewski, B.; Härdtle, G.; Marek, K.: Abfallwirtschaft: Handbuch für Praxis und Lehre; 3. neubearbeitete Auflage; Berlin, Heidelberg, New York 2000.

Bleicher, K.: Zeitkonzeption der Gestaltung und Entwicklung von Unternehmungen; in: Gaugler, E. (Hrsg.): Zukunftsaspekte der anwendungsorientierten Betriebswirtschaft; S. 74 – 90; Stuttgart 1986.

Bonus, H.; Maselli, A.: Transaktionskostenökonomik; in: Gablers Wirtschaftslexikon; 15. Auflage; S. 3074 – 3077; Wiesbaden 2000.

Bornheim, M.; Stüllenberg, F.: Effizienz- und Effektivitätssteuerung von Kooperationen mit Hilfe der Balanced Scorecard; in: Controlling; 14. Jg. (2002); Heft 4/5; S. 283 – 289.

Budäus, D.; Dobler, C.: Theoretische Konzepte von Organisationen; in: Management International Review; 17. Jg. (1977); Heft 1; S. 61 – 75.

Bund (Hrsg.): Zukunftsfähiges Deutschland; Ein Beitrag zu einer global nachhaltigen Entwicklung; Studie des Wuppertaler Instituts für Klima, Umwelt und Energie; 4. Auflage; Basel, Berlin 1997.

Bundesumweltamt, Fachgebiet I1.5 „Nationale und internationale Umweltberichterstattung" (Hrsg.): Daten zur Umwelt: Der Zustand der Umwelt in Deutschland 2000, 7. Ausgabe, Berlin 2001.

Bundesumweltministerium, Referat Gesellschaftspolitische Grundsatzfragen (Hrsg.): Umweltbewusstsein in Deutschland 2002; 1. Auflage; Berlin 2002.

Bundesumweltministerium und Umweltbundesamt (Hrsg.): Handbuch Umweltcontrolling; München 1995.

Bursee, M.: Flexibilitätspotential und Organisationsgestaltung: Theoretische Perspektiven und praktische Gestaltungsansätze am Beispiel aktueller Reorganisationskonzepte der Kommunalverwaltung; Personal – Organisation – Management; Bd. 9; Berlin 1999.

Brahms, E.: Einweg/Mehrweg: Wo ist der Ausweg?; in: Müll und Abfall; 19. Jg. (1987); Heft 3; S. 77 – 86.

Bramsemann, R.: Handbuch Controlling, Methoden und Techniken; 3. Auflage; München, Wien 1993.

Brehm, E.: Deponie Erde: Das große Buch vom Müll, Hrsg. vom Bund für Umwelt und Naturschutz, 2. Auflage, Baden-Baden 1991.

Borrmann, R.: Trends im Controlling. Wie geht es weiter?; in: Horváth & Partners (Hrsg.): Das Controllingkonzept. Der Weg zu einem wirkungsvollen Controllingkonzept; 5. Auflage; S. 281 – 296; München 2003.

Burger, A.: Kostenmanagement, München, Wien, Oldenburg 1994.

Cantner, J.: Die Kostenrechnung als Instrument der staatlichen Preisregulierung in der Abfallwirtschaft; Umwelt und Ökonomie; Bd. 23; Heidelberg 1997.

Carl, N.; Kiesel, M.: Unternehmensführung, Moderne Theorien, Methoden, Instrumente; Landsberg/Lech 1996.

Clement, W.: Von der Vision zur Wirklichkeit; in: Hennicke, P. (Hrsg.): Nachhaltigkeit – ein neues Geschäftsfeld; S. 21 – 28; Stuttgart, Leipzig 2002.

Coenenberg, A. G.: Jahresabschluss und Jahresabschlussanalyse: Betriebswirtschaftliche, handelsrechtliche, steuerrechtliche und internationale Grundlagen – HGB, IAS, US-Gaap; Hauptband; 17. völlig neu bearbeitete und erweiterte Auflage; Landsberg / Lech 2000.

Coenenberg, A. G.: Kostenrechnung und Kostenanalyse; 3. überarbeitete und erweiterte Auflage; Landsberg / Lech 1997.

Cord-Landwehr, K.: Einführung in die Abfallwirtschaft, Leipzig 2000.

Cosson, R.: Überlassungspflicht für Abfälle aus privaten Haushaltungen; in: Bundesverband der Deutschen Entsorgungswirtschaft e. V. (Hrsg.): Entsorgung '99: Taschenbuch für die Entsorgungswirtschaft; S. 119 – 134; Bonn 1999.

Dangelmaier, W.; Kösters, C.; Kress, S.: Wissensbasiertes Änderungsmanagement für Kennzahlensysteme im Strategischen Controlling; in: Controller Magazin; 27. Jg. (2002); Heft 4; S. 388 – 395.

Der Grüne Punkt – Duales System Deutschland AG (Hrsg.): DS-Dokumente; Ausgabe 4: Wo steht die Kreislaufwirtschaft?; o. Jg. (2002), Nr. 5.

Deutsche Bank AG (Hrsg.): Rating. Fitness-Check für Ihr Unternehmen. Deutsche Bank AG; Frankfurt am Main 2001.

Dewner, T. M.: Wertorientierte Unternehmensführung und Unternehmensbewertung; in: Gablers Wirtschaftslexikon; 15. Auflage; S. 3466 – 3470; Wiesbaden 2000.

Doerr, H.-H.; Fiedler, R.; Hoke, M.: Erfahrungen bei der konzernweiten Einführung eines EVA-basierten Investitionsrechnungsmodells; in: Controlling; 15. Jg. (2003); Heft 6; S. 285 – 291.

Dreher, P.; Faulstich, M.; Knauer, P.; Schenkel, W.: Abfallwirtschaft und Umwelt; Bonn 1998.

Ebert, W.: Umweltpolitischer Informationsbedarf in der Abfallwirtschaft; Frankfurt am Main, Berlin, Bern, New York, Paris, Wien 1993.

Egger, A.; Winterheller, M.: Kurzfristige Unternehmensplanung: Budgetierung; 12. Auflage; Wien 2002.

Ehrmann, H.: Balanced Scorecard; Ludwigshafen (Rhein) 2000.

Eickhof, N.: Marktstruktur und Wettbewerb; Ordo; 43 (1992); S. 173 – 192.

Emslander, T.: Das duale Entsorgungssystem für Verpackungsabfall: Ein effizientes Regulierungsinstrument?; Wiesbaden 1995.

Enquête-Kommission: Schutz des Menschen und der Umwelt. Schlussbericht; Bonn 1998.

Erbguth, W.: Die Abfallwirtschaftsplanung; 1. Auflage; Baden-Baden 1997.

Erdenberger, C.: Risikomanagement. Möglichkeiten einer pragmatischen Umsetzung in mittelständischen Unternehmen; in: Controller Magazin; 26. Jg. (2001); Heft 1; S. 13 – 17.

Erdmann; M.-K.: Suppy Chain Performance Measurement. Operative und strategische Management- und Controllingansätze; Lohmar, Köln 2003.

Erlei, M.: Prinzipal-Agent-Modelle; in: Gablers Wirtschaftslexikon; 15. Auflage; S. 2478 – 2480; Wiesbaden 2000.

Erlei, M.; Schmidt-Mohr, U.: Prinzipal-Agent-Theorie; in Gablers Wirtschaftslexikon; 15. Auflage; S. 2481 – 2482; Wiesbaden 2000.

Ernst, D.; Schneider, S.; Thielen, B.: Unternehmensbewertungen erstellen und verstehen. Ein Praxisleitfaden; München 2003.

Eschenbach, R. (Hrsg.): Controlling; 2. Auflage, Stuttgart 1995.

Faber, M.; Stephan, G.; Michaelis, P.: Umdenken in der Abfallwirtschaft. Vermeiden, Verwerten, Beseitigen; 2. überarbeitete und ergänzte Auflage; Berlin 1989.

Fatzer, G.: Ansätze zur „lernenden Organisation"; in: Howaldt, J.; Kopp, R.; Winther, M. (Hrsg.): Kontinuierlicher Verbesserungsprozeß; KVP als Motor lernender Organisation; S. 21 – 26; Köln 1998.

Fohler-Norek, C.; Strunz, H.: Umweltmanagement – Status und Entwicklungsperspektiven; in: Hofmann, M., Al-Ani, A. (Hrsg.): Neue Entwicklungen im Management; S. 325 – 359; Heidelberg 1994.

Friedag, H. R.; Schmidt, W.: Balanced Scorecard – mehr als ein Kennzahlensystem; 1. Auflage; Freiburg im Breisgau, Berlin, München 1999.

Friedag, H. R.; Schmidt, W.: My Balanced Scorecard. Das Praxishandbuch für Ihre individuelle Lösung: Fallstudien, Checklisten, Präsentationsunterlagen; 1. Auflage; Freiburg im Breisgau, Berlin, München 2000.

Friedrich, R.: Strategische Überlegenheit durch eine lernende Organisation; in: Dr. Wieselhuber & Partner (Hrsg.): Handbuch Lernende Organisation: Unternehmens- und Mitarbeiterpotentiale erfolgreich erschließen; S. 223 – 226; Wiesbaden 1997.

Gabele, E.; Moraw, D.-J.: Marktstrategien zur Erringung von Wettbewerbsvorteilen in mittelständischen Unternehmen; in: Zeitschrift für Betriebswirtschaft; 61. Jg. (1991); Heft 9; S. 1007 – 1025.

Gabriel, R.; Gluchowski, P. (1997a): Management Support Systeme; Teil I; in: Wirtschaftswissenschaftliches Studium; 26. Jg. (1997); Heft 6; S. 308 – 313.

Gabriel, R.; Gluchowski, P. (1997b): Management Support Systeme; Teil II; in: Wirtschaftswissenschaftliches Studium; 26. Jg. (1997); Heft 8; S. 422 – 427.

Geiger, C.; Hermann, S.: Zielsichere Unternehmensführung – Zum Einsatz der Balanced Scorecard im Mittelstand; in: Bilanzbuchhalter und Controlling; 27. Jg. (2003); Heft 5; S. 105 – 109.

Geißler, H.: Organisationslernen und Weiterbildung im Spannungsfeld zwischen den Paradigmen linearen Denkens, zirkulärer Kausalität und hermeneutischer Selbstreferentialität; in: Geißler, H. (Hrsg.): Organisationslernen und Weiterbildung: Die strategische Antwort auf die Herausforderung der Zukunft; S. 1 – 17; Neuwied, Kriftel, Berlin 1995.

Gleich, R.: Das System des Performance Measurement: Theoretisches Grundkonzept, Entwicklungs- und Anwendungsstand; München 2001.

Gleich, R.: Performance Measurement: Grundlagen, Konzepte und empirische Erkenntnisse; in: Controlling; 14. Jg.; 2002; Heft 8/9; S. 447 – 454.

Gluchowski, P.; Gabriel, R.; Chamoni, P.: Management Support Systeme – Computergestütze Informationssysteme für Führungskräfte und Entscheidungsträger; Berlin 1997.

Göpfert, I.; Neher, A.: Supply Chain Controlling – Wissenschaftliche Konzeptionen und praktische Umsetzung; in: Logistik Management; 4 Jg. (2002); Heft 3; S. 34 – 44.

Görner, K.; Hübner, K.: Abfallwirtschaft und Bodenschutz; 4. Auflage; Berlin 2002.

Greischel, P.: Balanced Scorecard. Erfolgsfaktoren und Praxisberichte; München 2003.

Grevermann, K.; Wackerbauer, J.: Neue Prioritäten in der Abfallwirtschaft – neue Strukturen der Verwertungsindustrien; in: Ifo-Schnelldienst; 45. Jg. (1992); Heft 28; S. 14 – 19.

Grüner, A.: Scorecardbasiertes Cockpit Controlling. Konzeption und Umsetzung in der Einzelfertigung; Wiesbaden 2001.

Güldenberg, S.: Lernbarrieren und die Verhinderung des Verlernens in Organisationen; in: Dr. Wieselhuber & Partner (Hrsg.): Handbuch Lernende Organisation: Unternehmens- und Mitarbeiterpotentiale erfolgreich erschließen; S. 228 – 236; Wiesbaden 1997.

Günther, T.: Unternehmenswertorientiertes Controlling; München 1997.

Günther, T.; Grüning, M.: Performance Measurement-Systeme – ein Konzeptvergleich; in: Zeitschrift für Planung; 12. Jg.(2001); Heft 12; S. 283 – 306.

Hachmeister, D.: Der Discounted Cash Flow als Maß der Unternehmenswertsteigerung; München 1995.

Hamer, E.: Wie Unternehmer entscheiden – Motive und Verhalten mittelständischer Firmenchefs; Landsberg 1988.

Harrigan, K. R.: Unternehmensstrategien für reife und rückläufige Märkte; Frankfurt am Main, New York 1989.

Hartebrodt, C.: Forstliches Controlling. Ein Blick in eine andere Controllingwelt am Beispiel der Landesforstverwaltung Baden-Württemberg; in: Controlling; 15. Jg. (2003); Heft 11; S. 607 – 614.

Hax, A. C.; Majluf N. S.: Strategisches Management; Frankfurt am Main, New York 1991.

Hecht, D., Werbeck, N.: Ökonomie der Bereitstellung und Verteilung von Abfallbeseitigungskapazitäten; Ein theoretischer Problemaufriss; in: RWI-Mitteilungen; 44. Jg. (1993); Heft 1; S. 1 – 22.

Heinke, E.: Basel II und seine Bedeutung für die mittelständische Wirtschaft; in ZfgK; 54. Jg. (2001); Heft 4; S. 174 – 178.

Henn, K.-P.: Die Organisation des Umweltschutzes in Unternehmen: EG-Verordnung zum Umweltmanagement und Öko-Audit; in: Sietz, M., von Saldern, A. (Hrsg.): Umweltschutz-Management und Öko-Auditing; Berlin, Heidelberg, New York 1993.

Hennicke, P.: Nachhaltigkeit – ein neues Geschäftsfeld? in: Hennicke, P. (Hrsg.): Nachhaltigkeit – ein neues Geschäftsfeld; S. 7 – 20; Stuttgart, Leipzig 2002.

Hermann, T.; Karsten, N., Pant R.; Plickert, S.; Thrän, D.: Einführung in die Abfallwirtschaft; 1. Auflage; Frankfurt am Main 1995.

Hess, T.: Unternehmensnetzwerke: Abgrenzung, Ausprägung und Entstehung. Arbeitsbericht Nr. 4/1998 der Abteilung Wirtschaftsinformatik II der Universität Göttingen, Göttingen 1998.

Hinterhuber, H. H.: Strategische Unternehmensführung I. Strategisches Denken. Vision, Unternehmenspolitik, Strategie; 5. Auflage; Berlin, New York 1992.

Hirsch-Kreinsen, H.: Unternehmensnetzwerke – revisited; in: Zeitschrift für Soziologie; 31. Jg. (2002); Heft 2; S. 106 – 124.

Hoffmann, O.: Performance Management: Systeme und Implementierungsansätze; Schriftenreihe des Instituts für Rechnungslegung und Controlling; Bd. 7; 2. Auflage; Bern, Stuttgart, Wien 2000.

Hoffschröer, S.; Mübus, A.: Die ALBA Gruppe – Dezentrale Strukturen erfordern mehr Transparenz; in: Bernhard, M. G., Hoffschröer, S. (Hrsg.): Report Balanced Scorecard. Strategien umsetzen, Prozesse steuern, Kennzahlensysteme entwickeln; S. 89 – 110; Düsseldorf,: Symposium Publishing 2001.

Hollstein, B.: Wirtschaftsethik und Umwelt. Deutsche und französische Ansätze im Vergleich; Wiesbaden 1995.

Holten, R.: Entwicklung von Führungsinformationssystemen. Ein methodenorientierter Ansatz; Münster 1998.

Homburg, C.; Krohmer, H.; Workman J. P.: Machtstrukturen in Unternehmen: Bestandsaufnahme und systematische Erklärungsansätze für den Marketingbereich; in: Die Betriebswirtschaft (DBW); 60. Jg. (2001); Heft 1; S. 78 – 96.

Horváth, P.; Mayer, P.: X-Engineering: Neue Potenziale der Prozess-Performance erschließen; in: IM – Fachzeitschrift für Information Management & Consulting; 17. Jg. (2002); Sonderausgabe Oktober 2002, S 48 – 54.

Horváth & Partner (Hrsg.): Balanced Scorecard umsetzen; 2. Auflage; Stuttgart 2001.

Horváth & Partners (Hrsg.): Das Controlling-Konzept; 5. Auflage; München 2003.

Horváth, P.: Controlling; 8. Auflage; München 2001.

Horváth, P.; Kaufmann, L.: Balanced Scorecard – ein Werkzeug zur Umsetzung von Strategien; in: Harvard Business Manager; 20. Jg. (1998); Heft 5; S. 39 – 48.

Hösel, G.: Unser Abfall aller Zeiten; München 1987.

Hösel, G.; von Lersner, H.: Recht der Abfallbeseitigung des Bundes und der Länder: Kommentar zum AbfG; Berlin 1972.

Huber, H.-D.; Kranert, M.; Kloos, S.; Alt, M.: Planung in der Abfallwirtschaft; in: Tabasaran, O. (Hrsg.): Abfallwirtschaft, Abfalltechnik: Siedlungsabfälle; S. 723 - 786; Berlin 1994.

Hundt, I.; Neitz, B.; Grabau, F.-R.: Rating als Chance für kleine und mittlere Unternehmen; München 2003.

HypoVereinsbank Corporates & Markets (Hrsg.): Mittelständisches Unternehmertum 2011 – Change-Studie; München 2003.

Inmon, W. H.: Building the Data Warehouse; 2. Auflage; New York 1996.

Institut für Mittelstandsforschung (IfM) (Hrsg.): Mittelstand – Definition und Schlüsselzahlen; Bonn 2002.

Jakobi, H. W.: Aspekte einer raum- und umweltverträglichen Abfallentsorgung; Teil 1; Hannover 1993.

Jaron, A.: Regelungen der Gewerbeabfallverordnung; in Dohmann, Max. (Hrsg.): 36. Essener Tagung für Wasser- und Abfallwirtschaft vom 26.3 – 28.03.2003 in Aachen (Tagungsband); S. 54/1 – 54/6; Aachen 2003.

Jehle, E.: Probleme und Lösungsmöglichkeiten bei der Steuerung von Unternehmensnetzwerken und Controlling; in: Controlling; 15. Jg. (2003); Heft 7/8; S. 379 – 387.

Jehle, E.; Stüllenberg, F.; Schulze im Hove, A.: Netzwerk-Balanced Scorecard als Instrument des Supply Chain Controlling; in: Supply Chain Management; 2. Jg. (2002); Heft IV; S. 19 – 25.

Jeschonek, S.: Die private Entsorgungswirtschaft, in: Bundesverband der Deutschen Entsorgungswirtschaft E. V. (Hrsg.): 1961 - 2001 – 40 Jahre BDE. Von der Stadthygiene zur Kreislaufwirtschaft. Eine Zeitreise mit der Entsorgungswirtschaft; S. 48 – 69, Köln 2001.

Joos-Sachse, T.: Controlling, Kostenrechnung und Kostenmanangement. Grundlagen – Instrumente – Neue Ansätze; 2. Auflage; Wiesbaden 2002.

Jung, G.: Rechtliche Grundlagen der Abfallwirtschaft; in: Tabasaran, O. (Hrsg.): Abfallwirtschaft, Abfalltechnik: Siedlungsabfälle; S. 5 - 22; Berlin 1994.

Junga, C.; Neugebauer, A.: Einsatz der Balanced Scorecard in Franchise-Netzwerken; in: Ahlert, D. (Hrsg.): Handbuch Franchising & Cooperation; S. 281 – 294; Neuwied 2002.

Kaplan, R. S.; Norton, D. P. (Hrsg.): Balanced Scorecard; Strategien erfolgreich umsetzen; Aus dem Amerikanischen von Péter Horváth; Stuttgart 1997.

Karlowitsch, M.: Leistungscontrolling mit der Balanced Scorecard; Aachen 2002.

Karst, K.: Strategisches Management; 1. Auflage; Berlin 1998.

Kersting, A.: Die Abgrenzung zwischen Abfall und Wirtschaftsgut; Umweltrechtliche Studien; 1. Auflage; Düsseldorf 1992.

Kieser, A.: Anleitung zum kritischen Umgang mit Organisationstheorien; in: Kieser, A. (Hrsg.): Organisationstheorien; 2. Auflage; S. 1 – 30; Stuttgart 1995.

Kleingarn, H.: Change Management; Instrumentarium zur Gestaltung und Lenkung einer lernenden Organisation; Wiesbaden 1997.

Kosmider, A.: Controlling im Mittelstand – Eine Untersuchung der Gestaltung und Anwendung des Controllings in mittelständischen Unternehmen; 2. Auflage; Stuttgart 1994.

Kraege, R.: Controlling strategischer Unternehmungskooperationen. Aufgaben, Instrumente und Gestaltungsempfehlungen, München 1997.

Krcmar, H.: Informationsmanagement; Berlin, Heidelberg 1997.

Kreikebaum, H.: Strategische Unternehmensplanung; 5. Auflage; Stuttgart, Berlin, Köln 1993.

Kromschröder, B.: Qualitätsmanagement in der Versicherungswirtschaft; Mannheimer Vorträge zur Versicherungswirtschaft, Band 58; Karlsruhe 1993.

Kruse, G.; Müsken, J.: Abfallarten und deren Zusammensetzung; in: Tabasaran, O. (Hrsg.): Abfallwirtschaft, Abfalltechnik: Siedlungsabfälle; S. 23 - 82; Berlin 1994.

Kutzschbauch, K.; Donner, R.: Optimierungspotenzial der Abfallwirtschaft – Verantwortung für die Abfallwirtschaft; in: Müll und Abfall; 35. Jg. (2003); Heft 8; S. 414 – 416.

Lange, C.; Schaefer, S.; Daldrup, H.: Integriertes Controlling in Strategischen Unternehmensnetzwerken; in: Controlling; 13. Jg. (2001); Heft 2; S. 75 – 83.

Lutz, C.: Kommunikation – Kern der Selbstorganisation: Unternehmensführung im Informationszeitalter; in: Sattelberger, T. (Hrsg.): Die Lernende Organisation: Konzepte für eine neue Qualität der Unternehmensentwicklung; S. 97 – 109; 3. Auflage; Wiesbaden 1996.

Macharzina, K.: Unternehmensführung; Wiesbaden 1993.

Maier, B.: Deutsche Umwelttechnik international gefragt; in: Umwelt; o. Jg. (1992); Heft 12; S. 633 – 637.

Majer, H.: Nachhaltige Entwicklung – Leitbild für die Zukunftsfähigkeit; in: Das Wirtschaftsstudium, 33. Jg. (2003); Heft 7; S. 935 – 943.

Mayer, J. H.: Führungsinformationssysteme für die internationale Management-Holding; Wiesbaden 1999.

Meffert, H.: Strategisches Ökologie-Management; in Coenenberg, A. G., Weise, E., Eckrich, K. (Hrsg.): Ökologie-Management als strategischer Wettbewerbsfaktor; S. 7 – 32; Stuttgart 1991.

Meffert, H.; Kirchgeorg, M.; Ostmeier, H.: Analysekonzepte und strategische Optionen des ökologischen Marketing; in: Thexis 5. Jg. (1988); Heft 3; S. 22 – 27.

Mehrwald, C.: SAP Business Information Warehouse 3: Architektur, Konzeption, Implementierung; 1. Auflage; Heidelberg 2003.

Meuser, T.: Umweltschutz und Unternehmensführung: Ein Konzept aktiver Integration; 2. überarbeitete und aktualisierte Auflage; Wiesbaden 1995.

Möller, K.; Walker, U.: Intangibles in der wertorientierten Planung. Multi-Projektcontrolling bei der Festo AG & Co. KG; in: Controlling; 15. Jg. (2003); Heft 9; S. 491 – 498.

Morganski, B.: Balanced Scorecard. Auf dem Weg zum Klassiker; München 2001.

Morschett, D.; Neidhart, M.: Gestaltung und Steuerung von Kooperationssystemen im Handel; in: Controlling; 15. Jg. (2003); Heft 11; S. 589 – 596.

Müller, A.: Strategisches Management mit der Balanced Scorecard; Stuttgart, Berlin, Köln 2000.

Mueller, J. Konsolidierung und Wachstum; in: Bundesverband der Deutschen Entsorgungswirtschaft E. V. (Hrsg.): 1961 - 2001 – 40 Jahre BDE. Von der Stadthygiene zur Kreislaufwirtschaft. Eine Zeitreise mit der Entsorgungswirtschaft; S. 70 – 95, Köln 2001.

Mugler, J.: Betriebswirtschaftslehre der Klein- und Mittelbetriebe; Band 1; 3. Auflage; Wien, New York 1998.

Meyding, T.; Mörsdorf, R.: Neuregelungen durch das KonTraG und Tendenzen in der Rechtsprechnung; in: Saitz, B.; Braun, F. (Hrsg.): Das Kontroll- und Transparenzgesetz: Herausforderungen und Chancen für das Risikomanagement; S. 3 – 46; Wiesbaden 1999.

Niedereichholz, C.: Unternehmensberatung. Band 2: Auftragsdurchführung und Qualitätssicherung; München, Wien 1997.

Niehues, H.: Die Entscheidung der Wettbewerbssituation in der Entsorgungswirtschaft; Verantwortung übernehmen und unternehmerisch Handeln; Norbert Rethmann 60 Jahre; S. 96 – 118.

Nieschlag, R.; Dichtl, E.; Hörschgen, H.: Marketing; 19. Auflage; Berlin 2002.

North, K.: Wissensorientierte Unternehmensführung: Vielfältige Organisationsformen; in: Gablers Magazin; 12. Jahrgang (1998); Nr. 1; S. 34 – 39.

o. V.:: Die Welt bewahren: Das Buch vom Müll, Band 2, Ravensburg 1992.

o. V.: Anlage 1 zur Beschlussfassung des Kreistages Recklinghausen für die Sitzung des Kreistages am 29.10.2001.

o. V.: Anlage 1 zur Beschlussfassung des Kreistages Recklinghausen für die Sitzung am 19.03.2002.

o. V.: Verwertungsquote für Verpackungen 2002 teils deutlich zurückgegangen; in: Europäischer Wirtschaftsdienst (Euwid) Recycling und Entsorgung; 13. Jg. (2003); Nr. 48; S. 15.

Peters, T. J.; Watermann, R.: In Search of Excellence. Lessons of America's Best-Run Companies; New York 1982.

Pfohl, H.-C.: Abgrenzung der Klein- und Mittelbetriebe von Großbetrieben; in: Pfohl, H.-C. (Hrsg.): Betriebswirtschaftslehre der Mittel- und Kleinbetriebe; 3. Auflage; S. 1 – 25; Berlin 1997.

Peine, F.-J.: Die Verantwortung für Abfall; in: Blaurock, U.: Verantwortlichkeit für Abfall in Deutschland und Frankreich; S. 79 – 109; 1. Auflage; Baden-Baden 1992.

Picot, A.; Reichwald, R.; Wigand, R. T.: Die grenzenlose Unternehmung, Information, Organisation und Management; 3. Auflage; Wiesbaden 1998.

Porter, M. E.: Wettbewerbsvorteile; Frankfurt, New York 1992.

Porter, M. E.: Wettbewerbsstrategie, Methoden zur Analyse von Branchen und Konkurrenten (Competitive Strategy); Deutsche Übersetzung von Volker Brandt; 6. Auflage; Frankfurt, New York 1990.

Porter, M. E.: Wettbewerbsvorteile, Spitzenleistungen erreichen und behaupten (Competitive Advantage); Deutsche Übersetzung von Angelika Jaeger; Sonderausgabe; Frankfurt, New York 1989.

Prange, C.; Probst, G.; Rüling, C.-C.: Lernen zu kooperieren – Kooperieren, um zu lernen: Plädoyer für eine lernorientierte Betrachtung von Unternehmenskooperationen; in: Zeitschrift Führung + Organisation (zfo); 65. Jahrgang (1996); Nr. 1; S. 10 – 16.

Preiß, T.; Duennemann, K.: Wertorientierte Unternehmensführung in der Entsorgungswirtschaft – Gedanken zur wirksamen Unternehmensgestaltung; in: Umweltreport. Wirtschaftsraum Sachsen-Anhalt; o. Jg. (2003/04); 6. Ausgabe; S. 30 – 31.

Preißner, A.: Praxiswissen Controlling. Grundlagen – Werkzeuge – Anwendungen; 2. Auflage; München, Wien 2001.

Preißner, A.: Balanced Scorecard in Vertrieb und Marketing. Planung und Kontrolle mit Kennzahlen; 2. Auflage; München, Wien 2002.

Probst, G. J. B.; Büchel, B. S. T.: Organisationales Lernen: Wettbewerbsvorteil der Zukunft; 2. aktualisierte Auflage, Wiesbaden 1998.

Prognos (Hrsg.): Zukunft von Entsorgung und Umwelt; Herausforderung Nachhaltigkeit; o. Jg. (2001); Nr. 12, Berlin, Köln.

PwC Deutsche Revision (Hrsg.): Die Balanced Scorecard im Praxistest: Wie zufrieden sind die Anwender? Frankfurt 2001.

Rappaport, A..: Shareholder Value: Wertsteigerung als Maßstab für die Unternehmensführung, Stuttgart 1994.

Rat von Sachverständigen für Umweltfragen: Abfallwirtschaft – Sondergutachten; Berlin 1991.

Reichmann, T.: Controlling mit Kennzahlen und Managementberichten; Grundlagen einer systemgestützten Controlling-Konzeption; 6. überarbeitete und erweiterte Auflage; München 2001.

Reichmann, T.; Lachnit, L.: Kennzahlensysteme als Instrument zur Planung, Steuerung und Kontrolle von Unternehmungen; in: Maschinenbau; ohne Jahrgang; 1977; Heft 9, S. 43 – 53.

Reinhardt, R.; Schweiker, U.: Lernfähige Organisation: Systeme ohne Grenzen? Theoretische Rahmenbedingungen und praktische Konsequenzen; in: Geißler, H. (Hrsg.): Organisationslernen und Weiterbildung: Die strategische Antwort auf die Herausforderung der Zukunft; S. 269 – 307; Neuwied, Kriftel, Berlin 1995.

Rieder, L.: Der Ablauf des Strategieprozesses; in: Siegwart, H.; Rieder, L. (Hrsg.): Controller-Leifaden, Handbuch für ein wirksames Controlling und eine effektive Controllertätigkeit; Kapitel 10/3.1.2, S. 6 – 8; Loseblatt-Ausgabe; Kissing 1997 (Grundwerk).

Rinschede, A.; Wehking, K.-H.: Entsorgungslogistik I. Grundlagen, Stand der Technik; herausgegeben von Jünemann, R.; Berlin 1991.

Röder, E.; Rödler, R.; Müller, S.: Balanced Scorecard und MIS: Leitfaden zur Implementierung; 1. Auflage; Bonn 2003.

Röger, R.: Rechtsfragen der Abfallentsorgung im Spannungsfeld zwischen Ökologie und Ökonomie; Schriften zum deutschen europäischen Umweltrecht, Bd. 27; Köln, Berlin, Bonn, München 2001.

Rudolph, H.: Wie lernt das lernende Unternehmen?; in: Zeitschrift Führung + Organisation (zfo); 66. Jahrgang (1997); Nr. 4; S. 202 – 205.

Sabac-el-Cher, A.: Wettbewerbskräfte in der Abfallwirtschaft; Dortmund 1997.

Sacow, J..: Strategische Netzwerke. Evolution und Organisation, Wiesbaden 1992.

Schäffer, U.: Zeit des Managements – Kern einer Theorie der Unternehmenssteuerung?; Forschungspapier Nr. 68, Lehrstuhl Controlling; WHU Koblenz; Vallendar 1999.

Scheer, A.-W.: Wirtschaftinformatik: Referenzmodelle für industrielle Geschäftsprozesse; 2. durchgesehene Auflage; Berlin, Heidelberg, New York 1998.

Scheibeler, A.: Balanced Scorecard für KMU. Kennzahlenermittlung mit ISO 9001:2000 leicht gemacht; Berlin 2001.

Schmidheiny, S.: BCSD; Business Council for Sustainable Development; München 1992.

Schmidt, A. P.: Supply Chain Management: Konzepte, Probleme und Lösungen; in: InfoWeek. Das IT-Magazin für die Schweiz; ohne Jahrgang (2002); Nr. 10; S. 25 – 28.

Schneidewind, U.: Die Unternehmung als strukturpolitischer Akteur; Kooperatives Schnittstellenmanagement im ökologischen Kontext; Marburg 1998.

Scholz, C.: Personalmanagement. Informationsorientierte und verhaltenstheoretische Grundlagen; 5. Auflage; München 2000.

Schomann, M.: Wissensorientiertes Performance Measurement; 1. Auflage; Wiesbaden 2001.

Schreyögg, G.: Unternehmensstrategie, Grundfragen einer Theorie strategischer Unternehmensführung; Berlin, New York 1984.

Schreyögg, G.; Eberl, P.: Organisationales Lernen: Viele Fragen, noch zu wenig neue Antworten; in: Die Betriebswirtschaft (DBW); 58. Jahrgang (1998); Nr. 4; S. 516 – 536.

Schüppel, J.: Organisationslernen und Wissensmanagement; in: Geißler, H. (Hrsg.): Organisationslernen und Weiterbildung: Die strategische Antwort auf die Herausforderung der Zukunft; S. 185 – 219; Neuwied, Kriftel, Berlin 1995.

Schulte-Zurhausen, M.: Organisation; München 1995.

Schwarz, E. J.: Unternehmensnetzwerke im Recycling-Bereich; Wiesbaden 1994.

Schwarz, G.; Axer, D.: Kennzahlenbasierte Identifikation und Realisierung von Kostensenkungspotentialen; in: Controller Magazin; 29. Jg. (2004); Heft 2; S. 166 – 169.

Schweitzer, M.; Küpper, H.-U.: Systeme der Kosten- und Erlösrechnung; 6. überarbeitete und erweiterte Auflage; München 1995.

Senge, P.: Die fünfte Disziplin: Kunst und Praxis der lernenden Organisation; Aus dem Amerikanischen von Maren Klostermann; 6. Auflage; Stuttgart 1998.

Servatius, H.-G.: Geschäftskonzept-Optimierung in der Netzwerk-Ökonomie; in: Controlling; 14. Jg. (2002); Heft 8/9; S. 437 – 445.

Siegler, H.-J.: Ökonomische Beurteilung des Recycling im Rahmen der Abfallwirtschaft; Frankfurt a. M., Berlin, New York, Paris, Wien 1993.

Simon, H.-W.: Das Defizit an Behandlungskapazitäten ist nicht mehr auszugleichen: Der Ernstfall ist eingetreten; in: Abfallwirtschaft; 22. Jg. (2003); Heft 11-12; S. 27 – 30.

Spitta, T.: IV-Controlling in mittelständischen Industrieunternehmen – Ergebnisse einer empirischen Studie; in: Wirtschaftsinformatik; 40. Jg. (1998); Heft 5; S. 424 – 433.

Spitta, T.; Ellerbrock, R.; Kuhlmann A.: IV-Controlling und Informationsmanagement im Mittelstand – Abschließende Ergebnisse einer Feldstudie; in: Wirtschaftsinformatik; 41. Jg. (1999); Heft 6; S. 506 – 515.

Staehle, W. H.: Management; Eine verhaltenswissenschaftliche Perspektive; 8. Auflage; überarbeitet von Peter Conrad, Jörg Sydow; München 1999.

Statistisches Bundesamt (Hrsg.): Umweltökonomische Gesamtrechnungen: Material- und Energieflussrechnungen, Fachserie 19, Teil 7: Materialkonto, Rohstoffe, Abfall, Wasser und Abwasser, Wiesbaden 2002.

Staut, E.; Groeters, U.; Hafkesbrink, J.; Treichel, H.-R.: Kennzahlen und Kennzahlensysteme. Grundlagen zur Entwicklung und Anwendung; Berlin 1985.

Steger, U.: Umweltmanagement: Erfahrungen und Instrumente einer umweltorientierten Unternehmensstrategie; Wiesbaden 1988.

Stegmann, R.: Sind gesetzliche Vorgaben und Regelungen noch umsetzbar und kontrollierbar?; in: Gallenkemper, B., Bidlingmaier, W., Doedens, H., Stegmann, R. (Hrsg.): 8. Münsteraner Abfallwirtschaftstage (Tagungsband); S. 29 – 36; 1. Auflage; Münster 2003.

Steinle, C.; Bruch, H. (Hrsg.): Controlling. Kompendium für Ausbildung und Praxis; 3. Auflage; Stuttgart 2003.

Steinle, C.; Thiem, H.; Lange, M.: Die Balanced Scorecard als Instrument zur Umsetzung von Strategien. Praxiserfahrungen und Gestaltungshinweise; in: Controller Magazin; 26. Jg. (2001); Heft 1; S. 29 – 37.

Stelter, D.: Wertorientierte Anreizsysteme für Führungskräfte und Management; in Bühler, W.; Siegert, T. (Hrsg.): Unternehmenssteuerung und Anreizsysteme; Stuttgart 1999.

Stengler, E.: Die Verwertung und die Beseitigung von Abfällen nach nationalem Recht und nach EG-Recht; Europäische Hochschulschriften: Reihe 2, Rechtswissenschaft; Bd. 2839; Franfurt am Main, Berlin, Bruxelles, New York, Wien 2000.

Stern, J. M.; Shiely, J. S.; Ross, I.: Wertorientierte Unternehmensführung mit Economic Value Added; Strategie, Umsetzung, Praxisbeispiele; München 2002.

Steven, M.: Recycling in betriebswirtschaftlicher Sicht; in: Das Wirtschaftsstudium; 24. Jg. (1995); Heft 8/9; S. 689 – 697.

Stewart, B.: The quest for value; New York 1999.

Stölzle, W.; Heusler, K. F.; Karrer, M.: Die Integration der Balanced Scorecard in das Supply Chain Managementkonzept – BSCM; in: Logistik Management; 3. Jg. (2001); Heft 2/3; S. 75 – 85.

Stotz, M.: Organisationale Lernprozesse; Begriff – Merkmale – Einflussfaktoren; Wiesbaden 1999.

Struckmeier, H.: Gestaltung von Führungsinformationssystemen. Betriebswirtschaftliche Konzeption und Softwareanforderungen; Gabler 1997.

Sure, M.; Thiel, R.: Balanced Scorecard – Strategieumsetzung und Performancemessung in Banken; in: Die Bank; 39. Jg. (1999); Heft 1; S. 54 – 59.

Sydow, J.; Winand, U.: Unternehmensvernetzung und -virtualisierung: Die Zukunft der unternehmerischen Partnerschaft, in: Winand, U.; Nathusius, K. (Hrsg.): Unternehmensnetzwerke und virtuelle Organisationen, Stuttgart 1998, S. 11-31.

Tabasaran, O.: Einleitung; in: Tabasaran, O. (Hrsg.): Abfallwirtschaft, Abfalltechnik: Siedlungsabfälle; S. 1 - 3; Berlin 1994.

Teichmann, U.: Wirtschaftpolitik: Eine Einführung in die demokratische und instrumentelle Wirtschaftspolitik; 4. aktualisierte und erweiterte Auflage; München 1993.

Tempelmeier, H.: Material-Logistik; 5. Auflage; Berlin 2003.

Thieme, O.; Kurtz, R.; Groß, T.: BSC-Marktstudie 2003, herausgegeben von der WIBERA Wirtschaftsberatung AG, Düsseldorf 2004.

Trittin, J.: ohne Titel (Vorwort); in: Bundesverband der Deutschen Entsorgungswirtschaft e. V. (Hrsg.): Taschenbuch der Entsorgungswirtschaft 2002; S. 3 - 5; Bonn 2002.

Umweltbundesamt (Hrsg.): Erfolgreich durch Umweltschutz: Mit Nachhaltigkeit den Wirtschaftsstandort stärken; Fachgebiet I 2.2 „Wirtschafts- und Sozialwissenschaftliche Umweltfragen; Berlin 2002.

Urbanek, P.: Die deutsche Entsorgungswirtschaft – Konzentration und Internationalisierung; Müll-Handbuch; Köln 2001.

Urbanek, P.; Kahn, A.: Entsorgungswirtschaft; in: M + A Review; 4. Jg. (1994); Heft 3; S. 529 – 537.

van Wickeren, H. et al.: Handbuch für Ver- und Entsorger/in, Band 4, Fachrichtung Abfall; Hrsg. vom Bundesinstitut für Berufsbildung und Verband Kommunaler Städtereinigungsbetriebe, München 1991.

Veil, T.; Hess, T.: Kostenrechnung zur Unterstützung des operativen Netzwerkcontrolling. Arbeitsbericht Nr. 5/1999 der Abteilung Wirtschaftsinformatik II der Universität Göttingen, Göttingen 1999.

Vera, A.: Das Basel-II-Abkommen und die Auswirkungen auf die deutsche Kreditlandschaft; in: WiSt; o. Jg. (2002); Heft 1; S. 28 – 32.

Verband Deutscher Treasurer e.V., Frankfurt am Main: Management finanzieller Risiken; in: Saitz, B.; Braun, F. (Hrsg.): Das Kontroll- und Transparenzgesetz: Herausforderungen und Chancen für das Risikomanagement; S. 115 – 127; Wiesbaden 1999.

Versteyl, L.-A.: Abfall und Altlasten; 1. Auflage; München 1992.

Voigt, K.-I.: Unternehmenskultur und Strategie, Grundlagen des kostenbewußten Managements; Wiesbaden 1996.

Vollmuth, H. J.: Unternehmenssteuerung mit Kennzahlen: Konzeption, Techniken und Instrumente für kleine und mittlere Unternehmen; München 1999.

von Köller, H.: Leitfaden Abfallrecht; 5. Auflage; Berlin 1997.

von Köller, H.: Abfallwirtschaft in Forschung und Praxis, Berlin 1990.

Wackerbauer, J.: Struktur und Wettbewerbssituation der Anbieter von Umwelttechnik und umweltfreundlicher Technik; in: Umwelttechnik Forum; 10. Jg. (1995); Heft 3; S. 11 – 16.

Wagner, J. M.: Organisations- und Rechtsformwahl in der öffentlichen Siedlungsabfallwirtschaft: Eine empirische Untersuchung unter Berücksichtigung ökologischer, rechtlicher und politischer Restriktionen; Beiträge zum Rechnungs-, Finanz- und Revisionswesen; Bd. 44; Frankfurt am Main 2000.

Wall, F.: Nutzen und Disnutzen von Management Support Systemen für dezentrale Manager; in: Controlling; 15. Jg. (2003); Heft 7/8; S. 405 – 412.

Waren, H.-K. E.: Das lernende Unternehmen: Theorie und Praxis des organisationalen Lernens; Berlin, New York 1996.

Weber, J.: Einführung in das Controlling; 9. Auflage; Stuttgart 2002.

Weber, J.; Bacher, A.; Gebhardt, A.; Voss, P.: Grundlagen und Instrumente des Supply Chain Controlling; in: Supply Chain Management; 2. Jg. (2002); Heft IV; S. 7 – 16.

Weber, J.; Schäffer, U.: Balanced Scorecard & Controlling; 3. überarbeitete Auflage; Wiesbaden 2000.

Weber, J., Schäffer, U. (1999a): Entwicklung von Kennzahlensystemen; Forschungspapier Nr. 62, Lehrstuhl Controlling; WHU Koblenz; Vallendar 1999.

Weber, J., Schäffer, U. (1999b): Auf dem Weg zu einem aktiven Kennzahlenmanagement; Forschungspapier Nr. 66, Lehrstuhl Controlling; WHU Koblenz; Vallendar 1999.

Weber, J.; Schäffer, U.: Balanced Scorecard; Band 8 der Reihe ‚Advanced Controlling'; Vallendar 1998.

Weber, J.; Weißenberger, B.; Liekweg, A.: Risk Tracking and Reporting: Unternehmerisches Chancen- und Risikomangement nach dem KonTraG; Advanced Controlling; Reihe: Neue Aufgabenfelder und Instrumente; Band 11; Vallendar 1999.

Weber, K. W.: Smog über Attika; Zürich, München 1990.

Weber, M.: Wirtschaft und Gesellschaft: Grundriss der verstehenden Soziologie; 5. Auflage; Tübingen 1980.

Wehrmann, S.; Schöneis, K.: Auswirkungen von Basel II auf das strategische Controlling; in: Controlling; 16. Jg. (2004); Heft 2; S. 91 – 95.

Weiland, R.: Rücknahme- und Entsorgungspflichten in der Abfallwirtschaft. Eine institutionenökonomische Analyse der Automobilbranchen; Wiesbaden 1995.

Weiland, R.: Der Abfallbegriff: Eine vergleichende Analyse rechtswissenschaftlicher und wirtschaftswissenschaftlicher Vorstellungen zum Begriff des Abfalls; in: ZFU, Nr. 2, 1993.

Weise E.: Umweltschutz und unternehmerische Verantwortung; in Coenenberg, A. G, Weise, E., Eckrich, K. (Hrsg.): Ökologie-Management als strategischer Wettbewerbsfaktor; S. 1 – 6; Stuttgart 1991.

Welge, M. K.; Al-Laham, A.: Strategisches Management. Grundlagen – Prozess – Implementierung, 3. aktualisierte Auflage, Wiesbaden 2001.

Welge, M. K.; Al-Laham, A.: Strukturmuster in Strategieprozessen, Ergebnisse einer explorativen empirischen Studie; in: Zeitschrift für Betriebswirtschaft (ZfB); 68. Jahrgang (1998); S. 871 – 898.

Welge, M. K.; Al-Laham, A.: Planung; Wiesbaden 1992.

WIBERA AG (Hrsg.): Die Balanced Scorecard im Praxistest: BSC-Marktstudie Versorger, Düsseldorf 2002.

WIBERA AG (Hrsg.): Die Balanced Scorecard im Praxistest: BSC-Marktstudie Verkehr, Düsseldorf 2002.

Wicke, L.; Haasis, H.-D.; Schafhausen, F.; Schulz, W.: Betriebliche Umweltökonomie: Eine praxisorientierte Einführung; München 1992.

Wiegand, M.: Prozesse organisationalen Lernens; Neue betriebswirtschaftliche Forschung; Bd. 174; Wiesbaden 1996.

Wiese, J.: Implementierung der Balanced Scorecard: Grundlagen und IT-Fachkonzept; Wiesbaden 2000.

Wiesehahn, A.: Geschäftsprozessoptimierung für Versicherungsunternehmen. Theoretische Konzeption und praktische Durchführung; München 2001.

Wildemann, H.: Koordination von Unternehmensnetzwerken, in: Zeitschrift für Betriebswirtschaft (ZfB), 66. Jg. (1997), Nr. 8, S. 417-439.

Williamson, O. E.: Die ökonomischen Institutionen des Kapitalismus; Tübingen 1990.

Willke, H.: Systemtheorie I: Grundlagen – Eine Einführung in die Grundprobleme der Theorie sozialer Systeme; 5. überarbeitete Auflage; Stuttgart 1996.

Willms, H.: 40 Jahre BDE; in: Bundesverband der deutschen Entsorgungswirtschaft (Hrsg.): Jahrbuch Entsorgung 2002; S. 25 – 38; Bonn 2002.

Willms, H.: Bundesverband der Deutschen Entsorgungswirtschaft; in: Bundesverband der Deutschen Entsorgungswirtschaft E. V. (Hrsg.): 1961 - 2001 – 40 Jahre BDE. Von der Stadthygiene zur Kreislaufwirtschaft. Eine Zeitreise mit der Entsorgungswirtschaft; S. 148 – 171, Köln 2001.

Wogersien, A.: Sitzung ohne Folgen? Wer die Effizienz von Besprechungen steigert, senkt die internen Kosten; in: Controller Magazin; 25. Jg. (2000), Heft 5; S. 418 – 419.

Wunder, T.: Wie konkret muss eine Balanced Scorecard sein?; in: Controller Magazin; 26. Jg. (2001); Heft 2; S. 133 - 139.

Ziegenbein, K.: Controlling; 7, Auflage; Ludwigshafen (Rhein) 2002.

Zimmermann, K.; von Flatow, P.; Seuring, S.: Supply Chain Balanced Scorecard. Eine Fallstudie zum Management von Wertschöpfungsketten mit der Balanced Scorecard; in: Controlling; 15. Jg. (2003); Heft 10; S. 555 – 563.

Onlineverzeichnis

Arnold, W.; Freimann, J.; Kurz, R.: Strategisches Nachhaltigkeitsmanagement: Vorüberlegungen zur Entwicklung einer Sustainability Blanced Scorecard (SBS) für KMU; S. 1 – 9; download von URL:http://www.wirtschaft.uni-kassel/FBU/Uwf.pdf vom 08.12.2001.

URL:http://www.bmu.de/files/agenda21.pdf vom 13.12.2002.

URL:http://www.bund.de vom 23.07.2003.

URL:http://www.confirm-md.de/down/conFIRM vom 10.04.2002.

URL:http://www.europa.eu.int vom 16.04.2002.

URL:http://www.finanzreport.nrw.de vom 23.07.2003.

URL:http://www.ibr-online.de vom 23.07.2003.

URL:http://www.kfunigraz.ac.at/ainst/uz/397/3-97-04.html vom 21.10.2003.

URL:http://www.kfunigraz.ac.at/inmwww/styr2.html vom 21.10.2003.

URL:http://www.knowtech2002.de vom 28.10.2003.

URL:http://www.mittelstand-studie.de vom 21.10.2003.

URL:http://www.opwz.com vom 30.10.2002.

URL:http://www.prognos.de/cgi-bind/cms/start/news/D/show/press/1049877997 vom 17.09.2003.

URL:http://www.ratingcert.de vom 18.04.2002.

URL:http://www.umweltbundesamt.de vom 13.12.2002.

URL:http//:www.umweltbundesamt.de./uba-info-daten/daten/elektronikschrott.htm vom 20.02.1999.

URL:http://www.vcontarget.de vom 21.10.2003.

URL:http://www.wkstmk.at./oeko/Jahresbericht_97/Verwertungsnetz%20Steiermark.html vom 21.10.2003.

Peter Lang · Europäischer Verlag der Wissenschaften

Heinz Ahn

Effektivitäts- und Effizienzsicherung

Controlling-Konzept und Balanced Scorecard

Frankfurt am Main, Berlin, Bern, Bruxelles, New York, Oxford, Wien, 2003.
XI, 252 S., zahlr. Abb.
ISBN 3-631-51788-2 · br. € 45.50*

Das Controlling ringt noch immer um Anerkennung als autonomes betriebswirtschaftliches Teilgebiet. Vor diesem Hintergrund wird ausgehend von einem
rationalitätsorientierten Verständnis des Controllings eine eigenständige
Controlling-Konzeption entwickelt. Spezifiziert wird diese Konzeption an Hand
einer Kernfunktion rationalitätsorientierten Controllings: der Effektivitäts- und
Effizienzsicherung. Als dienlich für das Aufzeigen von Anwendungsbeispielen
der abgeleiteten Controlling-Konzeption erweist sich die Balanced Scorecard.
Dieses strategische Managementinstrument wird zunächst aus entscheidungs-
theoretischer Sicht analysiert, um daran anknüpfend das Problem der
Perspektivenbestimmung zu erörtern und am Beispiel des Umweltschutzes zu
vertiefen.

Aus dem Inhalt: Controlling als Forschungsobjekt · Das Konzept des rationalitätsorientierten Controllings und seine Kernaufgabe der Effektivitäts- und Effizienzsicherung · Die Balanced Scorecard: Fallbeispiel, Kritik, Unterstützung der
Perspektivenbestimmung, Positionierung von Umweltschutzzielen

Frankfurt am Main · Berlin · Bern · Bruxelles · New York · Oxford · Wien
Auslieferung: Verlag Peter Lang AG
Moosstr. 1, CH-2542 Pieterlen
Telefax 00 41 (0) 32 / 376 17 27

*inklusive der in Deutschland gültigen Mehrwertsteuer
Preisänderungen vorbehalten
Homepage http://www.peterlang.de